몬테소리 교육철학의 이론과 실제

조성자 저

창지사

머리말

2007년 몬테소리 어린이집 개원 100주년 기념으로 이탈리아에서 『Maria 몬테소리: La vita per I bambini』라는 제목으로 Taodue라는 영화 제작사에서 그녀의 일생을 담은 영화가 제작되었다. 저자가 이 필름을 입수하여 한국에서 처음으로 2008년 8월 1~2일간 한국 몬테소리 총연합회에서 개최한 세미나에서 몬테소리의 일생에 관한 영화를 상영하였다. 한국의 모든 몬테소리인들은 감동적인 찬사를 보냈다.

영화에서 보여주었듯이 그녀의 일생은 평범한 삶은 아니었다. 그녀는 행복하고 귀족적인 분위기의 가정에서 태어나서 모든 사람들이 선망하는 대상임에도 불구하고 여자로서의 아픔을 감내하면서 살았으며 다른 한편으로는 버림받은 어린이들을 위해서 사회적 지위를 가지고 살아갈 수 있는 명예로운 직업을 포기하였다. 이로 인해 몬테소리는 동료 의사들의 사회적 지위와 명예를 훼손했다는 이유로 따돌림을 당하는 큰 아픔을 겪어야만 했다. 그러나 그녀가 의지적인 행동들을 실천할 수 있었던 원인은 아마도 자신의 능력을 스스로 믿었기 때문일지도 모른다.

그녀는 처음부터 어린이들의 권리와 교육을 위해서 자기의 사명감을 소홀히 하지 않았다. 몬테소리는 일찍이 어린이 권리를 보장하기 위해서 어린이 정당의 필요성을 강조하였고(Pignatari M., 1967) 어린이들의 권리와 교육을 넘어서 어린이들에게 평화로운 세상을 만들어주는 것은 무엇인지, 평화로운 동산을 어른들이 만들어 넘겨주어야 한다는 책임감을 가지고 세계 여러 나라를 돌아다니면서 연설하였다. 많은 사람들은 그녀를 평화의 수호자라로 칭송하였지만 몬테소리는 어린이들을 평화의 사절단이라고 말하였다.

전쟁이 발발했을 때 적십자사가 필요하였듯이 어린이들을 보호할 수 있는 정치적 제도인 백십자사의 필요성을 항상 강조하였는데, 이에 대한 내용은 몬테소리가 1921년 캘리포니아의 산 디에고에서 밀라노의 인류애 협회장에게 보낸 어린이들을 위한 자신의 계획에 협조해 줄 것을 부탁한 서간에서 볼 수 있다 (Pignatari M., 1967). 이것은 전쟁과 가난으로부터 고통 받는 어린이들을 위한 범 사회운동인 동시에 범 평화운동이었다.

몬테소리는 여성들의 사회적 지위를 향상시키는 근본적인 원인이 무엇인가를 생각하였다. 이탈리아 대표로 독일의 베를린 의회에 가서 여성의 선거권 보장, 여성도 남성과 똑같은 임금을 받아야 된다는 것, 여성도 교육 받을 권리가 있다는 사실을 열정적으로 연설하면서 청중들의 박수갈채를 받았다. 이를 계기로 몬테소리는 여성 사회운동가 또는 평화운동가로 자리매김을 하였다(Pignatari M., 1967).

이렇게 개혁적이고 범 교육자인 이탈리아의 이 여성을 영화의 주인공으로 등장시킨 것은 과히 놀라운 일은 아니다. 저자는 몬테소리의 위대한 업적을 근거로 대학에서 수업할 수 있고 몬테소리 교사양성 과정에서 새로운 몬테소리 교사들에게 그녀의 철학을 정확하게 알릴 수 있는 책을 출판사의 요청으로 교과과정에 맞추어 집필하기로 결정하였다. 그리고 저자가 몬테소리 연구를 시작한 시간이 많이 흘렀다는 생각이 든 것은 이번 저서를 서술하면서 다른 참고문헌을 많이 활용하지 않고 자신의 생각을 많이 옮겨 놓았다는 사실에 작은 흐뭇함을 느끼면서 몬테소리를 연구하는 역사 속에 저자가 게으르지 않게 동참하였다는 겸손하지 못한 생각마저 하게 되었다.

이 저서는 2개의 Part로 구성되었다. Part 1에서는 몬테소리 교육철학을 전반적으로 다루고 있다. 다시 말하면 몬테소리 교육철학의 총체적 이해라고 할 수 있다. Part 2는 몬테소리 교실에서 이루어지고 있는 실제 활동을 다루는데, 몬테소리의 5개 영역을 이론과 실기로 나누어 다루었다. 모든 한국의 몬테소리인들을 만족시키기는 어렵지만 최선을 다해서 협조해 주신 대구 가톨릭대학교 아동학과, 몬테소리 연구실의 모든 석 · 박사 과정의 모든 분들에게 감사의 마음을 전한다. 그리고 늘 한 없이 부족함에도 불구하고 출판을 허락해 주신 창지사 사장님께 감사드린다.

2011년 3월

가톨릭대학교 아동학과 몬테소리 연구실에서

조성자 교수

차 례

Part 1. 이론

Chapter 8. 수학영역 ▸▸▸ 239

Chapter 9. 언어영역 ▸▸▸ 303

Part 1. 이론

몬테소리의 생애는 격동의 시기였다고 할 수 있으며 유아기, 학문적 발달 시기, 사회적인 활동 시기로 구분한다.

한 학자의 일생을 서술하려면 그 사람의 과거로 되돌아가서 삶의 여정을 소개하게 된다. 저자는 몬테소리의 삶을 여러 저서 특히 『몬테소리 자서전』에서 소개하였는데(조성자a, 2007; 조성자b, 2007), 여기에서는 간단하게 소개하려고 한다.

Chapter 1

몬테소리의 생애

몬테소리의 생애에 대한 이야기들은 저자가 집필한 여러 저서에서 쉽게 접할 수 있고 한국에서 출판된 다른 연구가들의 책에서도 쉽게 찾아볼 수 있다. 그러므로 여기에서는 간단하게 그녀가 일생 동안 이루어 놓은 업적을 다루고자 한다.

01. 몬테소리의 삶의 여정

몬테소리 부모님은 1866년 봄 끼아라발레에서 결혼하고 1년 후에 사랑하는 예쁜 딸 마리아를 얻었다. 1873년 3세 되던 해 아버지의 직장관계로 피렌체로 이사를 하였으나 1875년 5세 때 몬테소리의 교육을 위해서 다시 로마로 이사를 하였다. 마리아의 부모는 어려서부터 혼자서 할 수 있는 여건을 마련해 주었다. 유아기부터 특별한 재능을 보였던 마리아는 1890년 로마대학에 입학하여 물리학, 화학, 자연과학을 연구하기까지 항상 특별한 위치에서 특별한 일을 하면서 학문과 사회생활을 성공적으로 이끌어 갔다.

몬테소리는 어려서부터 고집이 센 어린이로 알려져 있다. 어머니 레닐데는 몬테소리가 어려서부터 불쌍한 척추장애를 앓고 있는 마틸데 아르 페시아의 딸인 클라라와 어울려 다니는 것을 부끄럽게 생각하고 친구관계를 단절하길 원했다. 그러나 몬테소리는 오히려 어머니에게 클라라의 훌륭한 점을 설득력 있게 말하였다. 그럼에도 불구하고 어머니는 클라라와 이야기할 때는 숨어서 하기를 원했으나 몬테소리는 더욱 더 공개적으로 만나서 이야기하고 남 다른 우정을 과시하였다(Palumbo D., 2004).

몬테소리는 아버지의 권유를 받아들이지 않고 남자들의 천국인 기술학교에 입학하여 엔지니어로 일생을 살아가리라 생각하였을 뿐만 아니라 교사가 되기를 원하는 부모님들의 바람을 등지고 의사가 되겠다고 결심한 자기 의지를 전혀 굽히지 않았다. 그 당시 사회적 정황으로 보아 여자가 의대에 들어가는 것은 불가능한 상황이었지만 몬테소리의 결심은 변함이 없었다. 마침 밀라노 자연사 박물관의 감독관이었고 밀라노 교구의 교육장, 밀라노 대학의 지질학 교수이며 시인이었던 외삼촌 안토니오 스토파니(Antonio Stoppani)와 절친한 관계였던 로마의과대학 학장인 바첼리 교수를 찾아가서 외삼촌을 빙자하여 입학 허가를 받으려고 노력하였지만 기대했던 것처럼 호락호락하지 않았다. 그래도 마음으로는 내심 친분관계 때문이라도 구술시험에 합격할 것이라고 믿었지만 냉정하게 불합격 소식을 받았다. 몬테소리는 의사가 되어 다른 사람을 위해서 헌신할 것이라는 자신의 소신을 당돌하고 논리적으로 설득하여 어떻게 해서라도 의대에 입학하려고 간절하게 요청하였지만 빈번히 거절당하였다.

바첼리 교수는 몬테소리가 정말로 교만하고 자만에 도취되어 있는 여학생이었다고 첫 인상을 기록하고 있다(Palumbo D., 2004). 몬테소리의 열정적인 노력으로 어렵게 입학하였지만 생각과는 달리 여러 가지 많은 문제점이 발생하였다. 몬테소리는 어려운 시간이 닥칠 때마다 친구인 클라라에게 편지를 보내어 위로를 받았다. 몬테소리와 클라라는 늘 서로를 생각하고 영원한 친구가 되어 든든한 버팀목이 되어주었다.

그렇게 엄격했던 바첼리 교수는 처음으로 의대생들에게 35세의 바싹 마른 여자 시체를 해부할 것을 원했다. 인간의 육체를 하나의 기계로 설명하려는 교수는 인체해부학을 매우 중요시하였다. 남학생들은 무서움과 두려움으로 해부를 거절하였지만 몬테소리가 손을 번쩍 들어 "저예요. 제가 하겠습니다."라고 말했다. 물론 수술 칼을 든 순간 떨리고 무서운 생각이 들었지만 자신감 있게 해부하여 남자 의대생들을 놀라게 만들었다. 해부 후에 바첼리 교수는 몬테소리를 인정하게 되었고 몬테소리 자신도 용기 있는 본인의 행동에 만족해 했다. 해부학 시간이 지난 다음 절친한 친구인 클라라에게 가슴 한 가운데 구멍이 뚫릴 정도로 충격적이었으며 다리가 후들거렸다고 심정을 고백하였다.

1896년 몬테소리는 정신병리학 분야를 연구하여 그 당시 유럽은 물론 세계적으로 유명한 데 산티스(De Santis)를 지도교수로 하여 논문을 발표하였다. 몬테소리는 졸업하기 전 2년 동안은 소아과에서 근무였고 항상 지도교수와 학문적 교류를 하였으며 우수한 성적으로 졸업한 후에는 로마대학의 정신과 병동에서 근무하였다. 몬테소리의 아버지는 딸의 성공적인 삶에 대단히 만족스럽고 자랑스러워했다.

그 당시 몬테소리 자신도 자랑스러운 자만심으로 가득 차 있었다. 친구인 클라라에게 자기의 심정을 이렇게 고백하였다.

"친구 클라라 나는 어느 덧 유명한 사람으로 변했어. 외형적으로 보기에는 약하고 수줍어 보이지만 용감하게 시체를 해부할 때 기절도 안하고 시체를 만지고 관찰하고 시체에서 풍기는 악취까지 참아내면서 남학생이 대부분인 이곳에서 나 같은 여자가 모든 것을 용감하게 해낼 수 있다니 말이다. 나는 이제 무서울 것이 없는 용감한 의사란다. 나는 내 능력 때문이 아니라 용감하고 침착해서 모든 것을 척척 해낼 수 있는 가봐. 친구 마리아가."

이탈리아가 탄생시킨 참으로 용감하고 수줍은 첫 여의사였다.

몬테소리는 그동안 정신병 환자들을 약물치료 방법에서 임상치료 방법인 임상교육으로 환자를 치료하는 데 성공하였다. 몬테소리가 의사로서 처음 정신병동에 갔을 때 마침 어린이 병동에 근무하였다. 그곳은 어린이들이 모여 사는 전쟁터 같았고 어린이들을 위한 것이라고는 말라버린 딱딱한 빵조각뿐이었다. 그녀는 그때부터 회복할 가능성이 있는 환자를 선별하여 임상치료 방법을 적용하였는데, 결과는 성공적이었다. 몬테소리는 지적장애아를 사랑, 인간적, 그리고 과학적인 실증방법으로 안정시켰으며 간호사와 감독자들이 고함을 지르거나 야단치는 것을 금지시켰다. 그들을 사랑으로 치료하여야 한다는 신념뿐이었다. 몬테소리는 정신병동을 공포의 방이라고 불렀는데, 거기에서 울고 있는 구이도(Guido)라는 어린이를 발견하였다. 구이도는 건강하였지만 결손가정에서 자랐기 때문에 마음의 상처로 인해서 후천성 정서장애자가 되었다.

몬테소리는 이 시기에 지적장애아를 위한 특수학교를 세웠다. 그곳에 구이도를 입학시켰고 후에 그는 우수한 성적으로 일반학교에 입학하게 되었다.

정신병동에서 함께 근무한 동료 주세뻬 몬테사노와(Giuseppe Montesano)는 몬테소리의 교육방법을 적극적으로 지지해 주었으며 지적장애아에 대해서 많은 이야기를 나누었고 학문적으로 교류하면서 모든 것을 협조해 주었다. 몬테소리에 의하면 지적장애아들은 모든 면에서 장애자가 아니라 단지 발달이 지연된 것뿐이라고 말했는데, 주세뻬는 몬테소리의 그런 의견을 적극적으로 지지해 주었다. 정신과 병동에서 교육으로 임상적인 치료가 가능한 어린이를 선별하는 일을 주세뻬가 도와주었다. 그리고 직장동료의 관계에서 인간적 애정관계로 변한 두 사람은 마리오라는 아들을 얻게 되었다. 두 사람은 결혼할 형편은 아니었지만 서로 혼자 살면서 아들 마리오를 키우기로 약속하였으나 그 약속을 어기고 주세뻬가 다른 여자와 결혼하였다. 그때 몬테소리는 33세의 아름다운 여인으로서 열정적으로 일을 수행할 시기였다. 몬테소리는 주세뻬를 잊기 위해서 세계 여행을 하기로 결정하고 머나먼 인생 여정을 시작하였다.

몬테소리는 어머니로서의 고통을 감내하며 마리오를 시골의 한 유모에게 위탁하여 양육하기로 어머니와 약속하였다. 몬테소리는 정기적으로 주일에 한 번씩 마리오를 방문하였다. 마리오는 자기 어머니인 몬테소리를 아름다운 여인으로 불렀다고 한다. 유모에 의하면 마리오는 6세 때 꿈 이야기를 하며 자기의 출생을 알고 싶어했고 유모가 양부모라는 사실을 이미 알고 있었다고 한다. 마리오는 비교적 훌륭하게 성장하였고 9세가 되었을 때는 상상력이 풍부한 어린이였다고 한다. 몬테소리는 주세뻬와 헤어지고 혼자 생활하는 동안 영국 친구인 클레이어몬트의 소개로 영국의 심리학자인 니콜라스 리즈로부터 청혼을 받았지만 친구관계만 유지하였다. 클레이어몬트도 런던 근교에서 어린이집을 운영하였다.

몬테소리는 마리오가 13세가 되던 해 자신의 집에서 함께 살려고 생각하였지만 갑작스럽게 어머니가 돌아가시고 스페인의 바로셀로나에 있는 어린이집에 초대를 받아 그곳에 가게 되어 뜻을 이루지 못했다.

몬테소리는 항상 마리오에 대한 생각을 떨쳐버릴 수가 없어 어느 날 어렵게 마리오의 보모인 줄리아에게 마리오와 며칠 동안 같이 지낼 수 있도록 부탁하여 허락을 받았다. 마리오가 몬테소리 집에 왔을 때도 마리오는 여전히 몬테소리를 아줌마라고 불렀으며 아줌마 집에 가는 것을 반가워하였다고 한다. 마리오는 같이 있는 동안 몬테소리가 가는 곳이면 어디든지 항상 동행하였다. 마리오가 13세 때의 일이다.

마리오는 몬테소리에게 어린이들을 그렇게 사랑하는 데 왜 자식은 없느냐는 질문을 했었다(Maccheroni A., 1956).

> "나에게도 아들이 있어."
> "어디에요..."
> "이름은 마리오, 13세이고, 아주 총명하고 멋있어. 나는 정말 행운아야."
> "그게 저예요."
> "그래 너야!"

처음 그 이야기를 듣고 마리오는 이해하지 못하고 아주 당황스러워 했으나 보모인 줄리아와 함께 살기를 원했다고 한다. 몬테소리는 마리오에게 그녀의 꿈과 아버지인 주세뻬에 대해서 그리고 어떻게 사랑하고 왜 헤어졌는지 또 그녀 자신은 어떤 고통을 감내하여야 했고 마리오를 양육하는 것이 불가능했던 이유와 모든 욕심 버리고 어린이집에서 일하게 된 동기에 대해서 비교적 자세하게 말해 주었다. 그러나 마리오는 오랫동안 어머니의 행동과 처신을 이해하지 못한 채 어린이집과 교육현장을 항상 함께 동행하였으나 한 사람의 제자 또는 수습생으로 만족해야만 했다.

몬테소리는 1899~1904년 사이에 영국과 프랑스의 특수학교 장학지도를 하면서 공식적으로 특수교육학자로 알려지기 시작하였다. 몬테소리의 일생에서 어린이와의 만남을 완전히 자기 사명감으로 생각할 수 있었던 이유는 역시 자기 자식을 양육하지 못한 죄책감에서 자기 자신을 위로하기 위한 방법으로 더 훌륭한 교육실천가가 되었을지도 모른다.

02. 첫 번째 어린이집과 몬테소리 교육방법

이탈리아가 통일되고 한참 개혁의 바람이 일어나서 로마시가 재개발을 시작한 외곽 지역인 산 로렌조(San Lorennzo)에도 봄이 찾아왔다. 몬테소리는 개인적인 어려움을 극복하면서 생활하던 시기에 로마시 개발을 담당하고 있었던 기술자 탈라모를 만나게 되어 어린이집의 운영을 위탁받게 되었다. 몬테소리가 어린이들과 함께 일을 하려고 결심한 이유 중에 하나는 우선 주세뻬로부터 멀어지고 싶었기 때문이라고 했다.

몬테소리는 특수학교에서 어린이들에게 적용한 방법을 정상아들에게도 적용해 보려고 생각하였다. 어린이 교육을 위한 모든 것을 준비하여 1907년 1월 6일에 어린이집을 개원하게 되었고 자기를 가장 많이 이해하고 협조해 준 친한 친구인 클라라를 교사로 채용하였다. 몬테소리는 가난한 사람들의 삶과 실제 생활의 비참한 현실을 알고 있었기 때문에 어린이집 개원식 행사에서 어린이집을 사막의 오아시스로 만들 것이라는 확신을 부모들에게 약속하였으며 어린이들 모두가 마음 편히 다닐 수 있는 어린이집의 필요성을 말하였다. 어린이집은 어린이들의 평화로운 동산으로 변하였고 날로 번창하여 1년 동안 로마의 여러 곳에서 어린이집을 개원하게 되었다.

한 일화로 어느 날 마가렛 여왕이 어린이집을 방문하였을 때, 리노라는 어린이가 여왕을 보고 솔직하게 예쁘지 않다고 말한 것에 모든 교사들과 몬테소리 자신도 당황하였으나 반대로 마가렛 여왕은 리노의 진솔한 표현에 경의를 표하면서 칭찬하였고 어린이들이 그처럼 자유스럽게 자기를 표현할 수 있는 것이 참교육이라고 말하였다. 리노는 정말 불우한 가정의 어린이였지만 몬테소리를 만나고 난 다음부터 정상적인 생활을 할 수 있게 되었다. 또 몬테소리는 리노의 어머니도 주방에서 일할 수 있도록 배려하면서 정상적으로 가정을 이끌어 갈 수 있도록 최선을 다해 도와주었다. 이러한 어린이집 교육현장을 방문한 마가렛 여왕은 메시나의 대지진으로 인해 발생한 고아 60명을 로마의 프란체스코 수녀원에서 맡겨 몬테소리 방법으로 교육하도록 적극적으로 도왔으며 고아들은 빠른 시일 내에 정상으로 회복되었다.

몬테소리가 1907년 어린이집을 개원할 당시에는 특별한 방법을 사용하지 않았지만 그 후 어린이들과 생활하면서 관찰한 결과를 가지고 과학적 교육방법을 어린이들에게 적용하는 쾌거를 만들어내었다.

탈라모는 어린이집 벽과 주택가의 벽에 "우리 집은 우리가 관리한다.", "깨끗한 주거환경은 곧 어린이들의 건강입니다."라고 쓰인 플랜 카드를 내걸었으며 부모들에게도 어린이들의 위생을 정확하게 관리할 것을 부탁하였다(Opera Nazionale Montessori, 2006).

몬테소리 교육방법은 급진적으로 이탈리아 전 지역의 어린이집으로 확산되었고 동시에 미국을 비롯하여 스페인, 네덜란드, 독일, 영국 등 전 세계적으로 확산되었다.

미국에서 1912~1918년 사이에 몬테소리 교육은 전성기를 맞이하였다. 몬테소리는 1920년 빈센트 크래머의 초청으로 미국을 방문해 어린이집을 개원할 계획을 하였다. 예술적이며 어린이들이 안심하고 작업할 수 있는 또 어린이들이 작업하는 모습을 밖에서 볼 수 있도록 유리로 된 어린이집을 만들고 싶어했다. 몬테소리를 초청한 빈센트의 아버지는 자신의 아들이 기술자가 되기를 원했지만 그는 공학보다는 인문학에 관심을 가지고 인류학을 전공한 신사였다. 빈센트는 강요와 처벌이 없는 자유학교를 설립하여 운영하기를 원했다.

미국에서 1920년 10월 30일 국제학술 박람회가 열렸다. 전시회는 30명의 어린이들을 1명의 교사가 교육하였는데, 몬테소리는 학부모들이 밖에서 볼 수 있도록 유리로 건축된 교실에서 작업을 진행하였다. 동시에 몬테소리는 샌프란시스코의 큰 호텔에서 교사양성을 실시하였고 양성과정에서 후에 마리오의 첫 번째 부인이자 몬테소리의 며느리인 이탈리아인 에베리나(Evelina)를 만났다. 후에 그들 부부는 아들을 출산하였다(Opera Nazionale Montessori, 2006).

몬테소리는 미국에서의 일정을 마치고 귀국하는 길에 우연히 배에서 주세뻬를 만나게 되는데, 아주 오랜만의 재회였기에 어색하였지만 서로 인사를 나누었다. 아버지인 주세뻬는 아들 마리오를 만나기를 원했지만 마리오가 거절하였다고 한다.

03. 몬테소리의 학문적 여정

몬테소리는 자기 학문의 발달과 일반적인 확산으로 인해 정치적으로 휘말리게 되었다. 이탈리아는 1926년 파시즘이 정권을 잡으면서 사회주의가 되었다. 무솔리니의 정치적 야망은 무서운 속도로 확산되었고 국민들의 정신을 하나로 통합할 수 있는 방법 중에 하나가 바로 어린이와 젊은이들의 교육이라고 생각하였다. 무솔리니는 몬테소리의 교육방법을 칭송하였으며 훌륭한 교육자로 존경하였고 그녀의 교육방법을 이탈리아의 영유아교육기관과 초등학교에 일반화하려고 하였다. 무솔리니는 이탈리아 내에서 몬테소리 교육방법을 전국적으로 확산시켜서 모든 젊은이들의 정신을 획일적인 방법으로 교육하여 하나로 통합하려는 목적을 갖고 적극적으로 협조하였다. 즉, 순수한 마음이 아닌 정치적으로 활용하려는 목적을 가지고 있었다(조성자, 2007).

그러나 몬테소리는 무솔리니의 도움으로 이탈리아 교육협회에서 자기의 교육방법을 인정해 줄 것이라는 기대를 하였지만 몬테소리의 교육철학은 불행하게도 정치적인 파시즘과 함께 진행되었다.

몬테소리는 이러한 정치적 상황 속에서 1922년 이탈리아 정부에서 임명한 장학관이 되었고 이로써 그녀의 교육방법은 더욱 힘을 가지게 되었다. 1923년 마리오와 함께 이탈리아에서 국제몬테소리협회(Association Montessori Internationale: A. M. I)를 설립하였으나 정치적 탄압으로 인해서 잠시 문을 닫은 적도 있다.

또 정부의 요청으로 밀라노 대학의 인문학부에서 몬테소리 교사를 양성하는 국립 몬테소리 교사과정이 개설되었다. 학교 입학식은 몬테소리를 최대한으로 극찬하고 환대하는 행사가 되었고 여기서 무솔리니의 대변인이 축사를 하였는데, 축사의 내용은 이탈리아가 문화와 예술뿐만 아니라 교육에 있어서도 세계 최고이기를 바라며 교육을 통해서 국민을 독재적으로 이끌어가겠다는 계획이었다.

처음부터 몬테소리와 무솔리니의 정치철학과 생각에는 차이점이 있었다. 어린이들의 존중사상과 자유 그리고 인간의 권리를 존중하면서 교육하기를 원하는 몬테소리 방법과 무솔리니의 정치철학은 정반대의 개념이었다. 그 상황에서 순간적으로 몬테소리가 할 수 있었던 것은 답사를 하지 않는 것이라고 생각하고 답사를 대신해서 간단하게 말하였다.

"여기 모이신 분들을 위해서 이렇게 훌륭한 축사와 절대적인 권력 앞에서 어떠한 말을 해야 합니까?"

"적절한 답사가 생각나지 않습니다. 그러니 너그럽게 받아주십시오."

파시스트들에게 이러한 답사 내용이 마음에 들리가 없었다. 그들은 몬테소리의 행동을 주시하기 시작하였으며 이때부터 몬테소리에게는 수난의 시간이 시작되었다. 그동안 몬테소리가 세계를 돌아다니면서 연설한 평화와 어린이들의 자유에 대한 내용이 그녀를 괴롭히기 시작하였다.

"몬테소리의 좌우명인 세계는 하나의 단일국가이고 평화의 무기는 교육입니다 (Il mondo é una nazione unica e l' arma della pace é l' educazione)."

파시스트들은 몬테소리를 괴롭히면서 정치적으로 활용하려는 계획에 문제가 일어난 것을 직감하였고 몬테소리가 어린이집을 설립하여 함께 일했던 인류애 협회에서는 불길한 예감이 들었다. 어느 날 저녁에 국가 고위 간부는 무솔리니가 그녀를 정식으로 초청하였다고 전했다.

"몬테소리 박사님! 지도자님이 당신과 이야기하기를 원합니다. 내일 저녁 그 분의 저택에서 저녁 파티가 있습니다. 즐거운 마음으로 환영하신답니다."

몬테소리는 아직까지 한 번도 급박한 초청을 받아본 경험이 없기 때문에 불길한 예감을 눈치채고 몬테소리는 마리오와 함께 멀리 인도의 뭄바이로 떠나기로 마음먹었다. 이미 저자가 몬테소리의 자서전과 다른 저서에서 언급한 것처럼 1922년부터 무솔리니의 파시즘이 이탈리아를 통치하면서 생긴 몬테소리와의 관계는 후에 많은 오점을 남겼고 심지어 1933년 독일에서는 몬테소리 교육기관이 폐쇄되었으며 저서 외에 다른 인쇄물들은 소각되었다. 비극적인 일이었다.

몬테소리는 자신의 교육방법을 확산시키려는 목적을 뒤로하고 인도에서 인고의 세월을 보내게 되었다. 그러나 말년의 몬테소리는 행복한 할머니로, 평온한 어머니로, 평화로운 여인으로서의 삶을 살았으며 77세가 되던 어느 날 마리오에게 자기의 모든 소유물을 넘긴다는 유언장을 작성하였다. 유언장의 내용은 다음과 같다.

유언장

나의 모든 소유권은 물질적인 것이든 정신적인 것이든 나의 아들에게 속해 있음을 명시한다. 이것은 나의 물질적 재산에 관한 권한을 마리오가 가지고 있을 뿐만 아니라 나의 사회적, 지적 재산에 관한 모든 권한이 그에게 있음을 의미하는 것이다. 모든 것이 마리오로부터 영감을 받은 것이고 현명하고 꾸준한 마리오의 협력으로 이루어진 것이기 때문이다. 마리오는 나를 지원했고, 나의 교육학적 일에 헌신하기 위해서 자신의 일생을 바쳤다. 그러므로 마리오는 나의 모든 일에 유일한 후계자이며 몬테소리 교육방법의 관리와 보호에 적합한 유일한 사람이다.

마리오는 내가 시작한 일의 합법적인 후임자이며 또한 마리오가 나의 일을 계속해서 인류의 복지 향상을 성공적으로 완성하기를 바라는 바이다.

마리오가 나에게 그랬던 것처럼 마리오의 자식들이 마리오에게 힘이 되어 줄 것이다. 그리고 마리오의 공헌에 대해서 세상은 정당한 평가를 해 주어야 한다.

마지막으로 몬테소리 교육방식을 통해서 혜택을 받은 친구들과 모든 사람들은 내 아들에 대해서 신의를 망각하지 않기를 바란다(Palumbo D., 2004).

마리아 몬테소리

몬테소리 교육학의 세계적인 확산과 몬테소리의 생애에서 가장 많은 영향력을 미쳤고 정신적 지주였던 어머니가 1912년 세상을 떠났을 때 몬테소리는 식음을 전폐하고 어머니의 시신 앞에서 애도의 마음을 표하였으며 그 후 슬픈 나날을 보냈다. 3년이 지나 아버지마저 세상을 떠났을 때 몬테소리는 자신의 모든 것을 잃어버린 것처럼 슬픔에서 벗어나지 못하였다. 그즈음에 몬테소리는 자기가 굳이 조국인 이탈리아에 머무는 것에 대한 의미를 가지지 않은 것으로 여러 책에서 묘사하고 있다(Palumbo D., 2004).

그 이유 중에 하나는 1912년경 이미 몬테소리의 교육방법은 전 세계적으로 알려져 있었고 1913년 로마에서는 국제 교사양성 과정이 운영되고 있었다. 몬테소리의 교육방법과 교사양성 과정은 국제적으로 운영되고 있었다.

1912년 강연을 위해서 미국을 방문한 몬테소리는 백악관에 초청되었고 토마스 에디슨과 같은 저명인사의 집에 머물면서 친분관계를 유지하였다. 미국에서 협회를 창립하면서 알렉산더 그라함 벨 여사를 회장으로 선임하였고, 윌슨 대통령의 딸인 마가렛 윌슨양이 총무직을 위임 받았다. 1915년에 캘리포니아에서 교육연수가 개최되었을 즈음 그곳의 세계 박람회장에는 몬테소리 교실이 준비되었을 정도로 미국에서의 몬테소리 운동은 급진적으로 확산되었다.

스페인은 몬테소리에게 그녀의 교육방법을 실천할 수 있는 많은 조건을 허락해 주었다. 그 당시 스페인은 아직 통일되지 않았기 때문에 카탈로냐의 바르셀로나에서는 몬테소리에게 적극적으로 교육운동을 확산하기에 아주 좋은 여러 가지 조건을 제시하였다. 몬테소리는 1916년 세계 1차 대전이 발발 중인데도 불구하고 거주지를 바르셀로나로 옮겼다. 그녀는 바르셀로나에서 교육운동에 전념하였고 세계를 돌아다니면서 그곳을 거점으로 교육방법을 보급하였다. 바르셀로나에서 몬테소리의 교육운동은 20년 동안 지속되었으며 세계 모든 교육학자들의 관심을 끌어모았다. 1913년 몬테소리는 미국을 처음 방문하여 헬렌 켈러와 만나서 서로의 교육적 사상을 교류하였고, 1917년에는 프로이드와 서신을 주고 받으면서 학문적 교류를 하였다(A. M. I., 1972).

몬테소리는 주정부의 도움으로 바르셀로나의 모든 사람들이 염원했던 어린이집과 초등시범학교 그리고 교사양성 과정을 개설하였다. 그야말로 자신의 교육방법을 실천하기 위해 최고로 훌륭하고 환상적인 교육환경을 만들었으며 어린이집과 초등시범학교 그리고 교사양성 과정은 상호 보완적으로 협력관계를 유지하면서 운영되었다. 다른 한편으로 카탈로냐는 군주통치에서 공화국으로 변화되는 정치적으로 아주 혼란스러운 상황이어서 몬테소리에게 적극적으로 도움을 주었던 정치적 인사들은 그녀를 외면하기 시작하였고 과학적 교육학, 즉 새로운 교육학을 위한 모든 것들이 정치적으로 탄압을 받기에 이르러 바르셀로나에서 그녀의 교육계획은 생각대로 이루어지지만은 않았다. 그러나 미국에서는 과학적 교육학을 보급하여 1912~1918년까지 전성기를 맞이하였지만 그곳에서도 역시 듀이 학파와 만나면서 정면으로 비판을 받기 시작하였다.

몬테소리는 스페인을 떠나면서 영국, 미국, 프랑스, 네덜란드, 이탈리아, 독일, 오스트리아, 덴마크, 남아메리카에 그녀의 교육방법을 보급하였다. 네덜란드와 영국에서는 국제 교사양성 과정을 운영하면서 정기적으로 강연과 특강을 하였다(조성자, 2007).

스페인의 내전으로 제2의 고향을 등지고 안착한 곳은 영국을 거쳐서 네덜란드였다. 안나 피어슨(Anna Pierson)의 도움으로 암스테르담으로 거주지를 옮겼고 후에 피어슨은 마리오의 두 번째 부인이자 몬테소리의 두 번째 며느리가 되었다.

1923년에 결성된 국제몬테소리협회는 세계 각국에 산재해 있는 협회를 조직적으로 운영할 수 있는 기관으로 몬테소리 교육을 위한 세계적 조직인 A. M. I와 A. M. S 그리고 자국에서 운영하는 각 나라의 몬테소리 협회에 의해서 주도적으로 운영되고 있다.

Chapter 2

몬테소리의 사회적 활동

01. 어린이들을 위한 생태교육자로서 몬테소리

우리들은 생태계의 위기 앞에서 경각심을 가진다. 미국의 유명한 생태신학자인 토마스 베리의 말대로 "오늘의 시간은 절망과 공포의 시간이 아니라 희망과 새로운 비전을 제시할 준비의 시간이고 준비를 위한 활동의 시간이다."라고 생각한다면 희망적일 수 있다(이영숙 옮김, 2008). 자연에 대한 희망을 가지기 위해서 우리는 어린이들과 더불어 아바타처럼 자연과 진심으로 실제적이며 영적으로 교감하는 방법을 자연 생태학적인 측면에서 가르쳐야 한다. 자연과 함께, 자연 속에서, 자연을 위해서, 자연의 정체성을 발견하고 자연과 더불어 새로운 삶의 방식으로 살아갈 수 있도록 생태교육을 통해서 생태학적인 사고방식의 새로운 패러다임을 준비하여야 한다.

오늘날 현대 과학과 산업의 발달은 인간의 삶을 가장 편리하고, 안전한 형태의 방법으로 살아갈 수 있도록 가장 빠른 속도로 변화시켰다. 우주를 황폐화시킨 오늘날의 과학적 지식은 아직도 자기들의 발전방향에 대한 자각 없이 인간을 지구의 자애롭고, 포근하고, 신선한 우주의 어머니 품으로 돌아갈 수 있도록 돕지 못하고 있다. 이제 과학은 인간 삶의 방식을 단지 편안하게 도울 것이 아니라 지구 생태계를 건강한 존재방식으로 변환하여야 할 의무감을 가지고 있다. 문명 세계에서 원주민들을 문화 밖으로 내칠 것이 아니라 그들의 신성한 삶의 방식을 학습하고, 모방하고, 존중하고, 격려하면서 자연스럽게 살아가는 삶의 과정 속에 어린이들을 개입시키는 인간적이고 자연적인 새로운 삶의 방식을 선물해 주어야 한다(이영숙 옮김, 2008).

인간에게 주어진 의무감은 다시 모든 산업문명의 부산물들을 내려놓고 인간이 최초에 살았던 원주민의 상태가 아닐지라도 자연을 사랑하고 자연의 질서를 존중하고 자연의 진리를 섬기고 수용하면서 살아가고 자연과 친교를 맺으면서 서로 의존적으로 살았던 가장 순수한 자연의 상태로 돌아가도록 노력하여야 한다. 우리들은 자연과 친밀한 관계를 가지도록 먼저 손을 내밀어 자연을 우리 품안으로 보듬어 주어야 한다. 가끔은 순수한 어린이들이 자연을 보듬는 행동에 더 익숙해져 있는 것을 볼 수 있다.

몬테소리는 우주교육을 통해서 우주창조 과정에서 자연의 질서를 만들어내는 자연계와 가장 친밀한 관계를 유지하면서 지혜로운 인간의 힘으로 자연과 진심으로 교감하고 유지할 수 있는 생태학습 과정을 원했다.

몬테소리의 우주교육은 우주의 이야기이며 우주 속에서 살아가는 모든 생명체와 무생명체의 이야기를 역사적으로 구분하는 것이다. 인간은 인간 세계의 변화는 물론 오랜 역사를 통해서 형성된 자연상태를 아무런 죄의식 없이 단지 편리하다는 이유만으로 빠른 시간 동안 파괴하였다. 우주의 파괴는 회복이 불가능하고, 한번 파괴된 것은 설령 회복이 가능하다고 할지라도 오랜 시간을 필요로 한다. 생물학적으로 분명한 것은 유전자는 재생이 불가능하다는 것이다.

빙하가 녹아 자외선을 차단할 수 없게 되어 생긴 심각한 피부암과 같은 무서운 질병의 발생, 지구 곳곳에서 물을 오염시키고 지하자원을 남발하였기 때문에 물의 고갈로 인해 발생하는 부작용들, 산업공장에서 내뿜어대는 연기로 대지가 붉게 물들어가는 대기오염, 인간의 귀중한 생명을 위협하는 모든 화학적 물질들은 자연의 존재가치, 인간의 존엄성, 다른 생명체들과의 관계를 차단시킨다.

지금도 생태계를 파괴하는 과학은 발달하고 있지만, 그것은 인간과 자연을 보호하는 과학적 지식이 아니라 인간과 자연을 폭력 없이 위협하는 지식이다. 과학기술의 발달은 인간과 자연이 함께 살아가는 데 필요한 기술을 우선 개발해 주어 자연 친화적으로 공존할 수 있도록 최대한 도와주어야 하고 가장 친밀하게 지낼 수 있는 방법을 제공해 주어야 한다. 베리는 황폐화의 원인을 인간의 이기적이고 자기중심적인 특성과 지식이 없는 다른 생명체들에게 아무런 권리를 주지 않은 우월감을 지적하였다(이영숙 옮김, 2008). 몬테소리는 모든 생명체와 무생명체는 자기 위치와 역할이 있다고 말한다. 인간이 이러한 위치와 역할을 지키는 것은 우주적 사명감이라고 생각하였다. 또한 그녀는 우주를 위엄 있는 존재로 생각한다면 인간이 우주를 위엄 있는 존재로 만들어 주어야 할 우주적 의무감을 가진다고 하였다. 모든 인간과 생명체들은 존경받고 인정받을 권리가 있고 또 그렇게 되도록 교육하여야 한다. 인간만을 위한 과학적 지식을 우주를 위한 과학적 지식인 우주-생태학적 지식으로 전환하여야 한다.

모든 생명체와 무생명체는 우주의 일부분이기 때문에 인간은 우주와 자연을 친구처럼 생각하고 인생행로를 의지하면서, 달래면서, 고마워하면서 동행하여야 한다. 우주는 유일한 것인 동시에 우주에 존재하는 모든 것과 관계를 가지는 다양성을 소유했다. 우주는 다양한 자연현상에 관한 지식, 다양성에 대한 총체적 학문, 다양한 문화적 총체와 연결되어 있기 때문에 그 존재 가치를 진심으로 인정하여야 한다.

가장 신선하고 건강한 공동체는 인간 인류공동체가 아니라 우주공동체에 초점을 맞추어야 한다. 몬테소리는 우주의 전-공동체 또는 인류공동체에 대한 개념을 우주교육의 초석으로 제시하였다. 몬테소리가 생태학적 관심을 어린이들에게 적용한 것은 그녀가 처음 접한 학문이 자연과학이기 때문에 순수 인문과학을 연구한 다른 학자와 다른 측면에서 학문을 바라보고 있는 듯하다.

베리는 우주가 지금 우리 인간들에게 가장 중요하고 훌륭하고 정직한 입법자, 경제적 기업가, 훌륭한 과학자, 유능한 기술자, 몸과 마음을 어루만지면서 달래주는 치유자, 가장 정직한 계시자, 가장 탁월한 예술가, 가장 겸손한 교사, 가장 훌륭한 영성가, 가장 모범적인 모델가로 거듭나야 할 의무감을 가진다고 말한다(이영숙 옮김, 2008).

우주의 질서는 세상에서 가장 존귀하고 가장 위엄있는 질서이다. 생명체들은 환경을 위한 창조적 동반자이고, 우주 전체를 깨끗하게 청소하는 정제자이고, 생태학적인 보존자이다. 모든 생명체들은 우주에 에너지를 공급하는 주역들이다.

우주는 위대한 가르침을 실천하는 우리들의 위대한 스승이다. 이러한 요소들에서 가장 중요한 것은 바로 우리 인간 자신이 우주의 중심에 서서 진심으로 우주를 사랑하고 보호하는 자세이다.

지구공동체에서는 인간만이 아니라 인간 삶의 이야기를 전달하는 지리학과 생물학, 인간의 역사를 가르치는 인간의 실제 존재에 대한 이야기, 인류의 발전상과 문명의 발달에 관한 문명의 이야기들은 잊혀진 조상들의 이야기가 아니라 그 조상의 얼을 지금 다시 재조명하여 그들 삶의 방식을 존중하고 감사하면서 수용하여야 한다(Michael & Duffy D' Neil, 2002). 우리 교사들은 끊임없이 어린이들에게 우주에 대한 이야기와 보존의 의무를 이야기함으로써 우주에 대한 호기심과 관심을 가지도록 자각시키는 것이 중요하다.

몬테소리는 자연의 완성단계를 초자연(Super Natur)으로 보았다. 인간 자신의 의식으로 책임감 있게 우주에 대한 봉사를 자행하면서 초자연(Super Natur)을 창조하여야 한다.

모든 생명체들은 초자연을 만들어가기 위해서 자기보호와 보존본능을 위한 생명의 서식지를 가지고 있다. 따라서 인간은 생명의 서식지를 보호할 의무감을 가져야 되는데, 반대로 자기 자신들의 편안함, 안전감, 만족감을 위해서 모든 생태계를 파괴해 버렸다. 과학이 지구경제만을 생각한다면 인간은 생태경제학을 연구하여 우리 환경 속에서 다양한 인간집단과의 진실한 교류와 친밀하게 지내는 생태시민 정신을 유지하도록 가르쳐야 한다. 우리 조상들이 섬기었던 자연 섬김의 정신으로 다시 되돌아가서 그들의 정신과 함께 다시 태어날 준비, 즉 재창조의 준비가 필요하다.

우리들은 어린이들이 끊임없이 자기 인격을 형성하고 창조할 수 있도록 도와줌으로써 인류애를 향상시킬 수 있다. 건강한 인격형성을 위한 방법 중 하나가 우주교육이고, 이러한 우주교육은 어린이의 삶에 방향을 설정해 주는 데 도움을 준다.

어린이들의 생태교육을 위해서 우주가 하나뿐이기 때문에 하나의 통일된 생각이 필요하다는 것(Pensare e Unficare), 우주에 대한 지식을 가지려는 생각, 우주에 대한 영적 통찰력을 가지려는 생각, 자연의 상태를 재창조하려는 생각, 자연의 품으로 돌아가야 할 운명이라는 생각을 가지도록 함으로써 어린이들에게 살아 있는 모든 생명체를 사랑하는(Amo tutto cio che vive) 방법을 가르쳐야 한다. 인간 · 식물 · 동물을 사랑하는 것, 자연계를 사랑하는 것, 생명체와 무생명체 그리고 자연계의 균형과 조화로운 발전을 위해서 생명체의 미래와 우주학을 다루는 학문이기 때문에(La cosmologia contemporanza e l' avventura del vivente) 유아교육의 학문적 영역으로 정확하게 침투되어야 한다(Regni R., 1993).

왜냐하면 모든 생명체들은 우주와 자연에 대한 지식 없이 우주에서의 생존이 불가능하기에 우주를 보호하면서 살아갈 인간에게 의무와 책임감이 주어진다. 지금도 정상화를 위해서 진화하고 있는데, 진화를 위한 새로운 지식은 지구개발을 위한 과학적 지식만이 아니라 지구를 보호하는 새로운 지식의 패러다임을 요구한다.

몬테소리는 진화를 사랑이라고 말한다. 어린이들의 진화를 방해하는 장애물을 제거하여 인간 생존에 필요한 새로운 과학적 지식과 더불어 우주에 대한 새로운 과학적 소식인 생태학적 지식을 직시하여야 한다. 우리들은 어린이들에게 우주에 대한 상상력과 더불어 생각의 새로운 패러다임을 새롭게 제시해 주어야 한다. 어른의 종속물, 아무것도 모르는 미약한 존재로 이해할 것이 아니라 철학자인 어린이(Il bambino filosofo), 인간의 스승인 어린이(Maestro dell' uomo), 인간의 어버이인 어린이들을 존중하고 수용하여야 한다. 그들을 진실하게 받아들여 배움의 텃밭으로 초대하여야 한다.

어린이들은 우주의 새로운 비전이며 우주의 희망이다. 어린이들은 건강한 생태학적 우주를 원한다. 우주 생태론의 기본적인 방향은 세계창조, 자연의 신성함과 생태론에 관한 이론으로써 우주 안에서 기능적인 조화를 이루어가면서 세계에 대한 전체성과 총체성을 통해 세계의 목적론에 도달하는 데 어린이들을 참여시켜야 할 것이다. 인간에게 창조 요소의 이중적 과제인 인간의 특별한 위치와 역할로서 나는 누구인가?에 대한 답을 찾는 것이다. 인간은 물론 모든 어린이들 각자는 중요한 자신의 정체성, 자아발견, 자신의 존엄성을 정확하게 인식하면서 모든 인간과 사물은 우주 안에서 자기 위치와 역할에 충실하여야 한다.

나와 타인과의 관계, 두 사람 사이에서 자기 존재의 확신, 너라는 존재를 통해서 자아를 확인하는 것, 자신의 정체성을 이해하는 것, 아랑이라는 것, 한국인이라는 것, 대구에 산다는 것, 인간 종족의 한 구성원으로서 이 세상 모든 사람들과 구별되는 존재이다. 모든 인간은 물론 생명체는 인간공동체이던 개인공동체이던 우주적 과업을 수행하도록 도와 주어야 한다.

다시 강조하는 것은 우주교육의 본질은 나는 누구인가?(Who am I), 나는 어디에서 왔을까?(Where do I come from), 나는 왜 지금 여기에 있을까?(Why am I here or Where am I going?)에 답을 주는 것이다. 우주적 과업에 대한 몬테소리의 궁극적인 설명은 자연 속에서 우주적 질서를 유지하려는 창조성이라 할 수 있다. 우주적 과업을 설명하려면 몬테소리가 언급했던 우주의 이야기를 지속적으로 관찰시키면서 자연적인 질서로 돌아갈 때 자연생태는 유지될 수 있다. 오늘날의 우주적 과업은 자연적 질서의 균형이고 생태학적 복원이다. 생명은 생명을 보존하며 모든 생명체는 재생이 불가능하다.

이러한 질문들은 어린이들의 과거와 밀접한 관계를 가지고 있으며 역사를 통한 현재 자신의 정체성의 일부를 몬테소리는 므네메(Mneme)라고 부른다. 므네메라는 용어는 가장 포괄적인 의미로써 모든 이론의 원조격이 된다. "나는 왜 여기에 있는가?" 라는 질문은 미래와 연결되는 것이고, 삶과 관련된 목적으로써 몬테소리가 "우주적 과업"이라고 말하는 우주에 대한 사명감 내지 공헌도와도 깊게 연결되어 있다. 우주적 과업은 호르메(Horme), 즉 인간 내면에 가지고 있는 에너지를 발달시켜 나의 의무감을 수행하는 것이다. 다른 측면에서 필연적이고 진화적인 삶의 형태라고 할 수 있다. 인간 종족의 한 구성원으로서 또는 유일무이한 개인으로서 한 어린이의 기여도를 말하고 정체성을 말하기도 한다. 정체성은 세상에 자기 존재를 존속시키는 것이고 더 아름답고 훌륭한 세계를 위한 원동력이 되기도 한다.

"나는 누구인가?" 라는 질문은 인간 종족이라는 관점에서 접근되어질 수 있으며 우리 행성 안에서 진화된 삶의 그림(차트)을 보면서 특별히 자기 자신의 종족에 관한 삶의 위치를 발견하도록 유도하고 있다. 즉, 자기 자신을 과거, 미래 그리고 현재의 관점에서 직관할 수 있도록 제시한다. 또 다른 측면에서의 접근방법은 인간 개인 차원에서 전체 종족의 우주적 과업에 즈음하여 우리 개인 각자가 공헌한 바를 발견하도록 노력하는 것이다.

이러한 두 단계의 차원은 서로 상호적으로 공존하며 몬테소리 교육과정 속에서 어린이들에게 우주교육에 대한 지식에 끊임없이 상호 보완적으로 영향력을 주고 있다.

몬테소리 역사 속에서 우주적 대과업의 개념을 탐구하여야 한다. 그녀가 가장 관심을 가지고 있었던 것은 태양과 지구상에서 생명의 탄생 장소와 지구를 극대화하는 것인데, 이 지구는 물에 의해서 융해된 수천 톤의 미네랄이 축적되어 있으며 바닷속으로 풍화되어 씻겨 내려가 있다. 아름답게 피어나는 생명체들은 자리를 잡기도 전에 칼슘, 탄산염들과 다른 광물질인 위험한 독소들로부터 엄청난 위험을 당하고 있다. 지금 현재 사라져가고 있는 삼엽충의 갑각류, 오징어류, 바닷세계, 마지막으로 산호 등은 자기 자신이 광물질의 일부가 되어버렸거나 광물질 자신이 직접 포획한 것이다.

바로 이 불행한 시점에서 우리들은 치명적인 오염으로부터 바다를 구해야 한다. 물은 광물질을 융해하고, 바다에 대한 우주적 과업이 있고 산호는 그런 광물질들을 아름다운 암초로 만들어 대량의 섬으로 변화시키는 대과업을 진행하게 된다. 이러한 작업들이 바로 산호의 우주적 과업이며 작은 피조물들이 우주에 대해 공헌한 대단한 우주적 역할들이다.

몬테소리 운동에 많은 관심을 가지고 있던 마리오는 자기 어머니의 사상인 우주적 과업을 다음과 같이 분명하게 설명하고 있다.

"우주적 과업"에 대한 몬테소리의 궁극적인 설명은 자연 속에서 우주적 질서를 유지하려는 창조성이라 할 수 있다. 즉, 그녀가 예견했던 현상들을 지속적으로 관찰해야 하며 사물들은 자연적 질서로 귀환해야 된다. 오늘날의 우주적 과업은 자연적 질서의 균형인 생태학적 개념이다(Mario Montessori, 1991).

우주교육은 우리들 각자가 인간공동체적이든 개인적이든 우주적 과업 수행을 적극적으로 협조해야 한다는 것이다. 우주적 과업을 수행하기 위해서 우리들은 한 맥락 속에서 우리 자신을 이해하여야 하며 우주 안에서 우리들의 위치, 다른 종의 생명체와의 관계, 문화적 다양성 속에서 인간의 통일성을 대비해 보려는 것이다. 다시 말해서, 우리들은 누구인가에 대한 질문의 답을 진심으로 시도해 보려는 것이다. 실제적으로 이탈리아 Bergamo의 A. M. I. 교사양성과정센터의 책임자인 Camillo Grazzini는 우주교육의 정의를 다음과 같이 6단계로 구분한다. ① 세상을 바라보는 통일된 시각, ② 조직력 있게 구성된 우주에 대한 지식, ③ 상호 독립적인 이해, ④ 우주적 과업의 인식, ⑤ 삶의 새로운 방식에 대한 인간적인 경험, ⑥ 전체로부터 세부적인 사항으로 이행되어지는 교육 이론이다(조성자, 2010).

분명히 나는 누구인가?에 대한 질문에 단 한 가지 대답만이 존재하는 것은 아니며 어느 측면에서는 부분적인 대답만을 할지도 모른다. 그러나 이 연구는 일생동안 지속되어지는 것인 동시에 우주과업을 완전하고 분명하게 해결하지 못할지라도 우리들의 수수께기를 풀어나갈 수 있기를 희망한다.

02. 어린이들을 위한 평화주의자로서 몬테소리

몬테소리는 평화문화와 평화교육을 확산하여 어린이들에게 평화에 대한 정확한 인식을 가지도록 하는 것이 목적이었다. 평화의 개념을 어떤 정치적인 요소로 보지 않고 교육적인 요소로 보는 반면 평화 자체는 사회적 개혁이라는 궁극적인 개념을 포함한다. 새로운 사회를 창조하기 위해서는 새로운 인격을 형성한 인간이 필요하다는 뜻이다. 새로운 인간이 새로운 문화를 창조할 수 있으며 새로운 문화를 창조할 때 분명히 고려되어야 할 점이 바로 새로운 형태의 윤리적 관점으로 인간의 조화, 질서, 규칙, 공동생활과 같은 요소들이다. 평화를 파괴하는 비윤리적인 사고에서 벗어나 평화로운 사고가 사회를 조직할 수 있는 학문으로 존재하여야 함을 강조한다. 인간 사회에서 윤리적 질서가 유지될 때 모든 사회 구성원들이 평화로워질 수 있다고 생각한다(조성자 역, 1990).

몬테소리의 평화 개념은 아래의 그림과 같은 네 가지 요소들을 포함한다. 이 요소들은 실제적, 순환적으로 작용하면서 어린이들을 위한 조화롭고 평화로운 세상을 만들어간다.

첫째, 몬테소리의 평화 개념은 교육의 총체적 개념을 포함한다.

몬테소리는 "평화를 창조하는 것은 교육적 행위"라고 확신하였다. 몬테소리는 1934년에 이미 교육개혁을 시도하면서 평화를 창조하는 것은 교육 행위이고, 정치는 가급적 전쟁을 회피할 수 있어야 한다고 주장하였으며 평화를 위한 우선적인 일은 일시적으로 또는 장기적으로 전쟁을 회피하는 것 외에는 아무런 힘이 없다고 하였다.

평화로운 세상을 만들어 가기 위해서는 새로운 인간으로 다시 태어날 수 있도록 교육하여야만 한다(Bisogna formare del' uomo nuovo). 인간은 자기 자신 안에서 훌륭한 정체성을 가진 존엄한 존재가 될 수 있어야 하고, 반대로 사회는 사랑과 정의의 원칙 위에 근거한 존재가 되어야 한다(조성자 역, 1990). 그러나 우리들이 알고 있는 것처럼 정의로운 사회에서 모든 인류가 사랑을 공유해야 한다는 확신감은 그저 평화를 갈망하는 우리들의 간절한 희망만이 아니라 실천적이고 의식적인 일이다.

둘째, 평화는 인류공동체가 도덕적 가치를 중요시하는 조직체를 형성할 때 가능한 것이다.

문명과 기술이 발달함과 동시에 지구에 존재하는 사람들은 자기들의 이익과

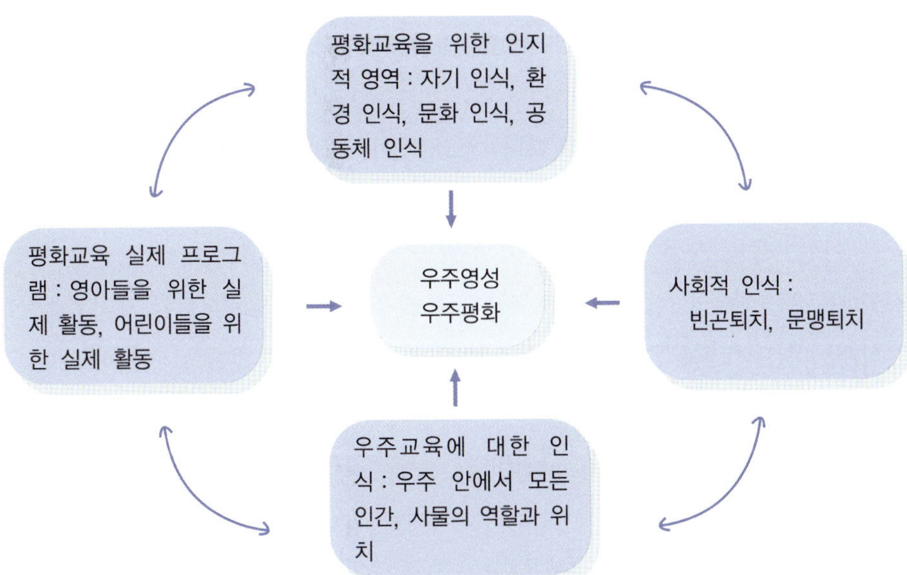

안전을 위해서 수많은 조직체를 형성하여 서로의 이익을 분배하지만 그에 상응하는 인간의 안정, 즉 평화를 위한 도덕적 조직체(Organizazione Morale)를 형성해서 인간의 위기를 방어할 수 있고, 정신적 위기를 극복하도록 보호하고, 인간의 정신적인 고립화 현상을 방어할 수 있는 힘의 구축을 요구한다. 몬테소리는 인간의 물질적인 고립화뿐만 아니라 정신적인 고립화도 예방할 수 있는 평화를 위한 도덕적 조직체 형성을 원하였다. 특별히 도덕성은 인간들 사이에서 발생한 다양한 문제를 항상 정의롭게 고려하면서 내적 평화를 가지도록 돕는다. 나와 너(Io e Tu) 사이에서 인간적인 가치를 바탕으로 하는 사회가 도덕적 가치로 고려되어야 한다. 인간들은 사회적 훈련을 필요로 한다.

셋째, 몬테소리의 평화 개념 속에는 생태환경 조직의 필요성을 강조한다(조성자 역, 1990).

생태환경 조직은 두 가지 차원을 포함하고 있다. 하나는 인간이 정상적으로 잠재적 능력을 발달시키기 위해서 절대적으로 필요한 요소가 환경이라면, 우리들은 어린이의 미래를 위해서 환경을 보호할 수 있는 조직을 필요로 한다(조성자 역, 1990). 몬테소리는 생태환경 보호를 위해서 생태학적 관점을 외부 환경인 밖에서 내부 환경인 교실 안으로 끌어들여 어린이들의 실제적 건강한 환경을 보호하기 위한 생태교육을 실시하였다. 그 방법이 바로 우주교육 모델이다. "우주에 존재하는 모든 사물과 인간은 자기 위치가 있고 자기 역할이 있다."는 것을 강조한 이유가 여기에 있다.

다른 하나는 우주의 생태문화이다. 인간 특히 어린이들을 위한 새로운 형태의 문화를 원한다면 새로운 형태의 도덕적, 윤리적 가치문화를 동반하여야 한다. 교육은 어린이들이 사회에서 자기들의 목적과 삶의 방향을 의식하여 자신을 변화시킬 수 있고 자아실현을 위한 조직체를 통해 도덕적이고 윤리적인 가치관을 실현하여야 한다. 사회적 질서, 내적 규칙, 균형과 조화로운 발달을 성취하도록 방향지워져야 한다. 반대로 어린이들의 공동체 생활과 사회생활에 반대되는 행위들은 무질서로 인해서 사회를 파괴한다. 몬테소리는 도덕적이거나 윤리적인 것은 우리 인간과 더불어 사회를 건강하게 조직하는 학문으로 존재할 때 인간 모두는 평화롭게 될 수 있다고 확신하였다(조성자 역, 1990).

톨스토이는 13명의 자녀를 두었다. 그러나 모든 도시생활을 등지고 농민과 더불어 자연 속에서의 생태학적인 삶을 위해서 시골 농장으로 돌아갔다. 그는 인간사회만으로 제한되었던 사랑을 자연계로 확산시키는 운동을 실천한 사람이다. 그는 자연생태의 중요성을 강조하면서 자연 속에서 살아가며 작가활동을 하였는데, 당시 경제적 이익을 제공하는 노벨상 수여를 거절하였다고 한다.

넷째, 몬테소리는 평화의 개념을 평화문화 확산으로 보았다. 평화문화(Culture of Peace)는 인간의 권리와 민주적인 원칙들, 정의, 사랑의 실천, 질서, 생태계의 보호, 인간의 무분별한 자연개발과 같은 모든 것을 평화의 중요성에 근거하여 묘사하였다. 평화문화는 이러한 인간의 보편적인 가치들이 평화문화 속에 내재하기를 바란다.

평화문화를 확산하기 위해서는 어린이들의 교육을 통한 의식적 변화가 필요하다. 평화는 자신으로부터 시작하며 발달단계에 알맞은 평화교육에 대한 이론과 실천을 요구하고, 전쟁과 갈등문화에서 평화문화로 변화하려는 확고한 신념을 요구한다. 평화를 위한 조직적이고 체계적인 평화문화를 형성할 수 있도록 돕고 평화문화의 정체성을 정착시키는 것이다. 어린이들에게 평화문화를 정착시키고 평화문화로 변화시키기 위해서 다른 영역과 같이 어린이들 교실에서 실제적으로 평화 학습과 평화 체험활동이 이루어져야 한다는 것이 몬테소리의 견해이다.

다섯째, 몬테소리의 평화교육은 전 생애를 거쳐서 이루어진다.

평화교육이 특별히 유아기에만 이루어져야 하는 것이 아니라 전 생애를 거쳐서 이루어져야 하며 맥팔란드 교수는 유아기에서 성인기까지의 평화교육 모델을 제시하고 있다. 모든 발달단계마다 다른 평화를 요구하고 있다(조성자 역, 2009). 즉, 유아기에 필요한 평화문화, 아동기에 필요한 평화문화, 성인기에 필요한 평화문화가 있다.

여섯째, 평화는 합법적인 동의에 의해서 이루어질 수 있는 유일한 방법이다(조성자 역, 1990).

평화는 나만 유지해서 이루어지는 것이 아니라 나와 관계 있는 모든 사람과 사물을 통해서 평화를 공유할 수 있어야 한다. 몬테소리는 인간과 법이 평화를 만들 수도 파괴할 수도 있다고 하는데, 인간이 평화와 전쟁에 동의하고 그 결과로 인간은 행복과 불행을 자처하게 된다. 그러나 법은 인간의 편리에 의해서 인간이 만들었다.

몬테소리는 인간이 평화를 위한 합법적 단일국가를 만들어 가자고 동의할 때 지구촌은 평화로운 동산이 되고 세계 국가가 하나가 되어서 같은 목소리로 평화를 부르짖을 때 평화의 힘이 강해진다고 하였다. 몬테소리는 국제연합과 같은 단일조직체를 만들어 지구에 흐트러져 있는 힘을 한 곳으로 모으는 "진정한 인류애의 조직화"가 탄생할 것을 요구하였다. 인간을 "우주시민"인 새로운 세계를 위한 시민으로 양성하는 것이다(조성자, 1990).

단일국가에 생존하는 모든 우주시민들은 자기능력을 가치 있다고 생각하고, 자기의 능력을 개발할 수 있는 교육이 필요하다. 우주시민들은 자율적이고 독립적인 삶을 살아갈 수 있는 능력을 가진 사람들이다.

일곱째, 몬테소리의 평화 개념은 문맹퇴치 운동으로부터 시작한다.

우주에 존재하는 모든 사람들이 서로 행복하게 살아가기 위해서 우선적으로 문화적 교류, 지식정보 교환을 위해서 글자를 모르고는 불가능하다. 지구상에서 문맹자를 줄이기 위한 실제적인 교구를 만들어 언어를 교육한 이유가 바로 평화의 마음을 나누는 데 필요조건이기 때문이다.

03. 어린이들을 위한 사회운동가로서 몬테소리

몬테소리는 1896년 독일의 베를린에서 열린 국제여성회의에 이탈리아 대표로 참석하였다. 그녀가 6백 만 이탈리아 여성을 대표하여 또 로마 출신의 여의사, 이탈리아의 아름답고 우아한 엘리트 여성으로 참석했다는 사실은 후에 이탈리아 여성의 사회적 지위를 향상시키는 데 대단한 공헌을 하였다. 그녀의 외침은 여성들에게도 남성과 똑같은 사회적 지위를 부여할 것, 여성에게도 선거권을 부여할 것, 여성에게도 남성과 같은 월급 지불을 요구하였다. 그녀만의 매력적이고 특별한 화술로 관중을 사로잡은 강연은 참석한 많은 사람들을 감동시켰으며 강연 후, 그녀를 칭송하는 많은 글들이 여러 나라 신문에 기사화되었다.

몬테소리의 일에 대한 열정은 끊임없이 계속되었다. 이탈리아 여성의 사회적 문제를 해결하기 위해서 전국 각 지역을 돌아다니면서 많을 일을 했다. 독일에서 이탈리아로 되돌아 온 다음에는 개인 병원도 운영하고, 산토 스피리또(Santo Spirito) 병원에 조교일도 했으며, 여성 아동병원에 가서 종종 일을 도와주었다. 여기서 중요한 점은 즐거운 마음으로 일을 하면서 사람들과 적극적인 관계를 맺었다고 한다. 일에 열정을 가진 젊고 매력 있는 여의사인 동시에 사회활동가였던 그녀는 때때로 여성들의 모성적 본능을 강조하면서 모든 인간들은 자기의 위치에서 사회적인 권리를 가져야 하고 이러한 권리는 모든 인간들이 나눔과 의사소통의 기회를 가지는 권리임을 의미한다고 했다. 몬테소리는 권리가 여성들에게 약하게 강조됨을 의식하면서 모든 면에서 여성들의 권리를 주장하였다. 그 시대 세계적으로 몬테소리 운동과 교육운동을 동시에 조직하여 교육적인 평화운동, 환경운동, 사회발전을 위한 여성운동을 이끌어 간 결과, 여성들의 위치는 향상되었다.

몬테소리의 우주관, 세계관, 지구성은 언어와 문화의 다양성 속에서 하나 또는 단일국가(Unica Nazionale)를 이루어 경제적이고 생태학적인 발전을 이루어냈으며 그녀의 또 다른 사회운동은 세계에 산재해 있는 문맹자들을 위해서 문해능력을 교육하여 전 인류와 미래세대의 문화적 진화를 발전시켰다. 이러한 사회운동은 그녀가 간절히 희망하였던 간 세대성(Intragenetionalitát)에 대한 이론으로 후에 우주교육의 기초를 이루는 근거가 되었다. 인류의 모든 정신적인 상상력과 정신세계 그리고 희망을 하나로 결합하여 공동의 선을 지향하고 평화로운 세상을 만드는 것이다.

몬테소리가 사회운동가로서 또 다른 기여를 한 것은 장애우들을 위한 특수학교를 건립하여 장애우들에게 교육을 받을 수 있는 기회를 제공한 것이다. 1897년 정신병원 조교가 된 다음 장애우들을 죄수처럼 다루는 병원의 하루 일과에 불만을 품었다. 장애우들은 병원에서 먹고 자는 일 외는 하는 일이 없었으므로 자연적으로 다시 장애우가 되는 것이다. 장애우들을 위한 교도소와 마찬가지였다고 회고하였다. 그녀는 어린이 장애우들을 관찰한 결과 문제는 교육 부족의 문제이지 의학의 문제가 아니라는 결론을 내리고 임상치료 방법을 적용하였다. 이타르드와 세강의 이론을 받아들여 장애우 개인을 존중한 임상방법을 적용하여 투린

(Turin)에서 개최한 전국 교육학대회에 참석하여 3,000명의 참석자들에게 「정신적 장애우들」이라는 글을 발표하여 열광적인 찬사를 받고 이탈리아 전국을 떠들썩하게 동요시켰다.

그 후 이탈리아 전 지역의 교육기관에서는 장애우들을 임상적인 방법으로 치료하여 정상적인 학교에 입학할 수 있는 기회를 만들어주었다. 그 당시 정상적인 어린이들은 입학시험에서 탈락하였지만 장애우들은 지원자 전원이 모두 입학에 합격하는 쾌거를 올렸다. 몬테소리는 장애우들을 위한 교육방법을 개혁한 교육개혁자인 동시에 사회운동가가 되었다.

몬테소리는 1949년 유네스코에 초대되어 연설을 하면서 어린이 정당(Parlamento del bambino), 어린이 교육부(Il ministero del bambino), 전쟁으로 희생된 사람들을 보호하는 적십자사와 같은 어린이를 위한 백십자사(Il bianco del bambino) 창립을 제안하였다. 즉, 공식적이고 정치적인 측면에서 어린이의 권리를 책임져야 한다며 사회교육을 통해서 인류애를 위한 단일국가를 조직하길 원했다(Pignatori M., 1967).

몬테소리는 여성의 억압이라는 주제를 통해서 이탈리아의 여성해방 운동을 이끌어내면서 국제학회에서 여성의 권익에 대해서 발표하였다. 산 로렌조의 어린이집 역시 빈민층 자녀를 위해 주거환경을 개선하기 위한 프로젝트였다.

그녀의 어린이를 위한 교육 역시 부모에게 종속되어 있는 그들을 해방하여 사회적으로 독립된 생활을 할 수 있도록 돕는 일이다. 세계 2차 대전이 종식된 다음 민주주의 과정에서 어린이들이 제외된 것을 규탄하면서 어린이들을 위한 정당을 설립하여 어린이들의 권리를 찾아줄려고 노력하였다.

몬테소리는 어린이들이 다니는 학교제도에 대해서 언급하였다. 학교가 어린이들을 자유롭게 만들어주는 것이 아니라 감옥처럼 감금한다고 하였다. 그래서 교육을 받으러 온 어린이들이 교실의 책걸상 높이가 맞지 않아서 장애인이 되는 예를 제시하면서 학교환경을 완전히 개혁하려고 시도하였다. 그녀의 개혁 프로젝트는 성공적으로 수행되었기 때문에 유아교육 분야에서도 개혁교육자가 되었다.

몬테소리는 어린이들이 발전하는 사회 속에서 정상적으로 사회생활을 할 수 있도록 돕는 운동을 전개하였다. 어린이들이 사회 구성원으로서 책임 있는 시민으로 성장하기 위해서는 어린이들의 세계를 인정하고 그들의 세계에서 조화롭게 살아갈 수 있는 능력을 만들어주자고 하였다. 그녀는 어린이들을 어른들의 노동에 참여시킬 것이 아니라 노동과 작업이 그들의 인격형성에 도움이 되도록 권리를 인정해 주어야 한다고 말한다.

또 몬테소리는 연설을 통해서 오늘날 국제연합과 같은 단일 조직체를 조직할 것을 요구하였다. 단일 조직체는 모든 종교, 종족, 문화를 초월한 진정한 인류애의 조직을 의미한다. 몬테소리는 우주의 시민으로서 새로운 세계를 위한 시민으로 새롭게 탄생되어야 하고 과거처럼 국경과 국경의 한계, 자기 고유한 관습, 종교, 문화를 구분한다면 인간적인 가정공동체는 영원히 창조되지 못한다고 말한다(Pignatori M., 1967: 53).

몬테소리는 국경을 의식하지 않고 모든 사람들의 마음이 우주에 대한 존중, 자연에 대한 존중, 다른 친구들에 대한 존중을 통해서 개인보다는 공동의 선을 지향하자고 하였다. 몬테소리는 어린이들이 평화로운 세상을 살아갈 수 있는 마음을 양육하기 위해서 고요함을 느끼도록 하는 것, 경이로움을 경험하는 것, 자연에 대한 존중을 가지는 것, 자신을 좋아하고 자존감을 가지는 것, 그리고 자기 주변의 사람들(친구, 교사, 어른)들과 하나가 되어 서로의 마음을 열어가도록 안내할 것을 강조했다.

Chapter 3

몬테소리 교육학의 중요한 출발점

01. 몬테소리의 과학적 교육학의 탄생

몬테소리 교육학과 다른 교육학의 차이점에 대해서 언급한다면 서슴지 않고 과학적 교육학과 생명을 돕는 교육학으로써 어린이들로부터 자동교육 방법을 이끌어낸다고 말할 수 있다.

몬테소리는 1907년 어린이집을 처음 시작할 때 교육방법을 제시하지 못했다. 아직 그녀만의 교육학을 완성하지 못했지만 곧 완성하여 발표할 것이라고 말한 그때로부터 얼마의 시간이 흐른 다음 『어린이 발견』이라는 저서를 통해서 교육학은 관찰, 분석, 치료를 통해서 어린이들을 정상아로 진화하도록 돕는 학문임을 세상에 널리 알리었다(조성자 역, 1995).

몬테소리의 처음 직업이 의사였기 때문에 아마도 그녀의 의식구조는 자연과학에 기초하였을 것이다. 예를 들면, 언제든지 어린이를 관찰하고 분석하고 치료하려는 계획은 환자를 보면서 병의 원인이 무엇이고 어떤 약을 주고 치료해야 완치시킬 수 있을까를 연구하는 특성과 비슷하다. 또 그녀는 인간학을 기초로 어린이를 관찰하였는데, 어린이를 관찰하고 분석하고 치료하는 것은 지극히 정상적인 일이었는지도 모른다. 몬테소리는 과학적인 교육방법으로 인간에 대해서 실증적이고 이성적이며 정확하고 다양한 관찰방법을 활용한 연구가 필요하다고 생각하였다.

어린이들을 교육하기 위해서 그들의 특성인 고유한 문화와 교육적 근거에 대한 설정을 필요로 하기 때문에 그들 몸 전체의 생물학적 요소에 대해서 측정이 필요하다고 생각하였다. 즉, 몸무게, 키, 머리 크기, 앉은 키 등이다. 개인을 교육하기 위해서는 정확한 정보와 특성을 알지 못하면 교육할 수 없다고 생각하였다(조성자 역, 1995: 14). 개인의 특성과 문화를 근거로 연구한 몬테소리의 연구결과는 스스로 과학적 인간학 또는 교육학적 인간학이라는 새로운 학문적 용어를 일반화시키는 데 성공하였다.

전통적인 교육방법에 대한 비판적인 견해를 가지고 있는 교사들과 몬테소리를 따르는, 즉 과학적 교육을 추종하는 학파들에게 학교교육의 개혁이라는 의무감을 가지고 관찰을 위한 자료를 수집하고 신장기를 사용하며 인간 측정과 관찰법을 사용하여 모든 교육환경을 개혁하자는 운동이 일어났다.

몬테소리는 만약 자신이 정확한 심리측정 방법과 인간에 대해서 정확한 측정방법으로 측정하였다면 오히려 기계론적이고 구조화된 방법이었을 것이라고 생각하였다. 그러나 그녀의 개혁교육은 교사들이 교실에서 어린이들을 실제적으로 관찰한 내용을 가지고 경험에 의해서 실증적으로 현장에 적용하여 그들과 함께 교육을 이끌어가는 질적인 연구방법의 발견과 새로운 교사는 유명한 학자가 아니라 어린이들을 돕는 협조자와 관찰자로서 자기 역할을 다해야 한다고 했다.

몬테소리는 경험에 의해서 어린이들의 신비스럽고 매력적인 베일을 벗길 수 있고 그들의 삶과 생활에 대한 심오한 진리를 연구하여 안내자로서 목적을 가지고 사랑을 실천하는 사람을 학자적인 교사라고 말했다. 학자적인 교사는 자기 자신을 망각하면서까지 자연의 비밀을 통해서 강하고 정열적인 사랑을 자신 속에서 탄생시킬 수 있는 마음을 가진 교사를 의미한다.

몬테소리는 지혜로운 사람은 도구를 자유롭게 제작하는 사람이라고 말한다. 즉, 자유로운 사람을 뜻한다. 그녀에게 과학적 도구는 나무와 모래 종이로 제작된 알파벳 상자이며 자연을 사랑하여 자연에 대한 심오한 순리를 학습방법으로 활용하는 도구, 기계론에서 벗어난 학문적인 정신 자체의 도구, 자연현상에서 나타나는 표현들이 바로 과학적 도구이다(조성자 역, 1995). 교사는 과학적인 교구의 사용법과 자연의 비밀을 읽어낼 수 있는 새로운 교사로 새롭게 탄생되어야 한다.

몬테소리 교실에서는 실제적으로 어린이들에게 과학적 교육학을 적용하기 위해서는 전통적 교실을 개혁하여야 하고 교사 훈련을 우선적으로 실시하여야 한다. 과학적 교육학의 가장 기본적인 요점은 교실에서 어린이들의 자유 작업을 위한 활동과 자발적인 표현이 허락되어야 한다. 어린이 자신이 연구의 대상이며, 관찰의 대상이지 강요당하는 사람이 아니라는 점이다. 어린이들을 위한 연구와 관찰을 통해서 교실을 새롭게 디자인하고 새로운 어린이로 탄생시키는 것이 바로 관찰의 목적인 동시에 교실을 새롭게 개혁하는 구심점이다.

개인적인 측정방법을 통해서 각자 모든 어린이들에게 적절하고 특유한 교육방법이 적용되어야 한다. 기계론적인 방법이 아니라 관찰과 경험에 의한 개인적인 측정방법, 개인의 지적 수준의 차이점을 고려하는 과학적인 방법이다. 몬테소리는 아동심리학은 선입견에서 벗어나 어린이들의 자발적인 표현으로부터 관찰을 이끌어내기 위해서는 자유가 보장되어야만 과학적 방법을 기대할 수 있다고 말한다(조성자 역, 1995).

과학적 교육은 모든 교육 내용과 방법이 과학에 근거한다 할지라도 어린이 개인을 변화시키는 가장 중요한 의무감을 가진다. 관찰과 경험에 의무감을 가지는 것만이 아니라 어린이를 변화시킬 의무까지 포함한다. 관찰만이 아니라 변화를 요구하는 것이다. 관찰을 하는 이유는 바로 관찰결과에 따라서 어린이들에게 새로운 환경과 새로운 교육방법을 제공하기 위해서이다. 몬테소리 교실에서 과학적인 방법으로 교육되었다면 새로운 교사, 새로운 환경, 새로운 교구, 새로운 방법에 의해서 학교를 완전히 변화시킬 수 있어야 한다. 어린이들은 자기 훈련을 통해서 자기 능력을 개발하려고 노력하고 자신 속에 숨겨져 있는 무한한 에너지를 자극할 수 있는 방법과 자극을 제공하여 무한한 잠재능력을 활용하고 개발하는 것이 과학적 교육학의 연구대상이 된다. 그러기 위해서 새로운 것을 제공하는 환경과 발전을 위한 새로운 길을 개방하는 것이 중요한다. 어린이들은 자기들이 자유롭고 자발적으로 활동할 수 있는 환경이라는 생각이 들지 않으면 저항감, 욕구불만, 무질서한 행동을 표출하게 된다.

몬테소리는 실증심리학을 근거로 과학적 교육학을 완성한다고 하였다. 과학적 교육학을 완성하기 위해서 우선 산 로렌조에 있는 어린이집에서 어린이들의 작업과정과 활동과정을 관찰하기 시작하였다.

제일 먼저 발견한 것은 어린이가 꼭지원기둥을 가지고 39번이나 쉬지 않고 순서적으로 넣고 빼는 작업에 몰입하는 것을 관찰하였다. 몬테소리는 관심의 집중화 현상이 일어나고 있는 어린이에게 관심이 흐트러지도록 방해하기 위해서 작업하는 어린이 옆으로 다가가서 다른 어린이와 이야기를 하였다. 작업하는 어린이는 전혀 개의치 않고 열심히 작업에 집중하였다. 어린이들이 사물에 집중하면 완전히 빠져드는 현상을 보면서 몬테소리는 어린이들에게 작업과 활동의 중요성을 인식하게 되었다.

그때부터 몬테소리는 개혁교육학의 의미를 다음과 같이 강조하기 시작하였다.

① 어린이들을 위한 모든 측정방법은 과학적인 방법에 의해서 실시한다.

② 몬테소리 교실은 어린이들의 눈높이에 맞도록 새로운 구조, 새로운 방법, 새로운 환경, 새로운 교사로 변화시킨다.

③ 어린이집의 모든 건물 자체를 완전히 어린이화로 구조화하고 청결과 위생을 제일주의로 생각하고 어린이집 벽에 현수막을 내걸고 어린이집을 자기 집처럼 청결하게 유지할 것을 부모와 지역시민들에게 부탁하였다.

④ 어린이집을 청결위주로 운영할 것을 강조하였다.

⑤ 어린이들은 누구, 어떤 것에도 방해받지 않고 사물에 집중할 수 있어야 한다.

위와 같은 운영철학을 전제로 몬테소리는 어린이 개인 모두의 자기 측정표를 작성하기 위해 몸무게, 키, 영양상태, 신체적 조건, 피부와 머리 색상을 하나하나 기록하기 시작하였다. 과학적인 방법을 위해서는 과학적인 교사를 양성하여야 했으므로 몬테소리 교사양성 과정을 만들어 새로운 방법을 가르치기 시작하였다.

02. 몬테소리 교실에서 관찰의 중요성

1) 몬테소리의 어린이 관찰을 위한 학문적 근거

첫째, 관찰의 학문적 근거는 어린이들의 생물학, 심리학, 교육학적 관점을 고려하면서 진행되어야 한다.

몬테소리는 어린이들을 관찰할 때 어느 한 부분을 관찰하는 것이 아니라 어린이의 본능에 관계되는 인간학적, 정신적인 특성과 신체적 기능에 관계되는 생물학적, 발현적 학습놀이에 관계되는 심리학적 현상의 자연스러운 실제를 관찰할 것을 강요한다(Montessori M., 1973). 모든 관찰은 선택적이지만 교사가 보는 것, 행동에 집중하는 것, 기억하는 것들은 과거의 경험과 의식적, 무의식적 기대와 신념에 의해서 이루어진다.

둘째, 관찰의 학문적 근거는 어린이들의 자연적인 역사와 특성을 교육학적 인간학에 근거하여 이루어야 한다(Montessori M., 1910). 인간학의 대상은 인간 자체가 아니라 인간의 행동이 실증적-현상학적으로 나타내는 사실, 실제를 연구하는 방법론으로 자연 범주에 속하는 학문이다.

셋째, 관찰의 학문적 근거는 인체를 측정하는 실증적 방법론에 근거한다. 몬테소리는 어린이들을 관찰할 때 자기와 환경과의 관계, 친구들과의 관계, 교사와의 관계, 세계와의 관계에서 나타나는 표현양식을 관찰한다(Montessori M., 1973).

넷째, 관찰의 학문적 근거는 특히 현상학적 이론과 분석을 근거로 한다. 고대 인간학 연구가인 체싸레 롬부로소(Cesare Lombroso)는 1855년 인간학을 범죄와 정신질환 환자에게 관찰과 측정을 적용하여 처음에는 육체적인 관점에만(personalitá sommmatica) 적용하였던 것을 후에 생리학과 심리학에 적용하기 시작하였다.

다섯째, 관찰의 학문적 근거는 관찰자의 도덕적인 태도를 중요시한다. 관찰을 처음 시작할 때 관찰자는 순수한 마음으로 어린이들이 내적 특성을 행동으로 나타내는 새로운 사실을 중요시하여야 한다.

여섯째, 관찰학문의 근거는 다양한 학문과 관계되어 있다.

몬테소리는 인간학, 실증적 인간학, 생물학, 사회학이 함께 폭 넓게 연구되어야함을 강조하면서 그 당시만 해도 잘 알려지지 않은 데 죠바니(De Giovani)로부터 임상형태학을 도입(Morfologia Clinica)하여 자연과학과 접목해서 어린이를 관찰하였다(Montessori M., 1910).

몬테소리의 관찰방법은 영아전담 어린이집과 유치원 그리고 다른 초등교육기관에서 영아들의 활동과 관찰을 위해서 교육자들과 심리학자들의 생각과 방법을 교류하여 연구의 측정 도구로써 인체측정을 위한 관찰법을 구성하는 것이다(Catarsi E., 2005: 25).

일곱째, 관찰의 학문적 근거는 어린이 행동 자체이다.

몬테소리가 교육학적 인간학에서 언급했듯이 기존에 실시하였던 체크리스트와 도구를 사용한 연구방법의 변화로 인해서 어린이들의 연구를 자연적인 조건에서 연구할 필요성을 강조했다. 여러 연구방법들 사이에서 어린이들을 측정 도구가 아닌 실증적이고 자연적인 관찰로 진행한 방법은 어린이집에서 유아학교까지 어린이를 위한 교육과 새로운 사회적 교육기관을 질적이고 학문적인 방법으로 인정받은 과학적 방법을 세계에 알리기 시작하였다.

2) 몬테소리 교육학과 관찰의 중요성

몬테소리는 인간이 관찰한 방법을 학습한다는 것은 발전이나 진화가 동시에 시작되는 것으로 생각하였다. 몬테소리가 1907년 어린이집을 처음 개원한 다음 시작한 일은 그곳에 모인 어린이들을 관찰하여 교육방법에 적용하는 것이었다. 어린이 관찰은 교사들이 관찰하고자 하는 어린이의 행동을 정확하게 바라볼 때 가능한 것이다.

몬테소리 교육학에서 종종 과학적인 관찰, 과학적 교육학이란 용어는 우리들에게 이미 익숙해진 단어다. 과학적 교육학의 근거를 제공하는 가장 중요한 관찰이란 단지 보이는 것만을 보고, 분석하고, 치료하는 것이 아니라 어린이들로부터 나타나는 행동현상을 관찰한 다음 정신적인 훈련과정의 관찰을 통해서 교육방법, 새로운 환경을 제공해 주기 위한 것이다. 교사의 관찰은 항상 교육적인 행동에 기여하고 있다. 관찰로 인해서 교사는 어린이들의 발달 욕구와 내적 욕구를 인지하고 어린이들이 정상화 과정으로 진화하는 데 새로운 도움을 제공하여야 한다.

모든 관찰은 선택적이다. 우리가 무엇을 보는지, 무엇에 신경을 쓰는지, 무엇을 기억하는지는 우리의 과거 경험과 의식적이거나 무의식적인 기대와 믿음에 의해 결정된다. 교사들은 각자의 관찰을 우리의 주관적인 렌즈로 걸러내고 결과적으로 우리가 무엇을 보는지 자신 특유의 표현법으로 해석한다(Barron M., 1985). 몬테소리 교육에서는 관찰 자체가 교육방법이 된다. 관찰을 과학화하는 것은 과학적으로 실험하고 증명하고 기록한다는 것을 의미한다. 인간들에게 발달이 정상적으로 진행되면 인지 역시 동시에 정상적으로 발달한다. 소위 말해서 교사를 위한 해박한 지식이란 보는 것을 도구로 하여 감각을 모두 모아서 새롭게 규명하는 방법이다. 관찰에 있어서 정확한 시각은 가장 지적인 감각이라 할 수 있으며 시각을 통해서 지적 감각들을 모은다.

과학적인 관찰자들은 자기들이 관찰하고 있는 실제를 사랑하게 된다. 관찰에 대한 지식과 관찰을 학습한 교사나 사람들은 자신의 감각수단뿐만이 아니라 사랑방법으로써 관찰한 것에 대해 과학적으로 애착 내지 더욱 심하면 스토커와 같은 집착을 하게 된다. 그렇다면 정확한 방법으로 관찰을 시작하면서 진실을 추구하는 사람들은 열정과 관심이라는 사랑이 전제되지 않으면 불가능한 일이다. 사랑하는 마음 없이 관찰은 정확하게 이루어질 수 없다. 그래서 몬테소리는 인간을 연구하고 관찰하며 진화를 이끌어가는 위대한 축은 사랑이라고 규정하였다.

우리들이 관심을 가지는 사람, 특별히 관심을 느끼는 사람에 대해서 말할 때 우리들은 이미 그 사람을 언젠가 보았을 것이고 그래서 그 사람에 대해서 무엇인가를 알고자 하는 관심이 발생한다. 다른 사람의 눈에는 작은 한 부분도 보이지 않지만 어떤 교사의 눈에는 많은 부분이 보일 때가 있다. 개인의 관심에 따라서 보이는 것이 달라질 수 있다. 우리가 어린이들에게 애정을 느끼고 알고자 하는 마음이 시작되면 단순하게 외적으로 나타나는 행동만이 아니라 어린이의 모든 면을 알고자 한다. 이러한 관점에서 과학은 정확한 방법으로 관찰할 뿐만 아니라 관심과 열정 그리고 사랑으로 관찰할 수 있는 방법을 탐색하도록 만든다.

교사들은 관찰을 통해서 자기들의 개입 시기와 개입하지 말아야 할 시기, 언제 자극과 동기를 부여하고 끝내야 하는지, 언제 말하고 침묵을 지켜야 하는지를 정확하게 인식하게 된다. 교사가 침묵을 지키는 것 역시 많은 인내심을 요구하는 사항이다.

어린이들에 대한 사랑은 무엇인가를 관찰하도록 만들고 관찰 내용으로 스며들도록 만들고 교사가 관찰을 통한 연구를 수행하도록 만드는 위대한 힘이다. 교사의 행동은 마치 과학의 탐색자처럼 세상을 관찰하여 필요한 사람들에게 나누어 주는 행동으로 일관되어야 하며 교사는 어린이들을 관찰하기 좋아하고 관심을 가져야 한다.

몬테소리는 어린이들이 환경을 사랑한다고 말했다. 어린이들은 민감기를 통해서 환경으로부터 수많은 인상과 이미지를 받아들이는데, 사물을 멀리서 바라보는 것이 아니라 자기 앞에서 만지고, 부수고, 조작하고, 관찰한 다음 사물을 변화시키면서 몰입한다.

교사는 어린이가 정확한 방법으로 편안하게 환경을 관찰할 수 있도록 준비해 주어야 한다. 교사들의 이러한 준비를 위한 도움은 어린이들에게 외부 세계로부터 자신의 정신을 추상적인 수준 또는 추상적 단계로 향상시키는 데 과학적 질서를 성공적으로 제공해 준다.

일반적으로 어린이들이 교실에서 실시하는 감각교육은 바로 감각교구와 사물을 통해서 감각을 측정할 수 있도록 과학적 관찰방법을 직접 제공하는 것이다.

교사들이 좀 더 관심을 가진다면 어린이들이 훨씬 더 자기 주변 환경에 있는 모든 것을 심리학적인 방법으로 관찰할 수 있도록 도울 수 있다. 만약에 교사가 어린이들에게 두 가지 구체물을 제공한다면 구체물 사이의 동일성을 알아가는 것은 어렵지 않다. 구체물을 보는 동시에 거의 본능적으로 서로의 동일성을 인지할 수 있다. 그러나 서로 다른 색상을 가진 두 가지 사물을 제공했을 때 색상을 즉시 구별하는 것은 어렵다. 따라서 어린이들에게 동일성을 터득하도록 제공하는 것이 첫 번째 단계이고, 두 번째 단계는 대조하는 것, 마지막 단계는 두 가지 구체 사이에서 동일성과 대비되는 것의 정확한 차이점을 인지시키도록 한다.

두 가지 구체물이 함께 있는 있을 때 차이점을 발견하기는 어려운 일이다. 예를 들면, 우리가 똑같은 사람들 사이에서 구분하기는 어렵지만 몇 번 다시 보고 차이점을 알아낸 다음부터 차이점을 인식하는 데는 문제가 없다. 오래 관찰해 보면 날씬한 사람, 뚱뚱한 사람을 구별할 수 있도록 정신적인 내적 작업이 일어난다. 이러한 작업은 훈련을 통해서 가능하므로 어린이들은 비교, 차이점, 등급화를 교구를 통해서 반복적으로 연습한다. 어린이들의 감각을 훈련시킬 때 한 가지 감각을 더 예리하게 발달시키기 위해서 다른 감각을 억제시키면 더욱 효과적이다. 즉, 한 가지를 완전히 훈련한 다음 새로운 다른 것을 훈련하는 것이다. 몬테소리가 왼쪽 눈을 가리고 작업을 하도록 한 이유는 바로 감각을 정확하게 활용하기 위한 방법이다.

어린이들의 심리학적 관찰	작업에 대한 관찰	작업 종류와 작업시간, 발전하려는 욕구를 어떤 식으로 표출하는지, 작업 도중 집중하지 못하는 이유, 작업도중 언제 내적 질서에 문제가 발생하는지, 특별한 작업에 집중하는 개인적 관심, 어린이들이 교구에 일정시간 동안 몰입하기 시작할 때, 인내심을 가지고, 하루 동안 작업에 참여하는 시간, 같은 날짜에 어떤 영역의 작업을 지속하는지, 작업을 진행하는 방법, 인위적인 방해를 무릅쓰고 재창조를 진행하는 시간
	행동에 관한 관찰	어린이들의 행동 중에 나타나는 질서와 무질서의 상태, 무질서한 행동, 작업의 발달과정에서 표출되는 어린이들의 행동변화, 기쁨의 상태와 조용한 상태, 애정표현 상태, 친사회적 행동의 관계 형성을 맺는 과정, 친구들의 발달에 관심을 가질 때, 명령하는 사람에게 복종한다면 유의할 사항
	복종에 관한 관찰	어린이가 교사를 불렀을 때 응한다면 주의할 사항, 어린이가 지적 노력으로 친구들의 작업에 참여하는 시기, 질서에 대한 복종이 이루어지는 시기, 자율적이고 독립적으로 복종이 이루어지는 시기, 복종이 작업과 관계되는 시기

3) 어린이 발달과 관찰

몬테소리는 어린이를 관찰할 때 정확하게 표현하는 행동의 현상학적 결과에 근거한 인간학적인 측면에서 이해한 다음 실시해야 한다고 말한다. 어린이는 약한 존재도 가난한 존재도 아니며 인간 본능적인 관점에서 어린이는 문명화와 인류의 어버이고 교육의 관점에서 우리들의 스승이라고 말한다.

어린이들의 발달과정과 관찰에 대해서 살펴보면,

첫째, 신생아는 갓 태어난 무능력한 존재이지만 생의 설계도를 가지고 있다. 출생 전에는 영적 존재로서, 출생 후에는 창조적 능력, 잠재능력을 가지고 태어난 의미 있는 존재로서 어린이들은 한 인간으로서의 정체성을 가지고 성장한다. 몬테소리 교사들은 관심을 가지고 어린이 교육의 특허품과 같은 관찰에 근거한 과학적 교육학의 진의에 대한 인식과 실제적 상황을 이해하여야 한다.

둘째, 관찰은 어린이들의 교육-심리학에 근거하여 발달수준에 적합한 관찰이 이루어져야 한다. 몬테소리는 어린이의 연구는 실증적인 방법을 적응하여 그들의 자연스러운 활동현상을 정확하게 이해할 수 있지만 교육-심리학은 항상 어린이들의 발달을 고려할 때 확실한 관찰이 된다고 말한다. 관찰방법은 실증-학문의 실제를 시작하려는 몬테소리 교사들과 전문직이 아닌 일반적인 연구자와 탐구자들이 수용하기에 가능한 교육-심리학에 근거한 방법이다.

	월요일	화요일	수요일	목요일	금요일	일화 기록
	• leaf rubbing 10시-11:20	• easel 그림 Am10-11:25	• attribute game Am10-11:30			
영희	모래 100puz/c	모래150puz/c	인치큐브15~~~			Dolly와의 우정 격려
민혁	초성 ←	→ 1-5leaf rub	연속 1-10			
아랑	블록 →	레고/스토리 →	스토리 쓰기 →			공룡 싸움
나영	드라마/아빠역 ~~~	~~~ 1-10	crays/ rep leaf rub			드라마 : 아기/아빠 죽음
보람		easel 책	읽기 tape/Mad			
설희	~~~~ 책	책 스토리 쓰기	읽기 easl/rep/stry			
윤석	레고/스토리 →	레고/스토리 →	leaf rub 책			스토리 : 가족여행
우영	색 추출 책	책 easl/rep	easl/stry 색혼합			
혜성	자석 fish bk	liv/nonliv elect	mammi bk elect			palm more sci work
상우	~~~ cryns/rep ←	책 easel/rep	~~~~ easl/rep			
평화	~~~ cryns/nonrep	leaf rub 블록	속성 게임 ←			
아름	leaf rubbing ←	책 일기	속성 게임			
기타						

셋째, 관찰을 위해서 필요한 것은 어린이들의 발달기록 카드를 만들어 자세하게 작성하여야 한다.

특별한 도구를 가지고 관찰하는 방법이 아니라 어린이들의 신비와 비밀을 벗길 수 있는 교육학적 인간학에 근거한 질적 연구방법으로 교실 안에서 실제적인 관찰과 현상학적인 사실만을 관찰하는 방법이다. 다음의 도표는 몬테소리 교실에서 어린이들을 관찰한 내용을 기록화한 예이다(조성자 · 김의향, 2009).

넷째, 관찰은 발달단계에서 나타나는 현상에 주목하여야 한다.

어린이들의 자연적인 활동-현상인 자발적인 표현을 관찰하여 연구하기 위한 관찰과 과학적 교육학 연구 사이에 과학적 방법의 전형적인 어린이 행동-현상인 개인의 특성을 정확하게 관찰하고 기록하고 어린이 행동표현 자체를 존중하고, 그들의 내면 세계에서 표출되는 현상 자체를 가치화하여야 한다. 몬테소리 교실에서는 표상하는 행동 자체가 심리학의 본질이고 교육학은 관찰방법이 본질이라고 말할 수 있다.

다섯째, 관찰은 어린이들의 실내와 실외에서 일어나는 현상을 관찰하여야 한다. 방법론적 추론은 어린들의 행동이 작업실에서만 관찰되어지는 것이 아니라 오히려 활동을 자유롭게 표현하고 행동하는 동안에 관찰이 이루어진다. 즉, 실내와 실외 활동은 모두 관찰 대상이다. 교사들이 수집하고 관찰한 결과를 분석하고 기록하여 새로운 시도를 할 때 중요한 학습 자료가 된다. 어린이들의 개인적인 영성을 존중하면서 관찰할 때 가르치는 사람으로서 성공할 것이고 교사가 관찰한 모든 어린이의 개인적인 관찰 내용을 기록한 카드는 어린이들의 개인 이력서(Carta Biografia)가 되어 그들이 발달해 가는 동안 개인 프로필로 변할 것이다.

03. 몬테소리 교실에서 도덕적인 덕목들

몬테소리 교실의 모든 구성 요소(환경, 교사, 방법, 교구 교재)들은 몬테소리 교육학에 근거하여야 한다. 몬테소리 교실에서는 어린이들이 함께 모여서 발현적 학습활동을 하면서 생활하는 곳이기 때문에 교실에서 중요한 요인이 무엇인가를 알아보아야 한다.

1) 몬테소리 교실에서 복종과 규칙

어린이들은 언제 사람을 존중하고 사물에 복종하고 사랑하는 마음이 발생할까? 대부분의 어른들은 작은 곤충들과 작은 사물에 대한 관심이 없는 반면 어린이들은 곤충들에게 반감을 가지기보다는 곤충이나 벌레를 가지고 놀기도 하고 주머니 속에 넣고 다니기도 한다. 벌레에 대한 공포심과 두려움이 거의 없다. 한번은 졸업생이 5세 된 아들 은석이와 함께 연구실을 방문하였다. 연구실에 작은 미니 정원을 만들어 놓았는데 마침 선인장 꽃이 예쁘게 피었다. 내가 보기에도 신기할 정도로 작은 꽃들이 예쁘게 피었다. 은석이는 인사도 안하고 화분 앞에 앉아서 꽃을 세면서 얼마나 행복해 하는지... 꽃을 조심스럽게 만지면서 빨강색이라고 말하였는데, 아이의 엄마도 그런 표정은 처음 본다고 했다. 한참을 들여다 보더니 화분을 집으로 가지고 가자고 하여 당황스러웠는데, 순간의 상황을 지켜보면서 어린이가 아주 자연스럽게 자연을 즐긴다는 사실을 관찰할 수 있었다.

교사나 어른들은 어린이들에게 생명을 존중하라고 가르칠 필요가 없다. 어른들은 작은 생명체에 대한 감각이 민감하지 않을 뿐만 아니라 생명체를 존중하는 마음도 어린이들처럼 강하지 않다. 작은 동물이나 곤충 그리고 아름다운 꽃을 꺾고 괴롭히는 어린이들은 충분한 사랑을 받지 못하고 내적 불안정을 가진 어린이들이로서 모든 사람이나 사물에 대해서 순수하게 복종하는 자세가 부족하다. 이런 어린이들은 내적 불안이 치유되었거나 충분한 사랑을 받을 경우 정상화가 가능하다. 1907년 몬테소리가 처음으로 어린이집을 개원하였을 때 어린이들은 정원에 있는 꽃을 마구 꺾고, 발로 비비고, 벽에 낙서를 하고 온 교실을 더럽게 만들었다. 그런데 3개월, 6개월이 지나면서 어린이들한테 서서히 변화가 왔다. 어린이들은 꽃에 물을 주고 벽에 있는 낙서를 지우고 꽃병에 꽃을 꽂아 놓았다. 어린이들은 교육을 통해서 정상화되어 갔다.

자기가 행하는 작업에 매료되어 정상화 과정으로 몰입되는 어린이는 온순하고 겸손하며 사물을 존중하고 친구를 사랑하면서 환경에 복종하고 환경을 지배한다. 교사는 "사랑"은 이런 것이라고 가르칠 수는 없지만 어린이에게 정상화 과정으로 몰입할 수 있는 환경을 준비해 주면 환경을 사랑하는 방법을 터득한다. 어린이들은 어떤 사물이나 교구에 대한 지식이 깊어지고 많이 알아갈수록 그 작업과 사물에 빠져들면서 자연스럽게 복종하게 된다. 어린이들은 자기가 충분히 이해하는 대상과 사람에 대해서 있는 그대로 받아들이고 안전하게 보존하려는 성향이 있으며 그대로의 현상에 복종하고 따른다.

어린이들은 자기가 원할 때 언제든지 작업할 수 있는 선택은 그들의 영혼을 안정된 상태에 도달하게 하고 자발적으로 타인의 의지가 아닌 자신의 의지, 즉 독립적인 존재로 활동하면서 자연과 환경에 복종하도록 만듦으로써 작업을 위한 자유선택은 복종과 밀접한 관계에 놓이는 중요한 요소가 된다. 몬테소리는 작업을 위한 어린이들의 자유선택은 그들의 인격을 조직화하고 발달시키는 방법 중에 하나라고 말한다. 어린이가 교구를 자유 선택한다는 것은 사용방법을 잘 알고 있기 때문에 자기가 원하는 만큼 오랜 시간 교구에 관심을 집중시키면서 교구에 복종하게 될 것이다.

어린이들이 교구를 자유 선택할 경우, 한 세트만 준비되어 있을 때 이미 다른 친구가 선택하여 작업을 진행하고 있으면 자유선택에 제한이 있다는 사실 알아야 한다. 교구가 제자리에 있을 때만 자유선택이 가능함을 알아야 한다. 이때 기다려야 된다는 사실을 이해하여야 하고 규칙을 지켜야 한다는 것도 인지해야 한다. 어린이들이 교실에서 기다리는 인내심, 양보하는 자세, 탐색하는 자세, 다른 친구의 활동을 관찰하고 존중하는 자세를 배워야 한다.

교구선택은 사회성을 발달시키는 과정이 된다. 유아기에 필요한 사회적 경험은 자유선택을 통해서 발달시킨다. 어린이들은 교실에서 교구선택의 가능성과 한계성에 대한 사회적 경험을 하게 된다. 어린이들의 반복되어지는 경험으로 대처방법을 습득하고 사회적 적응력을 발달시키고 사회적 경험을 반복하게 되는 과정에서 스스로에게 복종하는 자세를 훈련한다.

어린이들은 교구를 작업하기 위해서 움직이면서 자신의 동작을 조절한다. 동작조절을 반복하면서 동작이 숙달되고 균형적, 조화로운 인간으로 성장한다. 균형적이고 조화로운 발달을 위해서 자기 의지와 정밀하고 섬세한 동작들은 서로 상호적, 협력적으로 발달되어야 한다. 균형적인 훈련을 통해 모든 기관이 완성되어 가면서 자신의 의지에 복종하게 된다. 반복적인 연습과 훈련은 여러 개의 근육을 의지와 연결시키는 역할을 한다. 명령만으로 모든 행동과 움직임을 정확하게 수행하는 것이 아니라 그 명령을 따를 수 있는 준비가 미리 되어 있어야 한다. 어린이들은 원하는 모든 행동을 다 할 수 있는 것이 아니라 그 행동을 할 수 있는 능력이 있을 때 내적 안정감 내지 편안함을 느낀다. 어린이들은 자신의 의지에 따라서 자기 작업을 완성한 경험이 있는 어린이들은 생활에서 기쁨을 축적하고 한결같이 일관성 있게 질서를 유지하고 자신에게 복종한다.

어린이들은 자기 의지로 작업을 완성하려고 훈련을 통해서 자신의 행동을 계획하고 조절하고 복종하면서 끝까지 실행하는 능력을 향상시키기 때문에 경험이 그들의 인격을 형성한다고 말할 수 있다. 어린이들은 어떤 작업을 할 수 있을 때든지, 어떤 작업을 완성하였을 때 자신이 사회 속에서 살아가고 활동하기에 적합하며 자신감이 있다고 생각한다. 자신에 대한 존중감, 자신감, 만족감, 자연의 순리에 복종하는 자세로 성장하게 된다.

스스로 행동을 주도하고 자신의 행동을 통제할 수 있는 어린이는 교사의 지시에 긍정적으로 복종하는 자세로 변화한다. 이렇게 자신의 의지에 따라서 행동하는 것은 자연의 법칙을 따르는 것이다. 타인의 의지에 복종하기가 어려운 이유는 의지가 자기 개인에게 속한 정신적 요소인 반면 행동은 다른 개인과 연결되어 있기 때문이다. 어린이가 다른 사람의 의지를 따르기 위해서는 어린이 본인과 다른 사람 사이에 정신적인 연결고리가 있어야 한다. 그러나 정신적 연결고리가 존재한다 할지라도 명령하는 내용이 어린이 자신이 확실하게 실행할 수 있는 능력이 있을 때 가능한 일이고 그렇지 않다면, 즉 완전하게 실행할 수 없다면 명령에 복종할 수 없다. 어린이들이 어떤 명령에 복종하는 것은 명령한 일에 대한 사전 준비를 완전하게 요구하는 고차원적 행동이다. 그러므로 어린이가 자유선택한 작업을 수행하는 경험을 축적해 가는 것은 어린이가 보다 고차원적인 단계로 발전하기 위한 준비의 일부분이라고 할 수 있고 이렇게 고차원적으로 발전된 어린이는 자신의 의지는 물론 다른 사람의 의지도 따를 수 있다. 즉, 자신의 의지에 복종하면서 다른 사람의 의지에도 순수하게 복종하게 된다.

몬테소리는 복종을 3단계로 구분한다. 복종의 1단계는 어린이가 어떤 상황에서는 복종하지만 또 다른 어떤 상황에는 복종하지 않는다. 복종의 2단계는 어린이는 늘 또는 항상 복종한다. 제3단계는 어린이는 복종하기를 즐거워하고 열망한다.

3단계의 "어린이는 자존감이 강하다. 자기에게 무엇이든 하라고 스스로 명령한다. 나는 할 수 있는 능력이 있으니까요." 자신감 있게 말할 수 있는 스스로에게 대단히 만족해 한다. 3단계의 어린이들은 내면 세계에 대한 열정, 정확하게 복종하려는 열망, 부탁받은 일을 즐거워하고 완전하게 수행해 주는 자신에게 즐거움과 환희를 동시에 느낀다. 어린이들의 환희와 기쁨은 그들의 의지와 연관되어 환경과의 상호관계 속에서 지속적인 활동을 할 때 전개되므로 비교적 천천히 발달한다. 몬테소리는 의지발달이 다음과 같은 3단계를 거친다고 말한다.

첫 번째, 어린이들이 같은 행동을 반복하기 시작하는 단계이다. 어린이들은 어떤 작업을 반복하면서 집중력을 성공적으로 성취하고 만족해 한다. 이러한 만족감은 자신의 능력에 대한 확신감과 독립심으로 나타나므로 만약에 확신감과 독립심을 성취하는 데 방해를 받았다면 어린이들은 혼란스럽고 장애물에 시달리겠지만 그렇지 않다면 평화롭고 즐거워할 것이다.

두 번째, 통제력과 자제력을 스스로 터득하는 단계이다. 독립성과 활동에 대한 통제력을 획득하고 난 다음 어린이들은 자유로워지기 위한 방법을 선택한다. 자유로워진 다음 어린이들은 다시 활동을 시작하는 출발점에 와 있게 된다. 어린이들이 자제력과 통제력을 획득한 다음 복종하는 자세나 힘에 관련된 의지력이 발달하게 된다. 통제력이 발달되지 않으면 절대적으로 의지력은 발달할 수 없다.

세 번째, 오랫동안 이러한 반복적 훈련이 지속되고 통제력이 발달되면 자연스럽게 의지력이 발달되는 자동교육이 이루어지는 단계이다. 몬테소리에 의하면 복종은 의지발달의 마지막 단계에서 일어나는 평화로운 현상이다. 어른들의 하지 말라는 표현은 어린이들의 복종하려는 자세에 장애물이 되고 자유롭게 하라는 표현은 그들의 내면 세계를 움직이는 자극제 역할을 하면서 자신에게 복종하도록 돕는 것이다. 어린이들은 내적 안정과 행복감을 느끼면 자신의 모든 욕구에 스스로 복종하게 된다. 여기에서 복종의 의미는 자기 내면의 욕구에 만족한다는 징표이다.

2) 어린이들의 본질적 욕구인 사랑의 발견

부모들은 유전적으로 모든 자식들에게 네뷸러를 인간의 특성으로 부여한다. 네뷸러는 모든 종의 특성을 의미한다. 어린이들은 주변 환경 속에서 네뷸러로부터 자료를 흡수하면서 인간화를 시작한다. 네뷸러 속에는 DNA와 같은 요소로써 생을 시작한 때부터 10달 동안 어머니의 삶과 공존하면서 많은 유전인자를 가지고 태어나 즉시 환경을 흡수하면서 우주적 과업을 시작한다. 몬테소리에 의하면 모든 인간은 우주적 사명감을 의무적으로 가지고 있으므로 동참해야 한다고 말한다.

어린이들의 건강과 정서적 안정 그리고 건강한 인성은 신생아기부터 영아기에 이르는 동안 수유기와 밀접한 관계를 가진다. 어머니의 따스한 가슴에 기대어 가장 안전하고 편안한 상황에서 충분한 사랑을 받으면서 수유기를 보낸다는 것은 인간으로서 가장 행복스러운 시간을 경험하는 것이다. 이 시기에는 애정과 사랑이 절대적으로 필요한 시기이다.

반대로 이 시기에 애정과 사랑을 충분히 받지 못하고 성장한다면 탈-정상화, 탈-집중화 현상, 심리적 불안감, 영성적인 영양결핍으로 다중적 손상을 입게 된다. 어린이들 정신적 결합의 원인은 대부분 부모의 결합 특성으로부터 나타나 극단적으로 자녀의 삶을 어렵게 만들거나 큰 충격을 준다. 심리학자들은 어린이들이 유아기 초기에 탈-정상화 현상이 나타나면 역학적으로 부모의 환경을 조사하는 이유가 바로 이러한 경우이다. 어린이들은 정신적이고 영성적인 영양부족 상태에 놓인다. 부모와 자녀 사이의 애착 활동에 문제가 있으면 특별히 인격형성에 장애가 온다. 어린이들이 가정 안에서 느끼는 정서적 안정감, 즐거움, 편안함은 그대로 어린이집이나 공동체 생활에 반영된다. 어린이들은 어른들이 자기들에게 범한 잘못이나 오점을 그대로 흡수하여 재연하고 실행하는 이유는 잘못한 것과 잘한 것에 대한 판단할 수 있는 시기가 아닌 그대로 흡수하는 시기이기 때문이다. 양육자와 부모의 태도에 의해서 빵조각을 마룻바닥에 던지고 발로 밟을 수도 있지만 울타리 안에 있는 토끼나 새장에 있는 새에게 빵조각을 던지지 않고 사랑스러운 마음으로 빵을 줄 수도 있는데, 이 두 가지 현상은 양육자의 자세를 흡수한 것이다. 이때 양육자는 본인의 눈높이로 어린이들을 판단하여 훈육한다. 훈육받을 대상은 양육자임에도 불구하고...

대부분의 양육자들은 사랑 없이 어린이들 위에 군림하면서 양육자임을 자처한다. 마음으로는 양육자인 내가 어린이를 보호하고 가르칠 것이라며 어린이들 주변에서 영향력을 발휘하며 그들 삶의 방식을 이끌어가는 보이지 않는 힘이 된다. 어린이들은 보호 받고 안정감과 편안함을 느끼고 사랑 받고 사람들과 상호작용하는 것을 좋아한다. 이 시기의 어린이들은 알고 있는 것이 정확하지 않기 때문에 흡수하고 모방하면서 자신의 모든 것을 발달시킨다.

몬테소리가 말하는 준비된 환경은 광의적인 의미를 지닌다. 단지 교실에서 필요한 준비된 환경만을 의미하는 것이 아니라 준비된 교사, 준비된 부모, 준비된 세상으로써 우주 전체가 어린이들의 환경임을 의미한다. 어린이들은 이렇게 준비된 환경 속에서 살아야 할 권리가 있다. 특히 준비된 가정에서 살아갈 의무와 권리는 당연한 것이므로 어린이에 대한 모든 권리와 의무는 우선적으로 부모에게 양도한다.

우리들은 많은 시간을 준비하는 데 소모한다. 아마도 우리들은 일생동안 준비하다가 어느 날 사라지질지도 모른다. 어린이들은 다른 장소, 즉 학교나 어린이집 그리고 유치원에서 보내는 시간보다 부모와 집에서 보내는 시간이 많은 것이 정상이지만 산업화 현상으로 어머니의 양육이 타인이나 기관양육으로 옮겨졌다.

그럼에도 불구하고 어린이들은 가정에서 특별한 "사랑"을 체험하기 때문에 가정에서 준비된 환경, 준비된 사랑을 원한다. 어린이들은 가정에서 삶을 발달시키고 자유롭다는 것을 체험하고 가정의 고유성을 학습하고 최초로 사랑을 경험하고 배운다.

어린이들에게 준비된 가정의 역할이 부족하다면 인생의 초기에 경험하여야 할 모든 것을 상실하고 생의 출발에 혼란을 초래하게 된다. 어린이들은 어머니의 가슴에 기대어 수유하면서 타인을 신뢰하는 체험을 한다. 어린이들에게는 자기를 지켜줄 준비된 사람이 필요하고, 작업을 지지해 주는 사람, 자기를 완전히 신뢰해 주는 사람이 필요하다. 어린이들은 누군가를 신뢰하면서 사랑을 확인한다. 어린이집에서 혼자 돌아다니면서 놀고 작업을 하다가도 선생님이 있는 곳으로 와서 한번 안기어 보기도 하고 무릎에 잠시 동안 앉아 있다가 다시 놀이를 시작하는 이러한 행동은 교사에게 자기를 확인시키고 사랑을 확인하는 행동이다. 어린이들에게 사랑은 자신을 신뢰한다는 것을 확인하는 태도이다.

이 세상에서 어린이들이 가장 신뢰하고 사랑하는 사람은 어머니이다. 어린이들에게 어머니는 신과 같은 존재이다. 이 세상에서 어머니처럼 자기 자식을 사랑하는 사람이 또 있을까? 어머니는 사랑의 전도사이다. 사랑의 전도사 역할을 성실하게 실천할 때 어린이들은 사랑을 받아먹고 건강하게 자랄 수 있다. 몬테소리는 어린이들은 빵만 먹고 사는 것이 아니라 사랑을 받아먹고 산다고 말한다.

어머니는 어린이들의 신뢰자이다. 어린이들을 가장 안전하게 보호하면서 충분한 사랑을 전달할 때 가장 아름답고 가장 훌륭하게 어머니의 사명감을 완성하게 된다. 어린이들은 자기 엄마와 같은 교사를 원하는데, 어린이집에서 하루를 즐겁게 생활할 수 있다는 것은 시간이 되면 어머니를 볼 수 있다는 확신을 가지고 있기 때문이다. 어린이들을 버틸 수 있게 하고 친구들과의 하루 일과를 이야기할 수 있는 집으로 돌아가려는 마음을 동요시키는 것 역시 어머니의 사랑이며 가족들의 사랑이다. 어린이집에서 집으로 돌아갈 때 현관에서 자기 어머니를 발견하면 모든 어린이들은 100m 달리기 선수가 된다. 이런 초인적인 힘도 어머니로부터 발생한다. 사랑의 힘이다. 어린이들은 부모에게 무엇이든 말할 수 있고 자기의 이야기를 들어주는 해결사 역할을 하는 부모의 사랑을 알고 느낀다. 어린이들에게 부모의 사랑은 삶의 중심이다.

삶의 중심이 되는 애정과 사랑이 결핍되면 어린이들의 정신과 영혼의 성장이 왜곡되고 모든 신뢰심이 상실된다. 어린이들의 건강한 정신과 건강한 몸속에서 정상적으로 발달하는 기회를 왜곡하였거나 상실한 것이다. 애정과 사랑이 결핍된 어린이들은 대부분 무질서한 행동과 무질서한 기능들을 보인다. 탈-정상화 단계로 작업을 이끌어가고 반사회적인 일탈 행동을 한다. 유아기 때 경험한 모든 일들은 어린이들의 정신 속에 각인된다. 어린이들이 어떤 작업과 활동을 한다는 것은 그들의 인격 형성 내지 관심과 관계된다. 부모와 교사들은 자기들의 마음과 감정 중심에 어린이들이 살아 움직이고 있다는 사실에 경각심을 가져야 한다.

어린이들은 사랑을 받으면서도 사랑을 원하고, 먹을 것을 양손에 가지고 있으면서도 먹을 것을 찾는다. 그들에게 사랑의 양은 정해진 것이 아니라 무한하다. 무한하고 영원한 사랑의 본능으로 인해서 그들은 오늘도 정상화로 진화하고 있다. 정상적인 어린이의 모습이다.

3) 몬테소리 교실에서 명상활동과 요가를 통한 자아 발견

몬테소리 교실에서 새롭게 관심을 갖는 영역은 어떻게 하면 어린이들의 인성을 건강하게 양육할 수 있을까? 이다. 몬테소리 이론에서 인격과 인성은 약간 다른 측면으로 이해된다. 인격은 인간이 가지고 태어난 잠재능력을 최대한으로 발달시켜 놓은 지금 현재의 자기 모습으로 모든 사람들의 인격은 각각 다르다. 인성은 각 개인이 가지고 있는 특성에 초점을 맞추고 있다. 사람들은 누구의 인성은 좋고 누구의 인성은 나쁘다는 말을 한다. 사람들에 따라서 자기의 능력으로 자율적으로 행동하는 사람, 타율적으로 행동하는 사람, 비전을 가진 사람, 통제력이 있는 사람, 규칙과 질서를 지키는 사람, 긍정적인 생각을 하는 사람이 있는가 하면 정반대의 모습을 가진 사람들도 있다. 각 개인의 행동결과에 따라서 인격과 인성을 논하기도 한다.

저자의 견해로는 몬테소리의 교육철학 자체가 어린이들이 스스로 자유로워지기에 성공할 수 있는 집중화 현상에 대한 이론과, 자유선택, 독립심을 성취하도록 하는 방법을 제공하고 있기 때문에 특별히 인성영역이 필요할까 라는 의문점도 있다. 인성영역의 관심을 실제적으로 만족시킬 수 있는 활동은 이미 몬테소리 교실에서 이루어지고 있는 침묵활동에 명상과 요가 활동을 연결하여 활용하는 방법을 제시할 수 있다. 어린이들을 고요의 세계로 안내하여 자기 몸과 마음에 친숙해질 수 있고 자연과 친밀한 관계를 가질 수 있으며 자신의 계획과 생활방법을 발견할 수 있고 조용한 휴식을 통해서 나는 누구인가를 찾아가는 방법을 실제적으로 훈련할 수 있다. 서양에서는 우리 동양의 문화를 도입하여 몬테소리 교실에서 침묵놀이 활동에 적용하고 있는데, 우리는 반대로 서양문화를 도입하고 있는 상황이라면 이제는 지금까지 많은 학자들이 연구한 것을 근거로 한국의 유아교육 학문영역에 다양한 분야의 토착화가 이루어질 시기가 아닌가 하는 반문을 갖게 된다. 이러한 생각에 즈음하여 명상과 요가 활동을 몬테소리 교실에 도입하면 어린이들의 인성덕목에 도움을 줄 수 있을 것 같다.

(1) 어린이들을 위한 명상의 의미

우리나라 어린이들의 생활은 어른 못지않게 바쁘고 나름대로 빈틈없는 하루 일과 계획표에 따라서 생활하기 때문에 많은 스트레스, 만성피로, 소화불량, 과다한 학습과정에 시달린다. 어린이들의 집중화 현상은 과다한 일과표로 인해 장애를 받고 있어 관심을 집중하기보다는 정신적으로 산만한 현상인 정서불안이 일어난다. 어린이들의 현재 상황을 고려할 때 그들의 정신세계를 정화하고 정신적인 휴식으로 이끌어줄 수 있는 명상활동을 어린이들의 몸과 마음을 돕는 운동으로 도입할 수 있다.

① 어린이들의 명상은 모든 어린이들과 우주-환경 사이에 활동하는 동안 자신에게 관심을 집중하도록 돕는 활동이다.

어린이들은 학습을 위해서 사물과 우주-환경에 집중하지만 활동 전 단계로써 자신에게 집중하여 우주에 대한 질서와 진리를 깨닫는 것이다(김영숙 역, 2004: 26). 명상은 자연 속에서 자기 생각과 고유함을 통해서 자신을 자유로워질 수 있게 돕는다. 어린이들은 명상을 통해서 자신을 개방하고 자신의 존재에 대한 답을 찾고 자신에 대한 자아인식을 하면서 자아 정체성을 찾아간다.

우주-환경에 대한 명상은 오늘 나를 가장 기분 좋게 만든 일은 무엇인가, 나를 가장 즐겁게 만든 일은 무엇인가, 지금 나는 조용히 앉아서 아름다운 꽃을 생각하는가, 사계절 중에 봄인 지금은 왜 온통 세상이 푸른색으로 변하였을까? 몬테소리 교실에서 조용히 앉아 있는 명상시간은 나를 훌륭하고 아름다운 마음을 가지도록 안내해 주는 시간이다(김영숙, 2005).

② 명상은 어린이들이 고요함을 체험하도록 돕는 활동이다.

에너지가 충만한 어린이들은 항상 고요한 체험을 통해서 내적인 평화로움과 안정감 그리고 긴장을 완화시키는 역할을 한다. 고요함을 찾는 방법을 유아기 때부터 습관들이는 것은 성장하면서 자연과 더불어 마음과 정신을 정상화시키는 데 도움을 준다. 몬테소리는 3~4세의 어린이들은 이미 고요함을 체험하게 된다고 보았다. 체험할 준비가 되어 있으므로 아직 드러나지 않은 잠재능력을 드러낼 수 있도록 도와야 한다고 생각했다.

"나는 지금 조용히 앉아서 움직임을 좋아하는 나의 몸을 가만히 앉아있으라고 달래는 시간이고, 조용히 앉아서 생각하는 시간을 훈련하는 순간이고, 조용하게 앉아서 명상을 하면서 이 순간 느껴지는 자유로움과 행복함을 즐기는 것이다."

③ 명상은 자기 자신에게 귀 기울이도록 돕는다.

독일인 게질라는 자신에게 귀 기울이는 방법을 다음과 같이 말한다.

"어린이들은 명상활동을 통해서 자신에게 귀 기울인다는 것은 나는 지금 무엇을 느끼는가, 나는 내 몸을 어떻게 감지하는가, 나는 지금 평화로운가, 나는 지금 불안한가, 나의 손은 지금 무엇을 하고 있는가, 나의 시선은 지금 어디를 향하고 있는가?"

교사는 어린이들과 명상을 할 때 마주 앉아서 다음과 같은 생각을 하여야 한다. 교사의 시선이 누구를 향하고 있는가, 교사는 지금 누구에게 무엇을 말하고 있는가, 교사의 말은 부드러운가 아니면 냉정한가, 교사의 목소리는 어린이들에게 어떻게 들릴까, 교사가 어린이에게 말하고 전달하고 싶은 것은 무엇인가?를 집중적으로 생각하면서 명상을 한다(김영숙 옮김, 2004: 34). 교사들은 어린이들과 함께 명상을 시행할 때 어린이들과 하나가 되어 서로의 마음을 조용한 침묵 속에서 통교하여야 한다. 명상은 다른 사람의 도움에 의해서 이루어지는 것이 아니라 자신이 이끌어가는 것이다.

④ 명상은 마음을 고요함으로 이끌어가면서 깨어 있음, 자기 이해, 생각하는 것, 모든 운동을 잠시 휴식하는 것, 자기의 믿음에 대한 뿌리를 찾아서 마음을 하나로 집중시키는 것이다.

어린이들은 항상 뛰며 떠들어서 자아를 발견할 시간이 없다 그렇기 때문에 조용한 곳에 앉아서 참된 자아를 발견하고 자기 초월과 진정한 자아를 발견하여 자신을 진심으로 사랑하는 방법을 명상을 통해 알아가는 것이다. 나는 사랑 자체라고...

(2) 어린이들을 위한 명상방법

어린이들의 명상은 자기 발견, 자기 관리, 자기와 자연, 사물, 친구들과 적극적이고 긍정적인 관계를 맺어가는 데 필요한 자기 훈련의 한 방법이라고 할 수 있다. 아무 곳에서나 명상활동이 가능한 것이 아니라 명상을 위해서도 준비된 환경이 필요하다.

① 명상을 위한 환경이 준비되어야 한다.

어린이들은 명상을 위해서 고요함을 느낄 수 있는 장소가 정해져야 한다. 몬테소리 교실의 어느 곳이든 혹은 실외의 조용한 정원, 숲 속 같이 어린이가 편안함을 느낄 수 있는 장소를 정하고 시작시간을 알리는 작은 종, 예쁜 초, 앉을 수 있는 방석이나 양탄자, 조용한 음악적 환경이 준비되어야 하며 명상을 즐기는 사람들끼리 미소로 조용한 인사를 나누게 한다. 어린이들을 위한 명상 장소는 자기가 생활하는 곳에서 멀지 않을 것, 조용한 곳, 위험하지 않은 곳, 놀이를 함께 할 수 있는 곳이면 더욱 이상적인 장소이다. 가능하다면 어린이들이 언제, 어디에서든지, 조용히 앉아서 명상을 일생생활처럼 습관들이는 것은 그들의 인성을 평화롭고 건강하며 정상화로 이끌어 갈 수 있다.

② 명상을 이끄는 사람은 어린이들의 발달단계를 고려하여 짧은 상징적 동요와 동시를 낭송할 수 있다.

어린이들은 어깨를 펴고 눈을 지긋이 감고 호흡을 깊이 들이 마셨다 내쉬고 편한 자세로 앉아서 양손을 양 무릎 위에 올려놓고 마음을 집중하려고 노력하면서 자신, 친구, 자연, 우주, 평화를 사랑할 수 있는 용기를 자신에게 부탁한다(이수경, 2006). 이때 평화로운 멜로디의 음악을 조용히 들으면서 명상할 수 있다.

③ 명상은 참 자아의 모습을 찾는 방법이다.

자아를 발견하기 위해서 자기 자신을 냉정하게 진심으로 관찰할 수 있는 주관적 자아, 자기를 벗어나 다른 친구들이 객관적인 입장에서 직관하는 객관적 자아, 나도 아니고 친구도 아닌 정말로 가장 정확하고 진실하게 보는 절대자의 모습에서 참 자아의 모습을 발견할 수 있다. 언제든지 우리들은 참 자아의 모습을 발견하여 영성적인 자아의 모습이 되도록 노력하여야 한다.

그러기 위해서 어린이들에게 순간순간 너는 누구이고 나는 누구인가를 알려주는 것이 중요하다. 매 순간 자신에 대한 정체성을 확인하는 것은 자기 삶을 바른 방향으로 안내하는 방법이다.

④ 어린이들을 위한 명상은 집중력을 기르는 것이다.

누군가의 생각이나 행동에 반응과 판단하지 않고 환경 속에서 순간순간 마음을 모으고 귀를 기울이는 것이다. 어린이들은 자기 세계를 인식하게 되고 순간에 세계에 기여할 수 있는 생각과 행동을 깨달을 수 있다. 자신에 대한 깨달음과 집중력은 깨어 있는 영혼으로부터 나오며 어린이들은 감사의 마음 간직하기, 다른 사람을 위해서 봉사하기, 감사의 씨앗 파종하기, 매일 좋은 생각하기를 통해서 마음의 집중훈련을 위해 조용한 명상을 한다. 위의 사항들을 생각한다는 것은 나에 대한 명상을 하는 것이다.

⑤ 어린이의 명상은 자기의 신뢰성을 기른다.

어린이들은 자신과 자신을 에워싸고 있는 사회와 올바른 관계를 형성할 때, 자기의 책임감을 완수할 때, 사물과 연관 지었을 때, 자연스럽게 순환할 때, 사랑하는 사람과 사랑하는 동식물로부터 순수함을 보았을 때, 자신에 대한 신뢰성을 구축하고 자신을 진실하고 조용한 사람으로 만든다. 본인에 대한 신뢰감이 깊으면 깊을수록 고요함을 찾게 되고 침묵 속에서 자신을 찾게 된다. 어린이들은 이러한 과정을 설명으로 듣기보다는 스스로 성장하면서 느끼게 된다.

⑥ 명상은 사계절의 신성한 변화를 스스로 묵상하는 방법이다.

명상은 지구 공동체의 삶을 공유하기 위한 방법으로써 사계절을 활용할 수 있다. 사계절의 순환 속에서 이루어지는 하나하나의 새로움을 명상의 대상으로 활용한다. 봄, 여름, 가을, 겨울에 이루어지는 자연의 변화에 대한 명상을 통해서 우주 공동체에 참여하고 우주와 자연을 생각하는 마음을 기른다. 모든 생명체는 사계절의 순환에 적응하면서 각자의 우주적 사명감을 실천하고 있다. 우주와 자연은 명상을 위한 훌륭한 스승이 된다.

명상을 통해서 겨울은 조용한 침묵의 시간임을 생각할 수 있다. 겨울은 우리들 기다림의 시간이고 오랜 침묵의 시간을 통해서 모든 생명체들은 새로운 에너지를 저장할 수 있도록 준비하는 시기이다. 침묵의 영성을 명상 속에서 기억한다. 겨울 동안 일어나는 축제의 날들을 기억하면서 명상하는 것도 훌륭한 방법이다. 예를 들면, 어린이들을 위한 크리스마스 축제, 즐거운 설날 등 만남의 영성을 생각할 수 있다.

명상을 통해서 모든 생명을 잉태시키는 봄을 생각할 수 있다.

겨울에 이별한 모든 생명체들이 자기 나름대로 많은 영양분과 활동을 준비하고 새로운 모습으로 자태를 드러낸다. 봄은 모든 생명체가 부활하고 다시 태어나는 기대감과 신비함에 대해서 명상할 수 있다. 그리고 다시 부활한다는 믿음의 영성을 생각할 수 있다. 모든 생명체들은 다시 태어난다는 기쁨과 믿음으로 명상을 즐겁게 할 수 있다.

명상을 통해서 여름의 순환을 생각할 수 있다. 모든 생명체가 자기 생명을 위해서 최대한 노력하고 활발하게 성장한다. 여름은 생명체들이 에너지를 가장 많이 소모하는 시기로 생명체들은 기쁨의 영성과 만족하는 마음을 가지는 절정의 시기이다.

가을은 모든 생명체들이 각자의 위치에서 우주적 사명감을 열심히 수행한 결과를 수확하는 시기이다. 풍부한 가을 추수를 명상의 주제로 생각하면서 명상 중에 감사의 영성을 생각하여야 한다. 부활절, 어린이 날, 어버이 날, 스승의 날을 명상의 대상으로 생각할 수 있다(조성자 역, 2004).

명상은 스스로 행복한 존재임을 인식하고 행복한 존재로 만들어 간다. 명상은 마음을 다스려 자신을 행복의 세계로 이끌어가는 과정이다. 무아(無我)의 세계에서, 자연의 세계에서, 숲의 세계에서, 아무것도 없는 방, 숲 속, 바닷가에서 자신을 조용히 성찰해 보는 것 그리하여 행복을 만들어가는 것이 명상의 효과이다. 명상은 행복을 그냥 기다리는 것이 아니라 행복한 순간을 붙잡아 만들고 찾는 것이다. 실제적으로 내가 서 있는 곳이라면 명상의 장소가 될 수 있다. 생명체를 바라보는 것도 명상이고 흐르는 물을 보는 것도 명상이고 사람을 보면서 마음을 주는 것도 명상이고 자연의 아름다움에 경이로움을 보내는 것도 명상이다. 혼자서 향기를 풍기는 식물을 보면서 신비함을 느끼는 것도 명상이다. 자연의 식물처럼 가식 없이 자신의 모습을 있는 그대로 보여주는 것은 명상이 가져다주는 선물이다.

04. 몬테소리 교실에서의 교육적인 덕목

1) 어린이들에게 있어서 일상생활 훈련의 중요성

모든 어린이들은 자기 환경에 있는 인적 · 물리적 환경과 상호작용을 하면서 활동해 가는 것을 행복해 하며 전혀 두려워하지 않고 관심과 흥미를 가지고 집중한다. 어린이들은 자신이 보는 모든 것과 상호작용하기를 원하지만 그들의 환경 속에 있는 사람과 사물은 제한되어 있다. 즉, 어린이들의 양육자들은 어린이들을 위한 준비된 환경을 제공하지 못하고 있다. 사람 혹은 사물과 상호작용하면서 활동을 전개할 수 있다 할지라도 그러한 상호작용이 모두 개인적으로나 사회적으로 유용한 작업이라고 할 수 없다. 종종 그들의 작업이 아무런 유용 가치가 없을 때도 많다. 예를 들어, 물건을 부수거나 던지거나, 책을 찢거나, 낙서를 하는 일 등이다. 실제적으로 어린이의 노력은 자발적인 연습을 위한 자연스러운 활동일 뿐이다.

하루 일과 중 대부분의 어린이들은 어머니와 떨어져서 다른 영역에서 생활하게 되는데, 어린이들은 대부분 완벽하지 못한 행동을 한다. 어린이가 마음대로 하는 활동을 엄마가 하지 못하게 강요하면서 어린이를 방해한다면 얼마나 어리석은 일인지를 다음에 느끼게 될 것이다.

어른들은 어린이들을 마음대로 통제하려 하지만 어린이들은 어른들이 하는 모든 행동을 따라할 수도 이해할 수도 없다. 그러므로 어린이 스스로 할 수 있는 준비된 환경을 제공해 주는 것이 중요하다. 어린이들의 양육자들은 그들이 무슨, 어떤 일을 하던 간에 자유롭게 내버려두면서 독립적으로 작업하며 놀이하게, 다른 사람들을 방해하지 않고 자기 활동을 자유롭게 진행하도록 허락하는 것이 중요하다.

어린이는 어떤 장애물로부터 자유로워질 때 비록 자기 행동이 불완전한 방법이라 할지라도 작업을 지속할 수 있다. 어린이들은 자유-작업을 통해서 준비된 환경과 더불어 창조작업을 지속하면서 행복해 한다.

교사들은 어린이들이 장애물로부터 해방되어 자유-작업을 할 수 있는 어린이집, 유치원 환경을 구성해 주어야 한다. 어린이들을 위한 공간이 필요하므로 유아 교육은 자유-작업이 가능한 어린이집, 유치원에서 이루어지도록 어린이들의 삶을 행복하게 발전시킬만한 준비된 환경구성을 희망한다. 이러한 환경을 준비한 교육기관을 우리들은 바로 몬테소리 어린이집과 몬테소리 유치원이라고 부른다. 어린이들에게 자기들이 원하는 어린이집과 유치원을 제공한다는 의미는 그 안에서 어린이들 스스로 주인인 동시에 하고 싶은 대로 행동할 수 있다는 것이다. 어린이들은 적극적인 활동을 통해서 육체적 발달을 자극하는데, 활동을 적극적으로 돕기 위해서 어린이들은 환경에서 다양한 대상을 가져야 한다. 어린이들은 자기 원에서는 무엇인가 활동할 것을 찾고 또 자기 자신을 기쁘고 행복하게 만들 무엇인가를 가지고 있을 때 스스로 행복해질 수 있다. 어린이 스스로 행복해지도록 만들기 위해서 몬테소리는 어린이들을 위한 환경을 개혁하였다. 어린이들을 위한 교구는 물론 모든 가구, 화장실과 같은 일상생활에 필요한 것을 어린이들의 눈높이와 능력 그리고 육체적 비율에 맞도록 개혁하였다.

몬테소리는 개혁교육자로서 어린이들을 위해서 가장 아름답고 매력적이며 좋아할 수 있는 교구와 교재 그리고 환경을 제공하려고 노력하였다. 어린이들에게 일상생활 영역은 자기들이 살아갈 미래를 체계적으로 준비하는 영역이다. 아직 미완성된 어린이들이 성장하면서 필요한 사회적 관계를 위한 기본적인 규칙과 예절을 훈련한다.

어린이들은 교육을 통해서 삶을 살아가는 기초적이고 정확한 질서와 방법을 학습함으로써 후에 문화인류학적인 측면에서 자기의 정체성을 확실하게 정착시킨다. 어린이들은 일상생활 훈련을 통해서 자기 몸을 올바르게 움직이는 훈련을 한다. 비록 우리들이 보기에는 무의미한 활동이라 할지라도 실천적인 목표를 가지고 바른 몸가짐을 훈련한다. 예를 들면, 앉기, 계단 오르기, 식탁 차리기, 자기 관리 등이다.

일상생활 훈련은 사회적인 교육 목표를 가지고 있다. 자기 이름을 소개하고 인사를 나누고 자기 집 주변을 깨끗이 청소함으로써 생태학적이고 평화로운 이웃을 만들어 공동으로 환경을 가꾸어 갈 수 있다. 어린이들에게 친절하게 인사하는 법, 친구들과 양보하는 법, 질서를 지키는 법, 각 나라의 어린이들과 차이점을 인정하고 수용하는 자세 등을 통해서 사회적 교육 목표를 달성할 수 있다.

실제로 몬테소리 교육학은 일상생활 훈련이 핵심적인 부분이 될 수 있다. 예를 들면, 자기 관리, 타인에 대한 배려, 환경에 관한 의식으로 생태학적인 환경 만들어가기, 기본적인 생활습관 기르기 등이다.

일상생활 훈련은 어린이들이 독립적으로 생활할 수 있는 능력을 훈련한다. 밥 먹기, 이 닦기, 옷 갈아입기, 운동화 신고 벗기, 닦고, 쓸기, 정리 정돈하기는 어린이들이 독립적으로 살아갈 수 있도록 훈련하며 이러한 훈련을 통해서 어린이들은 사회적 규범과 질서를 익히고 자국의 문화에 익숙해지도록 한다.

다른 한편으로 일상생활 훈련은 앞으로 살아갈 사람들, 사물과의 관계 만들기 기술을 훈련한다. 이 영역을 정신적인 영양분을 만들어가는 훈련이라고도 말한다.

만약 교사가 어린이들에게 탁자 먼지를 어떻게 닦는지 보여주고 싶다면 먼지를 털어내기 위한 헝겊을 평소보다 1/4 크기로 준비해야 한다. 어린이의 손이 작기 때문에 어린이의 비율에 맞아야 한다. 여러 개의 작은 수건은 어린이들이 같은 시간에 같은 연습을 할 수 있으므로 반드시 필요하다. 모든 사물들은 많은 특징을 가지고 있다. 손수건은 흰색이고 깨끗하고 작다. 작은 손수건을 가지고 활동하는 것을 몬테소리 교실에서는 교육적 활동이라 말한다. 어린이들에게 유리컵은 깨지기 쉬우므로 조심스럽게 다루도록 훈련시킨다. 만약 컵이 바닥에 떨어지면 깨지므로 조심하라고 엄중하게 알려준다. 어린이는 유리컵으로 인해서 주의를 받게 되어 항상 조심하는 자세를 가지게 되고 유리컵을 보면 자발적으로 자기 행동에 주의하게 된다. 만약 유리컵이 아닌 금속이나 화학물질로 만들어진 플

라스틱으로 만들어진 컵이 바닥에 떨어져도 깨지지 않는다면 어린이는 컵을 옮길 때 주의하지 않을 것이다.

교사들은 어린이들에게 발달을 위한 기본적인 운동과 관련된 활동, 환경과 관련된 활동, 사람들과 관련된 활동, 사회적 관계를 위한 활동을 연습한다.

일반적으로 어린이들은 집에서 다른 사람들이 행동하는 것을 보면서 즐거움을 찾거나 엄마가 집에서 했던 행동을 모방하려고 할 것이다. 교사들은 종종 자기들이 예상치 못한 현상을 관찰하는 경우가 있다. 어린이들이 아주 조심스럽게 탁자 위의 먼지를 닦는 것뿐만 아니라 모서리, 모서리 밑, 테두리 그리고 탁자의 다리까지 정확하게 청소함으로써 단순히 청소하는 것 이외의 다른 기쁨을 느끼고 있음을 볼 수 있다. 어린이는 조심스럽게 탁자 청소를 마쳤을 때 밝게 광택이 나면서 빛나는 탁자를 보게 되고 또 다른 물건들도 똑같이 조심스럽게 주의를 하면서 청소하게 될 것이다.

교사들은 모든 어린이가 자신들의 행동에서 똑같은 방법을 선택한다는 사실을 종종 보게 될 것이다. 교사는 그릇 닦기를 위해서 작은 구리로 된 그릇과 놋쇠 그릇들 그리고 닦기 위한 물건들을 준비했다. 한 어린이가 하나를 들어 그릇이 광택 날 때까지 닦았고 다른 어린이도 도구를 꺼내 광택이 날 때까지 닦았다. 그릇을 2~3번 닦는 것을 본 어린이들 역시 똑같이 2~3번 닦는 것을 알 수 있었다. 이러한 행동은 이미 알고 있듯이 확실히 결정된 활동을 재구성하거나 다시 시도하는 것이 필요하기 때문이다. 그러나 어린이들은 어른들이 그릇을 닦는 목적과는 전혀 다른 목적을 가지고 닦는데, 어른들은 해야 하기 때문에 의무로 한다면 어린이들은 자기 자신의 흥미와 닦는 훈련을 하기 위해서이다.

어린이들은 외부의 다른 상황에서도 동일한 행동을 취하는 본능을 가진다. 어린이가 하는 행동에 관한 목적 자체는 그릇 닦기에 관한 행동 이상의 만족감을 주면서 어린이의 내면에 있는 무언가를 발전시킴으로써 행복감을 가져다준다. 우리들이 알고 있는 것처럼 어린이에게 처음 청소를 가르치면 청소를 반복하는 목적이 청소라서가 아니라 청소하는 행동 자체가 자기에게 매력적이기 때문이다. 이런 활동이 또 다시 재연되면 어린이의 개성적이고 특별한 성격이 반복운동을 좋아한다고 말하며 사물이 목적이 아니라 말 그대로 어린이 고유의 인성을 개발시키는 방법이다.

한 번은 한 방문객이 학교 부속 어린이집에 왔다. 그는 5~6개의 단추가 달린 코트를 입고 있었으나 코트의 단추를 잠그지 않았다. 방문객이 의자에 앉았을 때 갑자기 한 어린이가 일어나 그에게 다가갔다. 그리고 매우 인내심 있게 단추를 잠갔다. 방문객은 기뻐하며 '이렇게 나에게 친절하다니! 정말 고마워' 라고 말했다. 어린이는 방문객의 칭찬에는 별 관심이 없었다. 어린이가 단추 잠그는 것을 끝내자마자 방문객은 다시 단추를 열기 시작했다. 그리고 다시 잠그고 열기를 반복하였다. 어린이의 목적은 명백히 방문객의 단추를 잠그는 게 아니라 질서와 잠그는 운동을 흥미롭게 계속해 가는 것으로 어른과 어린이의 차이점이다.

어른들은 어린이의 반복되는 행동을 인정해 주어야 한다. 한 어린이가 운동화 신는 데 오랜 시간이 걸리면 끈을 매는 데는 더 오랜 시간이 걸린다. 어른들은 자기들의 생물학적 리듬에 맞추어 작업을 하고 어린이들은 자기들의 리듬에 맞추어 작업을 한다. 그럼에도 불구하고 어른들은 어린이들이 자신들의 생물학적 리듬에 따르기를 원한다. 이러한 현상은 어린이가 행동하는 데 있어 필요한 것이 무엇인지 정확하게 보여준다.

정확하게 옮기기를 반복하는 것은 또 다른 흥미로운 사실이다. 이것은 교사가 다른 행동을 제시할 시기임을 안내하며 만약 교사가 제시하면 어린이는 정확한 방법으로 실행한다.

지금 교사는 작은 컵을 쟁반 위에 올렸다. 그 다음 교사는 쌀을 작은 주전자에 담고 매우 조심스럽게 컵 주변에 놓았다. 교사는 어린이의 손에 맞을 만한 가벼운 것을 들고 어린이에게 컵에 쌀 붓는 활동을 보여주었다. 이것은 어른들에게는 주의를 기울이지 않아도 되는 매우 쉬운 일로써 쌀을 작은 컵에 따를 수 있도록 실제적 노력을 보여주는 것이다. 교사는 주전자 손잡이를 잡은 다음 주전자를 약간 들어 컵 가까이로 가져가서 천천히 주전자의 주둥이를 컵의 중앙에 기울이고 계속 기울여서 쌀이 쏟아져 나올 때까지 따른다. 쌀이 원하는 만큼 충분하면 컵에서 분리한다. 쏟은 쌀이 수직이 되면 컵의 바닥이 쟁반에 닿을 때까지 교사는 손을 낮춘다. 이러한 활동을 움직임의 분석이라 부르는데, 복잡한 활동들은 각기 다른 부분들이 통합하여 이루어진다. 이 운동의 목적은 쌀을 컵에 붓는 행동이다. 교사 또한 컵의 쌀을 주전자에 붓는 것은 훨씬 더 어렵고 쌀이 쟁반 위로 떨어지면 이 활동이 얼마나 힘든 것인지 알게 된다. 만약 교사가 계속 이 운동을 실행할 수 있다면 쌀은 쟁반 위에만 떨어지는 것이 아니라 땅에도 떨어질 수 있다. 어린이는 쌀을 떨어뜨리지 않도록 주의를 받았기 때문에 이 운동은 통제되며 결론적으로 컵 밖이나 주전자 밖으로 쏟아진 쌀이 없다면 완전하게 성공한 활동이다. 이 활동의 목적은 완벽한 움직임이다. 물이나 어떤 종류의 액체도 가능하나 어린이의 손이 충분히 발달되지 않았다면 그들은 물을 컵 밖으로 떨어뜨릴 수 있다.

어린이들은 준비된 상황에서 움직임을 생각할 수 있다. 어린이들에게 교실 안에 있는 모든 교구 교재들을 조심스럽게 교실의 다른 가구들과 서로 부딪히지 않고 활용할 수 있도록 주의시켜야 한다. 이러한 활동은 완벽한 움직임을 훈련하고 친구들과 함께 공동 작업할 수 있도록 돕는다. 어린이에게 주어진 자연은 즐기고자 하는 충동과 자기가 자연과 함께 주인이 되도록 돕는다. 준비된 환경 속에서 교사들은 어린이들에게 지적인 활동을 할 수 있게 방법을 제공하여야 한다.

2) 어린이들의 새로운 환경과 적응력

이성과 지혜(Homo sapiens)를 소유한 특별한 인간은 지적인 존재로서 어느 동물보다 가장 적응력이 빠른 동물이다. 자신이 어느 환경에 적응한다는 의미는 그 새로운 환경에 대한 지식을 다양하게 가지고 있다는 이야기다. 예를 들면, 미국에 적응을 잘 한다는 것은 미국에 대해서 잘 알고 있다는 이야기이다. 다시 말하자면 적응력은 자기가 알고 있는 지식을 총동원하여 생활하는 지혜를 터득해 가는 것을 의미한다. 인간 전체는 통합된 한 개체로서 하나의 종족, 하나의 문화, 하나의 사회 속에서 다양한 집단으로 분리되면서 자기 고유의 문화와 환경 그리고 문화적 차이점 속에서 성장한다. 다문화는 인간을 문화적 인간으로 성장시키는 데 많은 도움을 준다. 인간과 인간으로 형성한 집단들 사이에서 조화로움, 균형 그리고 공동체의 선을 추구하면서 서로 공존의 의미를 가지는 것이 불가능한 것처럼 생각할 수도 있지만 모든 사람들이 조금만 이성적이고 합리적으로 생각한다면 그처럼 아름다운 세상도 없다. 세계는 하나의 공동체 집단으로, 열린 마음으로 발전되어가고 있다. 지구에서 일어나는 모든 일들은 인터넷으로 매 시간 전달이 가능해짐으로써 우리 스스로 하나됨을 실감하면서 살아가고 있다. 세계는 하나의 문화적 공동체로 이루어지고 있는 과정에 있다고 볼 수 있다.

지구상에 존재하는 모든 인간들은 각자 다른 문화적 차이점을 가지고 살아가면서 각자에게 주어진 삶의 조건에 적응해 간다. 인간이 창조하는 작업 중에 가장 지혜로운 작업이 바로 적응능력이다. 인간과 다른 종과의 차이점에서 가장 우위에 있는 것도 적응능력 때문이며 인간은 적응하면서 문화를 창조하고 문화를 발전시킨다. 지금도 진화는 끊임없이 이루어지고 있다. 인간들은 자기 환경과 조건에 익숙해지면 같은 조건과 같은 형태의 삶의 방식을 살아가는 사람들끼리 공동체를 만들어 환경에 적응하는 능력을 발전시킨다. 다시 말하자면, 다른 형태의 정신과 영성을 가진 사람들끼리 집단과 환경을 만들어 적응능력을 스스로 훈련한다.

50년 전의 사람들이 현재 우리들이 창조해 놓은 환경에 어려움 없이 적응하기란 쉬운 일이 아니다. 그래서 할머니들은 손자들과 이야기하면서 "너희들과 살기가 힘들어. 너희들 끼리 하렴"하고 말한다. 할머니의 세대로 되돌아가면 어린이들 삶의 방식은 불편해진다. 즉, 적응에 문제가 발생하는 것이다. 인간은 누구나 자기 환경에서 벗어나 새로운 환경에 적응하려면 어려운 문제점이 발생한다. 여기에서 어른들과 어린이들의 차이점은 있다. 새로운 문제점은 부정적인 것만이 아니라 인간의 진보와 새로운 문화의 창조결과를 알리는 위대함도 있다.

어린이들은 자신이 살아가는 환경에 걸맞게 자신의 인성(人性)을 창조하고 자기가 태어난 환경에 적응할 수 있는 내적 능력을 가진다. 즉, 창조적 능력이다(조성자 역, 1994).

어린이들은 환경 속에서 사물과 만나면서 집중하는 능력, 사물과 사회적 관계를 형성하는 능력, 사람과 사람 사이에 상호작용하는 능력, 다른 사람 · 모든 생명체 · 모든 사물과 관계를 형성하면서 환경에 적응한다. 어린이들만이 가지는 내적 · 창조적 능력이고 관계적 능력이다.

어린이들은 삶의 조건에 쉽게 적용하고 자기 환경-집단에 필요한 영성적인 생각들을 쉽게 구체화한다. 어린이들은 자기가 소속한 집단이나 그룹으로부터 새로운 것을 창조하면서 적응하기 때문이다. 즉, 어른들은 어린이들을 떠나서 정의로운 행동과 생활태도, 새로운 희망, 평화에 대한 진정한 의미를 찾을 수 없다. 그래서 몬테소리는 어린이를 인간의 어버이고 인간의 건축가이고 인간의 스승이라고 말한다(조성자 역, 2000). 어쨌든 인간은 운명적으로 주어지는 자기 환경에 적응해 가면서 삶을 시작한다.

영아들이 1년 동안 환경에 적응하기 위해서 받게 되는 물질적, 감성적, 정신적 보살핌은 정신적으로 환경에 적응하는 수용능력과 일상적 습관인 감정의 범위를 결정 짓는 중요한 역할을 한다. 사랑, 칭찬, 애정, 평화로움, 다정한 손길과 같은 긍정적인 관심은 유아기 뇌에서 도파민과 세라토닌을 발산하여 정서적으로 안정되고 건강한 정신을 형성하는 데 도움을 준다. 반대 환경에서 자란 어린이들은 명령적이고 폭력적인 언어를 사용하고 공격적이고 고립적인 생활을 하면서 친구관계에서 왕따 같은 반사회적 행동 현상이 일어난다(Eisler R., 2000).

어린이들은 어른들이 만들어 놓은 환경에 적응해 가야 하는 운명이기 때문에 어른과 어린이들 사이에 환경적 관계를 이해할 수 있는 교육적 환경을 만들어 주어야 한다. 어린이들이 자기 환경에 적응하지 못한다면 인간화, 육화를 이루어낼 수 없고 자신을 변화시킬 수도 없으며 평화롭게 살아갈 수도 없고 만족할 수도 없을 것이다. 인간의 특별한 본능으로 주어진 네뷸러를 발달시킬 수 없다.

어린이들을 위한 인간성은 어른들에게 예속되어 있는 기능과 어린이 자신 속에 잠재해 있는 두 가지 기능이 있다. 어린이들은 환경 속에 존재하는 모든 것에 의존하면서 인격을 형성하는 어른과 다른 차이점을 가지고 있다.

어린이들은 탄생과 더불어 주변 환경에서 들려오는 소리, 공기의 느낌, 바람소리, 아빠의 자동차 소리, 자기 집에서 나는 냄새, 어머니의 젖가슴에서 나는 냄새를 맡으면서 새로운 것을 배우고 새로운 것에 적응한다. 후에 언어를 발달시킬 때 주변의 자연 소리, 시끄러운 소리들을 활용한다. 어린이들은 자기들의 내면세계에 잠재해 있는 모든 것들을 창조하며 자기의 고유성, 언어의 특징을 정착시키는 작업을 스스로 창조한다. 어린이들은 자기 모국어를 자기 문화 속에서 발달시킨다.

어린이는 자기에게 주어지는 다양한 기회에 적응할 수 있는 능력을 발달시키고 새롭게 설계할 수 있는 능력도 발달시킨다. 어린이들의 환경은 자기들만을 위한 학습장인 동시에 적응력을 학습하는 신체 달련 장소이다.

어른들이 어린이들을 이해하기 위해서는 그들의 욕구를 이해하고 자유롭게 환경을 제공해 주며 친구들과 자유롭게 놀 수 있고 상호작용할 수 있는 기회를 주어 친구들로부터 분리되지 않도록 배려할 때 어린이들은 자연스럽게 환경에 적응할 수 있는 능력을 발달시킨다. 어린이들의 환경적응은 그들의 내적 행복과 밀접한 관계를 가진다.

어른들은 종종 어린이가 꽃이 있고 동물들이 있는 정원에서 또는 작업에 집중하는 모습에서 행복해 하는 것을 볼 수 있다. 자연에 둘러싸여 행복해 하는 그 순간은 환경과 밀착된 상황에서 자기 세계에 빠져 환경을 완전히 흡수하는 순간이다. 어린이들이 환경에서 흡수하는 것들은 놀라운 것들이 아니라 아주 작고 새로운 것들이다. 어린이들은 자기가 좋아하고 즐기며 행복해 하면서 생명을 변화시키고 환경을 지배하며 환경 속에 빠져든다.

교사들은 어린이들이 행복하도록, 환경을 즐길 수 있도록, 자연과 더불어 자기들이 필요로 하는 물질을 제공해 주고 물질을 통해서 행복을 느낄 수 있는 정신적인 것도 제공해 주어어야 한다.

어린이들이 환경에 적응하지 못하면 정상화에서 일탈된 행동을 한다. 일탈된 어린이를 정상화로 되돌리기 위해서 어린이는 또 다른 고통을 시작하게 되며 고통도 받게 된다. 즉, 행복으로 가는 정상화 과정에서 고통과 어려움을 겪는다.

3) 어린이들의 움직임과 지능

어린이의 움직임을 단지 생물학적인 관점으로만 고려할 것이 아니라 지적 학습에 의해서 이루어지는 교육적 범주에 속한다는 것을 알고 정신적 작용을 고려하여야 한다(조성자 역, 1994).

어린이들은 한 가지 활동만을 실행하는 것이 아니라 복잡한 행동을 실행한다. 어린이들은 걸을 수 있고 뛰고 계단을 오르 내리고 실외 놀이를 하기도 한다. 온종일 활동과 작업을 반복하면서 행복해 한다.

어린이들에게 움직이는 운동은 "자신을 표현하는 행위일 뿐만이 아니라 의식을 창조하기 위한 필요조건이고 지적 창조를 위한 조건이고 창조적 에너지를 기능적으로 구체화하는 행위이다." 어린이들은 운동을 통해서 삶의 에너지를 풍부하게 하는 영적인 요소들을 발전시킨다(조성자 역, 1991).

어린이들은 손으로 섬세하게 작업을 하기도 하는데, 손을 조작하는 운동이다. 어린이들은 말을 할 수 있고 손으로 수세기에 걸쳐서 창조한 역사적 산물들을 재현하기도 한다. 어린이들은 진화와 역사에 상관없이 오늘날 인류가 창조한 무엇인가를 스스로 학습하게 된다. 이러한 현상은 자신 속에서 자기가 속한 시대적 환경에서 기본적인 예법과 시민의식 그리고 사회적 질서를 따르도록 하는 잠재능력을 소유하고 있다는 증거이다.

신은 인간에게 언어를 창조할 수 있는 능력을 아낌없이 부여하였다. 이러한 형상은 인간의 생물학적인 모든 기능에서도 마찬가지이다. 저자는 인간의 손을 생각하면 알고 있는 언어적 지식으로 표현하는 것이 도저히 불가능하다. 몬테소리는 손은 지능과 밀접한 관계를 가지면서 인간으로 특징화하는 특별한 기관이라고 말한다. 손을 사용하지 않고 무엇인가 한다는 것은 불가능하며 어린이들이 손을 활용하여 무엇인가 작업하도록 도와주는 것이 필요하다.

신은 인간에게 일하는 손을 준 것이 아니라 손이 할 수 있는 모든 가능성을 부여한 것이다. 인간만이 소유할 수 있는 인간의 전리품이 바로 손이다. 다른 동물과 똑같이 재능을 부여한 것이 아니라 운동과 노력을 통해서만이 재능을 발달시키고 성취할 수 있다. 인간은 부모로부터 손, 지혜와 같은 위대한 선물을 받았지만 노력에 의해서 창조하고 개발하지 않으면 무의미한 존재가 되므로 인간은 움직임과 활동을 지속적으로 진행하여야 한다.

예를 들면, 유능한 피아니스트가 되었다 할지라도 노력과 훈련을 하지 않는다면 즉시 순위에서 멀어질 수 있다. 더 훌륭한 발달과 정상화를 위해서 인간은 활동을 지속하여야 한다.

손을 사용하여 접고 자르고 바르고 오리고 끼우고 꿰매는 작업을 할 수 있도록 재료를 제공해 주어야 한다. 수작업 활동을 방해하는 것은 발달을 저해하는 요인이 되고 손을 사용하는 것은 인간이 노동을 시작하는 초기 단계이다. 손가락을 움직이는 운동은 뇌의 모든 분야를 자극하여 활발하게 움직이도록 만들며 손의 능력은 지능발달과 함께 진행된다.

어른들은 자기 손을 미적으로 보호하려고 하지만 어린이들은 손으로 인격을 형성하려고 한다. 어린이들은 작업하려는 손, 활동하려는 손, 탐색하려는 손, 붙잡고 보호 받으려는 기능으로 손을 활용한다. 어린이들은 열정을 손으로 표현한다. 반가움, 즐거움, 무서움, 사랑, 애정 등 모든 것을 손으로 표현한다(조성자 역, 1991: 226).

인간의 모든 활동은 의지와 관계되며 의지는 활동을 지시한다. 의지는 다시 지능과 관계된다. 인간 창조의 가장 찬란하고 위대한 업적 중 하나는 지능의 존재이다. 생물학적으로 지능은 활동 전 단계라고 할 수 있다. 신생아는 지능을 소유했지만 미성숙으로 인해서 스스로 활동하지 못한다. 바로 자기 노력과 활동으로 지능을 발달시킬 사명감 내지 우주적 사명감을 가진다.

움직임은 작업과 관계되어 있고 작업은 지능의 작업이라고 말할 수 있다. 어린이들 손의 움직임이 의지와 관련되었다는 사실은 손이 아무런 목적 없이 움직이는 것이 아니라 무엇인가를 잡고 빨고 활용하기 위해서 손을 활용한다. 그러므로 신생아들의 첫 번째 움직임은 발이 아니라 손이다.

부모들은 어린이가 무엇인가를 잡으려고 하면 무질서하고 비위생적이라는 명분하에 치워버리면서 허락하지 않는다. 손을 움직이고 손으로 경험할 수 있는 기회를 방해하는 것이다. 어린이들은 넓은 안방에서, 넓은 어린이집에서, 넓은 정원에서 마음대로 움직이면서 손과 발을 자유롭게 활용할 수 있어야 한다. 어린이들은 활동을 통해서 자유 의지와 자유로워지기에 성공한다.

몬테소리는 지능과 손의 관계를 정확하게 설명하고 있다(조성자 역, 1994: 194). 손 조작능력과 지적 능력의 관계는 물론이고 인간이 이루어낸 모든 위대한 작품들은 때로는 인간이 다시 재연할 수 없는 작품들도 있다. 인간은 손으로 자기 흔적을 남긴다. 인간의 손은 움직임으로 감정과 지능 그리고 영성을 수용할 수 있는 무한한 기계이며 기관이다. 손은 제2의 뇌라고 말한다. 손이 정신활동과 관계되었으므로 손에 감사하는 마음을 가져야 한다. 몬테소리가 수작업을 사용하여 활발하게 활동하는 어린이들은 자아 존중감과 사회적 관계가 향상된 반면

손 활동이 원활하지 못한 어린이들은 열등의식을 갖는다는 것을 어린이집에서 관찰하였다(조성자 역, 1994). 손 활동은 인간의 작업을 고차원적으로 이끌어가는 능력을 가진다.

다른 한편, 우리들은 어린이들의 감각과 지능을 생각할 필요가 있다. 어린이들의 감각은 환경에 관심을 가진다. 어린이들이 끊임없이 움직이는 시기를 감각기라고 말하고 모든 어린이들은 감각운동기를 거친다.

감각운동기에 중요한 것은 감각훈련을 할 수 있는 교구를 어린이들에게 제공하면 어린이들은 교구를 통해서 감각을 발달시킨다. 교구는 어린이들에게 활동과 운동에 도움을 준다. 어린이들은 교구에 집중하면서 정신을 발달시키고 생각과 상상력을 불러일으킨다. 교구는 어린이들의 다섯 가지 감각기관을 최대한 활용하도록 자극한다. 어린이들은 교구를 통해서 외부 세계와 접촉하며 관계를 형성하고 손으로 교구를 잡으면서 감각을 이용하여 외부 세계를 지각하는 인식작용을 한다. 그러므로 어린이들의 지능은 그들을 에워싸고 있는 모든 자극을 모아서 저장한 저장고 속에서 변별력과 판단력 그리고 기억력 등이 발생한다. 다시 말하자면, 어린이들은 환경과 상호작용하면서 지식을 구성한다. 감각은 지식을 통과하는 대문(大門)과 같은 역할을 한다. 어린이들은 감각의 대문을 많이 통과할수록 넓은 지식의 세계로 들어가게 된다.

4) 어린이들의 자유작업과 자유활동

우리들은 어린이들이 교실에서 작업을 통해 자유로워진다는 것을 경험적으로 알 수 있다. 어린이들의 작업에서 자유의 의미와 역할은 무엇인가 살펴 볼 필요가 있다.

몬테소리의 자유 개념을 정확하게 이해하고 분석해 보면 그녀의 자유 개념은 원하는 것(Wollen), 할 수 있는 것(Können), 해도 되는 것(dürfen)으로써 생물학적 근거를 가지고 있다는 것에 주목하여야 한다. 첫째, 당위성이나 합법성에 근거하여 자유를 언급할 필요가 있다. 교사들은 어린이들이 해도 되는 활동을 지향하면서 준비된 환경을 합법적으로 제공한다. 둘째, 개인에게 주어지는 자유로운 활동의 가능성과 권한에 관한 문제이다. 행할 수 있는 능력과 행할 수 없는 능력을 발견하여야 한다. 즉, 정확하게 할 수 있다면 정확한 방법에 의해서 정확하게 행하도록 돕는다. 행할 수 없는 것은 행하지 못하도록 환경에서 장애물을 제거해 주어야 한다. 마지막은 실제적으로 우리들이 자유롭게 생각과 행동이 일치되는 마음으로부터 원하는 것을 할 수 있도록 허락하는 자유이다(Broccolini G., 1966).

몬테소리의 자유는 생리심리학적으로 어린이들 내면의 세계에서 무엇과 어떤 것을 통해서 자유로워지는 독립적인 자유를 의미한다. 사물을 통해서 자유로워지는 독립성과 행복감 그리고 자아 성취감을 원한다. 자기 행동이 원하는(Wollen) 주관적인 자유는 개인의 절대적인 의지와 필연적으로 일치되어 행동을 결정하는 도덕적인 명령의 개념이다. 어린이들의 주관적인 자유를 통해서 가치로운 것에 타율적으로 복종한 다음 도덕성이 발달하면 도덕적 자율성은 개인의 순수한 존재와 관계없이 질서, 규칙과 같은 덕목에 자율적으로 복종한다. 이러한 자유의 단계는 마지막 생물학적인 자유의 영역 속에서 발달한다. 즉, 자기들의 욕구를 생물학적으로 자유롭게 충족시킨다.

몬테소리는 해도 되는 정당성을 통해서 어린이들에게 작업의 가능성을 탐색하고 생물학적인 조건의 해야만 하는 욕구들은 해도 되는 도덕적인 필연성과 주관적 자유에서 어린이들을 자유로워지도록 만든다. 어린이들은 작업을 통해서 자유를 훈련한다고 말할 수 있다.

몬테소리의 자유 개념을 작업과 연결하여 다음과 같이 해석할 수 있다.

첫째, Socrates의 산파술 교육 개념과 같이 잘못되어 일탈된 활동에서 필요한 것을 돕는, 즉 생명을 돕는 교육방법으로 해석한다. 산모가 혼자서 새 생명을 탄생시키지 못하는 것과 같이 두 사람의 조력이 필요하다.

둘째, 우리들이 개인의 인격과 자유에 대한 개방된 대화를 종종 잊어버리는 성향이 있는데, 인간의 내면에서 발달하는 종교적인 인격처럼 존중하면서 그들의 인격과 자유를 생의 첫 시기부터 인정해 주어야 한다는 것이다. 인간은 주관적인 자유를 통해서 자유를 자유롭게 활용할 수 있다고 한다.

셋째, 어린이들의 자발적인 활동에서 장애물을 제거해 주기 위해서 할 수 있는(Können)것에서 해도 되는(Dürfen) 개념인 가능성을 표출할 때까지 교구작업을 허락하는 자유의식이다.

넷째, 어린이들이 자유의지로 행동을 계속하도록 돕는 이론적인 측면과 방법론적인 측면에서 자유로워지는 것이다(Broccolini G., 1966).

어린이들에게 자발적인 표현을 제한하는 관계로부터 자유롭게 되도록 돕는다. 이때 어린이들의 자발적이고 자유로운 표현은 그들의 본능에서 가장 확실하게 진리를 자유롭게 표현하는 계시자가 될 것이다. 어린이들의 자유로운 행동은 타율적인 강요로부터 해방되어 작업과 함께 정당한 자유를 누리게 될 것이다.

몬테소리는 첫 시기 일반적으로 3세 때까지의 자유로운 활동은 독립적인 인간으로 성장하도록 돕는다고 말한다. 어른들은 어린이들을 자신들의 활동에 종속된 노예로 성장하도록 돕는 것이 아니라 주인과 노예의 잘못된 관념에서 벗어나서 인간의 존엄성을 존중하며 정확하게 봉사할 수 있는 진정한 주인이 되도록 도와야 한다. 어린이들에게는 할 수 있도록 허락하고 도와주는 주인이 필요하다. 어린이들의 내적 욕구를 발달시키고 충족시킬 수 있는 물리적 환경과 인적 환경을 통해서 자유로워지도록 한다.

분명한 것은 자유는 어린이들의 전인적 발달을 위한 출발점에서 필요하며 다른 한편으로 자유는 인간 사회에서 인격 형성을 하는 데 절대적으로 필요한 요소이다. 더 나아가 인간들에게 자유는 사회의 민주적 의식을 근거로 형성되는 기본적 요소이다. 그러므로 어린이들의 인격 형성을 목적으로 자유는 인격 형성의 출발점으로 필요하며 기본적으로 타율적인 행동을 극복하는 독립적 존재로 살아가도록 만든다. 어린이들의 자유는 개인의 활동을 자유롭게 허락하고 개혁하여 자유로운 세계로 그들을 탈출시킨다.

어린이들은 자유롭고 경험적인 활동을 통해서 창조적 본능을 표출한다. 영적인 존재로 정신적인 잠재능력을 소유한 존재이다. 자유는 어린이들의 잠재능력을 최대한 발달하도록 돕는 교구와 같은 존재이고 어린이를 인간의 주인으로, 어버이로, 스승으로 만드는 가장 중요한 요소이고 활동하는 유기체의 능력을 드러내 주는 자동차의 휘발유와 같은 요소이다.

어린이들은 제시되는 교구와 구체물을 통해 작업을 반복하고 활동을 조화롭게 조직하여 욕구를 충족시키면서 자기 만족을 이끌어내고 구체물과 함께 작업하는 동안 내적 욕구를 충족시킴과 동시에 내적 행복을 느낀다. 특히 3세 미만의 어린이들은 스스로 작업할 수 있는 교구가 없어 활동이 이루어지지 않을 경우 즉시 혼란스러워진다. 교사와 부모들은 어린이들의 욕구와 성향에 일치하는 교구와 구체물을 환경에 준비해 줌으로써 그들을 자유로워지도록 만든다. 교사들이 어린이들의 내적 욕구를 만족시키면 자연스럽게 민감기를 돕게 된다. 민감기는 어린이들의 내적 욕구가 발생하면 그 욕구를 충족시키기 위해서 활발한 에너지가 발생하는데, 이것이 바로 민감기와 연결된다.

어린이들이 자유로워진다는 의미는 사물과 밀착되어 작업하는 순간 관심의 집중화 현상이 일어나는 절정의 시간을 의미한다. 어린이들은 반복과 연습을 통해서 관심을 집중시킨다. 교사는 작업을 통해서 어린이들의 심리적 능력을 측정하는 것이 아니라 그들에게 발달방법을 제공한다. 구체물이나 교구를 가지고 반복적으로 연습하는 어린이들은 사물을 변별하는 능력이 발달한다. 어린이들의 욕구를 충족시켜 줌으로써 내적 행복을 만끽한다.

어린이들은 자유로운 상황에서 자율적으로 정확한 방법과 사물에 대한 정확한 지식을 갖는 것에 흥미로워한다. 몬테소리가 직접 관찰한 내용과 비슷한 현상을 학생들과 어린이집에 견학 갔을 때 관찰하였다.

5세 된 민혁이라는 어린이가 지속적으로 꼭지원기둥을 가지고 작업하였다. 너무 흥미로워하고 신중하였다. 여러 번 반복하여 저자 생각으로는 그만 하고 다른 작업을 했으면 했다. 그러나 아랑곳하지 않고 열심히 하였다. 옆에 가서 약간 방해를 해 보았지만 전혀 개의치 않고 열심히 하였다.

"민혁아 다른 교구를 가지고 작업할까?"
"아니요, 아직 안 끝났어요."
"언제 마치는데..."
"몰라요, 마치면 알려줄게요..."

무려 1시간 반이나 지속한 다음 "선생님 이제 그만할 거예요." 민혁이는 지금까지 한 번도 이렇게 행복해 한 경험이 없을 정도로 만족해 하면서 옆에 있는 친구에게 자기가 한 작업을 자랑하였다. 담임교사도 민혁이의 이러한 자세를 처음 보았다고 감탄하였다.

어린이들은 자기의 에너지를 작업에 집중할 때 싫증나고 피곤함을 느끼기 보다는 휴식을 취하는 기분인 것 같다. 그러므로 작업이 피곤하지 않고 휴식을 취하는 것 같다면 어린이들은 작업을 지속하려고 할 것이다.

어린이들이 작업을 좋아하고 사랑하도록 만들기 위해서 우선적으로 자유롭게 활동할 수 있는 환경이 주어져야 한다. 어린이들이 작업을 즐기기 위해서는 자유로운 공간에서 자유로운 선택이 이루어질 수 있는 공간과 교구 또는 사물이 제공되어야 한다. 어린이들은 환경이 위협적이고 준비되어 있지 않으면 작업에 흥미를 상실한다.

어린이들은 자유가 주어지면 몰입상태에 도달한다. 몬테소리는 몰입상태를 다음과 같이 표시한다(조성자, 1998: 111).

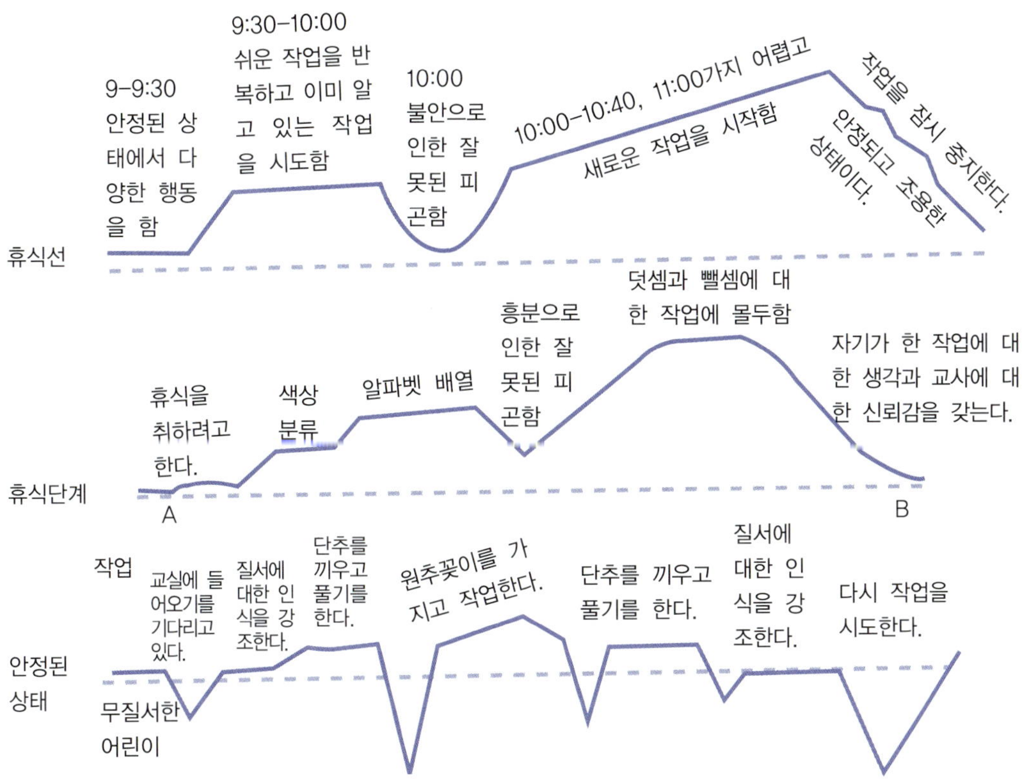

어린이들은 자유로워진 상황 속에서 본성에 의해서 작업을 필요로 한다. 작은 인간은 세계를 창조하면서 우리들에게 인간의 스승임을 일깨워준다. 작업은 인간을 자유로운 어린이로 변화시킨다. 어린이들은 활동을 통해서 자유로워지고 독립적이고 자율적인 인간으로 변화된다. 몬테소리는 어린이들에게 있어서 자유는 활동이라고 말한다. 인간은 자유 속에서 활동을 통해 자아실현을 성취하면서 최대한의 행복감을 느낀다. 어른들은 이 세상의 주인이지만 어린이들은 도덕적 주인이 되고 사법관이 된다. 어른들과 어린이들은 서로 다른 왕국의 주인이 되면서 서로 인류애의 조화를 이루어간다.

5) 어린이에 대한 정상화 개념

우리들이 과연 한 사람을 판단할 때 저 사람은 정상이고 저 사람은 비정상이라고 말할 수 있을까? 또한 정상과 비정상으로 분류하는 기준은 무엇일까? 교사들이 자기 반 어린이들에게 정상적인 어린이라고 말할 때 과연 얼마나 객관적일 수 있을까? 또한 정상적인 어린이 속에 비정상적인 어린이가 없다는 말일까? 이러한 사실을 이야기하면서 우리들은 정상의 개념과 기준을 어떻게 이해하고 몬테소리의 정상화 개념을 어떻게 이해하여야 할 것인가를 생각해 볼 필요가 있다.

위에서 언급하고 있는 질문들을 고려하면서 왜 몬테소리가 정상이란 표현 대신에 "정상화"라는 언어를 사용하였을까? 정상의 개념은 지금 어린이가 현재 행하고 있는 행위가 완성되어진 상태에서 정상적이냐 아니면 비정상적이냐를 판단하는 것이고 반대로 정상화란 현재 어린이들의 행위가 완성되어 끝난 것이 아니라 진행되고 있는 상태를 의미한다. 정상화는 진화의 의미를 포함한다. 어린이들의 모든 행위는 모두 완성되어 끝나는 것이 아니라 현재도 완성을 향해 진화하고 정상화 과정에 놓여 있다.

어린이들은 외부 환경에서 제공되는 작업과 정신이 일치되어 집중화 현상이 일어날 때 정상화 과정에 몰입되며 작업과 정신이 통합되지 않으면 어린이들은 일탈 행동을 보인다. 몬테소리는 어린이들의 형태를 세 가지로 분류하였다. 첫째, 수정을 필요로 하는 결점을 가진 어린이, 둘째, 모범적이고 모델 역할을 할 수 있고 착한 결점을 가진 어린이, 셋째, 정상적으로 고려할 수 있는 어린이이다(조성자 역, 1994: 259). 세 가지 형태의 어린이들은 발달과정에서 정상화 단계와 만나야 한다. 우리들이 무엇인가를 완전히 알고 있다고 해서 더 이상 완전한 것이 없다는 의미가 아니라 더 완전한 것을 위해서 탐색하고 노력하여야 하는 것처럼 평생 동안 정상화 과정 위에서 스스로 노력하여 장애물을 극복하는 것이다.

몬테소리는 어린이들의 특성을 반사회적, 사회적으로 구분한다. 사회적인 어린이들은 작업과정에서 집중화 현상이 일어나고 반복적인 훈련을 즐기며 사회적 · 사교적이면서 질서 있고 도덕적인 현상이 일어나 작업을 즐기는 현상이 정확하게 나타난다. 반면 반사회적인 어린이들의 특성은 무질서하고 게으르며 신경질적이고 욕심을 부리면서 모든 것을 내 것이라 말하고 작업을 산만하게 진행하는 현상이 나타난다(조성자 역, 1994).

교사들은 반사회적인 어린이들이나 혹은 작업과정에서 일탈된 어린이들을 정상화 과정으로 이끌어가기 위해서 어린이를 위한 건강한 몸, 건강한 정신, 건강한 환경, 자유로운 집을 만들어 주어야 한다. 몬테소리는 정상아의 특징은 사교적이며 모든 활동에 열심히 반복과 훈련을 하고 작업에 집중함으로써 집중화 현상이 일어나 행복해 하고 탐색활동을 좋아하는 반면 비정상아들의 특성은 탐욕스럽고 무질서하며 세심하고 게을러서 작업에 관심을 두지 않으며 자존감이 없고 자신을 확대하는 특성을 나타낸다(조성자 역, 1994).

어린이들을 정상화 과정으로 이끌어가기 위한 필수조건들은 건강한 몸과 정신, 그들이 자유로워질 수 있는 공간, 관심을 집중시킬 수 있는 사물 혹은 구체물, 자유롭게 선택할 수 있는 교구와 구체물 등이다.

어른들은 어린이들이 혼자서 자기가 원하는 작업을 할 때 이해하지 못하고 방해함으로써 그들의 인격 형성을 불가능하도록 만들 뿐만 아니라 정상화가 진행되는 것을 방해하고 일탈하도록 만든다. 즉, 어린이들의 활동과 마음을 분리하도록 만드는 것이다. 어린이들은 사물, 환경, 구체물에 관심을 집중하면서 정신을 통합하는데, 정신을 집중시키지 못하는 어린이는 활동을 정확하게 할 수 없다. 물론 교사나 부모가 어린이들에게 활동을 지시하면 정상적으로 외부 활동을 조직하고 논리적으로 실행하는 것을 방해하는 것이며 정상화 과정에서 멀어진다.

어린이들이 어린이집에 도착하면 교사들이 마치 그들을 새장에 감금하는 것처럼 생각할 수 있다. 어린이들은 새장을 열고 달아나기를 더 좋아하며 새장에서 탈출한 즉시 자유로움을 느끼고 자기 작업을 시작하면서 정상화를 향해 걸어간다. 어린이들의 정상화를 위해서는 그들의 영혼을 새장에 가두어 둘 필요가 없다. 어린이들의 강한 삶의 에너지를 정상화를 향해서 함께 소모하여야 한다. 어린이들이 가지고 있는 생명력은 정신과 육체를 포함하는데, 이 두 가지 요소들은 환경과 밀접한 관계를 가진다.

교사는 무질서하고 소란스러우며 목소리가 커서 다른 친구들의 작업을 방해하고 혼자서 아무것도 하지 않으면서 앉아 있는 부주의한 어린이들을 인내심을 가지고 기다리면서 단계적으로 정상화를 향해 가도록 협조하면서 환경에 적응할 때까지 버팀목이 되어주어야 한다. 교사는 개인차를 인정하면서 상호작용이 일어나도록 적극적으로 협조하여야 한다. 교사가 어린이들을 정상화 단계로 이끌 수 있을 때 성공적인 참교육자라고 할 수 있다.

교사가 어린이들을 엄격하게 대하고 걱정스러워하고 보호하면서 자기 주변에서 멀어지는 것을 두려워하는 마음에서 해방되어질 때 교사는 어린이와 함께 정상화를 향해 단계적으로 걸어갈 것이다.

몬테소리가 처음 지적장애인들과 생활하였을 때 모든 어린이들은 정신장애를 가지고 있었지만 그들의 행동을 변화시킬 수 있었던 것은 자연과 더불어 구체물을 가지고 인내하며 지도할 수 있었던 교사의 역할이 컸었다.

몬테소리는 어린이들에게 입고 있던 옷에서 단추를 떼어, 즉 대상물을 가지고 숫자를 가르쳤고 알파벳을 나무로 만들어 언어를 가르쳤을 때 어린이는 마리아라는 글자를 땅 바닥에 조립하기 시작하였다. 약물로 그들의 행동을 치료한 것이 아니라 교구를 제작하여 감각을 움직이도록 만들었고 구체물을 제공하여 정신적으로 완벽하게 집중할 수 있도록 환경을 제공한 임상교육 치료방법이었다. 활동과정에서 일어나는 지적장애인들의 행동을 정확하게 관찰하여 개별 지도를 하였다. 그때 몬테소리는 지적장애인들의 행동이 변화하는 모습을 보고 약물치료가 아닌 임상적 교육방법의 효과에 대해서 스스로도 감탄하였고 이러한 교육방법을 정상아들에게도 적용하여 좋은 학습효과를 얻었다. 임상교육 과정을 거쳐서 초등학교 입학시험을 정상아들과 함께 응시했을 때 몬테소리의 지적장애인들은 모두 합격하였지만 2명의 정상아들은 불합격하는 현상이 벌어졌다. 아마도 몬테소리 교육방법이 이루어낸 성공적인 쾌거였다. 몬테소리는 모든 어린이들의 정신을 움직일 수 있도록 만드는 첫 번째 요인은 교구, 구체물, 살아 움직이는 생명체라는 것을 알았다.

어린이들을 정상화 단계로 이끌어가는 데 가장 중요한 매체는 바로 구체물이다. 몬테소리의 교육학은 구체물을 제시하고 환경을 자유롭게 만드는 치료-교육학이라고 말한다.

어린이들을 정상화 단계로 이끌어가기 위해, 교실에서 교구를 제공할 때 정확한 규칙과 질서를 어린이가 스스로 지키도록 훈련시켜야 한다. 친구를 배려하면서 인내하며 기다리기, 양보하기, 교구가 충분하지 않을 때 그룹 활동하기는 몬테소리 교실의 교육과정에 포함되는 요소들이다. 어린이들을 약물로 치료하는 것이 아니라 교육방법을 통해서 일탈된 행동을 정상화 과정으로 이끌어가야 한다. 어린이들은 자기들의 욕구가 충족되고 욕구로부터 해방되었을 때 가장 행복해 하고 자기 의지대로 정상적인 활동을 할 수 있다. 정상화는 어린이들의 내적 행복과 밀접한 관계를 가진다.

어린이들을 정상화로 이끌어 갈 수 있는 조건은 다음과 같다.

① 자유작업을 할 수 있는 조건

② 자유선택을 할 수 있는 조건

③ 자유롭게 즐기는 작업

④ 장애물로부터 독립시키는 것

⑤ 어린이들을 행복하게 만드는 것

정상화의 특징	정상화의 특징 내용
질서를 지킴	자연적이고 문화적으로 환경에 관심을 집중시킨다. 이미 지각되어 인식된 외부의 구조와 지식을 유지하고자 하는 욕구가 생김. 인식된 외부 구조에 대한 질서감이 발생한다.
작업을 즐김	창조적 능력을 스스로 발달시키면서 생활에 만족하고 즐긴다. 작업을 통해서 자신의 인격을 형성해 간다. 스스로 장애물을 제거하고 오류를 수정하면서 긍정적으로 삶을 즐긴다.

정상화의 특징	정상화의 특징 내용
관심의 집중화	작업에 집중함으로써 강인한 인내심을 형성한다. 스스로 관심을 집중하는 태도가 발달한다
자기 환경의 지배	작업을 통해서 창조적 능력을 발달시키면서 환경을 지배한다. 집중력이 강화되면 환경 속으로 몰입한다.
침묵활동	조용한 가운데 집중력이 강화되며 침묵 속에서 재창조 작업을 조직한다. 여러 가지 관계망을 형성할 수 있는 생각을 한다.
긍정적인 소유욕	물질적인 소유가 아니라 사물과 새롭게 창조하려는 사물과 접촉함으로써 물리적 환경에 대한 사랑이 발생한다.
순종과 복종	외적인 강요에 의해서가 아니라 스스로 자신이 자유롭게 의사결정, 선택을 함으로써 환경을 지배한다.
독립심과 자율성	사물과 환경 속에서 경험되어지는 것을 통해서 스스로 만족감을 느끼고 자유롭게 자신감을 가지고 활동한다.
친사회적 활동	자신감과 독립심이 성취되면 자신, 문화, 환경을 지배함으로써 도덕적 행동이 발달된다. 공동 협력하고 공동 생활을 즐기고 서로 상부상조하면서 타인을 배려하는 공동체 의식이 발달한다.
자아통제력	질서를 지키면서 소우주 · 대우주 속에서 자신의 위치와 역할을 수행함으로써 우주적 질서를 유지한다.
기쁨, 만족, 즐거움	정상화된 어린이들의 가장 특징적인 현상이며 환경 속에서 자신을 만족시키고 환경과 더불어 자신을 즐긴다.

05. 몬테소리 교실에서의 사회적인 덕목

1) 어린이들을 위한 어른의 규칙

몬테소리 방법에 있어서 교사의 영적인 준비는 몬테소리 교구 교재를 설명하는 것보다 더 중요한 영역이다. 몬테소리 학교에서 교사는 전통적인 학교의 교사와는 다른 태도를 가져야 한다는 것은 이미 잘 알려진 사실이다(조성자, 2007). 전통적인 학교에서의 교사는 어린이들을 조용히 앉혀서 엄격하고 권위적인 분위기에서 교수방법을 적용하여 가르치며 어린이들에게 똑같은 작업을 제시한다. 어린이들은 교사가 활동하는 동안 수동적일 뿐만 아니라 교사의 의지에 따라서 활동과 작업을 시행할 뿐이다. 전통적인 학교에서의 교사는 스스로 권위적이고 어린이에게 압박감을 가하는 권위의 위계질서에 있어서도 직접적인 권위자가 된다. 이때 교사의 권위는 명백한 힘이다. 교실 문이 닫히면 어린이들과 교사만이 남겨지기 때문에 어린이들은 복종을 생각하게 된다.

어린이들에게 권위가 필요하지 않다고 느끼게 될 때는 교사 자신에게 무엇인가 도움이 필요하다는 것을 의미한다. 교사는 어린이를 처벌하도록 허락되는데, 이러한 처벌들조차도 분명 권위적이다. 흔히 처벌은 어린이들의 행동수정과 정의감을 빙자하여 이루어진다. 어린이들의 특별한 실수는 특별한 처벌로 이어지는데, 이러한 상황은 전통적인 교실에서 자주 일어나는 일상적인 현상이다. 처벌은 한계가 없으며 교사는 학급 전체를 처벌할 수도 있다. 어린이들에게 상은 일년에 단지 한두 번만 수여된다. 어린이들에게 상은 새로운 비전을 제시하는 것과는 거리가 먼 일시적인 기분으로 좌우되고 처벌은 매일 하루 일과 속에서 빈번히 일어나는 일이다. 몬테소리 교실에서 부정적으로 말하는 것 경쟁, 잘했다고 생각하는 어린이에게 공포감을 주는 상, 처벌을 받지 않기 위해서 상황을 모면하려는 핑계, 거짓말과 같은 일들은 다른 사람을 도와주려는 의지가 결여된 일시적인 해결책이다. 전통교실에서 이루어지는 이러한 일련의 수동적인 비전들은 어린이들의 생활을 고통스럽게 만들어 버린다.

만약 우리가 새로운 교육방법으로 수업하는 성공적인 교사가 되기를 원한다면 새로운 교사들로서 새로운 과업과 새로운 인성을 다시 한번 심사숙고해야 한다. 교사들은 어린이들을 위한 교육조건을 가장 훌륭하고 효율성 있게 준비해야 한다는 사명감을 스스로 결단 내려야 한다. 중요한 것은 새로운 방법을 배우고 어린이를 위한 새롭고 훨씬 더 바람직한 삶의 방식을 모델로 제공하여 보여 주어야만 한다. 즉, 교사는 내적인 준비를 해야 할 필요가 있다.

새로운 사명감과 과업을 이해하기 바라는 교사는 어린이를 가장 훌륭한 삶으로 이끌어 주면서 교사의 사명감이 얼마나 어려운 일인지를 깨닫게 된다. 극소수의 교사들은 아주 빨리 그리고 아주 쉽게 교사의 길을 가려고 한다. 실제적으로 훌륭한 교사는 많은 경험과 노력이 동반될 때 가능하다.

교사는 영성적 힘에 자기의 모든 것을 의존하여야 한다. 교사는 자신의 정신을 변화시켜 다른 영성의 자세로 변화되기까지 오랜 훈련 기간이 요구된다. 변화는 영성과 함께 어린이와의 관계를 통한 경험과 더불어 이루어진다. 결국 몬테소리가 말한 것처럼 교사는 자기 자신을 겸손하게 수용하고 자신을 들여다보는 영성적인 자세가 필요하다.

교사는 어린이들이 환경 속에서 이룰 수 있는 것이 무엇인지에 대한 그림을 자신의 마음 속에 그려야만 한다. 교사는 자신이 모든 것을 완전하게 할 수 있다는 가정을 예측하지 말아야 하며 어린이가 정상화를 향해 나가는 여정이 교사 자신의 지시에 의존하지 않도록 배려하는 것을 잊지말아야 한다. 반면 어린이의 상호작용이 환경과 이루어질 때 학습 효과를 얻을 수 있다는 것도 인지하여야 한다. 환경 안에서 어린이들이 교구를 정확하게 구성하는 것은 그들에게 분명한 경험을 제공하는 기회를 준다.

교사의 하루 일과는 어린이가 교구들과 아주 밀접하게 관련을 맺도록 구성해준다. 만약에 교사가 이러한 의무감을 성실하고 정확하게 실천하였을 때 어린이가 정상화를 향해 나아가는 과정에 필요한 정신과 영적인 활동을 제공해 줄 수 있는 교구들 속으로 어린이를 밀어넣어 주는 것과 같아서 어린이는 완전히 교구와 하나가 된다.

만약에 환경을 완전하게 제공했다고 해도 교사는 자만심과 만족감을 버려야 한다. 교사에게 가장 만족스러운 상황은 "우리 어린이들은 나 없이도 스스로 할 수 있다."라고 생각될 때이다. 교사는 영성의 본질인 삶의 에너지를 이끌어내고 지시해 주어야 하는 중요한 과업을 가지며 어린이의 영성을 충족시킬 수 있는 동반자 내지 안내자가 되어야 한다.

일반적인 학교에서 장학사가 방문하면 어린이들은 보지도 않은 채 교사들을 쳐다보면서 "축하합니다. 교사 여러분들 수고 많이 하셨습니다."라고 말한다. 반대로 몬테소리 어린이집을 방문하여 어린이들의 작업을 보았다면 "이렇게 작은 어린이들도 이 작업을 할 수 있구나!? 보십시요! 어린이들 스스로 이 모든 작업을 하였고 나는 아무 것도 도와 준 것이 없습니다."라고 말할 수 있어야 한다. 교사는 겸손해야 한다. 교사는 작업 목표를 달성하기 위해서 처벌이나 상이 아니라 어린이들이 흥미를 자각하여 스스로 작업을 진행시켜야 한다. 어린이들이 작업을 지속적으로 진행하도록 만드는 것은 처벌이나 상이 아니다.

이제 교사들은 어린이들이 자율적으로 작업을 이끌어가는지 스스로 검증해 볼 필요가 있다. 교사는 어린이들이 작업을 반복하는 것처럼 인내심을 가지고 반복해 희생해야만 하고 자신을 검증하는 훈련이 필요하다. 교사는 어린이의 정신을 통찰하기 위해 노력해야 하고 어린이가 무엇을 느끼는지를 알기 위해 노력해야 한다. 교사는 마치 계단을 조심성 있게 오르는 것처럼 어린이를 통찰하는 방법을 연습해야 하고 어린이가 연습의 각 단계에서 무엇을 경험하게 될 것인지를 각 단계마다 상상해 보도록 한다. 교사는 인내심 없이 영성적인 교사가 될 수 없다.

환경과 교구의 준비, 연속적인 교구 제시, 교사의 내적·정신적 준비는 가장 본질적인 작업들이다. 이런 준비는 어떤 모호하고 추상적인 것이 아니라, 교사가 어린이에게 다가갔을 때 느껴야만 하는 정확하고 구체적인 방법이다. 이런 준비는 기술하는 데 오랜 시간과 인내를 필요로 한다. 교육을 준비하는 기술과 방법을 완성하기 위하여 교사 스스로 연습할 시간이 필요하기 때문이다.

몬테소리 방법은 교사가 책임감을 느껴야 한다. 성공적인 교사가 되기 위해서는 배우고자 하는 욕구와 희생하고자 하는 의지를 지녀야 한다. 교사는 자신이 쓸데없는 간섭을 하지 않고 어린이의 영혼에 불꽃을 당기어 작업에 열정을 가지도록 하고 만약 필요하다면 그들이 스스로 할 수 있는 환경만을 제공할 수 있어야 한다. 교사는 모든 어린이는 침묵을 즐길 것이고 나쁘지 않고 착할 것이며 온종일 놀라운 작업을 할 것이라는 믿음이 있어야 한다. 만약 교사에게 믿음이 없다면 스스로 반복하는 노력을 해야만 하고 또 눈은 어린이의 영혼을 통찰할 수 있어야만 몬테소리 교사로서 새로운 삶이 시작된다. 교사 스스로 어린이를 돕는 방법은 어린이를 방해하지 않고 어린이가 작업을 완성할 때까지 인내해 주는 것이다. "나는 얼마든지 기다릴 수 있어"라고 자신에게 말할 수 있어야 한다.

교사는 자기의 신념에서 나오는 목소리에 따라 직업을 수행하게 되며 어린이를 믿기 위하여 희생할 준비가 되어 있어야 한다. 교사는 영혼의 종인 것이다. 인내심을 갖고 작업하는 동안 교사는 나무, 숲의 발견자가 되고 새로운 삶의 형태를 만들어 주는 영혼의 한 부분이 될 것이다.

새로운 삶이란 어린이에게만 한정되는 것이 아니라 교사도 새로운 삶을 가질 수 있다. 즉, 위대한 발견이란 교사 역시 어린이의 도움으로 변화하게 되어 교사의 삶에 위대한 변화를 가져다준다.

어린이의 영혼과 교사의 영혼 사이에 아름다운 조화가 이루어져야 한다. 두 사람의 영혼은 이제 자유롭고 최고로 행복한 지점에 도달하게 되어서 어린이는 교사에게 위대한 존재가 된다. 교사는 자신을 되돌아보고 자신이 새로운 존재가 되었음을 깨닫게 된다. 교사는"내가 이렇게 해야 하는 것은 누구를 위해서인가? 나는 어린이를 위해서 위대한 영웅으로 변화되어야 하겠지? 결국, 우리 모두 교사가 아닌가?"라고 자문할 수 있다. 세계에 있는 몬테소리 교사들은 일치감을 위해서 훨씬 더 높은 정상을 향해 인고하면서 걸어가야 한다.

2) 사회적 존재로서 어린이

인간 정신의 총체적 능력인 상상력은 실제로 무엇인가를 보는 것보다 더 많은 지적 다양성을 보여준다. 인간의 정신적인 기능을 묘사하는 상상력은 순수하고 위대한 정신적인 발명품일 뿐만 아니라 실제로 인간의 정신기능을 신비하고 창조적으로 만든다. 우리들은 어린이들에게 무한한 상상력을 길러주어야만 하고 어린이의 밝게 빛나는 해맑은 눈동자, 윤기 나는 검은 머리, 마치 흰 진주와 보석처럼 빛나는 치아 그리고 어떤 첨단의 과학적인 기계와도 비교할 수 없는 살아서 힘차게 움직이는 신체적 · 심리적 특성은 어린이 아니 인간만이 가지고 있는 유일한 본질적인 특성들이다. 이러한 모든 특성들은 교육을 통해서 개발되고 현실에 적응할 수 있도록 교육이 담당하여야 한다. 어른들의 삶이 복잡하다면 어린이들의 삶은 단순하기 때문에 있는 그대로 적응하도록 도와야 한다. 어른들이 생각해야 할 것은 어린이들이 마치 삶을 시작하는 것처럼 상상하는 것이 아니라 삶을 시작에서 완성해 가는 정상화 과정으로 생각해야 한다.

우리들이 잘 알고 있듯이 어린이는 사랑의 관점에서 고려되어야 한다. 어린이는 사랑스럽고 또한 어린이의 모든 삶 자체가 사랑 안에서 발달하고 움직인다. 빵과 사랑을 동시에 받아 먹고 사는 신기한 존재이다. 아마도 모든 생명체는 원래 잉태되는 순간 사랑에 의해서 생명을 잉태하였기 때문에 당연한 일일지도 모른다. 그래서 어린이는 부모들의 중간에 행복하게 서 있기를 바라며 또 부모의 자식에 대한 사랑은 정말 신기하고 순수하다.

어린이는 부모가 전해 주는 네뷸러에 의해 태어나는데, 네뷸러는 모든 종의 특성을 의미한다. 인간은 인간만의 특성인 네뷸러를 부모로부터 유전적으로 받아서 태어난다. 즉, 현대적으로 말하자면 DNA라고 할 수 있다. 신생아는 태어나자마자 자신의 환경에서 살아가는 데 필요한 가장 중요한 요소들을 네뷸러를 통해 흡수하게 된다. 태아는 어머니의 신체적 삶 안에 유사하게 존재하는 많은 유전인자를 받아들이고 흡수하여 변화하면서 성장한 것이 바로 지금 태어난 "나"이다. 나의 부모가 나를 사랑의 위대한 힘으로 탄생시켜준 것처럼 나도 본능적으로 사랑하는 관계 속에서 태어나 사랑을 본능적으로 좋아하고 필요로 하는 아직 미완성된 존재이다.

갓 태어난 "나"라는 존재는 이미 태내에서도 그런 것처럼 부모님의 사랑에 의해서 모든 것이 움직여진다. 작은 육체뿐만이 아니라 마음으로까지도 사랑을 흡수한다.

수유기는 어린이가 한 인간으로 건강하게 살아가기 위한 중요한 시기이다. 정신분석학적인 측면에서 어린이들 삶의 시기로 인정하고 어린이에게 너그러운 배려심과 애정적인 역할이 중심이 되도록 어른의 특별한 배려가 필요하다. 여기에서 교사와 부모들이 어린이를 진심으로 사랑한다는 것은 무엇을 의미하는지 알아야 한다.

어린이는 자신이 태어나는 순간 다른 아무런 조건들을 돌아보지도 원하지도 않는다. 오직 자신을 사랑해 줄 주위 사람들만을 필요로 한다. 신생아와 영아기 그리고 유아기 동안 자신이 관계 맺고 있는 사람들과 환경 전체의 사랑을 잊어버리지 않는다. 어린이 역시 관계와 환경을 사랑한다. 어린이를 에워싸고 있는 모든 것들은 자기 위치에서 각각 가치 있는 존재이다. 어린이 환경 속에 있는 모든 인식 사원들은 심정을 가진 감성적 사람들이다. 어린이 가족들뿐만 아니라 집안의 동물들 또한 어린이의 사랑을 받고 공생하면서 그들의 기억 속에 흔적을 남기게 된다. 만약에 어머니가 기도하면서 평화로운 분위기에서 생활하고 동참하였다면 어린이들은 기도하는 자세가 몸에 익숙할 것이다. 아픈 친구를 위하여 "사랑하는 예수님! 친구를 도와주세요. 많이 아프거든요, 감사합니다."라고 기도할 것이며 어린이 삶 속의 예수님도 하나의 실존적 존재일 것이다. 아름다운 상상력이다.

어린이들 생활 속에서 사랑하는 어머니, 아버지, 사랑하는 친구 등을 도와달라고 기도하는 어린이는 자기가 사랑하는 사람들과 가까이 있든 멀리 있든 간에 모두를 머릿속에 떠 올리면서 다른 사람들의 삶이 평화롭기를 바라고 심지어는 사랑하는 작은 망아지와 고양이까지도 진심으로 안전하길 바란다.

어린이는 자기 주변의 모든 사람들을 소중하게 생각한다. 만약 어린이가 종교적 관념이 있다면 어린이와 관련된 모든 사람들과 자신의 행동에 관심을 가지고 돌봐주던 사람들, 어린이가 행복하다면 행복하게 해 준 사람들, 어린이가 아팠을 경우에 자신을 돌봐주었던 모든 사람들을 인간적으로 기도 중에 기억하고 떠올릴 것이다.

다른 한편으로 어린이들 삶의 방식이 이러한 사소한 것만으로 제한되는 것은 아니다. 또 다른 부분인 사회적 삶의 방식이 있다. 어린이들은 소-사회인 닫힌 가족과 가정으로부터 좀 더 넓은 어린이집, 유치원 그리고 학교환경으로 들어온다. 어린이들은 가족이 아닌 다른 어린이들과 상호관계를 맺어야 할 뿐만 아니라 새로운 환경에서 또래 친구들과 모든 생활을 공유해야 한다. 이러한 공동생활은 어린이에게 자유로운 활동을 제공할 수 있는 환경으로 만들어진다. 환경 속에서 어린이들은 자신이 관심을 가지는 친구, 교구들과 관계를 맺기 시작한다. 교구활동의 특징은 휴식 없이 지속적으로 이루어지는 작업의 주기임에도 불구하고 아주 조용하게 진행된다. 교구를 통한 개인작업과 공동 작업을 통해 어린이들은 천천히 자신의 인성을 형성해 나가고 단계적으로 특별한 성격을 형성해 나간다. 어린이들이 관심을 집중하여 교구활동을 시작한다면 끝나는 시간까지 행복하고 만족한 사람이 되어 훌륭하게 학습이 이루어질 것이다. 어린이들은 실제 도움이 필요할 때, 도움을 줄 수 있는 준비된 환경에 만족한다는 뜻으로 활동에 완전히 몰입하는 모습을 보여준다.

교사들이 어린이들에게 준비된 환경을 제공한다는 것은 그들의 정신적 작업에 동의하는 것이라고 말할 수 있다. 어린이들은 작업에 몰두하면서 인내심을 보여주기도 하고 침착함과 조용한 가운데 자기의 의지에 따라서 행동한다. 이러한 현상이 일어나기까지 모든 사람들의 희생적인 사랑이 필요하다.

교사들이 알아야 할 것은 어린이가 자기 환경에서 갑작스럽게 생각한 것을 실천하거나 환경 속에 있는 사물과 사람들에게 관심을 집중한다는 것은 어린이 자신이 작업과 사람에 많은 열정을 갖고 있다는 뜻이다. 어린이들은 종종 환경 속에서 작업의 열정, 사람을 좋아하는 열정, 환경을 탐색하는 열정을 가진다. 교사들은 어린이가 관찰하고 본 것, 어린이가 기뻐하고 행복해 하는 것, 다른 사람이나 또래 친구들의 정신활동에 동조하는 것, 자신을 뛰어나고 특별한 사람이라고 생각하는 것, 누군가로부터 훈육과 기쁨을 이끌어내는 것, 교사의 의지에 복종하는 것 등의 모든 일들은 사랑 자체를 표출하는 현상임을 알 수 있다.

어린이들은 민감기에 강하게 이미지를 흡수하고 사물에 대해 스스로 애착을 가진다. 흡수하고 애착을 가지는 행동들은 어린이가 언어발달이 이루어졌기 때문에 가능하고 어린이의 성격이 형성되었을 때 흡수정신의 능력과 애착 행동이 가능해진다.

어린이들은 흡수정신을 통해서 스스로 아주 특별한 어떤 것에 대해 애착을 형성한다. 예를 들면, 아름다운 색의 옷이나 장난감에 대한 심미적인 것의 일부분도 포함된다. 어린이들은 자기 나름대로 미적 감각을 고려하여 예쁘게 잘 차려입기를 좋아하고 예쁘게 머리 빗기를 좋아하며 자신의 환경을 깨끗이 하고 질서 있게 유지하려고 노력한다. 좀 더 성장하면 어린이는 자신의 환경 안에서 다른 사람들과 멋지고 매력적인 관계를 유지하는 예의도 지키려고 노력한다. 어린이들은 이러한 모든 관계형성 과정에서 완전함, 정교함, 미적 감각, 자기 개성, 자기 문화를 보여주려고 노력한다.

어린이들이 어린이집이나 유치원에서 자발적으로 지키려는 규율과 규칙이라 할 수 있는 준비된 환경을 유지하는 방법은 훈련을 통해서이다. 훈련을 통한 행동들이 후에 복종과 질서에 관련된 내부분의 문제를 해결해 준다. 이 신비스러운 행동의 결과는 자율적으로 이루어진다. 몬테소리가 언급한 "나 스스로 할 수 있도록 나를 도와주세요."와 일치된다.

몬테소리 교실에서 교사들이 어린이에게 자유를 주는 것은 당연하고 의무적이라고 할 수 있을 만큼 중요하다. 교사들이 어린이들에게 자유작업, 자유선택, 순수한 자유를 제공하면 자유 자체가 곧 규율이나 규칙과 연결된다. 어린이들의 환경에서 질서와 규칙은 가장 많이 관찰되어지는 부분이다. 몬테소리 교실에서의 어린이들은 자유가 주어졌을 때 부수고 싸우고 환경을 어지럽히고 친구들의 작업을 방해하며 게으름을 피우는 것 대신에 조용히 침묵을 지키면서 작업에 열중한다. 어린이들의 하루 일과 중에서 가장 행복해 하는 시간이 되는 순간이라고 말할 수 있다.

저자는 몬테소리를 연구하면서 어린이들의 이러한 현상이 바로 가장 이상적으로 삶을 시작하는 순간이라고 생각하며 다른 한편으로는 어린이들에게 천국이 있다면 바로 이 순간에 천국을 방문하는 것이 아닐까! 라고 생각해 본다.

어린이는 물론 우리 어른들도 이렇게 즐겁고 행복하며 만족해 하면서 매일매일 살아갈 때 일에 대한 영성의 힘을 느낄 수 있을 것이다. 저자는 이러한 과학적인 학습방법으로 사회의 비전을 어린이에게 제공하는 것은 가장 바람직한 방법이고 가장 큰 즐거움이며 인간을 자연스럽고 탁월한 존재로 성장하도록 돕는 길이라고 생각한다. 현재 교사들이 유아기 어린이들에게 제공하는 그 많은 인지적 재료들을 수업에 얼마나 효율적으로 활용하고 지지할 수 있을까? 자기 개인의 선택이 아니라 어른들의 선택과 강요에 의해서 이루어지는 학습방법이 얼마만큼 효과적이고 그들을 행복한 삶으로 이끌어 줄 수 있을까?

어린이들의 마음속에 작은 사회의 모습을 어떻게 심어줄까? 어린이들이 행복하다고 말할 수 있는 요인들은 무엇이고 정말 살기 싫고 짜증나고 지겨운 요인들은 무엇일까? 지금 막 시작하는 새싹과 같은 새 생명들에게 우리들은 어떤 잘못을 하고 있을까?

우리 삶의 과정에서 어린 시절인 유아기가 가장 중요하다는 것은 누구나 잘 알고 있다. 지금 우리들이 어린이들의 기억 속에 하나하나 각인시키고 있는 인상들을 생각해 볼 때 과연 정직하게 잘했다는 생각이 들까?

저자는 신이 나와 특별한 관계를 맺고 있다는 사실을 강하게 믿는다. 나의 신앙생활이 그 관계의 중심에 놓여 있다면 얼마나 행복하겠냐마는 항상 부끄럽고 부질없는 이기주의 앞에 평생 동안 갈등을 느끼면서 살아가지만 그래도 개인적인 신앙생활과 다르게 신은 언제나 나와 함께 있으며 내 행동을 그 기준에 맞추려고 노력한다. 모든 삶의 방식이 그 안에서 꿈틀거리기를 바라며 나와 함께 나를 보호해 주는 어떤 영적인 힘을 믿는다. 나는 나를 아는 지인들에게 애착을 느끼려고 노력한다. 내가 신 앞에 앉아서 감사하고 기도할 때 내가 알고 있는 모든 지인들을 기도 속에서 잠시 생각한다. 아마 다른 사람들도 나와 마찬가지일 것이다. 기도하는 순간만큼은 모두 진지하고 정직한 사람이 된다. 모든 삶을 신과 관계를 맺으면서 의미 있게 훌륭히 사는 사람들, 나처럼 부질없이 사는 사람들, 혼자서 용감하고 씩씩하게 살아가는 사람들... 그러나 일반적으로 사람들은 서로 돕고 사랑해야 된다고 내 친구 심지어 우리 집 강아지까지도 말이다.

또 사람들은 도움을 필요로 사람들에게 언제든지 도움을 주려고 자기가 알고 있는 모든 사람들에게 친절하려고 노력한다. 모든 사람들은 일반적으로 아름다운 모든 것들을 좋아한다. 자기 집, 어린이집에서의 작업, 친구와 놀이하는 것, 친구와 함께 점심을 먹는 것 모두가 중요하고 즐거운 일이다. 만약 어린이들이 기도를 시작한다면 기도를 끝마칠 때까지 매일 조용하게 반복할 것이다. 소근소근거리며 누군가를 위해서 자기가 좋아하는 신에게 기도할 것이다.

어린이들이 예쁘고 아름다운 것을 좋아하듯이 어린이들을 아름답고 매력적이라 느끼는 사람들의 마음에 위로가 되고 즐거움이 된다면 그들은 더 예쁘고 아름답게 장식하기를 원할 것이다.

어린이들은 위대한 자연에서 많은 것을 배우는데, 작업의 대부분은 노래와 춤으로 연결된다. 어린이들의 춤과 노래는 전혀 어렵고 심각한 것이 아니라 해도 하루생활을 즐기고 관심과 흥미로 얼크러진 단순한 생활의 기쁨을 경험하기에는 충분한 요소들이다. 어린이들은 잠시라도 시간이 있으면 흥얼거리고 몸을 움직인다. 어린이들은 다른 친구들, 선생님과 함께 기뻐할 수 있는 어린이집이라는 작은 사회 속에서 당당한 한 사람으로 또는 한 일원으로 참여하여 평화로운 세상을 만들어가는 역할을 하고 싶어한다. 어린이들은 작은 사회에서 친구관계를 맺으면서 서로 위안을 주고 받으면서 즐거운 생활을 한다. 어린이들은 일생에서 처음 경험하는 작은 사회 가정 안에서 가장 중요한 중심 역할을 한다. 어린이들은 다른 사람들이 자신을 신뢰하고 사랑할 때 그리고 자기 자신에게 희망과 믿음을 줄 때 가장 큰 행복과 즐거움을 느낀다.

우리들이 어린이들과 함께 하나의 작은 공동체 속에서 모두를 낙천주의자들이라고 부를 수 있다면 아마도 우리들이 바라는 유토피아적이고 이상적인 삶의 공동체가 될 것이다. 우리들이 어린이들과 함께 꿈꾸는 이상적인 삶의 공동체를 만드는 것 이상의 완전한 더 고차원적인 사회와 세상을 상상할 수 있을까?

진심으로 우리들은 바로 유토피아적이고 이상적인 삶의 형태로 이루어진 건강한 사회를 희망한다. 이러한 삶의 형태는 어린이들을 안정적이고 평화롭고 완벽한 삶으로 이끌어가기 위해서 유아기 삶의 형태가 얼마나 중요한지를 깨달아야만 가능하다. 분명한 것은 유아기의 행복하고 안정적이었던 건강한 기억이 어린이들의 영혼 깊숙이 자리매김을 할 때 어린이들은 아름다운 추억을 상상하면서 살아가게 된다. 즉, 마음속에 아름다운 작은 사회를 가지고 사는 어린이들을 의미한다.

Freud는 인간은 세상에 태어나기 전에 태아기 동안에 완전한 휴식기를 가진다고 말했다. 어린이들은 물론이고 모든 사람들은 휴식이 필요하다. 휴식은 단지 잠시 일을 멈추고 무의미하게 쉬는 것이 아니라 다음 단계의 작업을 효율적으로 하고 다시 삶의 에너지를 얻어 건강한 삶을 재충전하여 살아갈 수 있는 근원이 되기 때문에 매일 휴식을 필요로 한다. 건강한 사회의 건강한 구성원이 되기 위해서 필요한 새로운 에너지 저장고를 만드는 것이다.

어린이를 건강한 사회구성원으로 키우기 위한 과정으로 어린이가 인간관계를 맺는 사회를 제한시킬 수는 없다. 어린이들은 자기 주변의 사람들을 진심으로 사랑하고 단순하게 그들을 믿으려 한다. 어린이들이 자기 인격을 완성하기 위해서 필요한 세계를 확장하는 데 필요한 사회를 단지 어른들에게 방해가 된다는 사실 하나만으로 제한할 수는 없다. 어린이들은 넓은 세상으로 나아가야 한다.

만약 7세 어린이가 우리에게 "착하다는 것이 무엇이에요? 나쁘다는 것은 무엇이에요?"라고 묻는다면 어떻게 대답할 것인가? 이런 질문과 관련해서 어린이의 새로운 관심사는 자기와 관련된 사람과의 관계에서 무엇이 자신에게 착하고, 무엇이 나쁜지 알아야만 한다. 어린이들은 이러한 질문에 정확한 답을 얻기 위해서 자기에게 무엇이 선한 것이고 나쁜 것인지 이해할 수 있도록 가르쳐 주는 선생님과 부모가 필요하다. 저자도 유아기 때 우리 어머니는 한량없이 착하고 아름답고 선하고 덕이 있는 사람으로 보여졌기에 존경하였다. 아버지 역시 마찬가지였다. 우리를 너무 사랑하시는 정의로운 분의 대표주자로 생각하였으며 정의와 성실함의 상징적인 모델로 생각하였다.

초등학교에 들어가면서 저자의 정신속에서 부모님보다 훨씬 도덕적이고 이상적인 모델이 있다는 것을 이해했고 마음속에서 찾기 시작하였다. 어린이는 가정이라는 울타리를 벗어나 더 넓은 세계에서 모델을 찾으려고 생각한다.

이 시기에 어린이들의 삶은 다른 형태로 발전하고 교사들은 이미 어린이의 신체적 · 정신적인 변화를 새롭게 경험한다. 호의적, 애정적, 순종적이던 행동양식은 사라지고 움직임이 거칠고 공격적이며 자기중심적, 극단적이 된다. 귀엽고 상냥하고 부드럽지 않은 강한 사람으로 변화한다. 어린이는 자신을 사랑하는 사람들로부터 지지 받고 작은 사회 속에서 자기와 구성원들과의 관계를 결속하려는 행동을 원한다. 어린 시절의 기억은 어린이 발달단계에 따라서 자신의 등껍질을 등에 항상 지니고 있는 달팽이처럼 느리지만 서서히 안전한 속도로 옮겨간다. 성장되어가는 과정에서 껍데기는 커서 확장되고 삶의 중요한 심리적인 부분들은 변화를 일으켜 무엇인가 새로운 삶의 형태들이 첨가된다.

다양한 연령층으로 구성된 혼합 연령반 어린이들은 즐겁고 흥미로운 마음으로 모든 영역에 필요한 훈련과 학습을 한다. 어린이의 발달과정을 인지하는 것, 이 시기 동안 발생하는 새로운 요구를 이해하는 것, 이러한 요구를 충족시키기 위해서 새로운 환경을 디자인하기 위한 관찰이 중요하다. 즉, 어린이들은 풍요로운 사랑의 형태 속에서 자기중심적이고 이기적이기보다 이타주의적, 인도주의적 사고로 변화할 것이다. 어린이들이 성장하는 동안 그들의 삶을 가족이라는 작은 울타리 속에 감금하여 제한시키지 말고 항상 더 넓은 세상으로, 우주로 자리를 옮겨 성장할 수 있는 환경이 되도록 우리 모든 교사들은 협조하여야 할 것이다.

06. 몬테소리 교실에서의 발달적 덕목

1) 어린이들의 발달단계

어린이들이 다양한 세계를 배울 수 있는 능력이 있다는 것도 놀라운 일인데, 자기 세계에 있는 모든 것을 흡수하면서 배우려고 노력한다. 어린이들의 마음은 마치 자기 주변에 있는 세계와 사물들이 자기를 끌어당기는 강한 자석 같다고 생각할지 모른다. 어린이는 자기가 찾은 모든 것을 모아서 무의식 속 또는 인지 속에 감금하는데, 마치 새가 모든 것을 둥지 속에 보관하는 것처럼 저장한다. 이러한 상황은 그들의 정신적 현상을 이해한다면 지극히 자연스러운 일이다.

다른 한편으로 어린들은 자기가 원하고 찾는 모든 사물의 모양과 색상을 보는 그대로 이해한다. 어린이는 모르는 것이 많기 때문에 알기를 원하고 알려고 노력하며 알려는 준비가 되어 있다.

이러한 어린이들을 위해서 교사들은 그들에게 얼마만큼의 앎에 대한 양을 제공해 주어야 할까? 만약에 제공한다면 다 알 수 있을까? 유아 교육자들은 어떤 교재라도 어린이가 필요한 것을 가질 수 있도록 해 주고 준비된 환경 속에서 필요한 것이 제공되어져야 한다고 생각한다. 교사들은 단지 어린이가 무엇을 이해하고 어떤 부분의 지식은 거부하는지를 관찰한다. 만약 우리가 어린이에게 제공해 준 것 중에서 그들 수준에서 이해할 수 없는 어려운 것이 있었다면, 단순히 어린이가 그것을 이해할 수 없으므로 손해가 되겠다고 생각할 수 있지만 이해의 폭을 넘어서 경험이라는 명제를 제공할 수 있다.

하지만 가끔 우리들은 어린이에게 제시해 주고자 하는 것과는 상관없이 어린이가 스스로 자발적으로 활동하는 것을 관찰할 수 있다. 아마 세계 모든 어린이들의 공통점일 것이다. 몬테소리 교실은 벽뿐만 아니라 칸막이도 없어 어린이들은 친구, 교구, 교사와 서로 매우 밀접하고 친밀하게 상호작용하는 현상이 일어난다. 혼합 연령으로 이루어져 있기 때문에 어떤 어린이는 종종 자기보다 연령이 높은 언니, 오빠와 함께 자기 능력 이상의 작업을 수행하면서 질문하고 이야기하면서 상호작용을 한다. 어린이들 특징 중의 하나는 종종 지식을 탐색하면서 다른 친구와 이야기하고 대답도 하고 사물과 혼자 이야기를 건네기도 한다. "난 이것을 더 알고 싶은 데! 더 많이 알고 싶은데!"라고 말한다. 이러한 어린이들의 지적 욕구는 자기의 능력과 상관없이 자기가 알고 있는 것보다 더 많이 알려 하고 이해하려 하고 할 수 있는 것이면 무엇이나 하려고 노력한다.

생후 첫 해의 영아는 자기를 둘러싼 환경을 탐색하고 자기가 보고 느끼는 모든 것을 이해하는 신비한 능력을 가진다. 3~5세 사이의 어린이는 알고자 하는 탐색활동을 통해서 무엇인가 원하는 것을 알게 될 시기에 자기의 삶을 이해하고 느낀 것을 감지하며 듣는 것을 받아들이면서 아주 행복해 한다. 어린이들은 자기가 이해하는 지식과 탐색활동에는 제한이 없으며 지식을 이해하고 유지하는 힘과 능력을 자기 내부에 가지고 있다. 아직 발달되지는 않았지만 지식은 모든 현상을 탐구하는 사람의 마음속에 자리 잡고 있는 한 부분이다.

어린이는 단계적으로 사물의 속성과 본질이 내포하고 있는 구성 요소에 대해 흥미를 가지기 시작한다. 이러한 현상은 어린이들에게 여러 가지 반응으로 분명하게 나타난다. 어린이들에게 곤충들의 하루살이 삶 자체를 직접 보여주고 접촉할 수 있도록 한다면 생명체에 대한 훌륭한 경험이 될 것이다. 6~8세의 어린이들을 위한 생물학 영역을 소개하기 위해 교실에 수족관이나 어항을 설치할 수 있다. 어린이들은 수족관을 설치하기 위해 물을 가져오고 수족관에 열대어 넣는 것을 보며 즐거워하고 신기해 하겠으나 이러한 일 이외에도 더 많은 작은 일들이 요구된다.

예를 들면, 수족관을 청결하게 유지하여 열대어가 살아갈 수 있는 환경을 준비하는 일이 필요하다. 열대어가 살아가기 위해서는 단순하게 물만으로 충분하지 않다. 우리들이 밥을 먹을 때 여러 가지 반찬이 필요하듯 수족관에 몇 가지 식물들과 수중생물들이 반드시 있어야 휴식도 취하고 놀이도 할 수 있음을 알아야 한다. 이러한 식물은 너무 많아도 안 되고 적당량의 비율로 유지되어야 한다. 우리도 과식하고 온도가 적절하지 않으면 생물학적으로 힘든 것과 같은 원리이다. 어린이들이 감기에 전염되지 않도록 미리 예방하는 것처럼 수족관 위에 덮개를 덮어서 미세 먼지와 오염될 물질들이 물 안으로 들어가지 못하도록 방지하여야 한다. 또한 수초들을 위한 공기 통로를 만들어 열대어가 호흡할 수 있는 공기를 마련해 주어야 한다.

어린이들은 이러한 작업에 흥미를 가지고 즐기면서 생명체에 대한 경험을 하게 된다. 연령이 높은 어린이들은 이미 경험하였기 때문에 관심을 덜 가지지만 처음 시작한 어린이들은 다양한 관심을 가지고 생명체들이 움직이는 모습을 관찰할 것이다. 그러나 놀라운 일이 발생할 수도 있다. 어린이들이 정성들여 물을 갈아주고 수족관을 청결하게 관리해 주었는데도 불구하고 모든 열대어가 죽을 수도 있다. 어린이들은 이 사실에 충격을 받고 실망할 수 있는데, 열대어가 죽은 이유에 대해서 관심과 슬픈 마음을 느끼며 의문을 갖고 알고 싶어하며 대책을 논의할 것이다.

교사는 어린이들이 열대어의 죽음에 대해서 얼마나 이해하고 있는지 확실하게 알 수 없다. 교사는 어린이들에게 열대어가 수족관에 살 수 있는 조건에 대해서 쉽게 설명할 수 있으며 열대어가 수족관 안에서 잘 살기 위해서 특정한 환경이 필요하다는 사실을 확실하게 이해시킬 수 있어야 한다. 어린이들의 실수로 수족관의 뚜껑을 완전히 닫아버려서 산소가 부족하여 죽은 것이 원인임에도 불구하고 어린이들은 죽은 열대어를 보면서 묻는다.

"선생님! 왜 이 고기들이 죽었어요?"

우리들은 이러한 상황을 심리학적으로 생각해 볼 필요가 있다. 어린이들은 마치 자기들이 열대어를 죽인 것처럼 생각하고 받아들일 수 있다. 어린이들은 지식을 그대로 받아들이고 수용하기 때문에 어린이들은 죽은 열대어로 인해서 동요될 수 있다. 이 열대어의 죽음이 어린이의 감정과 행동을 충동적으로 유발시켰지만 어린이들은 이것을 하나의 단순한 현상으로 다루고 수용할 수 있다. 대신에 연령이 높은 어린이들은 열대어의 죽음에 대해 그 이유를 진지하게 생각한다. 어린이들은 "우리들이 얼마나 정성을 들였는데... 열대어가 살 수 있는 환경을 마련해 주었는데... 열대어가 왜 죽었을까?"하고 반문할 것이다. 어린이들은 이 상황에서 죽음에 대한 이유를 찾고자 하는 마음이 있을 수 있다.

3~6세 어린이들은 심리학적이며 정신적 현상인 특수한 흡수정신을 가지고 있다. 이 시기의 어린이들은 어떤 일에 대해 이유를 찾고 설명하기 시작하는 연령이 높은 어린이들에 비해 자기 앞에 일어나는 모든 사실을 비판 없이 받아들이게 되는데, 왜냐하면 어린이를 둘러싼 모든 생각들이 자신의 마음속에 구체화되기 때문이다. 우리가 어린이에게 어떤 것이라도 제시해 주면 어린이는 이것을 그대로 받아들인다. 영아기 때는 언어의 소리에 대해서 민감해서 엄마의 혀가 구체적으로 움직이는 소리를 듣고 모방하여 자기도 소리를 만들어낸다. 만약 어머니들

이 어린이에게 몬테소리 어린이집에 가면 친구들이 많다고 말했다면 그는 어린이집에는 자기와 놀아줄 친구가 많다고 생각할 것이고 이러한 생각은 어린이의 심리속에서 구체화될 것이다.

어린이의 심리 속에서 이러한 모든 다양한 측면들은 새로운 것을 창조하는 건설자의 입장에서 보면 매우 흥미 있는 일이다. 어린이들은 각자의 발달단계에 따라 무언가를 받아들이나 각각의 발달단계에 모든 것을 하나로 수용하지는 않는다. 어린이는 자기가 받아들이고 지각한 것으로 항상 새로운 것을 만들어간다. 즉, 흡수한 것으로 새로운 지식을 만들어간다.

영유아기에는 환경 속에 놓인 모든 사물과 사람들의 무엇이나 어떤 인상들을 마음속 깊이 새겨서 하나의 인상으로 각인한다. 이러한 인상은 어린이의 특징적 부분인 영혼의 깊숙한 곳에 정착하여 자리매김을 한다. 어린이들의 성격과 신념은 환경과 자기를 에워싸고 있는 사람들로부터 받아들인 모든 것들을 통해 이 시기에 형성되어진다. 이러한 모든 것들은 어린이에게 열정적인 작업을 끌어내고 마음과 영혼을 자극하면서 활동을 촉진해 간다.

6~7세 이상의 어린이는 완전히 다른 과업이 주어진다. 7세 어린이는 영아기 때처럼 열정적이고 강한 흡수력, 즉 흡수정신이 발달하지 않는다. 하지만 이 시기의 어린이들은 자기에게 감동을 주고 인상 깊게 각인된 것에 대해 원인을 찾고 문제에 초점을 맞춘다. 0~6세 어린이에게는 관심과 흥미를 이끌어내지 못하는 일들이 7세 어린이는 흥미 있어 하는 특별한 상황을 종종 접할 수 있다.

7세 어린이는 사물과 사람에 대해서 무엇이 옳고 그른지, 즉 선과 악이 무엇인지 질문하기 시작하는 어린이들은 마음속에 스스로 문제를 제기하기 시작한다. 대부분의 교사와 사람들은 하나의 심리적인 측면으로 인식해 있다. 다양한 정신적인 현상은 학습의 관점에서부터 어린이의 다양한 발달단계 과정에서 나타난다. 대부분의 연구가들이나 교사들은 5세 시기의 어린이들 정신구조 속에 특별한 변화가 보이기 시작하고 7세 시기의 어린이들은 다른 특별한 다양한 지식의 종류를 수용하기에 충분할 만큼 성숙했다는 사실을 잘 알고 있다. 물론 어린이들의 모든 다양한 정신구조들은 지속적으로 연구되어야만 한다. 모든 발달단계에서의 차이점은 복잡한 현상으로 나타난다. 사물을 흡수함으로써 일어나는 어린이의 능력 차이도 아니고 다른 사람들을 향해서 애정을 보여주는 방식의 특별한 차이도 아닌 어린이가 다른 또래 친구들과 살아가는 삶의 방법인 사회적 행동 속에서 나타나는 차이점을 의미한다. 어린이가 살아가는 환경이 확장될 때 나타나는 또 다른 어린이의 욕구에 대한 차이점으로 어린이들의 성공적인 발달단계와 함께 변화하는 복잡한 생의 모습이 점차적으로 사라진다.

교사들은 모든 발달단계에 즈음하여 적절한 양육방법을 그들을 에워싸고 있는 환경 속에서 찾아야 한다. 예를 들어, 영아들은 자신의 집 같이 아늑한 환경 속에서 행복해 한다. 영아에게는 이렇게 제한된 공간 속에서 활동하는 것이 부정적인 요인이 될 수는 없지만 7세 된 어린이는 환경을 제한받는 것보다 외부 환경 속에서 많은 사람들과 상호작용하면서 활동하기를 원한다. 이것은 모든 발달단계에 따라서 교육과정이 계획되고 구성되어져야 한다는 것을 의미한다.

몬테소리의 발달 이론에서는 어린이의 발달 주기를 서로 다른 4단계로 구분한다. 각기 다른 발달의 네 가지 심리적 단계들은 육체적 발달단계와 통합하여 형성되어야 한다. 어린이집과 유치원에서 매일 보는 친숙한 어린이들은 우리들의 눈으로 보기에 전혀 변하지는 않는 것처럼 보이나 어린이들을 다른 측면의 발달단계에서 고려한다면 눈에 보이는 변화가 일어나고 있음을 인지하게 된다.

영아들에게 생의 첫 2년 동안 일어나는 변화를 위한 훈련은 독립심을 위한 준비기간으로 혼자 걷고 언어를 발달시키고 솟아난 치아를 건강하게 관리하는 기본적인 습관을 훈련시킨다. 영아들은 발달단계가 진행되면 발달과업이 이루어져야 한다. 영아들은 엄마의 손을 붙잡거나 자기 주변을 맴돌고 자기가 좋아하는 사람의 편에 항상 가까이 하려는 성향을 가진다. 영아들은 섬세하고 부드러운 작은 마음으로 모든 것을 신뢰하는 믿음을 가지고 확신 있게 모든 활동을 반복하면서 어른들이 말한 모든 것을 완전히 신뢰함으로써 정신적으로 성숙하게 보인다.

영아들은 다른 친구들이나 사람들이 자기에게 나쁘다고 말할 때 그 말을 완전히 믿으며 괴로움과 두려움을 가진다. 아직 미완성된 존재로서 심리적으로 느끼는 것, 보고 듣는 것 자체를 흡수한다.

시간이 지나면서 작은 치아가 흔들거리고 새로운 영구치가 솟아나며 영아들은 영구치가 날 무렵 이유식을 통해서 또 하나의 독립심을 선포한다. 모든 영양분을 어머니에게 의존하던 영아는 혼자서 음식을 먹으면서 영양분을 섭취한다. 이유식은 영양공급이라는 목적 이외에 이제 혼자서 살아갈 수 있는 다른 독립심의 선포이다.

영아들은 발달단계를 거쳐서 완전히 다른 사람의 형태로 발달하여 간다. 어린이들의 외형적인 모습에서 귀여운 것과 동시에 성숙한 모습으로 치아가 하나하나 빠지고 그 자리에 큰 치아가 솟아나 몸 전체의 균형과 조화를 이루면서 성장한다. 육체적인 변화와 더불어 심리적인 변화도 이루어진다. 어린이는 더 이상 천진난만하기만 한 아기가 아니라 작은 어른으로 성숙하여 간다.

어린이는 공격적인 언어와 당황스러운 매너로 이상한 질문을 하기도 하고 밖으로 나가서 친사회적 활동을 확장하길 원한다. 부모들은 어린이들의 급진적인 변화와 발달에 당혹스러운 순간도 있지만 다른 한편으로 미완성된 어린이가 사회적 어린이로서 인간화를 형성하면서 성장하는 모습을 보고 고맙고 신기한 생각을 가지기도 한다. 다른 한편으로 많은 위험에 노출된 자식을 보면서 올바르고 정상적으로 생활하면서 성장할 수 있을까?하는 두려움을 가지기도 한다.

어린이는 왜 그런 일이 일어나는지, 무엇 때문인지, 왜 하지 말아야 하는지에 대해 그리고 모든 것에 대해 알기를 원하는 욕구를 가지고 있다. 부모들은 어린이의 이러한 질문에 답을 어떻게 해야 할지 몰라 당황해서 엉뚱한 답을 할 때도 있는데, 부모들의 불확실한 대답에 싫증을 느낀 어린이들은 종종 듣는 것조차 원하지 않는다. 부모들은 자식들이 이미 성장했다는 사실을 모르고 어린 아이로만 생각하지만 어린이는 이제 건강한 인간으로 성장하는 과정에 있다.

부모들은 어린이들의 신체적인 변화를 인식하지 못한다. 어린이들은 이미 탐색자가 되고 조사자가 되어 스스로 독립적으로 생활하고 자기만의 시간을 원하고 능동적으로 활동하려는 발달단계에 도달한다. 7세의 어린이는 좀 더 강한 마음을 가지며 더 이상 수동적이지 않다. 어린이들은 다른 사람들의 도움보다는 스스로 독립적으로 생활하는 강한 사람으로 성장하길 원하며 7세 이전에 사회적 관계를 형성하고 사회적 상호작용을 위해서 일찍부터 유아교육전문기관에 가기를 원한다.

가정의 구조적, 기능적 변화로 인해서 어린이들은 형제, 자매, 부모와 같은 가족 구성원의 구조가 매우 제한적이어서 어린이들의 교육을 위해서 어린이집과 유치원에 보내어 다른 친구들과 친 사회적 관계를 형성할 수 있도록 돕고 있다. 다시 말해서 좀 더 넓은 세상에서 넓은 마음, 세계와 관계를 맺도록 협조하고 있다. 6~7세 사이의 어린이들에게서 독립심의 발달은 동시에 새로운 책임감과 존엄성의 실천이라는 과제가 주어진다.

몬테소리는 6세 어린이들에게 세계를 열 수 있는 열쇠를 주라고 권고한다. 6~7세 시기의 어린이들은 다양한 문화를 흡수하는 것이 가능하며 이 시기를 문화의 민감기라고 부른다. 모든 작업에서 요구되는 정확도가 이 시기에 전적으로 시작되어질 수 있다. 어린이 마음속에 물리수학적인 사고를 발달시킬 수 있고 정확하고 예의바른 언어를 사용하고 있음을 발견할 수 있다.

다른 한편으로 이 시기 어린이들은 자신의 정신적 능력을 형성한다. 초기 단계에서 가르쳤던 것뿐만 아니라 초등학교까지 연결되어 가르칠 수 있는 많은 것들을 포함하여 이 시기 동안은 인생의 방대한 시간표로 확대되어진다. 어린이들의 발달단계는 미래 삶의 시간표와 연결된다. 어린이들은 모든 발달단계를 거쳐서 인간의 참 모습으로 변화되어 정상화 길을 향해 걸어가고 있다. 어린이들은 지금도 발달하고 있으며 오늘의 발달은 미래 삶의 시간표와 연결되어진다.

2) 어린이들의 민감기 특징

몬테소리의 저서 여러 곳에서(어린이 정신, 어린이 발견, 어린이 신비) 언급하고 있듯이 발달 이론에서 가장 중심적인 역할을 하는 것은 민감기 이론과 영적 태아의 개념이다.

몬테소리는 민감기 이론을 다음과 같이 말한다.

"민감기는 어린이들이 자기 환경 속에서 일어나는 모든 기능들을 제외하거나 배제하고 단 한 가지 특성에만 집중하여 발달시키는 시기를 의미한다. 어린이 각자에게 있어서 단순하게 반복적으로 작업하여 얻어지는 새로운 기능이 폭발적인 힘으로 나타나고 어떤 이유도 없이 한 가지 행동을 오랫동안 반복하기를 원하는 강한 흥미나 관심으로 표현되는 형태다. 민감기 동안 어린이들의 정신적인 현상은 내적인 힘, 에너지(Élan vital)와 즐거움이 자기 환경에서 자기 세계와 접촉하고자 하는 강한 힘이 발생한다. 어린이들은 특별히 민감기 동안은 자기 환경에 애착을 느낀다. 민감기의 특성인 이러한 애착 행동은 지적이고 정신적인 욕구로부터 나타나는 현상이다(조성자 역, 1991)."

어린이들이 특별한 민감기 시기 동안 자기의 흥미와 관심에 의해서 행동하지 못한다면 환경을 극복할 수 있는 기회를 영원히 상실하게 된다. 다시 말하자면 어린이들의 정신발달과 성숙과정에서 장애물을 만나 방해를 받으면 그 영역에 대한 민감성과 자기 욕구를 상실하게 됨으로써 정상적인 발달과정 시기를 놓쳐 버린다. 인위적으로 회복하는 데는 또 다른 노력과 에너지가 소비된다.

어린이들에게 처음으로 나타나는 민감기는 자기 환경 속에서 질서를 찾는 것, 손과 혀를 사용하는 것, 걷기 발달, 작은 사물과 교구에 매력을 느끼는 것, 사회적 관심과 관계되는데, 인간에게 발달의 가능성을 포함하고 있는 발달계획이나 건축계획과 관련이 있다. 민감기 발달과정에서 장애를 받으면 위의 두 가지 계획으로 부터 즉시 일탈된다. 몬테소리는 이러한 현상을 일탈이라고 불렀다. 어린이들의 민감기는 영아기부터 시작한다. 언어, 질서의 민감기는 18개월부터 3세까지, 0~3세까지는 환경의 영향력과 감각체험의 습득력에 대한 민감기, 2~4세까지는 운동분화, 옳고 그름에 대한 판단력, 현실성, 시 · 공간 개념에 대한 민감기, 3~6세까지는 어른의 영향력에 대한 민감기, 3세 반에서 4세 반까지는 쓰기의 민감기, 4~4세 반은 촉감발달의 민감기, 4세 반~5세 반까지는 읽기의 민감기이다. 이외에도 많은 민감기 현상이 일어나기 때문에 교사들의 정확한 관찰이 필요하다. 아마도 인간은 본능적으로 몇 가지 도식을 가지고 태어난다는 피아제의 이론과 일치한다고 볼 수 있다. 갓 태어난 신생아가 빨고, 집중하고, 버둥거리는 것은 몬테소리의 발달계획이나 건축계획의 이론과 일치되는 부분들이다. 우리들이 이미 알고 있는 것처럼 처음으로 나타나는 민감기는 질서의 민감기이다. 질서의 민감기는 세 가지 형태로 나타난다. 첫째, 자기 위치에 있는 물건을 보고 즐거워하는 것, 제자리의 위치에 있지 않을 때 짜증을 내는 것, 자기가 사물을 제 위치에 놓는 것이 특징으로 나타난다. 어린이들이 외적 사물들을 서로 구분해 내는 것은 내적 감각이다. 내적 감각으로 환경 속에 있는 부분들을 통합하여 하나의 전체로 만들어간다. 전체로 받아들여진 환경 속에서만이 자신을 적응시키고 목적을 가지고 행동하도록 만든다. 어린이들은 사물들 사이에 관계를 지각할 수 있는 능력을 기르는 근거를 가지게 된다.

둘째, 민감기에는 손과 혀로 자기 주변 환경을 탐색하려는 욕구가 발생한다. 어린이들은 미각으로 자기 엄마의 냄새를 맡고 손으로 만지고 우리 집의 음식 맛을 느끼며 우리 집만이 가지고 있는 특성을 알아낸다. 영아들은 자기 주변에 있는 모든 물건들을 입으로 가져가는데, 감각활동과 미각활동을 통해서 언어발달에 필요한 신경조직을 발달시킨다. 인간이 언어를 발달시키기 위한 혀와 작업을 위한 손은 인간의 지능을 발달시키는 가장 중요한 역할을 한다. 손과 혀는 인간이 지능을 발달시킬 수 있는 하나의 도구이다.

언어의 민감기는 소리를 들을 수 있는 기회를 제공하여야 한다. 언어를 사용하는 데 필요한 신경조직을, 특히 입술 부분을 발달시키기 위해서 탐색활동이 필요하다. 어린이들의 운동은 우연히 일어나는 것이 아니라 발달에 의한 내적 욕구에 의해서 이루어진다는 사실이다. 어린이들은 내부의 통제 받고 있는 자아에 의해서 조직적으로 운동에 대한 지시를 받는데, 이 단계에서 어린이들은 지시 받는 움직임을 스스로 통제한다.

셋째, 직립형 인간의 걷기에 대한 민감기이다. 어린이들은 걸으면서 좀 더 적극적인 행동을 한다. 걷기의 민감기 동안 어린이들은 걷는 것을 좋아하면서 지루해 하지 않는다. 예를 들어, 어른이 걷는 것은 건강을 위해서 목적을 가지고 걷지만 어린이들은 힘을 형성하고 목적 없이 자아를 인식하면서 걷는다. 어린이들은 걸으면서 주변에 있는 사물과 만나고 혼자 독백하거나 이야기를 한다. 꽃을 보면서 아름답다고 말하고 사람을 보면서 친구가 되고 차를 보면서 함께 빨리 뛰려고 한다. 걷기의 민감기를 거쳐서 독립적으로 외부 사물과의 만남, 타인과의 만남, 친구와의 만남이 이루어지고 자기 세계를 확장한다.

넷째, 걸으면서 사물을 인식하고 사물에 관심을 가지는 사물에 대한 민감기이다. 이 시기의 어린이들은 사물을 흡수하여 지식 만들어가는 작업을 혼자서 수행한다. 사물에 대한 신비와 사물에 대한 상상력 그리고 사물에 대한 감성이 발달한다.

마지막 단계는 사회적 민감기다. 인간은 태어날 때부터 가정이라는 사회적 배경을 가지고 태어난다. 몬테소리는 어린이가 시민으로 성장하면서 세계의 시민의식과 글로벌 세계의 의식을 가지게 되는데, 이는 한 인간으로서 권리를 가지는 의무감이라고 말한다(Pignatari M., 1967). 어린이들의 사회적 권리를 위해서 그들은 공동체를 형성하고 그 속에서 사회성을 발달시킨다. 어린이들은 자아가 형성되면 사회적 관심을 나타낸다. 이러한 현상은 바로 다른 어린이들의 행동을 관찰하고 그들과 어울리면서 자연스럽게 형성된다. 사회적 민감기는 이러한 사회적 접촉에 대한 욕구를 강화하는 역할을 한다.

몬테소리가 발달단계에서 중요하게 생각하는 것은 영적 태아의 모습이다. 어린이들의 정신은 이미 발달한 것이 아니라 환경과 상호작용을 하면서 발달시켜야 할 과업을 가진 제2의 새로운 계획을 가지고 태어난다. 영적 태아는 네뷸러가 가지고 있는 인간 존재의 특성을 탄생 후에 발달시켜야 하는 창조적 생명력을 의미한다. 창조적 생명력을 몬테소리는 므네메라고 말한다(조성자 역, 1991: 2001). 므네메는 미숙한 인간이 발달하는 데 적극적으로 돕고 이끌어주는 창조적 에너지, 힘, 능력을 가지고 있다. 이러한 잠재적인 창조적 에너지를 기능하도록 만드는 것이 어린이들의 활동이다. 그 중에서 가장 중요한 역할을 하는 것이 바로 손운동이다.

신생아들은 육체 안에 영(Spirito)을 감싸가지고 태어난다. 태아들은 어머니의 뱃속에서 육체적 태아와 똑같이 영적 태아와 합하여 전체성을 드러낸다. 처음 정자와 난자가 결합되는 순간 세포분열을 하면서 더욱 더 정교하게 유전인자들의 창조계획을 설계한다. 영적 태아는 태어나는 즉시 외부 세계의 자극을 필요로 한다.

생물학적인 측면에서 단지 신생아를 하나의 유기체 기능을 생성하는 생명체로만 고려하지만 교육이 관심을 가지는 것은 영적인 생명력으로서 그들의 정신력, 즉 잠재능력을 교육을 통해서 개발하는 것이 궁극적인 목적이다.

영적 태아는 유기체의 기능이 완성되기 전에 태어났으므로 인간화와 육화라는 중요하고 위대한 과업이 주어진다. 영적 태아를 위해서 교육은 출생과 더불어 이루어져야 한다. 인간은 육화, 인간화 과정 속에서 자기 환경에 적응할 수 있는 능력을 학습한다. 다른 한편으로 어린이들은 자기 주변에 있는 모든 것을 쉽게 흡수하는 정신력, 흡수정신을 가지고 태어난다. 어린이들은 환경과 자유가 주어지면 작업을 하면서 자기 정신과 통합하게 되는데, 즉 작업 없이는 영적 태아 속에 잠재해 있는 모든 기능들을 하나도 발달시킬 수 없다. 어린이들은 작업을 통해서 자기 존재를 정상화로 진화해 나아간다.

몬테소리는 영적 태아가 인간화, 육화를 이루어가는 과정에서 관찰을 통해 발견한 것은 생명존중의 법칙, 작업의 법칙, 자유의 법칙, 독립성의 법칙, 관심의 집중화 현상들이다. 이러한 법칙들을 어른들과 교사들이 존중하지 않고 최대한 배려하지 않는다면 어린이들은 즉시 일탈된 행동을 보이면서 정상화 과정을 일탈한다(조성자 역, 1994).

몬테소리는 영적 태아의 힘을 호르메의 힘과 동일한 위치에 놓는다. 영적 태아가 발달되면서 인간화 모습으로 진화하는 과정에서 나타나는 호르메는 단지 창조적 힘 또는 에너지만이 아니라 우주를 이끌어가는 생명 자체의 힘으로 가장 위대한 진화를 진행하는 힘이라고 말한다. 모든 생명체들은 진화되며 활동하려는 충동을 가진다.

3) 몬테소리 교육에서 촉각의 중요성

모든 동물들은 자기들의 감각을 보호하기 위해서 나름대로 보호 물질을 가지고 태어난다. 예를 들면, 물고기들은 비늘, 뱀과 파충류들은 각질, 포유동물들은 부드럽고 아름다운 털을 가지고 태어나지만 인간은 벌거숭이로 태어난다. 물론 피부는 가지고 태어나지만 덮여지지 않았다. 참으로 신기한 것은 보호 물질을 가지고 태어나지 않는 대신에 인간은 민감기를 가지고 태어난다. 인간의 민감기는 외부 세계로부터의 보호, 위험에 대한 방어와 밀접하게 관련되어 있다. 인간은 몸을 똑바로 유지할 수 있고 두 발을 세우고 평형상태를 지속시킬 수 있다. 이러한 자세를 유지할 수 있는 우리 발도 유일한 감각에 의해서 유지된다. 그렇다면 사람들의 평형상태를 잃어버리게 하는 질병은 사람의 발이 유일한 감각을 잃어버리는 원인과 연결된다고 볼 수 있다.

마음의 평형상태를 잃어버리게 하는 여러 가지 뇌 신경계에서 발생하는 복잡한 혼란들은 항상 어떤 기능들을 민감하게 손실한다. 근육이 느끼는 피부의 민감성은 근육감각과 신경체계 모두가 하나로 통합되어 전체적으로 기능하고 있다.

피부병에 관한 약 처방은 피부의 민감성을 고려한다. 피부는 단지 사람의 몸을 덮고 있는 외피만이 아니라 신경구조의 움직임과 연결되어 있고 감각기관과 관계되어 있다는 사실을 강조한다. 항상 피부로부터 민감성을 유지하는 사람은 정상이고 건강하며 교육을 통해서 정상적으로 민감성을 발달시킬 수 있다. 감각기관이 어린이들 전체를 유지하는 데 도움이 되는 민감성에 의해 발달되었을 때 감각기관의 민감성에서 활동을 자각할 수 있다.

인간의 육체는 세 가지 부분이 특별히 민감하다. 특별히 민감한 부분은 발과 손끝 그리고 이마인데, 이마는 압력에 대해서 가장 민감하다. 특별히 민감한 것에 대해 생각하지 않을지라도 우리 육체에서 가장 민감한 부분은 생각을 하는 두뇌를 감싸고 있는 이마이다. 어린이들이 아프면 손으로 이마를 짚어본다. 열을 내리기 위해서 다른 부분보다는 이마에 얼음을 올려놓는 것은 그 만큼 민감하다는 뜻이다.

다른 한편으로 어떤 것이든, 무엇이든, 창조하고 알기 위해 작업하는 것은 손이다. 이 세 가지 가능들은 수세기 동안 인간의 가장 찬란하고 위대한 문명을 창조해 왔다. 참으로 훌륭하고 경이로운 일이다.

피부는 때리고 누르고 표면의 흥분상태와 같이 다양한 자극에 민감하다. 한 가지에 강하게 자극하였을 때 어떠한 일이 발생할 수 있을까? 촉각은 모든 자극을 가장 빠르게 뇌로 전달하여 자극을 유발한다. 촉각은 한계를 정하지 않고 고정되어질 수 있는가? 때리고 누르고 조작해도 반응이 없다면 어떤 기능이 더 자극적인 반응을 보일까? 민감성은 활동하면 활동 자체로 감각을 느낀다. 민감성은 하나의 유일한 감각으로써 민감성이 고통을 느낄 때 우리들은 즉시 감각을 멈추게 한다.

뜨거운 냄비를 만져서 뜨거움을 느끼고 고통의 한계에 도달할 때 즉시 냄비를 던져버린다. 감각 기능은 자연적으로 보호를 하게 되고 고통으로부터 벗어날 수 있도록 돕는다. 즉, 우리들은 즉시 냄비를 아무 곳이나 던져버린다. 하지만 구조적인 민감성은 고통의 정반대에 있는 것을 도와준다. 만약 한 가지 자극이 점점 줄어든다면 또 다른 어떤 일이 발생할까? 가장 약한 자극의 한계는 있는가? 민감성을 세련되게 한다면 미세한 자극을 느낄 수가 있으며 이 섬세한 민감성의 한계는 우리가 일반적으로 느낄 수 있는 한계를 말한다.

손은 신경섬유와 함께 뇌와 직접 연결되어 있다. 손이 전달해 주는 신호와 정보를 받아들이는 신경세포가 더 많다. 손가락 끝의 촉각 미립자는 손가락 끝의 느낌을 담당하여 촉각을 더욱 예민하게 만든다. 촉각세포는 변화를 담당하고 피부 팽창에 반응하는 세포들이다. 어린이들은 손끝인 말초신경계를 정교하게 발달시켜야만 촉각을 활용하여 무엇이든 즉시 감지할 수 있다. 칸트는 손은 인간이 모든 사물을 능숙하고 정교하게 사용할 수 있도록 안내하므로 손은 밖에서 볼 수 있는 제2의 뇌라고 말한다.

자극은 의식과 밀접한 관계를 가진다. 자극은 우리가 무엇이든 접촉을 의식하거나 하지 않으면 지각하고 느끼지 못한다. 따라서 우리들이 느끼는 느낌은 의식과 관련되어 있고 의식은 감각적인 한계에서 작용한다. 생물학적으로 감각적 한계는 의식의 출발점이다. 자극을 받기 위해서 그리고 느끼기 위해서 자극은 의식의 시초로 되돌아 갈 수 있다. 감각교육은 촉각을 점점 더 세련되고 섬세하게 자극을 지각할 수 있도록 훈련한다. 특히 어린이들은 촉각에 의해서 의식의 출발점이 광범위해진다. 손은 사고를 수용할 수 있는 능력이 있고 어린이는 손의 움직임들과 근육의 느낌을 통해 사고를 받아들인다. 손과 촉각은 지식을 형성해 가는 중요한 역할을 한다.

우리들은 손의 중요성을 문화인류학적 관점에서 이해하여야 한다. 결혼을 할 때 손을 맞잡고 100년 언약을 하며 인사할 때 악수를 하고 껴안기도 하며 중요한 것을 가르칠 때 손을 사용하고 맞고 틀린 것을 가르칠 때도 손을 사용한다. 손의 촉감에 의해서 우리들은 반응하고 판단한다. 유아기 감각운동을 발달시키는 중요한 요인은 말초신경인 촉각이 발달해야만 모든 행동을 정교하게 실행할 수 있기 때문이다.

이러한 측면에서 촉각 교육은 대단히 중요하다. 그러나 촉각 교육은 교육자에 의해서 전적으로 이루어지지는 않는다. 몬테소리 교실에서는 거칠고, 부드러움을 변별하는 많은 교구들이 있고 감각교구의 중요성을 인정한다. 촉각이 절대적으로 중요한 시각장애우를 위한 특수학교가 있다.

시각장애우와 청각장애우들은 학습과정을 훈련된 손의 민감성에 의존하고 있었다. 만약 손의 민감성이 시각 · 청각 장애우들이 지식을 형성하는 데 중요한 것이라면 정상아 역시 지식을 구성하기 위해 손이 매우 중요한 역할을 하고 있음은 의심할 여지가 없다. 정상아들도 자기의 지식을 개발하기 위해서 손의 훈련을 통해서 지식을 형성한다.

어쨌든 이러한 교육의 틀(scheme)에서 첫 번째 단계는 중요한 기관인 손을 통해서 어린이들에게 촉각에 대한 관심을 집중시킨다. 촉각을 발달시키는 교구들은 첫째로 어린이들의 정신을 일깨우고 자각시키는 역할을 한다. 교구는 어린이들의 관심을 이끌어내고 지능을 발달시키는 데 사용하는 교육 매체이다. 한쪽 면은 거칠고 또 다른 한쪽 면은 부드러운 표면을 가진 교구는 촉각 발달과 촉감의 민감성을 세련되게 만들고 변별 능력을 발달시킨다. 손으로 두 표면을 쉽게 반복하여 스치는 행동은 어린이를 지식의 문을 열고 지식의 창고로 들어가게 한다. 이러한 훈련이 반복될수록 어린이의 시야는 열려진 창과 같고 모든 사물과 자연을 인식하기 시작한다. 우선 손으로부터 시작하여 머리로 진행된다. 어린이의 손이 감각판의 양면을 접촉하면서 두 감각들 사이의 대비점을 인지시키거나 제공한다.

정상아들을 위해 교사들은 겉표면이 거칠고 덜 거칠고 여전히 아주 미세하게 거친 이런 단계적 변화를 가진 교구를 촉각적으로 만져보게 한다. 어린이들은 반복하여 그 표면을 만질 때 "거칠다, 부드럽다!"라고 말한다. 감각 판 연습은 어린이들이 섬세한 감각을 변별하는 훈련이다. 다음 단계로 어린이에게 눈을 감고 변별해 보도록 하고 그 다음 단계로 눈가리개를 사용하여 변별하도록 한다. 어린이들은 눈을 떴을 때와 감았을 때의 방법에 따라서 느낌에 차이가 있다는 것을 알게 되며 눈을 감는 것은 지각의 출발점을 다양하게 하기 위해서이다. 감각교구를 연습할 때는 어린이들의 관심을 끌어낼 수 있는 사물이 있어야 한다. 감각 판은 어린이들이 눈을 감았을 때와 떴을 때 서로 다른 감각을 제공하며 어린이들이 반복하여 연습하는 방법에 따라서 그들의 관심이 집중되어 항상 어린이의 눈과 촉각을 발달시킨다. 감각을 세련되게 훈련하기 위해서 교사들은 감각을 느끼지 못할 정도로 매우 부드러운 천을 만지도록 어린이에게 제공한다. 이러한 훈련을 통해서 어린이들은 눈의 민감성과 촉각의 발달을 강화한다.

어린이들은 눈을 감고 뚜렷한 윤곽을 제외하고는 간단한 것을 느낄 수 있었다. 반면에 어린이들은 눈을 뜨고서는 똑같은 것을 느낄 수 없었다. 오히려 어린이들의 손은 더 가벼워지고 더 미세한 차이점들을 변별할 수 있고 더 세련된 감각들을 느낄 수 있다. 어린이가 오랫동안 눈을 감고 자기 손을 더 가볍게 했을 때 더 많은 것을 변별할 수 있었는데, 이러한 작업이 어린이들에게는 탐색활동의 출발점이 된다.

어린이는 일상생활에서 촉각훈련에 대한 경험이 많으므로 교구를 통해 효과적으로 받아들이는 경험이 어린이들의 촉각을 더욱 세련되고 민감하게 발달시킨다. 따라서 손을 민감하게 하고 촉각을 섬세하게 하는 것은 어린이들에게 많은 부분을 시사해 준다. 쓰기 위한 매우 중요한 교구는 어린이에게 움직임을 통합적으로 극복하도록 만든다. 학습활동에서 어려운 것 중의 하나는 서투른 솜씨로 어떻게 글자를 쓸 수 있을까 하는 점이다. 어린이들의 연필 잡는 자세, 연필을 잘못잡아서 부러지는 등은 어린이들의 쓰기 활동을 방해하는 요인이 된다. 어린이들은 쓰기 위해서 많은 색 볼펜을 소모하게 되는데, 색 볼펜은 쓰기와 그리기를 어렵게 만들고 종이 위를 색칠하여 종이를 여러 색으로 칠하게 만든다. 이러한 일련의 작업들은 사람의 손이 모든 것을 민감하게 유지할 수 없다는 사실을 알려준다. 대 · 소근육의 섬세한 훈련은 어린이들이 미래에 정교한 지식을 쌓을 수 있게 일상생활에서 중점적으로 훈련하고 준비시켜야 한다. 어린이들의 일상생활 훈련에서 중요한 일부분은 바로 촉각을 세련되게 하여 지적 능력을 강화하는 일이다.

우리들은 어린이들의 촉감을 세련되게 훈련하기 위해서 직물류를 사용한다. 천조각은 특별한 재질인 실크, 벨벳, 마, 면 등이며 모든 직물들은 거칠고 부드러운 정도의 차이점이 있다. 다양한 천들의 촉감의 차이점은 물론 색상의 차이점도 있어야 한다. 모든 옷감들을 모두 뒤섞어 놓은 상태에서 어린이는 눈가리개를 하고 촉각을 이용해 여러 종류의 천조각에서 똑같은 2개를 찾으려 한다. 한 짝을 다른 위치에 놓도록 하는데, 이러한 연습은 순서대로 진행되어진다. 어둠 속에서 움직임이 정확하려면 어린이의 손은 숙달돼야 한다. 교사들은 천의 짝 맞추는 작업을 위해서 어린이의 움직임을 많이 통제할 필요가 있으며 어린이가 손으로 이해할 수 있게 작업하기 위해서는 최대한 매력적인 모습으로 작업해야 한다. 왜냐하면 어린이의 흥미는 보통이 아닌 특별한 형태에 호기심을 불러일으키기 때문이다.

만약 손을 따뜻한 물에 담근다면 더욱 민감해지며 그것은 손이 차가울 때 도움이 된다. 또 유아는 마사지를 통해서 손끝을 활발하게 하여 민감성을 자극할 수 있고 손끝에 물을 적시지 않고 마른 상태에서 유아들의 민감성을 확장시키데 도움을 준다. 따라서 손의 촉감이 더 예민해진다. 유아 마사지는 부가적인 흥미를 제공하는 촉각연습으로써 즐겁고 매력적인 활동이다.

교사들은 촉각연습을 통해서 어린이의 주의력을 상기시키며 어린이의 집중력에도 도움이 된다. 촉각훈련으로 인해 어린이는 더 정교하고 민감한 차이를 느낄 수 있다. 촉각훈련은 교사가 어린이들의 지각작용을 소홀히 하지 않으며 더욱 민감하게 어떤 목적을 향해 알고자 하는 대상을 인지 세계로 끌어들이는 한 방법이라고 말할 수 있다.

만약에 교사가 어린이에게 "지금 여기 와서 촉각훈련을 반복해 볼 수 있겠니!" 라고 말한다면 어린이는 적극적이지 않을 수 있으므로 교사와 어린이들은 항상 영적인 접촉을 고려하여야 한다.

교사는 모든 작업을 제시하기 전에 어린이가 마음속으로 느꼈던 흥미를 유발하도록 이끌어주는 것이 필수적이다. 교사가 안내자의 역할을 정확하게 한다면 어린이는 마음속으로 준비하는 태도를 보일 것이고 제시방법에 완벽하게 집중하게 될 것이다. 교사들은 어린이가 손으로 무엇이든 모든 것을 창조할 때 어린이의 의지가 필요하다는 사실을 고려하여야 한다. 어린이의 의지는 자신의 감각적인 지각작용으로 이러한 제시가 행해지지 않았을 때 어린이 자신의 의지는 약해지고 성공적으로 작업을 할 수 없게 된다. 그러므로 교사는 교구를 미리 준비해야 할 뿐만 아니라 어린이와의 영적인 관계와 접촉을 통해서 서로 공감대와 교감을 이루는 데 성공해야만 한다. 영성적인 관계와 접촉 없이는 어린이의 정신에 동의하고 열정적인 작업에 협조할 수 없을 것이다.

영성적인 관계와 접촉이 있은 후, 어린이가 자연스럽게 작업을 행하였을 때 어린이는 자유롭게 제시방법에 익숙해지고 교구들을 반복하게 된다. 즉, 감각적으로 받아들일 수 있는 능력을 확장시킬 수 있다.

교사들은 어린이의 작업을 준비할 때 어린이가 원하는 것을 고려하지 않고 교사들이 원하는 방법대로 작업을 전개해 가는 경우가 있는데, 작업이 누구를 위한 것일까를 생각해 보면 다음과 같은 생각을 할 수 있을 것이다.

"정당한 방법일까! 교사들은 단지 어린이가 원하는 것만을 가르쳐야 한다는 말일까? 그렇다면 교사의 위치와 역할이 어디에 있을까?"라고 스스로에게 반문할 수 있다. 이러한 상황에서도 교사의 이해가 필요한 것은 교사들은 다른 많은 측면에서 위치와 권위 그리고 역할을 활용할 수 있기 때문인데, 그 어떤 일도 어린이가 선택한 것은 아니다.

만약 교사가 권위를 원한다면 다른 것이 아니라 어린이를 정상화로 이끄는 에너지인 생명력을 촉진시켜 주어야 한다. 우리가 생각하는 첫 번째 방법은 어린이의 모든 발달을 도와주고 어린이를 가치 있는 존재로 성장하도록 돕는 일이다. 어린이가 탐색하고 계획하며 즐거워하는 것을 제공해 주고 성공적으로 작업하도록 문을 활짝 열어서 어린이의 영혼을 힘 있게 부를 수 있는 교사가 몬테소리 교실에서는 훌륭한 선생님이라고 생각한다.

Chapter 4

몬테소리의 교육방법론

01. 몬테소리의 교육방법론

몬테소리의 교육방법론은 준비된 환경, 준비된 교사, 교구로 구성되어 있는데, 이 세 가지 요소의 중요한 중심 역할에 교사가 있다. 우선 몬테소리의 환경론을 살펴보기로 한다. 몬테소리 교육에서 환경을 강조하는 것은 새로운 일은 아니다. 그녀는 어린이들에게 발달하는 정신과 육체가 있는데, 이 두 가지 요소를 통합적으로 발달시키는 데 환경이 중요한 역할을 한다고 말한다. 환경을 어린이들의 이차적 영양분으로 간주한 점, 보육자가 환경을 준비해야 한다는 점, 보육자는 환경에 공동 참여자로서 환경의 일부분이 되어야 한다고 주장하였다(조성자 역, 1995). 몬테소리는 환경구성의 기본적인 요소를 다음과 같이 언급한다.

① 어린이들은 환경 속에서 자유로워져야 한다(조성자 역, 1996).

어린이들은 환경 속에서 활동과 행동이 자유로워지는 것, 해방되는 것, 타 존재에 대한 존엄성과 중요성을 인정한다(조성자 역, 1996). 몬테소리는 자유의 중요성으로 어린이들은 자유로운 분위기 속에서 자신을 자유롭게 표출하고 내재적 능력은 자유로운 환경 속에서 발달이 가능하다고 했다. 그녀는 자유의 필수조건들을 다음과 같이 언급한다.

① 어린이들을 위한 환경 속에서 스스로 독립적 삶을 이끌어나갈 수 있도록 준비시켜야 한다.

독립심을 촉진하는 활동을 통해 스스로 학습해 가는 과정에서 다른 사람의 도움을 받아야 하는데, 바로 이러한 환경이 어린이들을 자유로워질 수 있게 성공하도록 구성해 주는 요소이다.

② 어린이들에게 작업 목적을 성취하고 자유 선택한 작업을 성취할 수 있도록 의지력을 발달시켜 주어야 한다.

교사는 개방된 환경 속에서 어린이들을 자유롭게 관찰할 수 있는 기회를 가져야 한다. 어린이들은 자유를 통해서 독립심, 자율성, 의지력, 내적 질서와 규칙을 발달시킨다. 어린이들이 본능적으로 행동하도록 짜여 있는 특성을 창조적 활동이 가능하도록 도와줌으로써 독립적 인간으로 성장할 수 있게 한다.

어린이들의 작업은 목적을 가지고 행동할 수 있고 선택한 자유작업을 성취하도록 환경을 구성하여 그들의 의지력을 발달시킬 수 있도록 구성해 주어야 한다. 몬테소리는 어린이들의 의지적 생활은 의지적 행동이라고 말한다. 의지력의 발달은 환경과 관계된 지속적인 활동을 통해 느린 속도로 진화해 가는 과정과 현상을 의미한다(Montessori M., 1973). 그러므로 어른은 어린이들의 대리자가 아니라 협조자일 뿐이다.

③ 환경을 생명력 있고 살아서 움직일 수 있도록 하기 위해 환경에 대한 지식을 가진 보육자가 관리하고 구성해 준다.

인간의 어버이인 어린이를 어른으로 성장하도록 돕기 위해서 환경을 준비해 주고 환경 속에서 어린이들은 활동에 대한 자유화 또는 해방감을 느낄 수 있어야 한다.

④ 어린이들은 환경 속에서 선과 악이라는 도덕적 문제를 해결할 수 있는 능력을 발달시킬 수 있어야 한다.

의지력이 강한 어린이들은 정신적으로 건강하기 때문에 자기 일에 강한 의지력을 보이고 친구들을 방해하지 않으며 스스로 작업에 몰두하는 반면, 자기 작업에 관심을 가지지 않는 어린이들은 의지력이 약할 뿐만 아니라 친구를 방해하고 내적 규율이 없다.

교사는 어린이들의 자발적 활동을 구속하거나 어린이들에게 의무적으로 과제를 부여하여 구속하면 경쟁심, 일등과 이등이라는 등급으로 인해서 악이 발생한다고 말한다(Montessori M., 1973). 교실의 준비된 환경 속에서 질서, 규칙, 제한된 공간 개념, 자유선택, 필요한 것과 불필요한 것을 판단함으로써 내적 규율을 강화해 나아간다.

② 교육환경의 구조와 질서이다.

몬테소리는 우주적 구조와 질서를 교실환경 속으로 끌어들였다.

어린이들은 우주적 질서, 교실의 질서를 통해서 환경과 상호작용할 수 있는 능력, 환경의 신뢰, 환경의 활용, 환경을 지배하는 방법, 환경을 사랑하는 방법을 학습하게 된다(Montessori M., 1973).

① 어린이들은 교구활용을 통해서 질서감을 학습한다.

어린이들은 교구활용 방법을 통해서 질서감을 학습한다. 예를 들면, 난이도, 차이점, 변별력, 선택한 교구의 시작과 마침, 정리정돈하는 것들은 어린이들에게 질서의식을 발달시킨다. 어린이들에게서 질서감이란 교구를 활용할 때 활동주기에 따르는 것을 확인하는 것이다. 몬테소리는 어린이들의 질서를 위해서 교구를 활용할 때 주의할 점은 사용한 교구를 부수거나 잃어버리지 말 것, 다른 사람을 방해하지 말고 간섭하지 말 것, 처음 가져온 장소에 놓아둘 것을 명시했다.

② 어린이들에게 내적 규율을 발달시킬 수 있는 환경구성이어야 한다.

어린이들에게 학습의 기회를 제공하는 안내자, 지도자의 역할을 하여야 한다. 어린이들은 작업을 통해서 내적 규율이 발달하는데, 내적 규율은 유아기를 벗어나면 내적 질서, 외적 질서와 우주적 질서로 연결된다.

③ 몬테소리 환경은 교실환경과 자연환경을 강조한다.

① 어린이들은 교실 내에 있는 모든 사물들을 탐색하여 실제 생활과 연결시킨다.

일상생활에 필요한 모든 사물들을 정리하고 깨끗이 닦아서 제자리에 놓고 조심스럽게 옮기며 교구를 통해서 기다림과 인내심을 연습한다.

어린이들이 자연의 일부분이라는 사실을 알려주기 위해서 몬테소리 교실은 자연에서 학습하기 힘든 자료들을 교실로 옮겨서 자연과 접목시키는 교육을 한다. 어린이들의 내부 세계와 외부 세계를 연결하는 탐색활동을 통해서 생활에 필요한 사물을 정확하게 인식하는 환경을 제공하는 것이다. 어린이들에게 환경은 생명 다음으로 중요한 이차적 요소다. 인간발달은 내면에 내재한 본능이 창조적 활동을 통해서 발달하지만 어린이들에게 자양분이 되는 환경이 없으면 내재적 본능만 발달한다. 그러므로 발달생물학적 기원을 인간화로 성장시키는 것은 교육과 환경이다.

② 자연을 통해서 자연의 질서와 조화 그리고 미적 감각을 익힌다.

자연의 정직성, 과학과 예술의 근원인 자연, 인간의 진화 모습, 다중문화를 접할 수 있는 것이 자연이다.

④ 환경은 어린이들이 자기 생활에 대해서 긍정적인 개념을 갖고 적극적인 반응을 보일 수 있게 심미적으로 이루어져야 한다.

몬테소리 교실은 자료, 분위기, 색상, 건축물, 모든 면에서 어린이들이 평화롭게 안정되고 정겨우며 좋아할 수 있는 느낌 있는 감각으로 구성되어야 한다.

⑤ 몬테소리 환경에 준비된 교구와 교재는 어린이들의 관심을 집중시킬 수 있는 심리적 발달을 돕는 환경이어야 한다.

교구가 어린이들의 내적 인격 형성을 돕기 위해서는 그들의 내적 욕구에 상응하여야 한다. 어린이들의 발달단계에 적절하여야 한다는 뜻이다. 무질서한 교구는 어린이들의 정신을 산만하게 만들고 교구는 단지 기계적인 역할만 할 뿐이고, 심리적 발단단계를 무시한다. 많은 교구를 잘못 활용하여 남용하였을 때 어린이의 발달을 저해하기까지 한다.

⑥ 환경은 어린이들의 작업현장에 보육자들이 공동 참여하는 공동 영역이다.

어린이들은 성장을 위해서 자극을 받아야 한다. 어린이들의 내적 욕구를 충족시켜 주기기 위해서 보육자들은 환경을 관찰, 지도, 준비, 함께 공존하여야 한다.

즉, 공존의 삶을 살아가는데, 그들에게 보육자들이 적극적인 지지자가 되어주어야 한다. 환경은 어린이들이 준비하는 것이 아니라 어른들이 어린이를 위해서 준비하는 간접적인 방법이다. 환경은 보육을 담당하는 어른, 교사, 부모가 전문지식과 경험을 근거로 어린이들에게 제공하여야 할 의무와 역할이다. 교사 자신도 환경의 일부분이다.

7 어린이들은 환경 속에서 사회적 관계를 가질 수 있어야 한다.

몬테소리는 어린이들에게 다른 어린이들과 사회적 관계를 가질 수 있는 기회를 제공하는 것은 자신의 사회적 문제를 스스로 해결할 수 있는 기회의 제공이라고 말한다.

02. 몬테소리 교육방법에서 교구의 역할

몬테소리는 교구란 단지 어린이의 영혼을 자각시키는 것이라고 말했다(Montesosri M., 1973).

교구는 교육방법을 위해서 어린이들의 관심을 집중시키는 역할을 한다. 교구를 통해서 교구의 본질, 즉 교구의 형태, 색상, 의미를 가르치고 어린이들에게 교구의 의미를 정확하게 인식하도록 가르친다. 몬테소리 교실에서 교구는 중심적인 위치에 놓이고 교구를 통해서 자국의 일상적인 문화를 학습하며 감각 세계와 환경을 확장하고 정교하게 만들어 과학적 정신을 학습하게 된다. 교구의 원리를 살펴보면 다음과 같다.

- 모든 교구는 영역별로 구분하여 어린이들의 자유선택이 가능하도록 환경 속에서 제시되어야 한다. 영역별 진열은 어린이 스스로 자기가 원하는 작업과 과제를 자율적이고 독립적으로 이행할 수 있게 한다.
- 교구는 단순한 것에서 복잡한 것으로 단계별로 제시되어야 한다. 감각과 운동 발달의 단계를 지나서 복잡한 단계의 학습을 자연스럽게 연결시킬 수 있어야 한다.
- 교구는 어린이들에게 간접적인 방법으로 미래학습을 준비할 수 있도록 구

성되어야 한다. 예를 들면, 언어를 학습하기 전에 사물대칭의 연습을 한다.
- 교구는 개념을 구체적인 제시로 시작해서 구체적인 단계로 가게 한다.
- 교구를 통해서 오류를 스스로 수정할 수 있다.
- 교구는 교사의 가르침이 아니라 어린이들의 활동을 자극한다.

위의 사항을 고려하면서 몬테소리 교구의 특성을 살펴보면 다음과 같다.
- 몬테소리 교구는 우선적으로 무게, 크기, 색상, 모양, 촉감 등이 각기 다르다.
- 오류의 통제 기능을 가지고 있다. 교사가 오류를 통제하는 것이 아니라 오류를 통제할 수 있는 기능이 교구 자체에 포함되어 있다.
- 교구는 심미감을 준다. 색상, 광도, 크기가 어린이들의 생물학적 발달단계에 맞도록 제작되었다.
- 교구는 어린이들의 활동에 적합하도록 제작되었다. 어린이들은 교구를 통해서 활동과 작업을 이끌어내고 관심을 집중시킨다.
- 모든 교구는 제한점을 가지고 있다. 어린이가 교구 접촉을 통해서 학습과정을 통제하게 된다. 직 · 간접적 효과, 질서, 도덕적 개념을 위해서 제한점을 가지고 있다.
- 몬테소리의 모든 교구는 자동교육의 원리를 이끌어낸다.
- 몬테소리 교구는 기본적인 원칙을 가지고 있다. 교구를 소중하고 조심스럽게 다루어야 할 것, 사용 후 제자리에 갖다 놓을 것, 사용할 때 매트를 사용할 것, 다른 친구가 사용할 수 있도록 항상 제자리에 놓는다.
- 교구와 함께 작업할 경우에 어린이는 방해받지 않는다.

03. 몬테소리의 교사론

1) 몬테소리 교사의 기본적인 자세

몬테소리는 가장 훌륭한 첫 번째 교사는 어린이 자신이라고 말한다. 그러므로 어린이들은 인간의 스승이고 어버이라고 말하는 의미 속에 스스로 가르치는 역할을 한다(조성자 역, 2001). 교사나 어른들은 항상 우리 자신만이 어린이들을 가르친다고 생각하지만 교사나 어른들이 어린이들로부터 배우는 것도 많다. 몬테소리가 말하였듯이 자기에게 학문적으로 가장 많은 영향력을 준 사람 역시 어린이라고 하였다. 어린이들은 무의식적으로 안내되는 우주적 법칙과 더불어 활동적으로 진화를 촉진하는 대우주의 스승이기도 하다.

몬테소리는 굳이 교사라는 말 대신에 지도자(Diretore), 안내자, 조력자, 관찰자라는 명칭을 사용한다. 몬테소리는 교사는 직접적인 지식을 전달하는 것이 아니라 간접적인 방법으로 교사 자신의 지식이나 의지를 어린이들에게 전달한다고 보았다. 네뷸러의 특성을 통해서 자기 발전을 할 수 있도록 어린이들의 모든 잠재력은 개발 · 준비된 환경 속에서 자유로워지도록 돕는 임상치료자의 역할을 한다(Montessori M., 1973).

첫째, 몬테소리 교사는 어린이를 정확하게 이해할 수 있는 학문적인 지식이 풍부해야 한다. 몬테소리 교사로서의 올바른 자세를 위해서는 다음과 같은 세 가지 질문에 정확한 답을 주어야 한다.

- 인간학적인 질문으로 어린이들은 과연 누구인가?라는 본질적인 문제에 대한 답을 주어야 한다.
- 학습 이론에 관한 질문으로 어린이들을 어떻게, 어떤 방법으로 교육할 것인가?라는 몬테소리 교육철학에 답을 주어야 한다.
- 교육환경과 교육심리학적 질문으로 어린이들을 돕는 데 어떠한 방법이 적절하고 어떠한 방법은 장애요인이 될까?라는 생명을 돕는 교육에 답을 주어야 한다(조성자 저, 1998).

인간학적인 질문으로써 어린이들의 정신현상에 관한 이해를 필요로 한다. 몬테소리의 어린이를 위한 인간학적인 질문에서 우선적으로 영적 태아에서 한 어른으로 육화되어 가는 과정은 인간 종의 특성인 네뷸러 특성 속에 잠재해 있는 정신적 현상인 영적 태아, 흡수정신, 호르메, 므네메, 인간화, 정상화, 영성적 존재의 의미, 발달단계, 즉 정신적인 현상에 대한 이해를 통해서 어린이들이 누구인가를 정확하게 관찰한 다음 새로운 환경과 새로운 교육방법을 제공하여야 한다. 몬테소리는 지식을 양육하는 한 권의 책보다 더 중요한 것은 어린이들을 위한 정신적인 체육관을 건축할 수 있는 능력을 교사들에게 원했다(조성자 역, 1995).

둘째, 준비자로서 교사의 자세이다

몬테소리 교사는 자율적인 준비자이다. 몬테소리 학교의 모든 교사들은 어린이들의 작업을 통해서만 모든 것을 관찰하고 제시하며 지도해야 하기 때문에 어린이 스스로 학습방법을 발견할 수 있는 단계와 연결되어야 한다(조성자 역, 1994).

교사 자신을 위한 준비는 다음과 같다.

- 모든 학교가 어린이를 위해서 훌륭한 교육방법을 준비하는 것이 아니라 새롭게 개혁한 학문을 위한 교육 자료를 준비하는 준비자다. 협소한 울타리 안에서 획일적인 방법으로, 획일적인 책으로 교육하는 것은 전통적인 교육방법이다. 새로운 교사는 모든 어린이들이 교사, 환경, 교구와 더불어 상호작용하고 학습할 수 있는 다양한 자료를 준비하여 활용할 수 있는 역할을 해야 한다.
- 교사는 광활한 문화의 토지를 준비하는 준비자다.
  교사란 광활한 토지를 어린이들이 마음대로 활용할 수 있도록 준비하고 봉사할 수 있는 자를 의미한다. 몬테소리는 교사들에게 인쇄된 책을 들고 교실에 들어갈 것이 아니라 자연의 책을 들고 교실에 들어가야 한다고 말한다(Montessori M., 1973).
- 몬테소리 교사는 자연주의 범위 안에서 어린이들이 '소극적으로 활동' 하는 자세를 관찰하기 위해서 모든 것을 실증적인 방법과 현상학적인 방법을 활용할 수 있도록 환경을 준비하는 준비자이다. 인간을 관찰하기 위한 준비자가 필요하다.

셋째, 교사는 관찰 자료의 준비자다

교사들은 어린이들 행동에 관한 관찰과 작업과정의 관찰을 준비하여야 한다. 몬테소리는 교사들에게 과학적 교육학의 의미를 정확하게 인식시키기 위해서 우리가 과학자로서 인식시켜야 하는 것은 기계적인 기술이 아니라 정신과 영성이며 기계적이기보다는 교사의 정신을 준비하여야 한다는 것이 몬테소리의 믿음이다(조성자 역, 1995).

넷째, 몬테소리 교사는 '보는 것'에서 시작하는 보는 눈과 관찰하는 눈을 가진 자이다. 몬테소리는 관찰하기 위해서 관찰을 시작하는 것은 진솔하게 학문의 길을 시작하는 것이고 학자의 정신은 '보는 것'에서 시작하여 열정적인 관심으로 모든 것을 행하는 것이라고 말한다(조성자 역, 1995). 보기 시작하는 것은 관심 가지기를 시작한 것이고 이러한 관심은 교사들의 영성을 관찰하는 눈이 된다.

다섯째, 몬테소리 교사는 언어 대신에 침묵하는 언어를 배워야 되고 가르치는 것 대신에 관찰하는 방법을 알아야 하며 자신을 드러내는 교만한 자세 대신에 겸손한 마음의 자세가 필요하다고 했다.

몬테소리는 교사가 권위를 좋아하려면 학문을 진심으로 해석하고 분석할 수 있는 능력과 위계질서가 아니라 자연적, 물리적, 화학적인 현상을 직관할 수 있는 눈을 가지고 진리를 탐색할 수 있어야 한다고 했다. 교사 자신이 학교를 개혁할 수 있는 유능한 관찰자가 되어야 한다는 뜻이다.

여섯째, 몬테소리 교사는 모든 생명체와 사물의 가치를 존중하고 이러한 가치를 어린이의 생활과 연결시킬 수 있어야 한다.

가장 훌륭한 교사는 어린이와 같이 행동하고 어린이들에게 가치를 부여할 수 있는 모든 사물과 학문에 어린이와 같이 겸손하고 진실한 자세로 임해야 한다.

교사는 어린이들에게 모든 진실을 찾는 사람, 책임의식을 느끼는 사람, 다른 친구들의 존엄성을 인정하는 사람, 자기 작업을 마칠 때까지 실험실에 만족할 수 있는 겸손함을 가르쳐야 한다. 무엇보다도 중요한 것은 교사들은 편견과 선입견을 버리고 자기 단점을 인정하며 단점을 개선할 수 있고 항상 정신을 새롭게 정화하고 새로운 지식을 탐구해서 항상 방금 결혼한 신혼부부처럼 진실되고 깨끗한 마음을 가지고 어린이들의 미래를 준비하여야 한다(조성자 역, 1995). 교사는 자기 잘못을 발견하여 진실하고 겸손하게 수정하도록 노력하여야 한다.

겸손한 몬테소리 교사가 되기 위해서는 다음의 3단계를 거친다.

첫 번째, 교사가 환경의 수호자인 동시에 감시자가 되어야 한다.

교사는 학습과 작업에 집중하지 못하고 산만하거나 정서적으로 불안한 어린이들을 위해 환경에서 모든 장애물을 제거하여 집중하도록 만드는 역할을 한다. 몬테소리는 예를 들어, 가정이 정상적으로 유지되기 위해서 어머니를 보호하고 격려할 때 주부로서 집안의 질서와 청결, 가정의 안정감, 자녀 사랑에 대한 역할을 완전하게 수행할 수 있듯이 몬테소리 교실이 정상적으로 운영되기 위해서는 교사에게 가장 중요한 것은 어린이들을 보호하는 수호자 역할이다(조성자 역, 1994). 안정되고 정상적인 가정처럼 교구가 보호, 질서, 완전하게 정리정돈되어 있어야 한다. 교사의 외적 관리, 즉 외모의 상태는 어린이들에게 친숙하며 신뢰받을 수 있고 존경받는 첫 번째 단계이다. 어린이들에게 있어서 모든 사람의 상징적 모델은 자신의 엄마인데, 엄마는 모든 것이 다 예뻐 보인다. 어린이들은 자기 엄마처럼 예쁘고 우아하고 친구 같은 교사를 원한다.

가장 정돈되고 교양 있는 교사는 어린이들의 내면에서 발달하고 있는 지식을 밖으로 이끌어내는 과정에서 매력적인 수호자 역할을 함으로써 교사-어린이는 하나가 되어 작업에 집중하게 된다.

두 번째, 어린이들의 행동관찰이다.

작업에 집중하지 못하고 무질서하며 무기력하고 싫증을 느끼고 정서적으로 불안하여 혼란스럽고 다른 친구의 작업을 방해하는 어린이들을 위해서 교사가 할 수 있는 일은 무엇인가? 교사는 신중해야 하며 어린이들의 작업을 이끌어가는 사명감이 주어진다면 우선 그들의 행동을 관찰하여야 한다.

세 번째, 실제로 어린이들의 일상생활 훈련에 관심을 가지는 단계이다.

교사는 어린이들의 모든 활동이 실제적인 경험으로 연결되도록 하고 순간마다 집중화 현상이 일어나도록 협조자의 역할을 해야 한다. 교사는 어린이들에게 정신적 지도자 내지는 안내자가 되어야 한다. 어린이들의 요구가 있을 때 요구를 충족시킬 수 있는 준비된 자세이어야 한다. 교사는 어린이들을 위한 교육계획, 기술, 상호작용을 통해서 독립적으로 모든 것을 극복할 수 있도록 이끌어주어야 한다. 교사는 자신 있게 나는 어린이들의 정신을 도왔고 발달을 촉진하여 완성해 나아가도록 협조하였으며 경험을 존중하면서 창조작업을 지속적으로 진행할 수 있도록 협조하는 어린이들의 동행자가 되었다고 자신의 내면에 확실하게 말할 수 있어야 한다.

2) 몬테소리 교사의 자질

몬테소리는 교육 효과와 질은 교사의 자질과 직접적인 관계를 가진다고 말한다(Cosimo G., 1993). 몬테소리 교사는 사명감으로 어린이들이 정상적인 인격을 형성할 수 있도록 지도할 수 있어야 한다. 교사가 지니고 있는 지적 수준, 정서적인 안정감, 사회적 태도, 정신적인 특성은 전문직으로서 몬테소리 교사가 될 수 있는 자질을 평가하는 준거가 된다. 몬테소리 교육철학은 인간존중 사상인 인본주의에 근거하고 있기 때문에 교사 자질의 접근방법 역시 인본주의 영향을 받는다. 몬테소리 교사의 자질을 위한 접근방법 역시 인본주의 접근에 의한 교사의 자질로 다음과 같다.

① 몬테소리 교사는 항상 성장하고 발전하려고 노력하는 학문적 자세를 가져야 한다 (Cosimo G., 1993).

새로운 교실, 새로운 환경구성, 새로운 교육방법을 위해서 자신의 잠재력과 능력을 최대한으로 발전시켜야 한다. 몬테소리 교사는 그녀의 철학에 대한 전문적 지식을 가져야 한다는 것이 첫째 조건이고 자신의 능력과 행동을 스스로 평가할 수 있는 자질을 가져야 한다. 교육을 위한 준비는 자신에 대한 연구를 준비하는 것이다. 생명을 돕는 교사의 훈련은 지식을 배우는 것보다 더욱 더 이상적인 일이다. 교사훈련은 교사의 인격을 훈련하며 교사의 영성을 준비하는 것이다(조성자 역, 2001).

② 몬테소리 교사는 자연현상을 관찰할 수 있는 능력과 의식을 가져야 한다.

몬테소리 교사는 교실에 들어갈 때 인쇄된 책을 가지고 들어갈 것이 아니라 자연의 책을 들고 들어가야 한다(Montessori M., 1973). 이러한 사고는 모든 교사는 자연 속에서, 우주 속에서 교육 자료를 찾을 수 있어야 한다는 의미이다. 교사는 수동적 자세를 가져야만 진지한 과학적 호기심과 과학현상에 관한 존엄성을 가질 수 있다. 관찰자로서 자기 위치를 찾고 능동적인 행동의 주인이 되어야 한다. 위선적인 행동이 아니라 있는 그대로 행동하고 어린이들의 본질을 연구하기 위해서 그들의 신비를 찾아내고 간섭보다는 지도할 수 있는 능력은 자연현상을 관찰할 수 있는 능력 없이는 불가능한 일이다. 교사의 관찰은 몬테소리 교육방법에서 가장 중요한 위치에 놓인다.

③ 몬테소리 교사는 인간의 존엄성에 관한 관심, 어린이들을 독립적인 존재로 볼 수 있는 시각, 어린이들의 표현방법을 통해서 자신의 역할이 무엇인지 알 수 있는 능력을 소유하여야 한다.

위에서 언급하고 있는 것은 관찰자와 피관찰자와의 관계, 생물학적으로 개별적인 존재를 인식하는 것, 어린이들이 인간의 어버이라는 사실을 인정하는 교사를 말한다(조성자 역, 1994).

④ 몬테소리 교사는 끊임없이 모든 영역에서 연구활동을 지속하여야 한다.

교사는 교육활동을 통해서 훌륭한 교사가 될 수 있다. 교사는 학문적으로 훈련된 관찰방법을 통해서 개개인에게 적절한 교육방법을 제시할 수 있어야 한다. 실기는 반드시 몬테소리 교육철학에 근거한 학문적 관점에서 출발하여야 한다. 몬테소리가 원하는 학문적 자질은 다음과 같이 요약할 수 있다.

- 교사는 어린이들의 준비된 환경을 위한 교실구성과 그에 상응하는 새로운 지식을 지녀야 한다.
- 어린이들의 작업활동을 자극하고 정신을 집중시킬 수 있는 관심을 유발시킬 수 있어야 한다.
- 자유작업의 원리를 통해서 자동교육의 원리를 스스로 습득할 수 있도록 동기 부여를 할 수 있어야 한다.
- 몬테소리의 교육철학과 교육 이론을 병행할 수 있는 실천적인 능력이 있어야 한다.
- 몬테소리 교사는 관찰능력과 관찰결과를 분석하여 관찰되어진 결과를 실제적으로 교육방법에 적용할 수 있는 능력이 있어야 한다.

몬테소리는 학문적인 자질을 갖추기 위해서 교사의 자신에 대한 특별한 자아상, 즉 자아 개념의 의미를 중요시하였다(Montessori M., 1973).

3) 몬테소리 영성의 의미와 교사 영성의 중요성

(1) 몬테소리 영성의 의미

영성적인 교사가 되기 위해서는 우선 교사가 영성의 의미를 정확하게 이해할 수 있어야 한다. 몬테소리는 어린이들에게 영성적인 요소들을 중요시하였다.

우리들이 훌륭한 교육자로서 어린이들의 초월적인 욕구에 대한 갈증을 충족시키지 못한다면 교사 스스로 모순된 행동을 하는 것이다. 영적 갈증을 해소시키지 못한다는 것은 조화로운 삶의 목적에 도달하지 못한다는 뜻이다. 몬테소리 방법의 특성은 영적인 어린이로 이끌어주는 것인데, 만약에 이러한 요소가 제외된다면 영적인 번식력을 빼앗을 뿐만 아니라 방법을 왜곡하게 된다(조성자 역, 2000).

위에서 언급하고 있듯이 인간이 살아가는 데 필요한 정신적, 물질적인 요소가 있다면 이 두 가지 요소가 항상 조화로움과 균형을 이루어갈 때 영성을 드러낼 수 있다. 교사들은 어린이들이 스스로 할 수 있도록 도와주고, 자신의 의지에 따라서 활동하도록 도와주는 것은 그들의 영성적인 번식력을 도와주는 것이다. 그렇다면 영성의 의미가 무엇인가를 정확하게 인식하는 것이 중요하다.

첫째, 영성은 모든 생명체들이 서로 신성함과 연결되어 있다는 것을 지각하는 것이다.

몬테소리 철학을 연구하는 올프 교수는 『어린이들에게 영성은 존재하는가?』의 저서에서 Fitzpatrick의 말을 인용하여 영성에 대한 해석을 다각적인 측면에서 제시하고 있다.

영성은 모든 생명체와 인간의 생명체가 신성함과 연결되어 있다는 것을 지각하고 인간 각자가 느끼는 것이 서로 다르지만 모두가 가치롭고 소중한 존재로서 서로 열린 마음으로 사랑할 수 있도록 배우고 우주에 존재하는 모든 생명체들을 존경하는 법을 배우는 것이다(조성자 역, 2000). 이러한 해석은 우주에 존재하는 모든 생명체들을 사랑하고 그들에 대한 존경심을 가지고 서로 밀접하게 신성한 관계를 유지하면서 우주적 조화와 질서 지키기를 영성으로 보았다.

땅은 모든 생명체를 양육하고 식물은 다른 생명체의 생존을 보존하며 동물은 인간과 식물의 생존을 보존하고 물은 바다의 생명체들을 생존시키는 역할을 한다. 하나하나 분리된 개체이지만 하나가 없으면 생존이 불가능한 연결된 공존의 존재양식이다

둘째, Galyean은 영성을 경험적이고 초월적인 측면에서 이해한다.

모든 인간들은 일상적인 감각적 경험을 넘어서 가장 지적 인간으로서(Homo Sapiens) 지적인 감각이 전달될 밤하늘 별의 아름다움과 신기함을 관찰하는 것, 산의 높은 정상에 오르면서 경외감을 느끼는 것, 모든 생명체가 탄생할 때 느끼는 신비로움과 위대함과 같은 요소들은 모두 영성적인 경험으로 연결된다. 전쟁보다는 평화를, 싸움보다는 사이좋게 지내는 것을, 경쟁보다는 협력을, 모든 문화를 거부하기보다는 수용하는 자세를…이 모든 것들은 영성적인 경험을 실제적으로 증명해 주며 이러한 요소들이 영성적인 모습이고 본질이다(조성자 역, 2000, 27).

셋째, Faithkeeper는 영성을 우주의 가장 위대한 힘으로 보았다.

영성은 우리 삶의 정수이고 나무를 자라게 하는 힘, 새가 노래할 수 있도록 하는 힘, 사람들을 평화롭게 웃을 수 있도록 하는 힘, 세상을 아름답게 볼 수 있는 위대한 힘을 준다고 보았다. 영성은 인간에게 항상 진선미를 유지하도록 하는 생명력인 동시에 생명체에 생명력을 불어넣어 주는 강한 에너지이며 우주적 힘이다(조성자 역, 2000).

넷째, Gang, Lynn, Maver는 영성을 인간들이 모든 생명체, 무생명체와 관계를 경험하는 동안 주어지는 정신적인 힘으로 보았다(조성자 역, 2000). 아름다운 경치를 배경으로 트래킹할 때, 구름이 두둥실 떠다닐 때, 무지개가 떠오를 때, 지금 막 태어난 신생아의 신비한 모습을 바라볼 때, 새들이 자기 새끼들을 돌볼 때를 보면서 경외감과 경이감을 경험할 때 우리들은 진보된 언어로 표현하지 못하고 마냥 넋을 잃고 있을 때 그 어떤 위대한 힘, 즉 영성을 느낀다. 우리들이 아름다움, 지식, 진선미, 겸손, 기쁨, 경이로움, 자연의 신비를 인식하는 자체가 영성의 존재를 경험하는 것이다.

다섯째, 영성은 인간 네뷸러의 의미를 깊이 있게 통찰한다(조성자 역, 2000).

영성은 모든 생명체들이 자기들의 특별한 특성을 정확하고 도덕적으로 뿌리내

리도록 돕는다. 영성은 현재에 일어나는 실제를 정확하게 파악하고 넓은 우주 공간에서 열린 마음으로 성장하도록 도우면서 이기심과 자기 만족을 초월하여 범우주애적인 삶을 살아가도록 돕는다. 모든 생명체가 가지고 있는 종의 특성인 네 뮬러 속에 인간에게만 부여된 영성은 모든 사람과 세상을 올바르게 인지하도록 돕는 역할을 한다. 영성의 특징은 보이지 않는 것을 우리 스스로 노력하여 자각할 때 볼 수 있는 힘이다.

여섯째, 영성은 자기에게 주어진 역할과 사명감을 성실하게 수행할 때 나타나는 현상이다.

자기 일에 대한 사명감을 성실하게 실천하는 일의 영성을 가진 사람들은 영성적인 감각을 가지고 있다. 사람들은 자기들의 지식과 살아가는 과정에서 경험하는 모든 것만으로 인간다운 삶을 살아갈 수 없음을 알고 있기 때문에 세상의 경험을 초월하는 어떤 위대하고 신기한 도약이 필요하다는 것을 체험한다. 사람들은 제한되고 인간적인 한계를 넘어서 지성과 정신으로 느낄 수 없는 다른 감각을 원한다. 그게 바로 영적인 감각이다. 이러한 삶의 방식은 우리들이 무질서하고 비도덕적으로 살아가는 방법을 버리고 자기 존중감과 가치로움을 추구하는 영적 활동을 중요시하는 삶의 방식으로 전환하도록 돕는 보이지 않는 힘이다.

일곱째, 영성은 우리의 하나뿐인 우주의 법칙과 질서에 관계된다.

우주의 법칙은 인간 정신을 뛰어넘어서 겸손한 상태에 머물도록 인간을 영성적인 실체로 만들어가는 기준점을 제시한다. 때로는 무서운 힘을, 때로는 정말로 온화한 힘을 가졌으며 인간을 겸손하게 만드는 탁월한 능력도 가졌다. 그러므로 영성은 인간이 가지고 있는 특징 중의 최고 능력이다. 우주의 법칙은 인간을 정직하게 살아갈 수 있는 방법을 제시하면서 초월적인 관계를 맺도록 돕는다.

영성은 우리의 감각으로 만지고 볼 수 있는 냄새 또는 촉각으로 도달할 수 없는 실제이지만 마음으로 느끼는 강한 힘이다. 사랑, 애정, 즐거움, 기쁨은 보이지 않지만 어린이들에게 절대적으로 필요한 요소들인 것처럼 마찬가지로 영성은 그런 것들보다 더 고귀하고 경이로운 요소이다.

올프는 위에서 언급하고 있는 유명한 영성가들의 해석을 근거로 하여 다음과 같이 영성을 요약한다. 첫째, 인간들 특히 어린이들에게 자연에 대한 경이감과 경외감을 자극하고 모든 생명체를 사랑하고 존중하라는 메시지를 전달하며 생명체와 무생명체의 조화로움을 강요한다. 둘째, 인간의 감각적이고 지적인 관계를 초월하여 열린 마음, 열린 세계를 원한다. 영성은 인간적인 한계를 넘어서라고 가르치며 인간을 자연과 교감하고 친숙하도록 돕는다. 셋째, 영성은 인간의 내면세계에서 겸손을 양육하는 훌륭한 교사이다. 영성은 인간에게 항상 사려 깊게 생각하기를 원하고 모든 문제를 심사숙고하여 올바르게 도덕적으로 생활하도록 돕는다. 넷째, 영성은 항상 우주의 중심에 모든 생명체들과 전-관계를 맺도록 돕고 인류공동체를 만들어가기를 원한다. 영성은 인간에게 인간적인 미덕을 원하고 나누고 보살피고 사랑하는 순수한 마음과 자세를 간절히 원한다. 왜냐하면 영성을 실천하는 사람들은 그들의 행동에서 영성적인 요소와 힘을 나타내기 때문이다(조성자 역, 2000).

몬테소리는 어린이들의 영성을 중요시하면서 그들이 어른들의 스승이며 어버이고 어른들을 위한 훌륭한 조력자로서 어른들의 세계에 영성적으로 긍정적인 영향력을 끼친다고 말한다.

(2) 몬테소리 교사의 영성적 자세

몬테소리는 교사에게 다른 조직에서는 가장 우선적으로 강조되지 않은 윤리적 행동인 인내심, 정숙, 침묵, 겸손과 같은 덕목을 강조한다. 교사는 어린이들이 넓은 운동장에서 여러 가지 운동을 하면서 육체와 정신을 발달시키듯 어린이들에게 정신적인 체육관을 제공하여야 한다(조성자 역, 1995). 정신적인 체육관은 어린이들에게 자유를 제공하고 정신적으로 건강하게 발달시켜 영성적인 에너지를 발달시킨다는 영성의 의미를 신학적으로 해석하려는 것은 아니다. 교사의 영성적인 태도가 어린이들에게 중요한 영향력을 미치므로 몬테소리의 영성적 개념은 인간학적인 측면에서 고려되어진다.

영성적인 교사는 진리를 벗 삼고(Philo-sophos), 자연의 섭리를 인식하며 사랑하고 사랑해야 하는 대상을 전적으로 사랑할 수 있는 능력을 포함하며 지혜를 전적으로 사랑하고 진리를 사랑하는 교사이다. 사물을 사랑하는 이론가들, 기술을 사랑하는 기술자들, 행동을 연구하는 심리학자들, 진리를 탐구하고 사랑하는 철학자들처럼 다양한 형태의 삶을 살아가는 인간들이지만 영적인 교사는 인간의 진선미를 추구하면서 그 속에서 아름다움 자체를 볼 수 있는 교사이다. 영적인 교사는 어린이들에게 영성적인 운동장을 제공하여야 한다.

영성적 교사 스스로 학문을 다양하게 체계적으로 연구함으로써 자신의 내면세계를 철저히 준비하여 자기가 가지고 있는 부정적인 요소들, 결점들, 무지들을 제거한다. 이러한 결점들은 결과적으로 어린이들을 방해하는 장애 요인이 된다. 자기 결점을 치료하기 위해서 우선적으로 할 일은 스스로 자신을 직관하는 일이다. 우리가 영성적이고 능력 있는 교사가 되기 위해서는 자신을 직관하여 발견하는 일이다. 그리스 델피의 식탁에서 "너 자신을 알라, 음미되지 않은 인생을 살아갈 필요가 없다."라는 말을 왜 지금까지 교훈적 언어로 사용하고 있는가? 교사들이 조용하게 생각할 수 있는 가르침이다.

교사들은 어린이들과 교실에서 무엇을, 어떻게 해야 하는지 생각하여야 한다. 해야 할 방법을 연구하기 위해서 우선적으로 교사가 누구이냐가 문제가 아니라 교사는 무엇을 하는 사람인가를 규정화하는 일이다. 이때 교사는 자기 본성과 특성을 발견하는 일을 시작하여야 한다. 교사 자신의 성격, 기질, 희망, 꿈, 목표, 전문직에 대한 전문성, 인간에 대한 기본적인 존중감에 대해서 깊이 통찰할수록 교육에 대한 가치 선정을 쉽게 할 수 있다. 교사가 중요시하는 사항에 대한 통찰이 깊어지면 더 영성적인 교사가 될 것이고 그와 반대편에 있으면 기계적인 교사가 될 것이다. 어린이를 영적으로 변화시키기를 원한다면 교사 자신이 통찰을 통해서 영적인 자세로 바뀌어야 한다. 영적인 행동을 자신으로부터 시작할 때 변화가 쉽게 이루어질 수 있다. 영적인 활동은 자아의 중심에서부터 시작한다.

몬테소리는 영적인 교사 또는 몬테소리 교사가 되기 위해서는 자기 자신의 탐색활동을 중요시하였다. 부질없는 자부심, 분노하는 마음, 경쟁심을 털어버리고 겸손의 옷으로 갈아입어야 한다. 즉, 교사들이 자기 중심적일 때 증오, 분노, 권위에 집착하게 되는 반면에 내적 만족감, 편안한 마음, 자기에 대한 확신감을 가질 때 영성적이고 자유로워진다. 몬테소리가 주장하는 영성적인 교사란 다음과 같은 덕목을 지닌 교사이다.

- 살아 있는 모든 생명체, 즉 숨쉬고 먹고 보는 것은 구체적인 것은 아니지만 생물학적으로 인간에게 가장 본질적이며 귀중하다는 것을 인식할 수 있는 교사이다(조성자 역, 2000).
- 자기 행동을 유발하는 행동, 태도, 정신적인 요소로써 도덕적 가치를 중요시하는 교사이다.
- 교사들은 어린이들에게 물질적인 것보다는 삶의 질을 의미하는 정신적인 실체 또는 유산들에 가치를 부여하여야 한다.
- 영성적인 교사는 강한 생명력을 만들어주는 삶의 에너지, 사랑, 용서, 관용, 상상력, 지성, 나눔, 의지력, 너그러움과 같은 고차원적인 삶의 모델 역할을 하여야 한다.

  영성적인 교사는 자기 삶에 충실하고 끊임없는 자기 개발에 충실하면서 영성적인 에너지를 충분이 전달한다.
- 영성적인 교사는 성숙한 자아를 가지고 개방적, 관계적, 초월적, 진 · 선 · 미의 개념에 충실하여야 한다.
- 영성적 교사는 모든 종파를 초월하는 실존적 삶의 형태에 관계되는 자신의 경험이나 삶의 방식 또는 삶의 신념이나 철학을 통해서 나-하느님, 나-자연, 나-타인의 존재를 평화롭게 연결하는 정신적인 특성을 나타내는 교사이다.

몬테소리 어린이들과 교사들을 위한 21세기의 사명감

Chapter 5

01. 21세기 몬테소리 어린이들의 사명감

현대의 어린이들은 모든 것이 완전히 글로벌화된 개방된 환경에서 살아가야 할 상황에 놓였다. 개방된 사회에서 살아가면서 우리들에게 주어지는 인류학적인 다문화 관점에서 인간 사회의 적응과 다문화 사회에서 주어지는 우리 어린이들의 의무감과 책임성에 대해서 논의해 볼 필요가 있다. 우리들은 미래의 어린이들이 독립적으로 살아갈 준비를 시켜야 한다. 현대의 어린이들은 가정의 구조적 변화로 인해서 가족 구성원들로부터 대가족 제도와는 다르게 다양한 가족 구성원들로부터 사랑 받지 못하고 살아가는 어린이가 대부분이다. 이미 알고 있는 것처럼 인간 초기 발달의 창조적 능력은 위대한 사랑의 힘으로부터 생명력을 얻어 한 인간으로서 인격 형성을 해야 함에도 불구하고 정체성에 대한 문제를 안고 있다. 내일을 살아갈 어린이들의 미션이 무엇인가를 우리들은 생각하고 그들에게 머리가 아프도록 각인시켜 주어야 한다.

첫째, 우리들은 어린이들에게 당신은 누구인가? 아니면 나는 누구인가?(Who are You?, Who am I?)를 시간을 초월해서 때때로 인식시켜야 한다.

우선 어린이들은 자신이 누구인지 알아야 해야 할 일을 생각할 것이고 미래에 대한 계획을 세울 것이다. 어린이들이 정체성을 가진다는 뜻은 자신이 누구이기 때문에 어떻게 살아야 한다는 개념을 갖고 어린이 스스로 정체성을 찾아가도록 돕는다.

모든 어린이들은 하나의 보석과 같이 순수한 인간성을 지니고 있다. 어린이들은 교사와 부모들의 사랑, 즐거움, 창조성, 보살핌에 대한 순수한 수용력을 가지면서 자아 정체성을 확실하게 찾아간다. 어린이들은 자기 출생에 대해서 본능적으로 호기심을 가지고 있다. 항상 이해하고 알고 싶어하는 무엇과 어떤 것에 의미를 부여하고 싶어한다. 또한 어린이들은 때로는 작은 일에 두려움을 가지지 만 때로는 크고 놀라운 일에도 두려워하지 않는 자연적인 양면성의 성향을 가지고 있다. 이러한 특성들은 유아기 어린이들의 정체성을 만들어가는 데 중요한 요소들이다.

유아기부터 시작해서 시간과 공간의 개념을 떠나서 언제든지 그들에게 "나는 누구인가?"를 인식시켜서 스스로 자신을 직관하고 통찰해 가면서 자아에 대한 개념을 일깨워 주어야 한다. 나는 확실한 ○○○이다. 그렇기 때문에 나는 올바르고 정직하고 성실하게 열심히 살아갈 의무감을 가진다. 자아 정체성이 없이 사회의 일원으로서 확실하게 살아가기 어렵다.

둘째, 21세기의 어린이들은 자기들의 첫 번째 스승인 위대한 우주에 대해 새로운 인식을 가져야 한다.

21세기는 어린이들이 자연과 더불어 살아가는 방법을 가르쳐야 한다. 인간의 모지(mother earth)에 대한 올바른 이해 없이는 생태학적으로 평화로운 세상을 살아갈 수 없기 때문이다. 어린이들은 인간의 모지(母地)이고 원래 고향인 자연의 순환에 대해서 이해하고 감사할 필요가 있으며 어린이들은 자신들이 내적으로 가지고 있는 사랑, 우정, 돌봄, 보살핌, 창의성, 스스로를 위한 감수성과 다른 이들을 위한 감수성을 발전시켜야 한다.

그러나 이와는 정반대로 어린이들은 미디어의 세계에서 살기 때문에 미디어에 익숙해져 있다. 거대한 미디어 세계에 노출되어 있는 어린이들을 변화하는 기술력, 경제력, 사회의 빠른 흐름과 함께 초고속으로 변화하고 있는 미디어 세계에서 분리시키거나 탈출시켜서 다시 자연의 세계로 되돌아갈 수 있는 환경을 준비해 줄 필요가 있다. 21세기는 어린이들을 자연의 숲속으로 돌아가게 해야 한다.

우리들은 어린이들에게 노력 없이 얻어지는 일시적 만족감, 일시적인 욕구충족을 경험하도록 방치해 두어서는 안 된다. 어린이들은 잘못된 일시적이고 쾌락적인 거짓된 즐거움과 진심으로 마음속에서 얻어지고 동요되는 즐거움의 차이점을 스스로 인식하여야 하다. 자연과 더불어 얻을 수 있는 경외감과 진심으로 느껴지는 즐거움을 찾아야 한다. 우리들은 어린이들에게 자연과 더불어 살아가면서 종종 나는 누구인가를 생각할 수 있는 기회, 자기를 찾는 방법, 자존감을 느끼는 방법을 찾는 어린이로 양육하여야 한다. 지금까지 학문이 자연을 개발하고 인간의 복지 안녕에 기여하여 삶을 풍요롭고 안전하게 만들어 주었다면 21세기는 학문이 자연과 협력할 수 있는 방법을 연구하여 어린이들이 자연을 보호하고 숭배하면서 더불어 살아가는 기술을 제공해 주어야 한다.

셋째, 21세기 어린이들의 사명감은 글로벌 시대를 살아갈 수 있는 자질을 요구한다.

아무리 지금 모든 세계가 문화 교류를 위해 문을 활짝 열어놓고 미래의 어린이들은 기다린다 할지라도 개방된 문화에 적용할 수 있는 국제적인 언어기술에서 자유롭지 못하다면 개방된 문화를 완전하게 받아들일 수 없다. 지구상에서 가장 많이 활용하고 있는 언어는 무엇일까. 굳이 순서를 정한다면 영어와 스페인어 그리고 미래 지향적 언어는 중국어가 될 것이다. 어린이들은 외국어를 학습하는 것이 선택조건이 아니라 의무조건인 것이다. 자기가 방문한 나라의 언어를 모르고는 그 나라의 참문화를 받아들인다 할지라도 부분적일 것이다. 21세기는 누가 국제 언어를 얼마나 많이 구사할 수 있는가에 초점이 맞추어지고 능력을 인정받을 수 있기 때문에 21세기 어린이들에게 외국어는 밥을 먹는 것처럼 자연스럽게 요구되고 있다.

또한 21세기는 미디어 전쟁이라고 할 수 있을 만큼 놀라울 정도로 미디어가 학문 분야에 깊숙이 들어와 있다. 미디어에 대한 기술은 그 사람의 학습능력과 연결되기 때문에 21세기 어린이들에게 미디어 기술은 의무사항이라 할 수 있다.

넷째, 21세기 어린이들은 변화에 적응할 수 있는 능력을 가져야 한다. 듀이는 교육의 궁극적인 목적은 변화라고 했다. 인간은 교육을 통해서 변화하는 세계에 빠르게 적응할 수 있는 능력을 배양하여 변화하는 새로운 것을 받아들이길 원한다. 새로운 지식과 정보를 많이 가지고 있는 사람들이 변화에 빨리 적응할 수 있다. 세계가 빠른 속도로 변화하고 있다면 우리 어린이들이 얼마나 성실하고 지혜롭게 살아가는 방법에 익숙해져야 하겠는가?

인간의 적응력은 지식과 관계된다. 예를 들면, 나현이가 미국에 적응을 잘한다는 것은 미국에 대한 지식을 많이 가지고 있기 때문에 적응할 수 있다는 뜻이다. 그렇기 때문에 새로운 것에 적응을 한다는 것은 새로운 지식을 가진다는 뜻이다.

다섯째, 21세기를 살아갈 어린이들에게 삶의 목적을 뚜렷하게 가지도록 지도하여야 한다.

사람들이 목적을 가진다는 것은 자신이 나아갈 길의 방향을 정하여 그 길을 따라서 갈 수 있도록 안내하는 행동지표이다. 목적은 어린이들에게 희망을 주는 것이고 희망이 있다는 것은 내가 할 일이 있고 할 일을 위해서 열심히 움직이게 되는 원동력이 된다. 정해진 목적을 향해서 자기가 할 수 있는 모든 잠재능력들을 열심히 개발할 것이다. 인간의 목적은 인간의 손을 부지런하게 만들고 활동의 범위를 확장시켜 인간을 생각하는 존재로 만드는 역할을 한다. 어린이들은 여러 가지 목적을 가지고 생활하되 목적에는 순서가 정해져야 한다. 가장 중요한 목적의 1순위가 무엇인가? 몬테소리의 질서 개념 속에는 지식을 형성하는 단계의 질서를 포함한다.

여섯째, 21세기를 살아 갈 어린이들의 사명감은 독립심이다.

어린이들은 나 스스로 할 수 있도록 나를 도와달라고 외치고 있다. 어린이들은 우주의 스승이고 어버이고 대자연의 입법자이다. 어린이가 가지고 있는 본능적인 능력을 발달시키기 위해서 어른들은 환경을 준비하고 그들의 자연적인 발달을 도와서 완전한 독립적인 존재로 성장하도록 도와주어야 한다. 어린이들은 일생 동안 스스로 살아갈 수 있는 훈련의 기회를 갖는다. 배변훈련을 통해서 통제기능을 경험하고 이유식을 통해서 독립심을 경험하며 걷기 훈련을 통해서 공간지각과 방향조절을 경험하고 언어훈련을 통해서 다른 사람과의 통교를 경험하며 일상생활 훈련을 통해서 사회적 관계를 발달시킨다. 모두 혼자서 독립적으로 살아가는 훈련의 초보단계이다.

21세기 어린이들이 스스로 독립적인 삶을 살아갈 수밖에 없는 이유는 자신을 지지해 줄 가족 구성원이 줄어들었고 사회 속에서 파트너십으로 살아가기 위해서 자아 정체성 내지 자신의 독립성이 없이는 불가능하다. 독립심은 자기의 정체성과 자신감을 만들어간다.

일곱째, 21세기 어린이들의 사명감에는 세 가지 요소가 필요하다. 창의성(creativity), 활동성(activity), 봉사정신(service)이다. 이를 약자로 CAS라고 말한다.

하나를 10개의 창의적인 작품으로 만들어가는 창의적 능력, 타인의 도움이 아니라 자기 스스로 부지런히 활동적으로 생활할 수 있는 근면성, 나만의 삶을 위해서가 아니라 타인의 삶을 위한 버팀목의 역할, 타인을 도울 수 있는 파트너십의 협조적 모델로 살아가는 어린이로 키워야 한다.

어린이들에게 창의성과 활동성은 현재 생활에서 미래를 위한 도전적인 정신을 기르는 강한 힘이고 봉사정신은 자기의 노력에 의해서 이루어 놓은 자아실현을 다른 소외계층의 사람들과 문화를 공유하기 원하는 사람들을 위해서 조건 없이 나눔의 정신을 가지는 방법이다. 봉사는 자기 노력에 의해서 자아실현한 덕목을 이웃과 사회 그리고 국가를 위해서 다시 환원한다는 넓은 의미를 가질 수 있다. 자기의 능력을 최대한 사회를 위해서 봉사하고 환원시켜 서로 협력하는 관계이다.

여덟째, 21세기 어린이의 사명감은 시간 투자, 경제 투자, 노력 투자가 중요하다.

자기의 목적 성취를 위해서 자신이 얼마나 많은 시간을 투자했는가? 생각할 필요가 있다. 하루 24시간을 어떻게 분배해서 생활하는가? 생리학적으로 필요한 수면시간을 제외하고 나머지 시간의 활용도에 만족하는가? 어린이들에게 시간의 소중함과 중요함을 가르쳐서 "시간은 금이다."라는 말의 의미를 이해하도록 돕는다. 21세기는 시간과 지식의 경쟁에서 승리하는 자만이 밝은 미래를 살아갈 수 있다.

나는 나의 목적을 위해서 얼마나 많은 경제적 힘을 투자했는가? 얼마나 많은 책을 구입했고, 얼마나 많은 현장 경험을 했고, 얼마나 많은 자료를 수집했는가? 투자는 미래를 위한 저축이다.

투자의 의미는 단지 경제적 투자만을 의미하는 것이 아니라 노력의 투자도 중요하다. 미래를 위해서 열심히 투자하는 자만이 자신의 브랜드를 가질 수 있고 자신이 노력한 만큼 자신에게 되돌아온다. 성공한 자는 자신이 성실한 사람이라고 확신을 가질 때까지 열심을 아끼지 않으며 99%의 노력을 한다. 그런 사람만이 21세기에 성공적인 삶을 살아갈 수 있다. 교사들은 어린이들에게 삶의 방향을 지도하고 안내하며 비전을 제시하고 협력하면서 자신을 위한 사명감을 자각시켜 주어야 한다. 21세기의 어린이들은 본인 삶의 리더자로서 삶의 방향, 어린이집 · 유치원에서 제시하는 교육적 방향, 원장과 교사의 가르침에 대한 방향을 수용하면서 자신을 변화시키는 어린이로 성장하여야 한다.

아홉째, 21세기의 어린이들은 훌륭한 습관을 길들여야 한다.

사무엘 스마일즈는 우리가 생각의 씨앗을 뿌리면 행동의 열매를 얻게 되고 행동의 씨앗을 뿌리면 습관의 열매를 얻으며 습관의 씨앗은 성품을 얻게 하고 성품은 우리의 운명을 결정 짓는다고 하였다. 훌륭한 습관은 모든 것을 자동적이고 독립적이며 자율적인 행동을 만든다. 교육을 통해서 사람들이 만든 습관은 후에 인간의 성공을 좌우한다. 훌륭한 습관을 위해서 무엇을 습관들일까, 왜 습관들여야 할까, 원하는 것을 어떻게 습관들일까, 내가 할 수 있고 좋아하며 해도 되는 것을 습관들여야 한다. 21세기는 훌륭한 습관이 많은 어린이일수록 행복하게 살아갈 수 있다.

02. 21세기 교사의 사명감

교사들은 자신이 전문직을 수행하고 있고 봉사한다는 것을 항상 생각하여야 한다. 가르치는 사람에게 가장 중요한 것은 어린이집 교사에서 대학 교수까지 항상 학문이 중심이 되어야 한다는 것이다.

모든 교사들에게 학문은 자기의 전문 분야에서 전문지식을 확장해 가는 기본적인 요소가 된다.

첫째, 21세기 교사의 사명감은 전문지식에 대한 지적 능력이다.

모든 교사들은 자신이 알고 있는 만큼 가르칠 수 있고, 나누어 줄 수 있다. 나는 어린이들에 대한 지식을 얼마나 가지고 있는가? 나는 준비된 환경구성에 대해서 얼마나 알고 있는가? 나는 유아교육에 대한 일반적인 지식을 얼마나 알고 있는가? 나는 몬테소리 교육철학과 이론에 대한 내용에 대해서 얼마나 알고 있는가? 위 다섯 가지 질문에 스스로 답을 주면서 자기 만족도를 점검할 수 있다. 21

세기는 양과 질에 관한 전문지식이 교사의 능력을 판단할 것이고 지식을 많이 소유한 교사만이 훌륭한 교사의 길을 갈 것이다.

둘째, 21세기 교사의 사명감은 새로운 비전과 정보를 제시할 수 있는 교사이다.

21세기 교사는 새로운 비전과 정보를 누가 제일 많이 가지고 있는가에 따라서 교사의 질을 판단하게 된다. 미래의 어린이들에게 어떤 비전을 줄 수 있는가? 윤희야! 너는 희망이 있어, 윤희야! 너는 꿈을 가진 어린이야. 윤희야! 너는 너 자신을 사랑하는 어린이야! 윤희야 너는 앞으로 몸도 정신도 건강하게 성장할거야... 윤희야 너는 네가 원하는 것을 이룰 수 있는 능력 있는 사람이 될 거야! 윤희의 잠재능력과 가능성을 최대한으로 발휘할 수 있도록 돕는 사람은 교사이다.

윤희를 위해서 새로운 정보를 매일매일 알려줄 수 있는 능력 있는 교사가 21세기 교사의 사명감이다. 교사로서 자기가 가지고 있는 정보의 양이 얼마나 될까? 내가 가지고 있는 정보가 어린이들에게 유용한 정보일까? 새로운 정보는 새로운 지식을 만들어갈 수 있는 자원이다.

제한된 공간에서 정보와 지식을 전달하던 시대는 지나갔고 이제는 물리적 시공간이 아니라 사이버 공간이라는 가상공간에서 지식을 만들어내고 새로운 인간관계와 사회관계 속에서 어린이들과의 사회적 상호작용은 물론 그들의 세계와 함께 공존할 자세가 준비된 교사가 되어야 한다.

셋째, 21세기 교사의 사명감은 어린이들을 위한 연구활동의 확산이다.

21세기 교사의 사명감으로써 연구활동은 어린이들의 심리학적, 교육학적, 사회학적 측면에 대한 연구, 교육과정에 대한 철학적, 교육학적, 심리학적, 인류사회학적 측면에 관한 연구, 어린이와 관계된 사회현상에 대한 연구 등의 사명감이 주어진다. 위의 모든 영역은 0~취학전 연령의 어린이들을 대상으로 연구되어야 한다.

넷째, 21세기 교사의 사명감은 새로운 문화 확산에 도전하여야 한다. 현대는 지식 확산이 물리적 공간을 넘어서 사이버 공간으로 확산되었고 이러한 확산으로 인해서 지식의 분산화가 빠른 속도로 진행되기 때문에 모든 관계는 수직과 수평적 관계로 변화한다. 정보와 지식이 시공간을 초월하여 새로운 문화가 사이버 공간에서 이루어지므로 새로운 문화 변동과 도입이 작용한다. 21세기 교사의 사명감은 새로운 문화 확산에 대처할 수 있는 미디어의 기술을 겸비하여야 한다. 새로운 정보와 지식 그리고 새로운 문화를 통합할 수 있어야 한다. 21세기는 교사가 얼마나 많은 다양한 문화를 가지고 있는가?에 초점이 맞추어진다.

다섯째, 21세기 교사들의 사명감은 일의 열정에 다양성과 다원성이 있어야 한다.

21세기가 아니라 이미 현재도 세계가 우리들의 세계라는 개념으로 이해된다. 어린이들은 노출된 정보체계 속에서 생활하기 때문에 새로운 지식, 새로운 가치관, 새로운 다문화를 수용하면서 유아 교사들이 지나치게 경험적이고 분석적인 탐구형식의 의존에서 벗어나 해석적이고 비판적인 연구양식을 수용하고 다양성과 다원성을 인정하는 일에 열정을 가진 교사가 21세기의 어린이들을 이끌어 갈 것이다. 테일러의 말대로 유아 교사는 유아 교육의 원리를 이끌어가는 지식과 행위에 대한 연구방법과 실천적 방법의 원리가 일치될 때 성공적인 교사라고 할 수 있다.

여섯째, 21세기 교사의 사명감은 정답을 가르치는 것이 아니라 창의적, 실천적 지식을 가르치는 교사이다.

실천적 지식은 교사가 지금까지 다양한 방법에 의해서 얻은 지식을 모든 어린이들에게 적용하는 것이 아니라 어린이들이 가지고 있는 문제를 정확하게 파악하여 교사의 직 · 간접적인 경험을 근거로 새로운 문제해결 방법과 교수방법의 제공을 의미한다. 즉, 창의적 사고를 가진 교사이다. 21세기 교사는 가르치는 기술을 원하는 것이 아니라 어린이 개개인의 문제해결과 학습방법을 창의적으로 새로이 만들어내야 함을 의미한다. 어린이들도 듣는 교육방법에서 찾아서 탐색하고 경험을 얻는 교육방법으로 전환해야 한다.

일곱째, 21세기 교사의 사명감은 도덕적, 영성적, 윤리적 수준을 요구한다.

몬테소리 교사가 된다는 것은 교사를 새로 시작하는 것이라고 하였다. 교사가 어린이들을 가르친다는 행위 속에 도덕적이고 영성적이고 윤리적인 행위를 포함하는데, 이는 미래의 어린이들에게 요구되는 가장 중요한 도덕적인 덕목이기 때문이다. 미래 사회는 개인의 삶과 개인의 작업을 원하는 것이 아니라 공동체의 삶과 공동 작업을 원하기 때문에 공동체의 삶 속에서 요구하는 가장 기본적인 덕목들이다. 교사의 교육적인 활동, 경험, 태도, 교수방법 등이 어린이들의 미래에 정의로운 삶, 도덕적인 삶, 나누고 공유하는 삶의 방식, 자기 환경에서 평화를 유지하려고 노력하는 삶, 자기의 우주적 책임감과 사명감에 동참하려는 자세, 자기 개인보다는 공동체의 이익을 추구하는 삶의 방식, 생명력 있는 삶의 에너지를 가진 건강한 삶의 방식에 많은 영향력을 미칠 수 있는 훌륭한 교사가 되어야 한다. 즉, 21세기는 도덕적이며 윤리적이고 영성적으로 실천하는 교사를 원한다.

위에서 21세기 어린이와 교사들이 가져야 할 사명감을 논하였지만 더 중요한 것은 교사와 어린이가 함께 가져야 할 사명감이다. 오늘을 살아가는 어린이들과 교사는 서로 상호작용하면서 협력적인 파트너십 관계를 성공적으로 이끌어가야 한다.

교사와 어린이들에게 주어진 공동의 사명감이 무엇인가를 알아보면 첫째, 두 개체 간의 파트너십 관계이다. 즉, 파트너십 교수방법이다.

라이너는 파트너십 교육을 다음 같이 언급한다. 파트너십 교육의 핵심은 지적인 학습과 경험적인 학습을 수행하는 양면성의 교육방식인데, 이는 파트너십 모델과 인간관계의 선택사항에 근거하고 있다. 파트너십의 모델은 교사와 어린이들 사이의 관계로써 돌봄과 보살핌 그리고 창조성의 능력을 개발하고 훈련하는 것을 의미한다. 관계들과 파트너십 모델을 기본으로 하나의 관계성에 대한 이해를 통합하여 만드는 교사, 어린이 사이의 관계와 각자의 능력을 인식하면서 같은 목적을 향해 열심히 활동하는 것이다(Eisner R., 2000).

어린이들은 사회성 발달을 근거로 다른 사람과의 관계를 형성하면서 관계(relationship)에 대해서 흥미를 가지기 시작하는 시기에 서로 간에 신뢰심이 형성되고 서로의 돌봄이 이루어지며 자유로운 관계가 형성되면서 성공적인 파트너십이 된다.

둘째, 21세기 교사와 어린이가 함께 이루어 가야 할 사명감은 두 사람 사이의 파트너십 관계를 유지하는 것이다.

교사-어린이 사이의 상호작용을 통해서 어린이들은 선생님, 동료와 함께 어울려 생활하는 것을 경험하게 된다. 교사가 어린이들을 애정으로 돌보는 것은 단지 어린이들의 감정적인 발달에만 영향을 끼치는 것이 아니라 그들이 어린이집이나 유치원 생활을 통해서 무언가를 배우고자 하는 정신적 발달까지도 영향을 끼친다. 대부분의 교사들은 어린이들을 사랑한다. 애정으로 만져주고 잡아주고 이야기해 주며 웃어주고 노래 불러주고 어린이가 무언가를 요구하며 울 때에 편안함을 제공하고 음식을 제공한다. 이런 참사랑을 받고 자란 어린이들은 그대로 다른 친구들에게 다시 베풀 수 있는 모델을 교사로부터 전수받았다. 한 어린이의 소중한 존경받을 수 있는 교사가 되었을 때 어린이는 완전한 신뢰를 가지고 미래의 동반자로 생각할 것이다.

교사와 어린이들 사이의 파트너십 교육은 어린이를 칭찬해 주기, 사랑으로 만져주기, 보살펴주기를 근거로 할 때 어린이들은 즉시 똑같은 방법으로 반응한다. 만약에 교사들 모두 파트너십의 교육방법으로 어린이들을 교육한다면 미래의 어린이들은 인류문화의 새로운 창조를 위한 잠재력을 양육한다고 확신할 수 있다. 교사들은 양자 간의 사명감을 완수하면서 어린이들의 권리를 평등하게 만들어주고 찾아주는 일, 부모가 가질 권리를 보호하기 위해서 부모들의 개인적인 노력을 도와주는 일, 행복해질 권리를 보장해 주는 일, 기본적 욕구인 의식주를 해결할 수 있도록 도와주는 일, 어린이들이 자유로워질 수 있는 권리를 보장해 주는 일을 통해서 나눔의 권리를 배우도록 한다. 21세기는 모든 사람들의 관계 속에서 전 인류와 서로 공동체 의식을 가지고 하나가 되는 평화로운 세상을 만들어가는 서로의 나눔에 대한 영성을 가지도록 함께 노력하는 세상을 원한다.

셋째, 21세기는 어린이의 권리와 교사의 권리를 스스로 인정하면서 파트너십의 협력관계를 유지하여야 한다.

우리들은 흔히 사람들의 의무와 권리에 대해서 논한다. 의무는 사명감과 같은 것으로써 자기에게 주어진 일을 필연적으로 수행하는 것이고 권리는 법과 같은 차원에서 각자에게 주어지고 가져야 한다. 어린이들은 대한민국의 국민, 세계의 시민, 자기 정체성으로 법적 권리를 가진다. 우리들은 이러한 법적 권리를 스스로 인정해 주어야 하고 보호해 주어야 한다.

어린이들의 권리는 우선 부모를 가질 권리가 있다. 왜냐하면 자녀 교육의 첫째 의무와 권리가 부모에게 양도되기 때문이다. 어린이들은 사랑 받을 권리, 교육 받을 권리, 건강하게 자랄 권리, 보호 받을 권리, 자유를 누릴 권리를 가지고 있다.

교사들의 권리는 우선 가르치는 사람으로서 가르치는 내용, 목적, 방법에 대한 연구를 수행하는 데 자유롭게 자기의 사상과 연구방향을 학문적 특성에 맞게 준비하고 가르칠 권리가 주어진다. 교사의 권리는 항상 어린이들의 권리와 학부모들의 권리를 존중하면서 조화를 이루어가야 한다.

교사들은 어린이들, 부모들과의 협력관계인 파트너십 관계를 유지할 권리가 있다. 세 사람의 관계에서 가르치는 교사는 어린이와 부모를 협력관계로 리더하면서 교육 모델, 교육적인 협력 모델, 경험적 모델을 강화하여 새로운 교육환경을 재구성할 권리를 가진다. 다음은 어린이들을 위한 영성적인 교사의 외침이다. 아랫글은 저자가 부모 교육과 어린이들 모임에서 함께 하는 시간에 영성을 나누는 글이다.

우리들의 우주에서
가장 평화롭고 행복한 곳은
우리들의 사랑이 숨쉬는 어린이들이 숨 쉬는
우리 집, 우리 어린이집, 우리 유치원입니다.

세상의 모든 어린이들을 우리들의 마음속에 포근하게 보듬으면서
온 세상을 연결하여 평화의 춤과 우주의 춤을 추겠습니다.
세상을 평화롭게 만드는 우리 어린이들에게

어려운 세상에 등불이 되고
어려운 세상을 평화롭게 만들어
우리 어린이들을 스승으로
우리 어린이들을 우리들의 어버이로 존중하고 모시고 사랑하면서
지금 힘든 세상을 극복할 수 있도록
하느님이 나에게 주신 모든 능력을 다해서
평생 동안 그들을 사랑하고 안내할 수 있도록 능력을 가지자고
자신에게 부탁하겠습니다.

내가 걸어가는 길에서 영성의 힘이 아름다운 삶의 현장에서
자주 만나도록 노력할 것이고
우리 어린이들의 사랑의 소리를 들으려고 노력할 것이고
나와 어린이들이 하나의 영성적인 목소리를 내려고
노력하겠습니다.
우리 어린이들의 영육 건강을 위해서
우리 어린이들이 평화로운 세상을 살아갈 수 있도록 하기 위해서
우리 어린이들이 아름다운 마음을 가질 수 있도록 하기 위해서
우리 어린이들이 우주에서 평화를 알아가기 위해서
우리 어린이들이 우주에서 자기의 위치와 역할 그리고
정체성을 가지기 위해서
오늘도 우리들은 어린이들의 손을 잡고 우주와 친밀하자고...
애정어린 교감을 하자고
우리들이 깊이 반성하면서 자연의 곁으로 다가가
우리들이 이제 당신을 사랑하고 보호하겠다고
진심으로 약속하겠습니다.
그리고 평화의 기도를 함께 드리겠습니다.
우리 모두는 미래를 이끌어갈 어린이들의 수호자
평화의 중계자가 되겠노라고...

우리 어머니들의 땅 모지인 우주를 사랑하고
지금 어머니의 아픔을 치유하기 위해서
우주와 친구가 되어
우리들의 우주생태를 진심으로 사랑하겠습니다.
우리들은 열심히 배워서 어머니의 생태 땅을
건강하게 회복시키겠습니다.

아랫글은 저자가 우주 생태에 대한 새로운 개념을 가지도록 철학적으로 안내해 준 토마스 베리 신부의 걸작 『위대한 과업』의 본문 중에 어린이들에게 헌정한 글인 위대한 과업의 첫 장에서 옮겨 적은 것이다(이영숙 옮긴, 2008).

어린이들에게
세상의 모든 어린이들에게
바다의 파도에 실려 헤엄치는 어린이들에게
대지 위에 살아가는 어린이들에게
초원의 꽃들과 숲 속 나무들 사이로 뛰노는 어린이들에게
이 땅을 두리번거리며 배회하는 어린이들에게
그리고 바람을 타고 저 높은 하늘을 날으는 어린이들에게
지역공동체들의 풍부한 다양성 안에서 미래를 향해 함께 갈
인간 존재로서 모든 어린이들에게 이 책을 바칩니다.

Part 2. 실제

3~6세 어린이들을 위한 몬테소리 교육의 영역별 이론과 실제 활동

몬테소리 교육 프로그램이 어린이들의 건강한 인격 형성을 적극적으로 돕고 있다는 사실은 이미 논증되었다. Part 2에서는 어린이들이 실제적으로 몬테소리 프로그램을 접하는 방법과 교육방법이 그녀의 철학적, 이론적 배경과 어떻게 연결되었는지 알아본다. 여기에서는 각 영역별 이론과 실제를 다루고자 한다.

Chapter 6

일상생활영역

01. 일상생활영역의 이론적 배경

일상생활영역은 어린이가 탄생하고 성장하는 환경과 문화 속에서 실제의 일상적 생활양식을 자발적으로 반복하고 연습하는 것을 의미한다. 일상생활영역은 어린이들의 기본생활 습관과 밀접한 관계를 갖기 때문에 어린이가 어렸을 때부터 생활양식과 문화 등을 반복적으로 연습하여 인격 형성에 필요한 기본적인 생활습관, 의지, 행동, 신체운동, 독립심, 자율성, 규칙, 질서감, 근육과 대근육 활동을 자연스럽게 훈련하여 인지를 발달시키는 몬테소리 교육의 기초 영역이라고 할 수 있다.

어린이들은 일상영역 훈련을 통해서 사람과 사물의 관계를 시작하는 데 필요로 하는 사회적 규범, 관계, 의존적인 삶의 태도에서 독립적인 삶의 태도로 성장하기 위한 방법을 구체적인 교구 교재를 가지고 훈련하는 영역이다. 어린이들이 우주 안에서 살아가면서 정화상 과정을 통해 성장하는 데 필요로 하는 기본적인 자국의 문화를 학습하고 나의 정체성을 찾아가는 방법을 학습한다.

일상생활영역은 쉽고 단순한 것에서 복잡하고 난이도가 높은 것으로 전개되며 아이들이 가정으로부터 몬테소리 학급 분위기로 자연스럽게 전환되도록 꾸며져 있는 것이 특징이다.

1) 일상생활 훈련의 필요성

몬테소리는 영적 태아로 태어난 신생아가 사회적 태아로 발달하면서 육화, 인간화, 현실화를 이루어가는 과정에서 일상영역의 훈련이 필요하다고 하였다. 신생아는 정신적으로나 육체적으로 미완성된 상태에서 태어나 완성의 단계로 진화하여야 한다. 진화과정에서 아주 정상적인 단계로, 정상화로 발달되기 위해서 과학적인 훈련을 유아 교육에 적용한 것이 바로 일상생활 훈련이다. 과학적 훈련이 태어나는 순간부터 시작된다면 훌륭한 학습효과를 가져올 수 있다는 지론이 몬테소리의 일상영역에 대한 이론이다. 이러한 의미에서 일상영역의 필요성을 살펴보면 다음과 같다.

- 일상영역은 미완성된 인간의 모습을 완성하는 데 필요한 운동기관을 정상적으로 기능하도록 훈련하는 데 필요하다.
  몬테소리는 어린이들의 심리운동을 중요시한다. 신생아의 신체운동은 가장 느린 속도로 발달하지만 감각기관은 심리운동을 통해서 가장 활발하게 이루어진다. 무능력하고 허약한 존재가 울음이라는 응급조치를 통해서 발달과 진화를 사랑과 더불어 진행한다.
- 어린이들이 인간화되어 가는 과정은 무기력한 존재에게 생명을 불어 넣어주고 자유의지로 활동하도록 돕는 데 필요한 것들을 일상생활 훈련을 통해서 획득한다.
- 어린이들의 잠재능력을 정상적으로 개발하도록 돕는 데 일상영역이 필요하다.
- 어린이들은 본능의 지도를 그리는 데 필요한 손의 기능, 미완성된 육체를 자유의지에 의해서 발달시키도록 돕는 데 일상영역이 필요하다.
  어린이들의 생명력을 발달시키는 것은 단 한 가지 기관의 발달로 이루어지는 것이 아니라 상호협력하면서 상호의존적으로 발달시켜야 한다. 상호협력하면서 상호일치가 이루어질 수 있도록 돕는 것이 일상영역이다.
- 어린이들이 훌륭하고 정상적인 생활습관을 자동교육으로 이끌어가기 위해서 일상생활 훈련이 필요하다.

훌륭하고 정상적인 생활습관은 발달과정에서 자연스럽게 이루어지는 것이 아니라, 훈련을 통해서만이 정상적인 인간화로 진화한다. 훌륭한 생활습관은 지속적인 반복활동을 통한 자동교육으로 성취할 수 있다.

- 일상생활영역은 어린이들의 인격을 형성하는 기초를 학습하는 데 필요한 영역이다.

  일상영역에서 환경의 배려, 자신에 대한 배려와 정체성, 심리운동 활동, 사회적 관계를 학습하는 것은 자신이 사회 속에서 한 구성원으로 살아가는 데 필요한 모든 기술을 학습하는 것이다.

- 일상생활영역은 인간의 가장 기본적인 욕구를 충족시키는 데 필요한 요소들을 정상적으로 발달하도록 돕는 데 필요하다.

  일상생활 훈련은 인간의 기본적 욕구인 물질적 욕구와 정신적 혹은 영성적 욕구를 올바르게 활용할 수 있도록 돕는 훈련에 필요하다. 인간은 기본적인 욕구를 충족시켜야만 자아실현인 상위 욕구를 충족시킬 수 있다. 일상생활 영역은 사물을 활용하는 데 필요한 질서감, 규칙, 기술, 파트너십으로써 협력관계를 학습하고 정신적 요소인 생명력을 건강하게 발달시키도록 돕는 데 필요한 영역이다.

2) 일상생활의 목적

몬테소리 교육의 일상생활영역 훈련의 목적은 어린이가 일상적인 생활에 자연스럽게 적응할 수 있도록 구성되어 있다. 일상생활 훈련의 목적을 보면 다음과 같다.

- 어린이들의 정체성, 자기 관리, 인격 형성, 사회, 문화에 대한 생활양식을 습득시키는 것이다.

  어린이들의 일상생활을 보면서 자신의 정체성을 드러내고, 자신의 사회적 배경을 인지할 수 있고, 자신의 문화현상을 보면서 어린이의 정체성을 알 수 있도록 지도한다.

- 어린이들이 미래 사회에서 도덕적, 정상적, 규범적으로 살아갈 수 있도록

기본 동작을 훈련하여 독립심, 자율성, 사회성, 파트너십의 협력관계를 훈련한다.

- 일상생활영역은 직접적인 목적을 성취한 다음 자기 자신의 의지력, 사물과의 집중력, 사물과 자연현상에 대한 이해력, 생태학적 관심, 올바른 마음과 몸자세를 가지도록 촉구한다.
- 준비된 환경 속에서 자기가 원하는 교구들을 선택하여 어린이들에게 잠재되어 있는 집중력, 질서감, 독립심, 몸과 정신의 협응능력이 발달되도록 돕는다.
- 일상생활영역을 훈련한 다음 나타나는 특징은 다음과 같다.
  자율성과 독립심이 나타나고 자신감이 형성되고 협응력 및 조절력, 기술이 향상되고 섬세한 관찰력이 가능해지고 작업의 즐거움을 통해 정서가 안정되고 질서감이 형성된다.
- 일상생활영역은 어린이들의 인격 형성과 인지발달의 기초가 되는 감각을 정교하고 세련되게 훈련하여 실제 생활에 적응하도록 훈련하는 데 목적을 가진다. 일상영역은 어린이들의 정신발달과 신체발달을 동시에 촉진하는 역할을 한다. 대뇌 운동, 감각운동, 신체운동은 서로 상호연관성을 가지고 있기 때문이다.

3) 일상생활 훈련의 내용

몬테소리의 일상생활영역 내용은 네 가지로 구분된다(조성자, 2001).

① 환경에의 배려 : 대근육 사용을 통하여 신체 전체의 대근육을 움직여 활동하는 것부터 손끝의 섬세한 운동에 이르기까지 작업내용을 환경과 물건의 만남, 물건과 물건, 물건과 자신과의 관계를 알아 어린이가 환경에 적응하게 한다.

② 자기 자신에의 배려 : 자신의 몸을 조절하는 활동은 자신에게도 타인에게도 기쁨을 주며 자신을 소중하게 생각하도록 한다. 자립심을 촉진하고 사회에

적응하는 데 필요한 능력을 발달시키기 위해 자신의 일을 스스로 할 수 있도록 배려해야 한다.

③ 사회에의 적응 : 타인의 존재를 이해하고 타인과의 신뢰관계를 형성하며 사회생활에 필요한 법칙이나 규율 익히는 것을 목적으로 한다.

④ 기본적 운동과 관련된 활동 : 신체의 움직임을 조정함으로써 정신력 조절에 이르는 자기 확립이 형성된다.

위의 네 가지 사항을 근거로 어린이들은 일상영역에서 신체활동, 자신을 관리하는 법, 사회성 발달, 운동조절 능력과 같은 삶을 살아가는 데 필요한 기본적인 인격을 발달시킨다.

일상영역의 목적을 통해서 어린이들은 자신의 삶을 위한 독립심, 자율성, 신체운동의 정교성, 육체적이고 질서, 규칙, 사회성 발달, 정신적인 통제기능 발달, 사물의 특성을 이해하는 능력, 정서적인 안정감, 자신의 의지력 그리고 인격 형성을 위한 기본적인 활동과 정신적인 발달의 안정성을 성취하도록 돕는 영역이다.

4) 일상생활 영역과 타 영역과의 관계

일상생활 연습은 근육활동을 촉진하고 일상생활의 기본적인 규범과 예절을 훈련하여 어린이들이 정상화 과정으로 가도록 협조한다. 또한 감각적인 활동으로 일상생활을 통해 몸의 움직임을 정교하게 훈련한다. 반면 어린이들의 모든 감각기관과 신체활동을 조직적으로 발달시킨다. 일상생활영역은 다른 모든 영역과 관계를 가지면서 서로 공동 협력하여 기본적인 생활습관을 정상적으로 훈련하는 과정이다.

① 감각 : 보고 듣고 만지고 움직이는 등, 여러 감각기관을 정교하고 활발하게 활동을 촉진한다

② 수학 : 수 개념, 수 감각, 분석활동, 질서감의 형성을 돕는다.

③ 언어 : 환경에서 정확한 명칭을 중심으로 한 사물의 명칭을 알도록 돕는다.

④ 우주 : 일상의 훈련을 통해 고유한 문화생활, 사회적 규범에 적응하도록 돕는다.

5) 일상생활 훈련에 필요한 교구

① 일상생활 중에서 실제 사용되는 것으로 모형이 아닌 실물을 사용한다. 인위적 물질이 아닌 자연물질인 유리, 질 그릇, 나무 등과 같은 자연물을 사용한다.
② 어린이들의 신체발달에 적합한 크기여야 한다.
③ 오류수정의 요소가 포함된 것이면 효과적이다. 오류수정은 어린이로 하여금 더욱 집중하여 조심스럽게 작업하게 하는 효과가 있다.
④ 어린이는 아름답고 깨끗하며 흥미를 불러일으킬 수 있는 매력적인 것을 선호한다.
⑤ 쉽게 닦을 수 있고 씻을 수 있는 위생적인 것이 좋다.
⑥ 수량적으로 제한을 두고 완벽하게 준비된 상태에서 제공한다.
⑦ 다양한 변화를 하면서 교구를 제공한다.

6) 교육적이고 효과적인 제시방법

① 몸 전체에서 양손 사용 및 부분으로 사용할 수 있어야 한다.
② 양손에서 한 손으로 후에 점차 세심한 도구를 사용한다.
③ 마른 것에서 젖은 것으로 이동하고 단순한 것에서 복잡한 것으로 제시한다.
④ 왼쪽에서 시작하고 위에서 아래쪽으로 제시한다.
⑤ 어린이의 속도에 맞추어 일관성 있게 행동을 분석된 동작으로 보여준다.
⑥ 정확하고 분명한 제시와 함께 필요할 때만 설명을 많이 한다. 요약하여 간결하게 설명한다.
⑦ 중요한 동작은 이해할 수 있을 때까지 반복하여 천천히 실행한다.
⑧ 적시성, 완전성, 흥미성을 고려한다.

7) 어린이들을 자유로워지도록 만들기

환경을 준비하고 제시한 다음 어린이들을 자유로워지도록 만들어 주는 것이 교사들의 의무이다. 자유로운 활동은 어린이들을 독립적으로 생활하도록 도와주는 귀중한 열쇠가 된다. 어린이들을 위한 자유는 다음 방법으로 제시된다.

① 선택의 자유 : 어린이에게 교구를 제시한 다음, 어떤 작업을 선택하든 활동으로부터 자유로워지도록 한다.

② 시간과 장소의 자유 : 작업하는 동안 자신이 원하는 장소에서 할 수 있도록 시 · 공간을 초월하여 자유로워지도록 한다.

③ 반복의 자유 : 어린이는 스스로 선택한 작업을 원하는 만큼 반복할 수 있는 기회를 제공받아야 한다. 몬테소리 교실에서 어린이들은 반복학습을 통해서 자동교육의 단계에 도달한다.

④ 질문의 자유 : 흥미를 느낀 것에 대하여 질문하는 것이 자유로워야 한다. 어린이들 질문의 민감기를 활용할 수 있어야 하고 교사는 그것에 대한 반응을 주어야 한다.

일상생활 연습은 어린이가 자신의 환경 속에서 경험한 것을 반복하고 모방하고 싶어하는 욕구를 자유롭게 할 수 있도록 의도적인 환경을 준비한 것이다.

어린이들은 일상생활 안에서 신체활동을 스스로 반복 연습함으로써 자립심, 자신감을 갖게 되어 성장의 기쁨을 체험하게 된다.

이때를 일반적으로 민감기라고 부르며 운동의 민감기로써 신체발달이 활발해지는 시기이다.

이 시기의 어린이는 질서감, 정확성, 규율 등의 요소들을 포함하는 일상생활 연습을 통해 스스로 학습을 경험하게 된다. 어린이의 자연적인 활동이 완전히 이루어질 수 있도록 하기 위해서 일상생활 중에 이루어지는 동작들을 질서 있고 명확하게 소개할 필요가 있다. 또한 어린이의 발달속도를 배려하여 제공해 준다면 어린이 스스로 자신의 내면에 잠재해 있는 능력을 발견하고 연습하게 된다.

어린이는 복잡한 일련의 활동들을 동시에 할 수 없는 미분화된 상태에 있으므로 주된 동작들을 분석하여 질서 있게 나누어 제공하는 것은 운동에 대해 깊은 관심을 가진 어린이들에게 흥미를 유발시킨다. 이러한 관점에서의 일상생활 연습은 모든 운동의 세련미를 일상생활 현장에서 이룰 수 있다.

02. 일상생활영역의 실제 활동

1) 내 몸 가꾸고 관리하기

① 몸가짐과 습관

- 코 풀기, 기침하기, 재채기 등
- 의자에 앉기
- 문 열고 닫기
- 외투 입기
- 신발 벗고 신기, 융단주면으로 걷기

② 옷 틀

- 단추, 지퍼, 버클, 리본, 수건 접기, 구두끈 매기

③ 몸치장

- 손 씻기, 빨래하기, 다림질하기, 구두 닦기

2) 환경 가꾸고 관리하기

① 내부 환경

- 화장실 사용하기
- 나르기 : 쟁반 나르기, 상자 나르기, 의자 나르기, 책상 나르기, 매트 사용하기
- 위험한 물건 다루기 : 칼, 가위 등

① 청소하기

- 빵 부스러기 모으기
- 먼지 털기, 먼지 닦기
- 마루 닦기
- 카펫 닦기

- 책상, 식탁 닦기
- 조개껍질 닦기
- 마루 닦기
- 그릇 씻기
- 창문 닦기
- 접기
- 다림질하기

② 광내기

- 은 광내기
- 거울 광내기
- 나무 광내기

③ 화초 가꾸기

- 꽃꽂이
- 물 갈기
- 물 주기

④ 음식 준비하기

- 음식 썰어 대접하기
- 호두껍질 벗기기
- 샐러리 썰기
- 당근껍질 벗기고 썰기
- 사과 썰기
- 바나나 썰기
- 오이 썰기
- 상 차리기

2 외부 환경

- 땅파기
- 부삽 쓰기
- 흙 나르기, 흙 쏟기
- 괭이질
- 나무심기

- 씨 뿌리기
- 물 주기
- 잡초 뽑기, 땅 쓸기
- 나뭇잎 끌어 모으기
- 수확하기

3) 소근육 발달

1 옮겨 따르기

① 마른 물체 옮겨 따르기

- 한 그릇에서 한 그릇으로 : 손잡이 없는 것
- 한 그릇에서 한 그릇으로 : 손잡이 있는 것, 손잡이 없는 것
- 한 그릇에서 한 그릇으로 : 손잡이 있는 것
- 한 그릇에서 두 그릇으로
- 한 그릇에서 세 그릇으로
- 한 그릇에서 네 그릇으로
- 치수 있는 물주전자로
- 마른 것 따르기

② 물 옮겨 따르기

- 한 그릇에서 한 그릇으로
- 한 그릇에서 두 그릇으로
- 한 그릇으로 세 그릇으로
- 한 그릇에서 네 그릇으로
- 한 그릇에서 여러 가지 크기의 그릇으로
- 치수 있는 물주전자(Measuring Pitchers)로
- 좁은 컵이나 작은 병 쓰기
- 깔대기 사용해서 물 옮기기
- 젖은 것 따르기

③ 손 사용하기

- 양손 사용하기
- 한 손 사용하기
- 손가락 사용하기

2 짜기

- 쥐기 : 양손 쥐기, 한손 쥐기, 손가락으로 쥐기
- 물 짜기
- 비누 깎기
- 계란껍질 갈기
- 가위 사용하기
- 빨래집게 사용하기
- 점찍기(eye dropper) 사용하기
- 집게 사용하기

3 꽈서 돌리기

- 숟가락 사용하기
- 젓가락 사용하기
- 나사 빼기와 나사 끼우기
- 깡통 열기
- 거품내기
- 병뚜껑 열기

4 망치질

- 골프 공 받침대를 점토에 박기
- 못 박기
- 모양대로 못 박기

4) 대근육 발달

1 내부 운동

① 개인운동

- 팥주머니 던지기
- 원으로 뛰어넘기
- 걸음 걷기
- 평형대 걷기
- 널판지 걷기
- 흑판 걷기
- 사다리 오르고 내리기
- 선 위 걷기

② 단체운동

- 공차기
- 줄 뛰기

2 외부 운동

- 공 던지기
- 농구공 던지기(망으로)
- 정원작업
- 바깥환경 청소

3 작업장 활동(Workshop Activities)

- 나사의 크기 구별하기
- 열쇠와 자물쇠 연습
- 연장(드라이버) 사용하기

4 사회생활 발전

① 주스 시간

- 개인 주스 시간
- 집단 주스 시간
- 식사 때의 예의

② 예절

- 사람 앞을 지날 때
- 손님을 맞이할 때 인사하기
- 실내에서의 예절
- 다른 사람을 초대할 때
- 대접할 때
- 감사표시
- 실례를 청할 때
- 사람을 부를 때
- 단체 이야기 시간의 예의

5 집단활동(Line Activity)

① 침묵놀이

② 움직임

- 걷기
- 발꿈치와 발끝 닿기
- 국기를 들고 걷기
- 물을 들고 걷기
- 촛불을 들고 걷기
- 종을 들고 걷기
- 음악에 따라서 활동하기
- 기타

의자에 앉기

연 령 2.5세

교 구 유아용 책상, 의자

제 시

- 어린이를 초대하고, 작업할 내용을 소개한다.
"오늘은 책상이 있는 의자에 바르게 앉을 수 있는 방법을 보여줄게요."
- 의자 뒤에 서서 등받이 부분을 양손으로 잡고 책상으로부터 의자를 빼낸다.
- 의자 옆쪽에 서서 옆으로 앉는다. 다리는 대각선으로 한다.
- 한쪽 다리부터 차례로 책상 쪽으로 옮겨준다.
- 의자의 양쪽 받침대 부분을 잡고 몸을 약간 들어준 상태에서 조용히 의자를 앞으로 당긴다.
- 등을 곧게 펴고 등받이에 등이 살짝 닿을 정도로 앉은 후, 손은 무릎 위에 놓는다.
- 어린이가 활동해 볼 수 있도록 한다.

흥미점 책상과 의자의 모양, 색깔, 의자를 당겨내는 것, 의자를 앞으로 당겨서 책상과의 거리를 조절하는 것, 옆으로 앉았다가 책상 안으로 발을 집어넣는 것

오류수정

- 의자를 꺼낼 때나 앞으로 당길 때 소리가 날 수 있다.

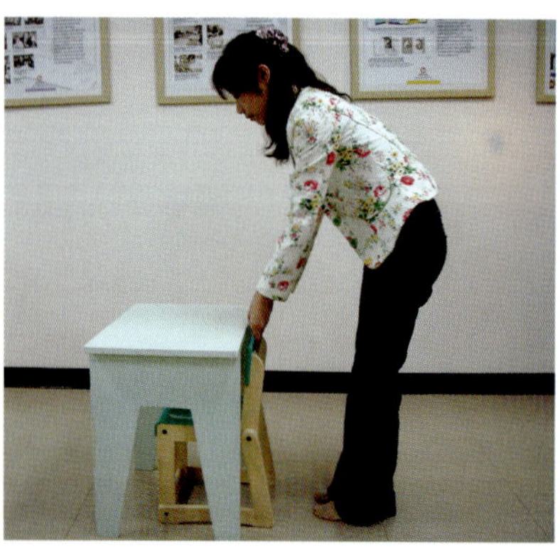

- 책상과 의자 사이의 적당한 거리를 잘 조절하지 못하여 공간이 너무 좁거나 넓어질 수 있다.

직접목적 스스로 책상과 의자를 사용하여 작업할 수 있다.

간접목적 독립심, 주의력, 집중력, 근육조절

응용편 책상이 없을 때 의자에 바르게 앉을 수 있다.

외투 입기

연 령 2.5세

교 구 옷

제 시

- 유아를 초대하고, 작업할 내용을 소개한다.
  "오늘은 선생님이 옷을 바르게 입는 방법을 보여 줄게요."
- 옷걸이의 옷을 가져와 바닥에 놓고 관찰한다.
- 옷걸이를 빼낸다

제 시1

- 옷을 등 뒤로 하여 앉는다.
- 양쪽 소매에 손을 끼워 넣는다.
- 앞쪽으로 원을 그리듯 팔을 움직여 소매를 끼운 후, 덜 입혀진 부분은 반대편 손으로 옷을 당겨주어 마저 입도록 한다.
- 단추나 지퍼 등을 채워넣고 옷의 모양새를 다듬어 준다.

제 시2

- 옷과 자신의 위치를 그대로 하여 각각의 소매에 팔을 끼워 넣는다.
- 한쪽 손으로 옷을 누르고 다른 한 손을 소매의 윗부분에서 맨 아래까지 옷을 조금씩 당겨 잡아 팔을 넣을 수 있도록 한다.
- 만세를 부르듯 양팔을 위로 들어 자연스럽게 옷소매가 팔에 입혀지도록 한다.
- 단추나 지퍼 등을 채워넣고 옷의 모양새를 다듬어 준다.
- 어린이가 활동해 볼 수 있도록 한다.

흥미점 만세 부르듯이 손을 위로 드는 것, 옷의 모양 · 색깔 · 소매에 손을 넣는 것, 단추나 지퍼를 채우는 것, 성취감

오류수정 옷의 구조가 복잡하여 어린이가 작업하기 어려울 수 있다.
예를 들면, 버클이 달린 옷, 단추가 많은 옷, 리본 달린 옷 등

직접목적 스스로 옷을 입을 수 있다.

간접목적 독립심, 주의력, 인내력, 근육조절

응용편 인형 옷 입히기 등으로 할 수 있다.

신발 벗고 신기

연 령 2.5세 이상

교 구 신발, 신발장, 신발을 신고 벗을 수 있는 공간

제 시

- 유아를 초대하고 작업할 내용을 소개한다.
- 현관의 문턱에 앉는다.
- 신발의 뒤꿈치를 꽉 잡은 후, 발을 빼내면서 신발을 벗겨준다.
- 문턱으로 올라와 쪼그리고 앉아 신발을 가지런히 하여 뒤꿈치 부분을 함께 잡는다. 신발의 먼지를 바닥에 대고 톡톡 털어준다.
- 함께 잡은 신발을 뒤집어서 왼손으로 받쳐준다.
- 신발장에 신발을 가지런히 정리하여 놓는다.
- 어린이가 활동해 볼 수 있도록 한다.

흥미점 신발에서 발을 빼내는 것, 신발의 먼지를 터는 것, 가지런히 정리된 신발을 보는 것, 신발의 모양 · 색깔

오류수정 • 신발의 먼지를 털지 않아 신발장이 더러워질 수 있다.
• 정리된 후의 신발이 가지런하지 않을 수 있다.
• 신의 구조가 스스로 정리하기에 복잡할 수 있다(예 리본 달린 구두).

직접목적 스스로 신발을 벗어서 정리할 수 있다.

간접목적 근육발달, 독립심, 주의력, 집중력

응용편 신발장 정리하는 당번을 정하여 다른 사람들의 신발을 정리해 볼 수 있다.

매트 사용하기

연 령 2.5세 이상

교 구 교구용 매트

제 시

- 어린이를 초대한다.
  "선생님이 오늘 매트를 바르게 사용할 수 있는 방법을 보여주고 싶어요."
- 어린이를 매트가 있는 곳으로 데려가 매트를 소개한다.
- 오른손으로 매트의 윗부분을 잡아당기고 왼손으로 아랫부분을 받쳐주어 매트를 꺼낸다.
- 매트를 바닥에 세우고 아기를 안듯 팔로 감싸서 매트를 들고 옮긴다.
- 양손으로 매트를 잡아서 눕힌다.
- 매트의 끝자락 중간 부분을 오른손으로 잡고 약간 펼친 후, 손바닥을 사용하여 평평하게 펴준다. 이때 왼손은 말려 있는 매트를 고정하는 역할을 한다. 왼손의 네 손가락을 매트의 말린 부분에 집어넣고 엄지를 위쪽으로 놓은 후, 손목의 힘을 사용하여 매트를 조금씩 펼쳐주고 오른손으로 매트를 평평하게 펴줄 때에는 말려 있는 나머지 부분을 눌러 고정하여 준다.
- 매트를 다 편 후, 전체적으로 모양새를 다듬어준다.
- 어린이가 활동해 볼 수 있도록 한다.

- 매트 말기에서 말린 부분에 손가락을 집어넣고 엄지를 위쪽으로 놓은 후, 매트의 세로부분에 앉아서 왼손으로 매트의 중간 부분을 짚고 오른손으로 매트 끝자락의 중간 부분을 잡아 뒤집어서 당겨온다.
- 매트의 끝자락을 꼼꼼하게 말아준 후, 손목의 힘을 사용하여 차근차근 전체 매트를 말아준다.
- 중간 중간에 매트의 옆 부분이 말리도록 톡톡 두들겨 준다.
- 매트가 거의 다 말려갈 때쯤 매트를 완전히 뒤집어서 마저 말아준다.
- 어린이가 활동해 볼 수 있도록 한다.

흥미점 매트의 촉감, 매트를 조금씩 말아가는 것, 성취감, 매트의 옆 부분을 톡톡 두들기는 것, 손목의 움직임

오류수정
- 손의 힘이 부족하여 매트가 잘 말리지 않을 수 있다.
- 매트를 제대로 말아놓지 않을 경우 매트가 한꺼번에 풀어질 수 있다.

직접목적 매트를 옮겨 스스로 작업할 준비를 할 수 있다.

간접목적 독립심, 집중력, 근육조절, 질서감

응용편 다양한 종류의 매트를 사용할 수 있다.

단추

연 령 3.5세

교 구 리본 틀

제 시

- 어린이를 초대하고 교구를 소개한다.
  "이 교구의 이름은 '단추 틀' 입니다."
- 틀의 시작점을 인지하여 시작점이 위쪽으로 놓이도록 한다.
- 오른손으로 단추 끝을 잡고 왼손으로 천을 잡아 당겨 틈이 생기게 한다.
- 그 천을 제껴 오른손에 함께 잡고 왼손으로 단추를 빼낸다.
- 양쪽의 천을 뒤집어 놓고 틀을 ㅁ자를 적는 순서로 인지하여 준다.
- 천을 다시 덮는다.
- 왼손으로 단추 끼울 부분을 잡고 오른손으로 단추를 잡아 끼운다.
- 모양새를 다지고 교구를 정리한다.

흥미점 천의 감촉 · 색깔, 단추의 모양 · 색깔 · 크기, 단추 틀의 작업

오류수정 단춧구멍이 너무 작거나 커서 흥미를 떨어뜨릴 수 있다.

직접목적 스스로 단추를 잘 사용할 수 있다.

간접목적 눈과 손의 협응력, 독립심, 근육발달, 집중력, 주의력, 인내심

응용편
- 단춧구멍이 많은 틀을 줄 수 있다.
- 단추의 크기를 작게 하여 난이도를 조절할 수 있다.

지퍼

연 령 3.5세 이상

교 구 지퍼 틀

제 시

- 어린이를 초대하고, 교구를 소개한다.
  "이 교구의 이름은 '지퍼 틀'입니다."
- 시작점을 인지하여 주어 시작점이 위로 오도록 한다.
- 지퍼를 잡고 내릴 것을 인지하여 준다.
- 왼손 검지 · 중지를 이용하여 천을 고정하고 오른손 엄지 · 검지로 지퍼를 잡고 내린다. 틀의 세로 길이를 3등분하여 부분 · 부분으로 잘라 보여주도록 한다.
- 지퍼의 마지막 부분에서 왼손과 오른손으로 천의 끝을 잡아 엇갈리게 하여 빼냄을 인지하여 준다. 양쪽의 천을 뒤집어 놓고 틀을 ㅁ자를 적는 순서로 인지하여 준다. 작업을 관찰하며 천천히 천을 다시 덮고 지퍼 끝부분을 끼운다.
- 지퍼를 열 때처럼 동작을 부분적으로 나누어 지퍼를 올린다.
- 모양새를 다듬고 교구를 정리한다.

흥미점 지퍼의 모양 · 색깔, 천의 모양 · 색깔 · 감촉, 지퍼 틀의 작업

오류수정 지퍼가 너무 빽빽하여 작업의 흥미를 떨어뜨릴 수 있다.

직접목적 스스로 지퍼를 사용할 수 있다.

간접목적 눈과 손의 협응력, 주의력, 집중력, 독립심, 근육발달

응용편

- 다른 사람이 옷 입는 것을 도와줄 수 있다.
- 인형 옷 입히기를 할 수 있다.

리 본

연 령 5세

교 구 리본 틀

제 시

- 어린이를 초대하고, 교구를 소개한다.
  "이 교구의 이름은 '리본 틀' 입니다."
- 끈의 양쪽 끝을 당기면서 리본을 푼다.
- 매듭을 푼 후, 리본을 정리한다.
- 양쪽의 천을 뒤집어 놓고 틀을 ㅁ자를 적는 순서로 인지하여 준다.
- 리본의 방향을 엇갈리게 놓는다.
- 중간에 겹쳐지는 부분을 왼손 집게손가락으로 들어 올려 오른손 집게손가락으로 오른쪽에 있는 리본을 구멍 사이로 밀어넣고 양쪽 줄을 당긴다. 매듭이 된다.
- 왼손 엄지와 검지로 고리를 잡는다.
- 오른손 엄지와 검지를 사용하여 위에서 아래로 끈을 내린 후, 생긴 구멍에 그 끈을 밀어넣는다.
- 양쪽으로 리본을 잡아당겨 완성한 후, 모양새를 다듬어준다.
- 교구를 정리한다.

흥미점 리본의 색깔, 무늬, 손가락을 사용하여 리본을 푸는 것, 매듭을 만드는 것, 리본이 완성되는 모양, 근육의 사용, 성취감

오류수정 어린 연령의 어린이에게 제공할 때, 끈 색깔로 좌우 변별이 잘 안될 때

직접목적 스스로 리본을 잘 사용할 수 있다.

간접목적 눈과 손의 협응력, 주의력, 집중력, 독립심, 근육조절, 인내력, 질서감

응용편 끈의 다양한 모양을 제공, 인형 옷에 달린 리본을 경험

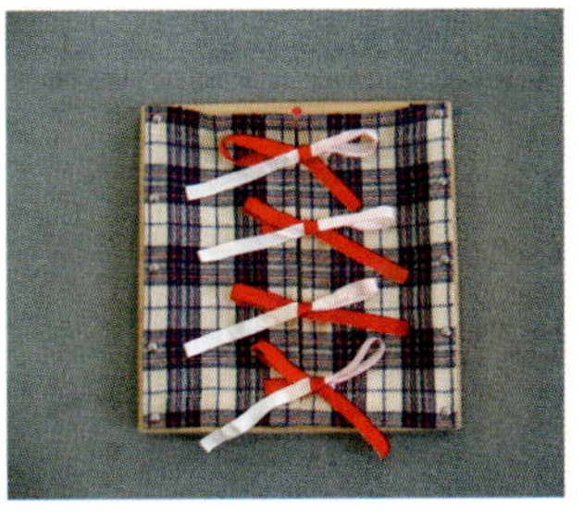

수건 접기

연 령 2.5세 이상

교 구 쟁반 혹은 바구니, 여러 가지 크기로 접을 수 있도록 박음질되어 있는 수건들, 매트 혹은 책상

제 시

- 유아를 초대하고 교구를 소개한다.
  "이 교구의 이름은 '수건 접기' 입니다."
- 반으로 겹쳐져서 쟁반 위에 놓인 수건을 편 후, 차례로 매트에 세팅한다.
- 수건을 하나씩 가져와 관찰한 후, 왼손으로 수건을 고정하고 오른손으로 박음질된 선을 인지해 주면서 수건 접기를 해 나간다.
  - 왼쪽에서 오른쪽, 위에서 아래로 선을 인지하여 수건 접기를 한다.
  - 수건을 접을 때는 수건의 양쪽 끝을 잡고 꼭지점을 살포시 포개듯 놓은 후, 손바닥을 사용하여 왼쪽에서 오른쪽 방향으로 수건을 고루 펴준다.
  - 왼쪽 위에서 아래로, 오른쪽 위에서 아래로 선을 인지하여 주며 수건 접기를 한다. 사선으로 수건을 접을 때는 손가락으로 왼쪽 윗부분의 꼭지점을 누르고 다른 한 손으로 겹쳐지는 부분의 꼭지점을 잡아 수건을 포개어 놓은 후, 손바닥을 사용하여 왼쪽에서 오른쪽 방향으로 수건을 고루 펴주며 접는다.
  - 왼쪽에서 오른쪽, 위에서 아래로, 다시 위에서 아래로 선을 인지하여 주며 수건 접기를 한다.
  - 왼쪽 위에서 아래로, 오른쪽 위에서 아래로, 위에서 아래로 선을 인지하며 수건 접기를 한다.
- 수건을 다시 편 후, 겹쳐서 정리한다.

흥미점 선을 따라 수건을 접는 것, 선을 손가락으로 인지해 주는 것, 수건의 색깔, 수건의 모양이 바르도록 손바닥으로 훑어주는 것, 깔끔하게 잘 접어놓은 수건을 보는 것

오류수정

- 박음질 선이 잘 접히지 않을 수 있다.
- 선을 따라 접기를 끝냈을 때 모양이 바르지 않을 수 있다.
- 박음질 선의 수와 모양의 수준이 유아에게 맞지 않을 수 있다.
- 작업할 수건의 양이 너무 많거나 적을 수 있다.

직접목적 스스로 근육을 조절하여 수건 접기를 할 수 있다.

간접목적 근육조절, 독립심, 질서감, 집중력, 인내력

응 용 편 옷이나 양말을 접어 정리할 수 있다.

손 씻기

연 령 3세 이상

교 구 쟁반, 물병, 물을 담을 큰 그릇, 비누, 로션, 스펀지, 양동이, 앞치마, 수건, 책상 혹은 비닐 매트

제 시

- 어린이를 초대한다.
- 교구를 가져와 앞치마를 입고 소매를 걷는다. 교구를 세팅하고 소개한다.
- 물병에 물을 받아와서 그릇에 붓는다. 물병에 한번 더 물을 받아 놓는다.

- 그릇에 손을 바로 하여 한번 담그고, 뒤집어서 한번 담그어 물을 적신 후, 두 손을 모아 물기를 톡톡 턴다.
- 비누를 집어 손과 손등에 바른 후, 비누에 남은 거품을 손으로 한번 훑어준다.
- 손바닥과 손등을 문질러 거품을 내고 손가락도 각각 하나씩 돌려가면서 거품을 내어 씻는다.
- 손을 헹굴 때도 역시 손을 바로 하여 한번, 뒤집어서 한번 담그고, 물을 떠서 서로 반대의 손에 끼얹어 가며 비누거품을 씻어낸다. 다시 한번 물에 손을 담그어 적신 후, 두 손을 모아 물기를 털어낸다.
- 스펀지에 손가락의 물기를 살짝 닦아낸 후, 그릇에 체크된 부분(물을 따라 부을 곳)을 인지하여 주고 양동이에 물을 따라 붓는다.
- 따르기를 할 때와 같이 스펀지를 사용하여 물그릇의 물기를 닦아내고, 물병에 담아 놓은 새 물을 따라 손을 한번 더 헹군다.
- 손을 다 씻은 후, 그릇의 물은 양동이에 붓고 스펀지로 그릇의 안쪽 물기까지 닦아낸다.
- 비눗갑의 뚜껑을 닫는다.
- 양동이의 물은 버리고 양동이는 물로 씻어 개수대에 있는 스펀지로 물기를 정리하여 가지고 온다.
- 교구를 정리하고 마지막으로 스펀지를 사용하여 책상을 닦아 주변을 정리하여 준다. 스펀지를 빨아서 정리한다.
- 수건으로 손을 완전하게 닦은 다음 탁탁 털어 정리하여 둔다.
- 손등에 로션을 덜어서 바른다.

흥미점 물의 사용, 비누의 사용, 로션 냄새, 물 따르기, 손가락 닦는 것, 일의 성취감

오류수정
- 물을 쏟을 수 있다.
- 정리를 꼼꼼하게 못할 수 있다. 헹굼의 순서를 잊을 수 있다.

직접목적 스스로 손을 씻고 정리할 수 있다.

간접목적 주의력, 일의 순서, 논리적 사고

응용편

- 바닥에 큰 비닐 매트를 깔고 작업할 수 있다.
- 나이가 어린 유아에게 제시할 경우에는 작업할 장소를 지정하고 미리 세팅해 둘 수도 있다.

구두 닦기

연 령 3세 이상

교 구 쟁반, 광택 내는 약, 약을 담아둘 작은 그릇, 면봉, 구두, 스펀지, 광내기 위한 천, 3번 접은 크기의 신문지, 앞치마, 비닐 매트

제 시

- 어린이를 초대한다.
- 교구를 가져와 앞치마를 입고 소매를 걷는다. 교구를 세팅하고 소개한다.
- 약이 든 용기를 몇 번 흔들어 준 후, 그릇에 3방울만 떨어뜨린다.
- 뚜껑은 사용 후, 바로 닫아서 제자리에 놓아둔다.
- 구두를 신문지 위에 놓아둔다. 면봉에 약을 묻힌 후, 구두를 손가락으로 눌러 고정시키고 약을 듬성듬성 발라준다. 다 쓴 면봉을 신문지 한쪽에 놓아둔다.

- 광내는 천을 손가락에 입혀서 둥글게 원을 그리며 닦을 것을 인지하여 준다.
- 구두를 이리저리 돌려가며 골고루 닦아준다. 천이 더러워지면 뒤집어서 닦아준다.
- 깨끗하게 다 닦았으면 구두를 제자리에 놓아둔다.
- 신문지 위에 쌓인 찌꺼기는 모아서 쓰레기통에 버린다. 신문지는 종이 재활용 통에 넣어두고 새 신문지를 가져다 놓는다.
- 그릇과 스펀지, 광내는 천을 제외한 나머지 교구들은 쟁반에 정리하여 둔다.
- 스펀지를 사용하여 비닐 매트와 책상을 정리하여 준다.
- 그릇과 스펀지는 물로 깨끗하게 씻어서 정리하여 둔다.
- 더러워진 천은 빨래통에 넣어두고 새 천을 가져다 놓는다.
- 앞치마를 벗어 정리한다.
- 손을 깨끗하게 씻는다.

흥미점 광을 내는 것, 구두약을 만지는 것, 구두를 닦는 자체

오류수정

- 구두가 잘 닦이지 않을 수 있다.
- 구두약을 필요 이상으로 많이 사용하는 것

직접목적 스스로 구두를 닦아 본인의 신상정리를 할 수 있다. 일상생활에 적용

간접목적 근육조절, 독립심, 질서감, 인내력, 집중력

응용편 은이나 나무제품(목각인형), 거울을 닦아볼 수 있다.

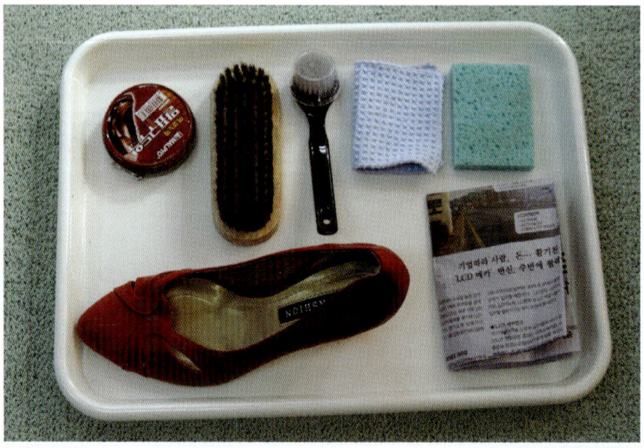

음식 썰어 대접하기

연 령 5세

교 구 식탁보, 물병, 큰 투명 그릇, 오이를 담아올 그릇, 집게, 솔, 솔의 물기를 받쳐줄 작은 그릇, 씻은 오이를 담아둘 작은 바구니, 바구니를 받쳐줄 쟁반, 썬 오이를 담을 그릇, 포크, 포크 담을 용기, 오이가 담긴 그릇과 포크를 담아내 갈 쟁반, 도마, 칼, 채소 칼, 행주, 스펀지, 키친 타월, 양동이, 앞치마, 상보

제 시

- 어린이를 초대한다.
- 교구를 가져와 앞치마를 입고 소매를 걷는다. 교구를 세팅하고 소개한다.
  "이 교구의 이름은 '음식 썰어 대접하기' 입니다. 이 작업을 하기 전에는 항상 손을 깨끗하게 씻어야 해요. 먼저 손을 씻을까요?"
- 물병에 물을 정정선까지 받아와서 그릇에 부어둔 후, 물병에 한번 더 물을 받아 놓는다.
- 그릇과 집게를 사용하여 오이를 하나 담아온다. 오이를 담아온 그릇과 집게는 옆으로 치워둔다.
- 오이를 물에 담근 후, 먼저 손으로 쓸어내리듯 씻어준다.
- 오이를 천천히 돌려가며 솔로 꼼꼼하게 씻어준다. 오이를 돌릴 때 손이 미끄러질 수도 있으므로 양손을 사용하여 오이를 돌린 후, 솔로 닦아준다.
- 바구니에 오이를 담아놓고 물을 따라 부을 곳을 인지하여 준 후, 양동이에 물을 따라 붓는다.
- 그릇에 물병의 물을 부어서 다시 한번 손으로 쓸어내리듯 오이를 씻어준다.
- 깨끗하게 씻은 오이는 소쿠리에 담아두고 그릇의 물은 양동이에 버린 후, 스펀지를 사용하여 그릇의 물기를 닦아준다.
- 오이를 키친 타월 위에 대각선으로 놓고 채소 칼로 껍질을 벗긴다.
- 오이를 돌려가며 껍질을 벗겨준다.

• 껍질을 다 벗긴 오이는 도마 위에 올려둔다.

• 오이의 꼭지부분을 썰어서 버리도록 하고(2번 정도), 나머지 부분을 썰어서 그릇에 담아준다.

• 행주를 사용하여 칼을 누르듯 닦아준다.

• 행주로 도마를 닦아준 후, 채소 칼과 오이 썬 칼을 닦아준다. 칼은 칼집에 넣어 정리하여 준다.

• 키친 타월 위에 쌓인 찌꺼기는 모아서 쓰레기통에 버린다.

• 다른 친구들에게 오이를 대접한다.

"제가 썬 오이입니다. 한번 드셔보세요. 고맙습니다."

• 오이를 다 먹은 후, 그릇과 포크는 씻어서 정리하여 두고 스펀지를 사용하여 솔을 받치고 있던 그릇의 물기를 정리하여 준다. 스펀지는 빨아서 정리한다.

• 교구를 정리한 후, 앞치마를 벗고 소매를 내린다.

흥미점 오이의 촉감, 냄새, 오이를 솔로 씻는 것, 오이의 껍질을 벗기는 것, 칼의 사용, 오이를 썰 때의 소리, 남에게 대접하는 것

오류수정

• 오이의 껍질을 완전히 벗기지 않았을 수 있다.

• 칼을 잘 다루지 못할 수 있다.

직접목적 스스로 음식을 준비하여 남에게 대접할 수 있다. 일상생활의 적응

간접목적 질서감, 인내력, 주의력, 집중력, 근육조절, 독립심

응용편

• 오이를 씻는 작업과, 썰어서 대접하는 작업을 나누어서 할 수 있다.

• 오이를 씻는 작업만 한다. 씻은 오이는 모아둔다.

• 오이를 썰어서 대접한다. 씻어둔 오이를 가져와 대접한다.

• 사과, 당근 등을 썰어서 대접해 볼 수 있다.

젖은 것 따르기

연 령 2.5세 이상

교 구 쟁반, 컵 2개, 색소를 섞은 물, 스펀지, 비닐 매트 혹은 책상

제 시

- 어린이를 초대한다.
- 될 수 있는 한 천천히 왼쪽 컵에서 오른쪽 컵으로 따르기를 한다.
- 마지막 방울이 흐르기 전까지 털지 않고 기다린다.
- 완전히 따른 후, 컵을 든 손은 가만히 있고 반대편 손으로 스펀지를 가지고 온다.
- 스펀지를 사용하여 컵 엉덩이 쪽에서부터 주둥이 쪽으로 물기를 닦는다.
- 작업을 관찰한다.
- 반대쪽으로 한번 더 따르기를 한다.
- 따르기를 끝낸 후 스펀지로 컵, 쟁반, 비닐 매트 등의 물기를 닦고 교구를 정리한다.
- 스펀지는 싱크대에서 빨아 정리한다.

흥미점 물 따를 때의 소리, 물의 색깔, 스펀지의 기능, 스펀지 빨기(물을 사용), 컵의 모양

오류수정

- 컵의 선택이 올바르지 않을 수 있다. 연령에 비해 내용물이 많거나 적을 수 있다.
- 물기에 손이 미끄러져 컵을 깰 수 있다.

직접목적 물을 흘리지 않고 잘 따를 수 있다.

간접목적 눈과 손의 협응력, 주의력, 집중력, 독립심, 질서감, 근육조절

응용편

- 처음에는 아무 무늬 없는 것을 주는 것이 좋다. 주의집중
- 손잡이 없는 것부터 주고 나중에 있는 것을 준다.

• 손잡이가 있는 물컵을 따르기 해 볼 수 있다.
• 손잡이가 있는 물병의 물을 3개의 컵에 나누어 따라볼 수 있다.
• 손잡이와 뚜껑이 있는 물병의 물을 3개의 잔에 나누어 따라볼 수 있다.
• 깔대기를 주둥이가 작은 병에 꽂아놓고 물컵의 물을 따라볼 수 있다.
• 주둥이가 좁고 긴 물병의 물을 정정선이 있는 2개의 컵에 나누어 따라볼 수 있다.

양손 사용하기

연 령 2세

교 구 바구니, 콩, 매트

제 시

• 어린이를 초대한다.
• 매트를 깔고 교구를 가지고 온다.
• 교구를 소개한다.
• 양손을 사용하여 콩을 쥐고 높은 곳에서 떨어뜨릴 것을 2번 정도 인지시켜 준다.
• 실제로 콩을 쥐고 위쪽에서 떨어뜨리기를 한다.

• 떨어뜨리기를 끝낸 후, 바깥쪽으로 튀어간 콩을 주워담는다.

• 아동이 교구에 관심을 가지면 아동이 만족할 때까지 할 수 있도록 한다.

흥미점 키의 모양, 내용물의 크기, 모양, 촉감, 색, 손을 쥐었다 펴는 동작, 콩이 떨어질 때의 소리, 주위로 흩트리지 않고 잘 떨어뜨렸을 때의 성취감

오류수정 내용물이 작업 중에 잘 튀어나가거나, 너무 작아서 흥미를 떨어뜨릴 수 있다.

한 손 사용하기

연 령 2 세

교 구 쟁반, 그릇 2개, 콩, 책상 혹은 매트

제 시

• 어린이를 초대하고, 교구를 소개한다.
"이 교구의 이름은 '한손 사용하기' 입니다."

• 한 손을 오므렸다 펴는 순서로 콩 옮길 것을 인지시켜 준다.

• 콩을 옮긴다.

• 다 옮긴 후, 떨어진 콩을 주워담는다.

• 작업을 마친 후, 자신이 작업한 내용을 관찰한다.

• 다시 제자리로 옮겨 담는다.

• 교구를 정리한다.

흥미점 콩의 색깔, 감촉, 그릇의 모양 · 색깔, 오므렸다 펴는 손의 움직임, 성취감

오류수정

• 내용물이 부적합하여 잘 쥐어지지 않을 수 있다.

• 내용물이 부적합하여 실패의 확률이 높아질 수 있다.

• 내용물의 감촉이 좋지 않아 아동의 흥미를 떨어뜨릴 수 있다.

직접목적 한 손으로 물건을 잘 옮길 수 있다, 손의 근육발달

간접목적 눈과 손의 협응력, 집중력, 주의력, 독립심, 근육조절

응용편 내용물을 바꾸어 작업해 볼 수 있다.

마른 것 따르기

연 령 2.5세 이상

교 구 쟁반, 컵 2개, 콩, 매트 혹은 책상

제 시

• 어린이를 초대하고 교구를 소개한다.

"오늘 선생님이 똘똘이를 위해 준비한 것이 있는데, 한번 같이 볼래요?

- 컵을 한 손으로 잡고, 다른 한 손으로 엉덩이 부분을 받쳐서 될 수 있는 한 천천히 따르기를 한다.
- 컵을 내려놓고 떨어진 콩을 주워 담는다.
- 작업을 천천히 관찰한다.
- 교구를 정리한다.
- 반대쪽으로 한번 더 따르기를 한다. 위쪽과 동일한 방법으로 한다.

흥미점 컵의 색깔, 모양, 감촉, 따를 때의 소리, 내용물

오류수정 내용물과 그릇의 크기가 서로 안 맞을 경우, 연령에 따라 교구 크기가 맞지 않을 경우

직접목적 내용물을 흘리지 않고 스스로 잘 따를 수 있다. 일상생활의 적응력

간접목적 눈과 손의 협응력, 주의력, 집중력, 독립심, 근육조절

응용편

- 내용물이나 컵의 색 · 모양을 바꾸어 따를 수 있다.
- 손잡이가 있는 컵의 내용물을 따라볼 수 있다.
- 손잡이가 있고 주둥이가 튀어나온 물병의 내용물을 두 잔에 나누어 따라볼 수 있다.
- 손잡이와 주둥이가 있는 물병의 내용물을 손잡이가 있고 주둥이가 나온 좀 더 작은 두 개의 물병에 나누어 따라볼 수 있다.

손가락 사용하기

연 령 2세

교 구 쟁반, 그릇 2개, 호두

제 시

- 어린이를 초대하고 교구를 소개한다.
  "이 교구의 이름은 '손가락 사용하기' 입니다."
- 호두를 옮기는데 엄지, 검지, 중지의 세 손가락을 이용하는 것을 먼저 보여준다.
- 천천히 호두를 옮긴다.
- 다 옮긴 후, 떨어진 호두가 있으면 줍는다.
- 작업한 것을 관찰한다.
- 호두를 다시 제자리에 옮겨 담아놓는다.
- 교구를 정리한다.

흥미점 내용물의 모양 · 색깔, 잡을 때의 촉감, 안정감, 정교한 손가락의 사용, 성취감

오류수정

- 내용물의 표면이 지나치게 거칠거나 반들거리면 잡기 어려울 수 있다.
- 내용물이 너무 무거우면 손가락으로 옮기기 힘들 수 있다.

직접목적 일상생활의 적응, 손가락을 잘 사용할 수 있다. 소근육의 발달

간접목적 눈과 손의 협응력, 주의력, 집중력, 독립심, 소 근육 발달

응용편 큰 그릇에 털 방울을 두 가지 종류의 색으로 채워 넣고 손가락을 사용하여 두 가지 색을 분류하며 옮기기를 할 수 있다.

숟가락 사용하기

연 령 3세

교 구 쟁반, 그릇 2개, 콩, 숟가락

제 시

- 어린이를 초대하고, 교구를 소개한다.
  "이 교구의 이름은 '숟가락 사용해서 옮기기' 입니다."
- 숟가락 쥐는 것을 인지해 준다.
- 위쪽에서 아래쪽으로 펴는 것을 인지해 준다.
- 한쪽 그릇의 콩을 숟가락을 사용하여 옮긴다.
- 다 옮긴 후, 숟가락을 놓는다. 숟가락을 놓을 때도 양손을 사용하여, 왼손이 오른손을 도와 숟가락을 내려놓는다.
- 떨어진 콩을 주워담고 작업한 것을 관찰한다.
- 제자리에 다시 담아놓는다.
- 교구를 정리한다.

흥미점 내용물의 모양, 색깔, 숟가락의 사용, 숟가락 잡을 때의 촉감, 안정감, 숟가락의 모양 · 색깔

오류수정

- 내용물과 숟가락의 크기가 맞지 않을 수 있다.
- 그릇의 특성상 내용물이 끝까지 잘 퍼지지 않을 수 있다.
- 그릇이 너무 가벼울 경우 숟가락을 사용하면 그릇이 움직일 수 있다.

직접목적 숟가락을 잘 사용할 수 있다. 일상생활의 적응

간접목적 눈과 손의 협응력, 주의력, 집중력, 독립심, 소근육 발달

응용편 그릇과 도구, 내용물들을 변형하여 작업할 수 있다.

젓가락 사용하기

연 령 3.5세

교 구 쟁반, 그릇 2개, 젓가락, 털 방울

제 시

- 어린이를 초대하고, 교구를 소개한다.
  "이 교구의 이름은 '젓가락 사용하기' 입니다."
- 왼손을 사용하여 오른손에 젓가락을 한 짝씩 얹는다.
- 젓가락을 열었다, 닫았다 하는 것을 인지하여 준다.
- 젓가락을 사용하여 털 방울을 옮긴다.
- 다 옮긴 후, 젓가락을 내려놓고 떨어진 털 방울을 주워담는다.
- 작업을 관찰한다.
- 다시 제자리에 옮겨 담는다.
- 교구를 정리한다.

흥미점 젓가락의 사용, 젓가락의 모양 · 색 · 촉감, 털 방울의 색깔, 집을 때의 감촉, 무게

오류수정 젓가락이 너무 매끄럽거나, 내용물의 표면이 매끄러울 경우 잘 집어지지 않을 수 있다.

직접목적 젓가락을 사용할 수 있다.

간접목적 눈과 손의 협응력, 집중력, 주의력, 소근육의 발달

응용편

- 그릇의 수를 늘려서 작업해 볼 수 있다.

- 그릇의 크기를 점점 더 작게 하여 난이도를 조절할 수 있다.
- 젓가락의 크기를 점점 작게 하여 난이도를 조절할 수 있다.

병뚜껑 열기

연 령 2.5세 이상

교 구 바구니, 뚜껑의 모양과 크기가 다른 병들, 매트

제 시

- 어린이를 초대하고 교구를 소개한다.
  "이 교구의 이름은 '병뚜껑 열기' 입니다."
- 바구니에 담긴 병과 병뚜껑을 관찰하고 매트에 차례로 세팅한다.
- 병을 하나 가져온다.
- 왼손으로 병을 고정시키고 오른손의 엄지, 검지, 중지의 세 손가락을 사용하여 뚜껑을 잡고 돌릴 것을 인지하여 준다.
- 병뚜껑을 열어 뚜껑 속의 나선과 병의 주둥이 부분 나선이 짝을 이루는 모양을 관찰한 후, 뚜껑을 안쪽으로 하여 뚜껑과 병이 일직선이 되도록 배열한다.
- 나머지 병들도 차례로 뚜껑을 열어 관찰한다.
- 뚜껑을 닫을 때는 우선 병에 뚜껑을 덮어놓고 오른손의 세 손가락을 사용하여 뚜껑을 돌려 닫을 것을 인지하여 준다.
- 뚜껑을 차례로 닫는다.
- 교구를 정리한다.

흥미점 병과 뚜껑의 모양, 색깔, 크기, 병뚜껑을 열고 닫는 작업

오류수정

- 병뚜껑을 여러 번 돌리지 않고 약간의 힘만으로 열리는 병일 수도 있다. 병이 깨끗하지 않을 경우가 된다.
- 뚜껑, 병의 크기, 모양이 비슷하거나 같아 정해진 짝이 없이 아무거나 다 맞을 수 있다.
- 병의 크기가 유아가 작업하기에 너무 크거나 작아 목적에 맞지 않을 수 있다.

직접목적 손의 근육을 조절하여 근육을 사용할 수 있다.

간접목적 눈과 손의 협응력, 주의력, 집중력, 근육조절, 독립심, 질서감

응용편

- 작은 천이나 얇은 타월지, 부직포를 깔면 책상에서도 작업이 가능하다.
- 병의 종류를 여러 개로 하여 응용할 수 있다.
- 뚜껑과 병을 따로 배열하여 섞어놓고 바르게 짝지어 볼 수 있다.

거품내기

연 령 3세

교 구 큰 투명 그릇 2개, 정정선이 있는 물병, 가루비누, 가루비누를 담아둘 용기, 가루비누를 뜰 숟가락, 거품기, 거품을 뜨는 주걱, 고무주걱, 스펀지, 양동이, 앞치마, 책상 혹은 비닐 매트

제 시

- 어린이를 초대한다.
- 교구를 가져와 앞치마를 입고 소매를 걷는다. 교구를 소개하고 세팅한다.
  "이 교구의 이름은 '거품내기' 입니다."
- 물병의 정정선까지 물을 담아온다.
- 한쪽 그릇에 물을 붓고 스푼을 사용하여 가루비누를 두 번 넣어준다. 가루비

누 사용 후, 용기의 뚜껑은 바로 닫아두고 스푼은 스펀지로 닦아서 정리하여 둔다.

- 거품기를 사용하여 한쪽 방향으로 휘저어 거품을 낸다.
- 적당히 거품이 생긴 후, 거품기는 스펀지 위에 내려다 놓고 주걱을 사용하여 거품을 다른 그릇에 옮겨 담아준다.
- 거품을 어느 정도 걷어낸 후, 다시 거품기를 사용하여 거품을 낸다. 그릇의 물이 없어질 때까지 이 작업을 반복한다.
- 거품을 다 냈으면 주걱으로 다른 그릇에 거품을 옮겨 담고 주걱은 잠시 그릇에 놓아둔다. 남은 거품은 알뜰주걱을 사용하여 옮겨 담아주고 주걱에 남아 있던 거품도 알뜰주걱으로 긁어내어 담아준다.
- 거품 물은 양동이에 붓는다. 양동이의 물은 버리거나 화장실 옆에 거품 모으는 통을 두어 모았다가 청소할 때 선생님이 재활용할 수 있도록 한다.
- 그릇, 거품기, 주걱들을 물로 씻어 정리하여 둔다.
- 스펀지를 사용하여 주변을 정리한 후, 빨아서 정리하여 둔다.
- 앞치마를 벗어 정리하고 소매를 내린다.

흥미점 거품이 생겨나는 것을 보는 것, 가루비누의 색깔, 향기, 거품을 옮겨 담는 것, 거품을 주걱으로 퍼는 것, 주걱으로 거품을 긁어내는 것, 거품기의 사용

오류수정

- 가루비누는 유아비누를 갈아서 사용한다.
- 거품이 잘 일어나지 않는 것

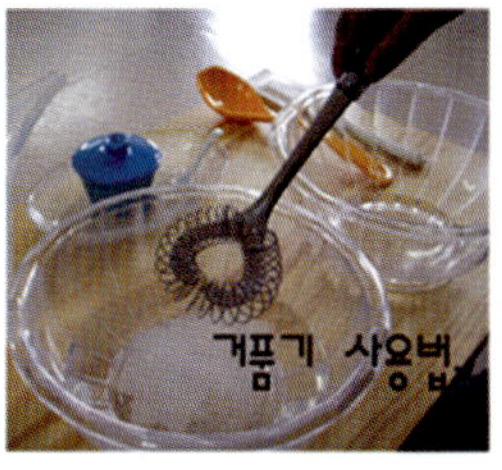

직접목적 스스로 손목의 힘을 조절할 수 있다.

간접목적 근육조절, 질서감, 독립심, 인내력, 집중력

응용편

- 거품기나 도구들을 다양하게 경험한다.
- 계란거품을 적용하여 요리활동으로 작업할 수 있다.

선 위 걷기

연 령 2.5세 이상

교 구 선 위를 걸을 수 있는 공간, 선

제 시

- 어린이를 초대하고 활동을 시작한다.
- 어린이들은 선 바깥쪽 바닥에 바르게 앉아 교사의 자세를 관찰한다.

제 시 1 자연스럽게 걷기

- 교사가 먼저 선 위를 자연스럽게 걷는 것을 보여준다.
- 한 그룹의 유아를 초대하여 교사의 뒤를 따라 선 위를 걸어보도록 한다. 서로의 간격이 유지될 수 있도록 천천히 주의 깊게 걸을 수 있도록 한다.
- 걷기가 끝난 후, 다른 그룹의 유아들도 걸어볼 수 있도록 한다.

제 시 2 발 붙여 걷기

- 교사가 먼저 뒷짐을 지고 선 위에서 발 붙여 걷는 모습을 보여준다. 앞쪽 발의 뒤꿈치와 뒤쪽 발의 앞부분이 맞닿게 하여 걷는다.

흥미점 선 위를 곧게 걷는 것, 선의 색깔, 선의 모양(원, 사각, 삼각 등), 발끝을 맞추어 천천히 걷는 것, 성취감

오류수정 균형을 잘 잡지 못하여 비틀거릴 수 있다.

직접목적 선 위 걷기를 통해 자기 조절력을 기를 수 있다.

간접목적 주의력, 집중력, 근육발달, 인내력, 조절력, 통제력

응용편

- 음악을 준비하여 음악에 맞추어 걷기할 수 있다.
- 음악을 바꾸어 가며 걷기할 수 있다.
- 빨강 막대를 들고 옮기면서 선 위 걷기를 할 수 있다.
- 물이 담긴 물컵을 들고, 물을 쏟지 않게 균형을 잡아 선 위 걷기를 할 수 있다.
- 촛불을 들고 불이 꺼지지 않도록 주의하면서 선 위 걷기를 할 수 있다.
- 종을 들고 종소리가 나지 않도록 주의하면서 선 위 걷기를 할 수 있다.

연장(드라이버) 사용하기

연 령 3세 이상

교 구 드라이버 사용하기 나무 틀, 드라이버, 나사, 매트

제 시

- 어린이를 초대하고 교구를 소개한다.
  드라이버는 위험한 물건임을 이야기하고 안전하게 사용할 수 있도록 한다.
  드라이버의 뾰족한 날이 아래를 향하도록 꺼내어 매트 위에 올린다.
- 나사는 굵은 것에서 가는 것 순으로 꺼내어 사선 들어간 것이 아래를 향하도록 나무 틀 아래에 꺼내 놓는다. 나사를 풀어서 바로 넣어도 된다. 드라이버를 시계방향으로 돌리는 시범을 천천히 어린이에게 보인다.
- 나사를 구멍에 끼워넣고 구멍에 맞는지 확인한 후 드라이버를 나사에 끼우고 천천히 돌린다.
- 나사를 돌릴 때는 드라이버를 왼손의 검지, 중지로 잡은 후 오른손으로 드라이버를 돌린다.
- 드라이버를 나사구멍에 맞춰 끼운 후 나사를 풀어 원래 자리에 넣어두고 드라이버는 매트 위에 내려놓는다.
- 나사는 나사를 담은 홈에 넣어두고 드라이버도 제자리에 정리한다.

흥미점

- 다양한 나사의 경험, 십자형 드라이버의 사용, 드라이버를 돌리는 느낌, 원목 나무의 틀, 나사못이 점차 박히고 빠지는 것
- 집에서는 잘 못 만지게 하는 것을 원에서 자유롭게 만질 수 있는 것

오류수정

- 나사 돌아가는 부분이 부서질 수도 있다.
- 나사 구멍에 맞는 나사가 준비되어 있지 않을 수 있다.
- 나사와 다른 모양의 드라이버가 준비되어 있을 수 있다.
- 나사를 어긋나게 끼워서 드라이버로 돌릴 경우도 있을 수 있다.

직접목적 손목을 이용해 바르게 도구를 사용할 수 있다.
올바르게 드라이버를 사용할 수 있다.

간접목적 집중력, 지구력, 논리적 사고 향상을 위한 준비, 근육조절, 협응력, 질서감

응용편

- 나사를 풀고 순서를 뒤죽박죽으로 섞어서 활동할 수 있도록 한다.
- 나사의 크기와 종류가 다른 것들을 사용하여 활동할 수 있도록 한다.
- 나사가 있는 다양한 물건을 직접 경험해 볼 수 있다.

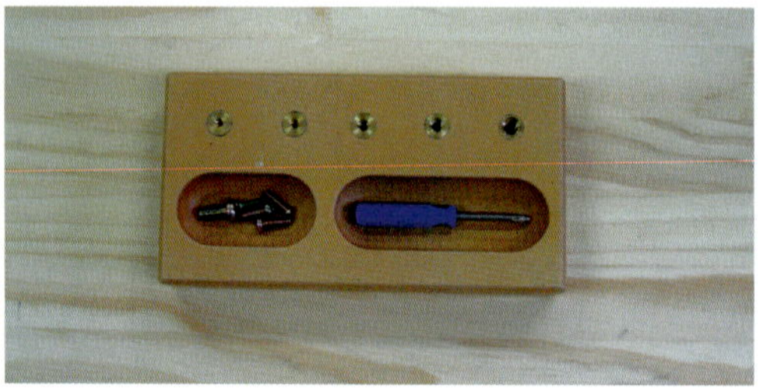

다림질하기

연 령 4세 이상

교 구 쟁반, 다림질 할 손수건이 담긴 바구니, 분무기, 다린 옷감 넣을 바구니, 다리미판, 다리미, 매트

제 시

- 어린이를 초대하고 교구를 소개한다.
"이 교구의 이름은 '다림질하기' 입니다."
- 매트를 펴고 교구를 가지고 와서 세팅한다.
- 콘센트를 꽂아 다리미의 열을 올린다. 그리고 싱크대에 가서 물을 담아온다. 다리미는 열을 받으면 많이 뜨겁기 때문에 꼭 주의해야 할 점을 이야기한다.
- 싱크대로 가서 분무기 안에 물을 담아와서 잠근다.

- 다리미 판 위에 손수건을 펼쳐서 올린다.
- 손을 다리미 앞에 대거나 손을 따라서 다림질을 절대 하지 않는다. 손이 다리미를 따라가지 않는다.
- 물을 뿌릴 때에는 다리미를 반드시 통에 넣어둔다.
- 반복하여 다리미로 손수건을 다린다. 다 다린 후 다리미 콘센트부터 끈다.
- 작업한 것을 천천히 관찰한다.
- 다리미 판 다리를 접어 정리한다.
- 수건 접기에 따라 손수건을 접는다.
- 쟁반 안에 다리미판, 손수건 순으로 넣어 둔다.
- 싱크대로 가서 분무기의 물을 버리고 스펀지로 분무기를 닦아준다.
- 콘센트 선들을 정리한다.

흥미점 손수건을 펴는 것, 분무기로 물을 뿌리는 것, 다리미에서 김이 나는 것, 구김이 펴지는 것

오류수정

- 빨래의 구김이 다려지지 않을 수 있다.
- 콘센트를 뽑지 않을 수 있다.

직접목적 일상생활의 적응

간접목적 질서감, 눈과 손의 협응력, 집중력, 독립심, 성취감

응용편

- 다리미 옷감을 다양하게 준비하여 활동해 볼 수 있다.
- 세탁한 빨래를 다려 볼 수 있다.
- 실제 손수건을 가져와서 다려 볼 수 있다.
- 인형 옷을 다려 볼 수 있다.

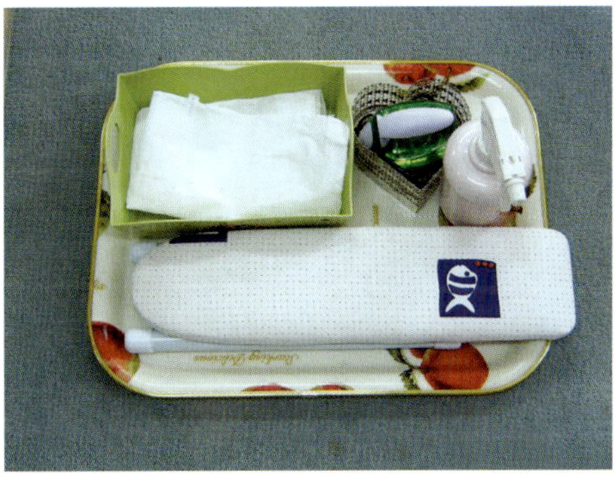

Chapter 7

감각영역

01. 몬테소리 감각영역의 이론적 배경

만약에 우리들이 교육을 생물학적이고 사회적인 발달에 목적을 둔다면 생물학적인 목적은 각 개인의 자연적인 개발, 즉 어린이들의 정신적인 현상을 돕는 것이고 사회적인 목적은 자기 환경에서 개인적인 적응방법을 준비하는 것으로 개인이 그 사회에 적응하는 방법을 가르치는 것이다(조성자 역, 1995). 몬테소리의 감각훈련은 이 두 가지를 모두 포함하는 교육 목적을 가진다. 감각발달의 민감기를 3~6세 사이로 본다면 이 시기의 감각이 정확하게 발달하도록 돕는 것이 감각교육의 목적이다.

어린이들을 위한 감각교육이 중요한 것은 예를 들면, 의대생이 몸의 상태를 정확하게 진단하기 위해서 우선적으로 맥박을 촉각으로 감지하여 정상과 비정상을 구분하고 맥박을 근거로 다른 질병의 원인을 찾아내는데, 오랜 시간 동안 수련의를 거쳐 실력 있는 의사가 되듯이 신체발달과 정신발달의 모든 근원은 감각기관으로부터 출발한다. 역사적으로 유아를 연구하는 대부분의 학자들은 학문의 기초로써 감각발달에 초점을 맞추었다.

감각교육은 유아기에 터득하는 정확하고 중요한 기술영역이다. 몬테소리는 감각, 동작, 인지 발달을 촉진하기 위한 교구를 개발하여 어린이의 흥미를 유발시키는 교육방법을 연습과 훈련을 통하여 정확하게 제공하였다. 그녀의 감각 이론은 다른 학자들과 마찬가지로 인식론에 관계되는 영역이다. 예를 들면, 어린이들이 어떤 과정을 거쳐서 하나의 새로운 지식을 획득하는가에 대한 답이다. 몬테소리는 어린이들이 어떤 방법으로 인지가 발달하고 형성되며 활용하는가를 1907년 어린이집을 개원하면서부터 관찰을 통해서 과학적으로 증명한 실증주의 심리학, 실증주의 교육학자이다. 즉, 몬테소리는 경험론자의 입장과 발생학적 인식론자의 입장에서 인간이 선천적으로 가지고 태어난 정신적 기능들을 준비된 환경과 자유로운 활동을 통해서 개발한다는 입장이다.

몬테소리는 어린이들의 정신기능을 정상적이고 정확하게 발달하는 데 필요한 절대조건이 바로 사물이고 사물을 통해서 얻어지는 물리적 지식의 선행조건은 사물 또는 교구와의 상호작용으로 보았다. 그러므로 감각영역에서 중요시하는 것은 다섯 가지 감각기관의 정확한 발달이다. 왜냐하면 어린이들은 감각기관을 통해서 인지를 발달시키면서 자기 환경 속에서 사물과 상화작용하면서 정신적 기능 또는 현상들을 발달시키기 때문이다.

1) 몬테소리의 감각영역 이론

감각기관은 외부에 있는 모든 사물과 사람들의 상을 머릿속으로 가져오는 지각작용을 돕는다. 모든 감각기관은 감각훈련을 통해서 사물을 정확하게 지각하는 방법을 훈련한다. 몬테소리의 감각 이론은 다음과 같은 목적을 가진다.

- 감각은 지식을 형성하는 하나의 지식 도구이다. 경험주의 철학에 의하면 인간의 뇌는 선천적으로 타불라 라사(Tabula Rasa)(조성자 저, 2007)와 같기 때문에 감각기관들이 사물을 지각하고 인지함으로써 지식을 만들어간다. 인지발달은 어린이들이 물리적 환경과 인적 환경 속에 있는 사물을 근거로 조작하고 탐색하면서 반복적인 학습경험을 통해서 경험적으로 이루어진다.
- 색, 형태, 크기의 특징을 강조한다. 세 가지를 분리하는 것은 감각을 통해서 이루어지고 모든 교육의 기초가 된다.
- 감각교구들은 특별한 감각발달을 목표로 한다.

- 감각은 외부 환경과 어린이 내부의 정신 중간에 있다. 감각의 도움으로 지식을 만들 수 있는 정보와 자료를 뇌에 제공한다. 감각은 그 재료를 분석하고 만들며 사고하는 작업을 수행한다. 감각인상이 없으면 인지를 발달시킬 수 없다. 감각은 훈련되어야 한다.
- 감각교육은 어린이들에게 넘쳐나는 인상들을 어떻게 소화할까? 넘쳐나는 인상들을 물질화된 추상물인 교구로 특성을 분류한다. 예를 들면, 길고 짧고 거칠고 매끄럽다의 감각을 통해서 분류한다.
- 감각교육의 목표는 모든 사물의 속성을 이해하고 터득할 수 있도록 도움을 준다. 감각기관이 외부 세계를 의식적으로 수용할 수 있도록 훈련한다.
- 몬테소리는 감각기관은 외부 세계의 모든 상을 내부로 끌어들이는 포착기관이라고 말한다.
- 0~3세는 감당하기 어려울 정도로 많은 양의 재료들을 흡수하여 사물과 사람의 본질, 내용을 받아들인다.
- 눈에 보이는 사물의 뒷면을 바라볼 수 있는 지성 또는 지능의 역할과 몸의 움직임이 감각훈련을 통해서 이루어진다.
- 감각훈련은 마치 무질서하게 흩어진 사물과 책을 정리정돈하여 하나의 훌륭한 "도서관과 창고" 만드는 역할을 한다. 사물들을 자루에 막 집어넣을 것이 아니라 깨끗하고 질서 있게 정리정돈하여 넓은 도서관과 창고에 배치하여야 한다. 감각훈련을 통해서 정리정돈된 공간을 배치한다.
- 어린이들의 감각인상에 관한 세 가지 물음에 답을 준다
  - 동일성 : 어떤 사물들이 서로 다른가?
  - 차이성 : 각각의 교구는 처음과 마지막이 어떻게 다른가?
  - 단계구분(변별력) : 서로 다른 사물들을 어떻게 순서대로 배열할 것인가?

    예 꼭지원기둥 : 사물의 길이와 넓이를 인식하게 된다.
- 감각교구들은 지식 범주로 통하는 문을 열 수 있는 열쇠라고 할 수 있다.
- 손의 움직임과 몸의 움직임을 정교하게 발달시킨다. 손의 움직임과 몸의 움

직임을 통해서 어린이 내면에 있는 모든 상과 지식을 밖으로 드러낼 수 있도록 훈련한다. 감각기관 운동, 운동교육, 정신교육의 관계를 훈련한다. 세 가지 기능을 통해서 어린이들의 전체적인 발달에 도움을 준다.

- 근육운동을 통해서 전체운동과 연결시켜 다시 통합적 발달과 연결한다. 사물과 생명체를 변별하고 파악하는 능력을 발달시킨다.

2) 몬테소리 감각영역의 목적

대부분의 교육자들과 연구가들은 어린이들의 감각 자체가 환경에 관심이 있다는 것을 관찰하였다. 어린이들은 눈부신 색깔, 들을 수 있는 소리, 어린이가 접촉할 수 있는 감각에 접촉되는 모든 것에 관심을 가지게 된다. 영아기의 영아들은 끊임없이 지속적으로 움직이면서 신체운동을 자율적으로 한다. 이러한 현상은 지금 어린이가 스스로 발달하고 탐색활동하고 있다는 상징이다. 이 시기는 모든 감각기관이 민감기에 속한다. 피아제의 이론에 의하면 움직이고 운동하는 연령이 감각 운동기이다. 어린이들은 감각과 신체운동을 수단으로 환경과 접촉하고 환경을 흡수한다. 어린이는 환경을 파악하고 적응하기 위해서 실제적으로 자기의 지식과 감각들이 환경과 함께 활동적일 때 감각에 초점을 맞춘다.

감각 민감기에 영아들의 감각을 정교하게 발달시키기 위한 교사들의 중요한 역할은 이 시기의 영아들에게 도움을 주도록 환경을 준비하고 작업을 계획하는 일이다. 이것은 영아들의 감각발달을 훈련하는 데 가장 큰 선물이다.

영아들의 감각발달을 위해서 교사들은 구체물인 교구를 제공하여 그들의 신체활동에 도움을 주어야 한다. 동시에 구체물이나 교구는 감각을 통해서 어린이들의 정신력을 최대한으로 자극한다. 영아들은 집중과 관심 그리고 인지를 자극하고 충동시킨다. 모든 영아들은 아직 순수하고 때 묻지 않은 백지와 같아서 오감각인 청각, 미각, 후각, 촉각, 시각으로 받아들인 상들을 머릿속에 무의식적으로 저장한다. 어린이들은 외부 세계와의 접촉으로 사물과 만나면서 감각을 발달시킨다. 교사들은 어린이들이 손으로 구체물을 집어들고 똑같은 방법으로 자기의 감각을 이용하여 외부 세계의 사물을 흡수한다는 것을 알고 있다. 어린이들은 환경 속에서 모든 자극을 흡수하면서 언어를 학습하게 된다. 다른 측면에서 어린이의 인지발달은 그들을 에워싸고 있는 모든 자극들의 저장고에서 발아되어 변별능력이 발달하면서 얻어지는 양질의 지식들이라고 할 수 있다. 그러므로 어린이는 환경과 상호작용하면서 항상 새로운 지식을 구성한다.

후각과 미각은 생산성이 있는 신체의 생리학적 활동과 연관되어 있다. 음식을 섭취하는 것은 두 감각기관과 연결되어 기능을 발휘한다.

중요한 감각 중에 하나는 촉각이다. 그것은 물체와 접촉하여 처음으로 느껴지는 것을 직접 가장 빠른 속도로 받아들이는 감각이다. 피부의 어떤 부분들, 예를 들면 손끝은 촉각에 매우 민감하다. 피부를 통해서 우리는 또 다른 감각들을 구별할 수 있으나 모든 감각기관은 좀 느리고 빠른 정도이므로 서로 연결되어 모든 위험을 방지하고 즐거움을 공감할 수 있도록 심리적 상태와 공동 작업한다. 이러한 이론을 근거로 감각교구에 대한 몬테소리 교구의 목적은 구조화된 순서와 계열화에 대한 감각적 경험을 제공함으로써 어린이들이 감각의 질서와 순서를 창조하는 과업을 성취하도록 촉진하는 데 목적이 있다. 어린이는 작업을 통하여 감각을 구체적인 것에서부터 추상적인 것으로 발달시킨다. 몬테소리 교구는 대부분 어린이의 감각발달을 위해 개발되었다. 몬테소리는 『어린이 발견』이라는 저서에서 다음과 같이 언급하고 있다.

> "교육학은 감각교육을 목적으로 한다. 나의 교구는 감각훈련에 적용하기 위한 것이다. 교육의 목적은 개인의 능력을 발달시키는 것이다. 어린이들이 흥미를 나타내는 교구를 선택하지 않으면 안 된다."

몬테소리 교구의 목적은 위에서 언급하고 있는 것처럼 생물학적인 차원에서 신체의 기능을 훈련하고 교구를 정확하게 사용하여 지식이나 기술 발달을 위한 어린이의 자기 조절능력과 정신발달에 도움을 주는 내적인 차원에 있다. 특히 내적 능력의 목적을 달성하기 위해 몬테소리 교구는 어린이의 내적인 욕구와 조화가 이루어지도록 되어 있다. 또한 사회적 차원에서의 몬테소리 감각교구는 어린이가 현재 생활과 미래 생활에 적응할 때 유능한 관찰자가 될 수 있도록 관찰능력과 수단을 몸에 익히게 하는 데 목표를 가진다.

감각기관으로 촉각은 환경과 정보를 조직화하는 기능, 전달하는 기능, 관계 맺는 기능역할을 한다. 촉각을 통해서 관계를 맺고 접촉을 하여 통교의 기능을 담당하기도 한다.

후각은 어머니의 음식물로부터 유입되는 많은 물질이 양수로 들어가는데, 유입된 물질에서 태아는 후각에 대한 기억을 창조하고 후각은 후에 몸의 건강을 보장해 준다.

미각은 양수 속에 들어온 물질이 달콤한지, 짠지, 쓴지 미각을 통해서 얼굴을 찌푸리고, 웃게 만든다. 예를 들면, 인도의 어린이들은 카레 맛, 한국 어린이들은 된장 맛, 프랑스 남부의 어린이들은 마늘 맛에 익숙해져 있다.

청각은 음의 강도에 따라서 태아의 심장박동 소리에 변화를 일으킨다. 어머니의 목소리, 외부의 부드러운 소리는 태아를 정서적으로 안정되게 만들고 날카로운 소리는 태아를 자극적으로 움직이도록 만든다.

공항 근처의 어린이들은 조그만 소음에도 자극적이라는 연구결과가 있다. 태교음악의 필요성을 강조하는 것도 바로 이러한 이유에서이다. 부드러운 소리의 진동은 에너지를 생산하고 신경조직을 균형 있고 조화롭게 도와준다. 임신 기간 동안 태아와 이야기를 나누고 노래를 불러주는 것은 청각발달에 도움을 준다.

시각은 출산 전에 이미 볼 수 있는 모든 기능을 완성하여 태어나서는 밝고 어두움에 의한 자극을 탐색한다. 우리들이 생각하는 것처럼 어머니의 자궁 속은 어둡지만은 않다. 자궁 속에서 태아는 어둡고 밝은 색의 감각을 발달시킨다는 것이다. 시각은 어머니의 생활양식에 따라서 영향을 받는다.

인간은 이미 태내에서 감각기관을 형성하여 태어나지만 아직 자율적으로 움직이고 활용할 수 있는 능력이 없기 때문에 모든 환경과 교구 그리고 사물을 통해서 감각기관을 완성할 수 있도록 몬테소리 교실에서는 과학적으로 활용할 수 있는 교구들을 제공한다. 몬테소리 교구는 단지 어린이들의 흥미만을 만족시키는 것이 아니라 감각을 발달시켜 인지 세계와 관계를 형성하는 중요한 역할을 한다.

3) 몬테소리 감각교구의 고립화 원리

몬테소리 교구의 특성은 교구의 고립화를 중시한다. 어린이는 생후 2.5~3세 경부터 외부의 질서를 근거로 자기 내면에 정신적인 질서를 창조해 나아간다. 즉, 어린이는 자신들의 다섯 가지 감각인 시각, 청각, 후각, 촉각, 미각을 사용하여 흡수되는 느낌을 동시에 추상화하면서 자신의 내면을 풍부하게 창조한다. 어린이들은 감각의 민감기를 통하여 주위의 인상들을 받아들이고 파악한다. 이 시기에 다섯 가지 감각기관을 자극할 수 있는 사물들이 어린이 주변에 다양하게 준비되어 있을 경우 어린이 내면의 에너지인 호르메와 므네메의 적극적인 활동을 통해 어린이의 내적 능력은 발달한다.

그러나 어린이들은 자극되는 여러 감각을 한꺼번에 동시 다발적으로 수용하기는 어렵다. 아직 발달이 완성되지 않은 어린이들은 하나하나 감각으로부터 자극되는 느낌이 감각기관으로 집중된다. 이러한 관점에서 몬테소리는 어린이를 자극하여 모든 감각을 고립시키는 것이 중요하다고 강조한다. 즉, 감각을 하나씩 자극할 때 어린이의 다섯 가지 감각은 세련되어 간다.

몬테소리가 중요하다고 말하는 감각자극의 고립화는 대상이 되는 사물이 가지고 있는 여러 가지 본질적 특질에서 한 가지를 추상화하는 것에서 시작된다. 어린이가 인지하는 것을 돕기 위해서는 감각을 고립화하여 한 가지 속성만을 다루는 것이 필요하다. 몬테소리 저서 『어린이의 발견』에서 감각의 중요성을 다음과 같이 언급하고 있다.

"사물은 어느 것이나 무게, 색상, 모양, 형태, 부피 이외에 여러 가지 본질적인 속성을 가지고 있다. 이러한 다양한 성질 중에서 한 가지 성질만을 취급하려면 교사는 의도하여 가르치려는 성질 외의 것은 모두 동일성을 부여하고 가르치려는 성질에 대해서만 정도의 단계를 설정하여야 한다. 예를 들면, 색상의 변별력을 위해서 어떠한 사물을 취급할 경우에는 그 사물의 본질인 재질, 형태, 척도는 동일하고 색상만 변화시키는 것이다."

고립화는 각 부분이 올바르고 정확하게 발달하는 것과 관련이 있다. 몬테소리는 하나의 생명이 정상적으로 발달하고 성숙하기 위해서는 유기체 생명의 각 부분이 본래의 고유한 성질을 스스로 발달하면서 자기 고유한 기능을 발휘하여야만 가능하다. 다시 말하면, 어린이 내부에 있는 놀라움과 신비스러운 잠재능력의 발달 가능성을 스스로 발현해서 본능적인 특별한 자질로 향상시켜 여러 부분들의 완전한 기능들을 발달시키면서 통합되어 하나의 완전한 전체를 총체적으로 이루어가는 것이다.

고립화란 다른 부분과 다른 별개의 관계를 가지는 것이 아니라 바로 생명의 각 부분들이 다른 부분과 밀접하게 관계를 맺고 있어서 고립될 수 없음에도 불구하고 각 부분의 구조와 역할, 본질, 특성들을 분리하여 각 부분이 완전하고 정확하게 작용할 수 있도록 돕고 협력하는 것이다. 즉, 하나하나를 고립시켜서 그 본질적인 특성을 발달시키면 부분과 부분이 결합될 때 각자의 힘이 더욱 강해지는 것이다.

몬테소리 교구 및 교재의 제공방법에 있어서 배려하고 고려할 것은 고립화는 교구에 대한 어린이의 흥미를 유발하고 본질에 접근하는 것을 쉽게 해 준다. 그러므로 고립화의 원칙을 살펴보면 다음과 같다.

- 감각적인 자극의 고립화와 대상의 고립화 : 어린이는 단순한 작업에 흥미를 가진다는 것을 고려한다.
- 문제의 고립화 : 문제가 복잡하면 어린이는 흥미를 잃고 지적인 노력의 발현이 방해 받는다.
- 개념의 고립화 : 교구에 부여되는 개념들을 단순화 또는 고립화
- 환경의 고립화 : 영역별 고립화

몬테소리는 어린이가 물체의 속성을 인지하는 것이 지식의 문을 여는 열쇠와 같다고 말한다. 즉, 어린이가 물체의 속성을 정확히 분류하고 차이점을 파악하고 알아간다면 자신의 환경이나 자연계가 포함하고 있는 모든 물체를 올바르게 파악할 수 있다. 몬테소리의 감각교구에 의해 훈련된 기본적인 질서는 교구를 통해 자극되어지는 추상력과 상상력을 근거로 창조성 또는 창의성을 가지게 된다.

4) 몬테소리 감각교구의 특성

몬테소리 감각교구의 특성은 다음과 같다.

① 감각교구는 자동교육의 단계로 이끌어갈 수 있도록 구성되어 있다.

- 오류와 피드백의 정정
- 소극적인 교사, 적극적인 어린이
- 어린이 스스로의 지적인 관찰과정과 감각기관을 통해 얻어진 지식에 근거하여 자유선택을 하여 작업을 지속함으로써 자동교육이 이루어진다.

② 미적 감각이 있는 색상과 적절한 크기의 교구로써 어린이의 흥미를 이끄는 매력을 지니고 있다.

③ 모든 교구들은 어린이의 흥미를 유발시킬 수 있게 구성되어야 한다. 교구장에서 교구들을 작업 장소로 옮겨 스스로 작업을 할 수 있도록 고려하여야 한다.

④ 몬테소리 교구는 수에 제한을 받는다. 이러한 교구의 제한성으로 어린이들은 기다림, 질서, 양보 등을 학습하게 된다.

- 다량의 교구는 어린이를 혼란스럽게 한다.
- 다량의 교구는 어린이의 자발성을 저해한다.
- 다량의 교구는 어린이의 집중력을 저하시킨다.
- 다량의 교구는 어린이의 내적 · 외적 질서를 방해한다.

5) 몬테소리 감각교구의 원리

몬테소리는 감각교구의 원리를 다음과 같이 언급한다.

① 교구는 분리할 수 있도록 구성되어 있다.

몬테소리 교구는 어린이 스스로가 분리된 조작, 즉 활동분석에 의해 어린이가 발견하고 이해하도록 되어 있다. 교구의 분리는 어린이가 과제를 간단히 해 볼 수 있게 하고 거기에서 발생하는 문제를 이해하고 알 수 있도록 준비시키며 어린이가 정해진 순서에 따라 하나씩 작업을 해 나가면서 문제를 해결할 수 있게 구성되었다.

② 교구는 단순한 것에서 복잡한 것으로 단계적으로 개발되었다.

③ 교구를 통해 어린이가 할 수 있는 모든 감각적 활동들은 그 자체로 끝나는 것이 아니라 어린이가 간접적으로 다음 단계에서 수행해야 하는 학습을 준비할 수 있도록 구성되었다.

글자 쓰기
- 물 따르기 : 운동의 조정
- 꼭지원기둥 : 연필 잡기
- 모래 종이글자(Sand paper)

④ 교구는 어린이들의 생각을 구체적으로 표현하기 시작하여 점차적으로 추상적으로 표현하게 한다.

6) 몬테소리 감각교구의 위치

몬테소리 교육의 내용은 교육 목표를 기본으로 하여 다섯 가지로 크게 분류된다. 일상생활의 연습, 감각교육, 수 교육, 언어교육, 그리고 문화 · 우주 교육이다. 몬테소리의 감각교육 측면에서 감각발달은 지적 교육발달에 선행하는 것이므로 그것들은 계획적인 교육의 내용으로 구성되어야 한다. 감각발달은 어떠한 순서성을 내포하고 있다. 즉, 감각교육은 일상생활의 연습을 근거로 하여 수 교육, 언어교육, 우주영역으로 발전해 가는 근거가 된다. 그런 의미에서 감각교육은 몬테소리 교육의 핵심적인 역할을 한다.

감각교육의 위치를 표로 보면 다음과 같다.

몬테소리 감각교육 과정					
2.5세	3세	4세	5세	6세	
원에 입원할 때 건강상태 →	→	→	→	→	
일상생활 연습 →	→	→	→	→	
	감각교육 →	→	→	→	
		언어교육(교구) →	→	→	
				식물교육(교구)	우주교육
				문화교육(교구)	
				미술교육(교구)	
				음악교육(교구)	
				산수교육(교구)	

7) 몬테소리 감각교구의 종류

몬테소리 감각교구는 아래와 같이 16종류로 구성되어 있다. 그러나 단지 16종류만으로 확정하기는 어려움이 있다. 몬테소리 교구는 수, 언어, 우주 영역까지 모두 감각적인 요소를 포함하고 있기 때문이다.

꼭지원기둥, 갈색계단, 분홍 탑, 빨강 막대, 색 원기둥, 색 판 1 · 2 · 3, 촉각 판, 온도 구별판, 무게 구별판, 기하도형, 구성삼각형, 소리상자, 후각상자, 미각상자, 기하도형서랍, 비밀주머니, 압력 봉

각 교구가 가지는 교육 내용은 아래의 표를 참조하여 알아보자.

감각의 종류		교구	교구의 내용
시각교구	시각교육 : 물건의 크기나 색, 형을 식별하는 시각을 교육한다.		
	크기	분홍 탑	크다-작다
		갈색계단	굵다-가늘다
		빨강 막대	길다-짧다
		꼭지원 기둥	높다-낮다, 굵다-가늘다, 크다-작다, 고저와 굵고 가는 조립
		색 원기둥	꼭지원기둥과 같다.

<table>
<tr><th colspan="2">감각의 종류</th><th>교구</th><th>교구의 내용</th></tr>
<tr><td rowspan="7">시각교구</td><td>색</td><td>색 판</td><td>색의 종류, 색의 명암(명도차)</td></tr>
<tr><td rowspan="3">형</td><td>장롱</td><td>여러 가지 평면기하도형(원, 삼각형, 사각형, 다각형 외)</td></tr>
<tr><td>기하학 입체</td><td>기본적인 기하학 입체
(구, 입방체, 직방체, 삼각주, 원추, 사각추 외)</td></tr>
<tr><td>구성 삼각형</td><td>삼각형의 종류와 삼각형의 짜맞춤으로 구성되는 것(식별과 등가)</td></tr>
<tr><td rowspan="2">기타</td><td>2항식</td><td>색과 치수 요소의 응용</td></tr>
<tr><td>3항식</td><td>색과 치수 요소의 응용</td></tr>
<tr><td colspan="3" style="display:none"></td></tr>
<tr><td rowspan="8">촉각교구</td><td colspan="3">촉각교육 : 물체를 손으로 만지는 것에 의해서 지각할 수 있는 피부감각(촉각), 온도감각, 실체인 감각이나 손으로 떠받치거나, 들어 올리는 것에 의해서 지각할 수 있는 압각(무게의 감각)을 교육한다.</td></tr>
<tr><td rowspan="2">피부감각
(촉각)</td><td>촉각 판</td><td>물체 표면의 거칠음-부드러움</td></tr>
<tr><td>(천맞춤)</td><td>천의 종류와 감촉(손으로 만지는 감촉)</td></tr>
<tr><td rowspan="2">온도감각</td><td>온각통</td><td>뜨겁다-따뜻하다-미지근하다-차다(통과 물로 조절한다)</td></tr>
<tr><td>(온각 판)</td><td>(물체 자체가 가지고 있는 온도)</td></tr>
<tr><td>압각</td><td>압력 봉</td><td>누르기 쉽다-어렵다</td></tr>
<tr><td rowspan="2">실체 인식 감각</td><td>실체 인식대</td><td>촉각과 근육감각의 동시적인 도움에 의해서 물체를 손으로 만져서 물체를 지각한다(손으로 만지는 지각의 종합적인 응용…표면의 凹凸 · 형 · 조활(粗滑), 온도, 중량감으로 판단한다.)</td></tr>
<tr><td>기하학 입체</td><td>기본적인 기하학 입체
(구, 입방체, 직방체, 삼각주, 원추, 사각추, 기타)</td></tr>
<tr><td rowspan="3">청각교구</td><td colspan="3">청각교육 : 음의 강약, 고저, 종류(악음에서는 음색)를 식별하는 청각을 교육한다. 음의 종류에 대해서는 무수하게 있음으로 특별한 교구는 만들어져 있지 않다. 실생활 안에서 여러 가지 음이나 악기 음을 들어서 구별하는 연습을 한다.</td></tr>
<tr><td colspan="2">소리상자</td><td>잡음(소음)의 강약</td></tr>
<tr><td colspan="2">(음감 벨)</td><td>악음의 고저</td></tr>
<tr><td rowspan="2">미각교구</td><td colspan="3">미각교육 : 혀로 느끼는 미각을 교육한다.</td></tr>
<tr><td colspan="2">미각병</td><td>기본적인 맛의 종류(달다-맵다-시다-쓰다)</td></tr>
<tr><td rowspan="2">후각교구</td><td colspan="3">후각교육 : 코로 느끼는 후각을 교육한다.</td></tr>
<tr><td colspan="2">후각통</td><td>여러 가지 구체물의 냄새</td></tr>
</table>

8) 몬테소리 감각교구에서 사용되는 명칭연습

① 명칭연습의 목적 :

어린이가 환경에 적응을 용이하게 하기 위해서는 개념의 일반화를 파악해야 한다. 개념을 파악하는 것은 어린이가 현실 세계와 더욱 친밀한 관계를 유지하기 위한 질서의식을 가지기 위해서 필요하다.

② 명칭연습의 적용

명칭연습은 어린이가 교구를 가지고 작업하면서 사물의 성질과 특성을 식별하는 능력을 획득한 다음에 교사에 의해 지도된다.

③ 명칭연습의 단계

명칭연습은 3단계의 과정을 가진다.

- 명명단계 : 개념 혹은 사물과 명칭의 일치단계 : 이것은 ○○○입니다.
- 식별단계 : 명칭과 개념 혹은 사물의 재확인 단계 : ○○○을 △△△에 놓으세요.
- 발음단계 : 명칭과 개념 혹은 사물의 기억과 재생 단계 : 이것은 무엇입니까?

특히 2단계에서 어린이는 가장 많은 시간을 필요로 한다. 어린이는 2단계에서 명칭과 사물 사이가 일치하여야 하기 때문에 사고하기 위한 충분한 시간이 필요하다. 만일 어린이가 각 단계에서 오류를 범할 경우에는 항상 앞 단계로 되돌아간다.

명칭연습의 예

교사와 어린이 / 단계	교사	어린이
제1단계	이것은 큽니다. 크다, 크다, 크다. 이것은 작다, 작다, 작다, 작다.	크다 작다
제2단계	어느 쪽이 큽니까, 큰 것은 어느 것입니까, 작은 것은 어느 것입니까, 큰 것을 숨겨 보세요, 작은 것을 집어보세요 등	질문에 응한다
제3단계	이것은 무엇입니까(어떻습니까) 이것은 무엇입니까(어떻습니까)	크다 작다

① **시각 교구**

- 크기의 변별 : 분홍 탑, 갈색계단, 빨강 막대, 꼭지원기둥, 색 원기둥
- 색의 변별 : 색 판(제1, 2, 3 상자)
- 모양의 변별 : 기하도형 서랍, 구성 삼각형(사각상자 1, 삼각상자, 큰육각 상자, 작은 육각상자, 사각상자 2), 기하입체, 이항식, 삼항식

② **촉각 교구**

- 피부감각의 변별 : 촉각 판 Ⅰ, Ⅱ
- 무게감각의 변별 : 무게 변별 판
- 소리상자, 음감 벨,
- 후각상자
- 미각상자, 압각 봉

02. 몬테소리 감각교육의 실제

분홍 탑

연 령 2.5세부터

교 구 분홍색의 정육면체로 가로, 세로, 높이가 다르게 구성된 교구(10개)
정육면체의 부피는 점차적으로 수의 세제곱으로 증가한다.
(예 1^3, 2^3, 3^3, 4^3, 5^3, 6^3, 7^3, 8^3, 9^3, 10^3).

제 시

- 어린이를 초대하여 교구를 설명하고 매트를 준비시킨다.
- 어린이에게 분홍 탑을 어떻게 옮기는지 보여준다.
- 세 손가락을 사용하여 하나씩 들고 온다. 큰 육면체를 옮길 때는 다른 손으로 밑 부분을 받친다.
- 들고 온 교구를 매트 위헤 흩어둔다. 큰 육면체는 가급적 어린이에게서 먼

쪽에 두어 어린이가 보기 쉽게 한다.

- 교사가 육면체 하나하나를 맞추어 가면서 제일 큰 것을 찾아낸다.
- 가장 큰 육면체의 위치를 정해 놓은 다음, 그 다음 큰 육면체도 위와 같은 방법으로 찾는다.
- 가장 큰 육면체 중심부에 그 다음으로 큰 육면체를 정확하게 올려놓는다.
- 같은 방법으로 그 다음의 육면체도 한쪽으로 치우침 없이 차곡차곡 쌓아간다.
- 다 쌓은 후에는 밑에서부터 위로 손으로 훑어보고 감상하도록 한다.
- 위에서 아래로도 내려다보고 어린이와 함께 기뻐하며 격려한다.
- 제자리에 정리할 때는 육면체를 위에서 하나씩 내려놓은 후, 가장 큰 육면체부터 제자리에 가져다 둔다.

명칭연습 '크다, 작다' 3단계 교수법으로 개념의 이해를 촉진한다.

- 개념의 고립화를 위해서 비교되는 것만 놔두고 다른 것들은 치운다.
  - 1단계 : "이것은 크다", "이것은 작다"
  - 2단계 : "작은 것을 영미에게 줄 수 있겠니?"
    "큰 것을 선생님에게 가져다 줄 수 있겠니?"
  - 3단계 : "이것은 무엇입니까?"
- 비교급과 최상급을 학습하기 위하여 교사는 큰 것과 작은 것 2개를 선택하여 어린이에게 크다, 작다의 개념을 확인한다. 그 후 큰 것을 치우고 작은 것과 더 작은 것 그리고 제일 작은 것 3개를 택하여 매트 위에 놓고 다시 3단계 연습을 한다.
  - 1단계 : "이것은 작다", "이것은 더 작다", "이것은 제일 작다"
  - 2단계 : "작은 것을 책상 밑에 넣으세요."
    "더 작은 것을 책상 밑에 넣으세요."
    "제일 작은 것을 ~에게 줄 수 있겠니?"
  - 3단계 : "이것은 무엇입니까?"
- 다시 '크다'에 대한 비교급과 최상급을 학습하기 위하여 교사는 큰 것과 작은 것 2개를 선택하여 어린이에게 '크다', '작다'의 개념을 확인한다. 그 후 작은 것을 치우고 큰 것과 더 큰 것 제일 큰 것 3개를 택하여 매트 위에 놓고

다시 3단계 학습을 한다.

–1단계 : "이것은 크다", "이것은 더 크다", "이것은 제일 크다"

–2단계 : "큰 것을 ~에게 줄 수 있겠니?"

"더 큰 것을 ~에게 줄 수 있겠니?"

"제일 큰 것을 ~에게 줄 수 있겠니?"

–3단계 : "이것은 무엇입니까?"

위와 같은 방법을 통해 원급, 비교급, 최상급을 학습시킨다.

흥미점 • 정육면체를 쌓아올리는 것

• 분홍 탑을 쌓고 위에서 아래로 등 다양하게 살펴보는 것

오류수정 분홍 탑의 부조화, 시각을 통해 혹은 손을 사용하여 알 수 있다.

직접목적 시각을 통한 부피의 차이를 인식하는 것

간접목적 눈과 손의 협응력, 근육의 발달 및 조정력, 집중력, 관찰력, 주의력, 십진법의 기본 단계, 정육면체의 개념, 논리적인 사고력을 통한 추상능력의 발달

응용편

- 구체적인 방법에서 추상적인 방법으로 진행해 간다.
- 10명에게 먼저 나누어주고 나서, 다시 한 명씩 가지고 오게 한다.
- 10개 중 하나를 몰래 빼내어 아동이 하나를 찾아넣도록 한다.
- 한 각과 두 변을 맞추게 한다.
- 비껴 쌓기(+자형 쌓기)
- 걸쳐 쌓기(중력의 힘을 이용한 쌓기)
- 높이 같게 : 1과 10, 2와 9, 3과 8, 4와 7, 5와 6의 높이로 쌓는다.
- 넓이 같게 : 위와 같은 방법을 옆으로 놓는다.
- 한 변끼리 서로 맞대어 잇는다.

갈색계단

연 령 2.5세부터

교 구
- 갈색으로 된 10개의 네모 막대로 길이는 20㎝로 일정하고 단면 1~10㎝(분홍 탑의 단면과 같다).
- 표면적은 대수의 자성순서대로 점점 증가한다(예 1^2, 2^2, 3^2, 4^2, 5^2, 6^2, 7^2, 8^2, 9^2, 10^2), 큰 매트

제 시

- 어린이를 초대하여 교구를 설명하고 매트를 준비시킨다.
- 어린이와 함께 갈색계단을 제일 가는 것부터 오른손을 사용하여 중앙부분을 잡고 하나씩 들고 온다(크고 무거울 경우 왼손을 받쳐서 옮긴다.)
- 들고 온 교구를 매트 위에 섞어둔다.
- 어린이 앞에 제일 굵은 것을 먼저 제시한다.
- 각각의 크기를 맞추어 차례대로 계단을 만들어간다.
- 주의점 : 갈색계단 측면을 맞추도록 한다.
- 손으로 계단을 아래 · 위로 훑으면서 또는 제일 작은 계단을 사용하여 훑어 가면서 높이가 같아짐을 알게 하고 틀림을 정정하게 한다.
- 어린이가 활동해 보도록 하나씩 하나씩 흩어 놓는다.
- 어린이가 의미를 모를 경우 처음부터 다시 시작한다.
- 작업이 끝나면 교구를 다시 교구장으로 갖다 놓는다.

명칭연습 "굵다, 가늘다."

- 개념의 고립화를 위해서 비교되는 것만 놔두고 다른 것들은 치운다.
  - 1단계 : 명명단계 : "이것은 굵다", "이것은 가늘다"
  - 2단계 : 식별단계 : "가는 것을 영미에게 줄 수 있겠니?", "굵은 것을 선생님에게 가져다 줄 수 있겠니?"
  - 3단계 : 발음단계 : "이것은 무엇입니까?"
- 비교급과 최상급을 학습하기 위하여 교사는 굵은 것과 가는 것 2개를 선택

하여 어린이에게 '굵다', '가늘다'의 개념을 확인시킨다. 그 후 굵은 것을 치우고 가는 것과 더 가는 것 그리고 제일 가는 것 3개를 택하여 매트 위에 놓고 다시 3단계 학습을 한다.

- 1단계 : "이것은 가늘다", "이것은 더 가늘다", "이것은 제일 가늘다"
- 2단계 : "가는 것을 책상 밑에 넣으세요", "더 가는 것을 책상 밑에 넣으세요", "제일가는 것을 ~에게 줄 수 있겠니?"
- 3단계 : "이것은 무엇입니까?"

• 다시 '굵다'에 대한 비교급과 최상급을 학습하기 위하여 교사는 굵은 것과 가는 것 2개를 선택하여 어린이에게 '굵다', '가늘다'의 개념을 확인한다. 그 후 가는 것을 치우고 굵은 것과 더 굵은 것, 제일 굵은 것 3개를 택하여 매트 위에 놓고 다시 3단계 학습을 한다.

- 1단계 : "이것은 굵다", "이것은 더 굵다", "이것은 제일 굵다"
- 2단계 : "굵은 것을 ~에게 줄 수 있겠니?", "더 굵은 것을 ~에게 줄 수 있겠니?", "제일 굵은 것을 ~에게 줄 수 있겠니?"
- 3단계 : "이것은 무엇입니까?"

• 위와 같은 방법을 통해 원급, 비교급, 최상급을 학습시킨다.

흥미점 • 갈색계단의 모습을 보는 것
• 가장 가는 막대를 이용하여 계단을 내려와 보는 것

오류수정 갈색계단의 부조화(시각을 통한 정정 및 손을 통한 정정)

직접목적 시각을 통한 부피의 차이를 인식하는 것

간접목적 눈과 손의 협응력, 근육의 발달 및 조정력, 집중력, 관찰력, 변별력, 식별력, 논리적 사고력을 통한 추상능력의 발달, 십진법의 개념 이해

응용편 구체적인 방법에서 추상적인 방법으로 진행해 간다.

• 10명에게 먼저 나누어주고 나서, 다시 한 명씩 가지고 오게 한다.
• 10개 중 하나를 몰래 빼내어 아동이 하나를 찾아 넣도록 한다.
• 한 각과 두 변을 맞추게 한다.
• 비껴 쌓기(+자형 쌓기)
• 걸쳐 쌓기(중력의 힘을 이용한 쌓기)

• 높이 같게 : 1과 10, 2와 9, 3과 8, 4와 7, 5와 6을 높이로 쌓는다.
• 넓이 같게 : 위와 같은 방법을 옆으로 놓는다.
• 분홍 탑과 혼합해서 쌓기
• 세워서 쌓기
• 분홍 탑을 눕히고 갈색계단을 세우는 방식 또는 그와 반대도 가능

꼭지원기둥

연 령 3세

교 구 꼭지원기둥 4개조(꼭지가 있는 원기둥 10개와 10개의 구멍) 꼭지가 달린 10개의 원주와 10개의 구멍을 가진 블록으로 이루어져 있다.

• 꼭지원기둥 A : 원기둥의 직경이 일정(2.5㎝)하고 높이가 줄어들게(0.5㎝) 한 것
• 꼭지원기둥 B : 직경이 작아지면서 높이는 일정하다.
• 꼭지원기둥 C : 직경이 작아지면서 높이는 점차 낮아진다.
• 꼭지원기둥 D : 직경이 작아지면서 높이만 증가한다.

제 시 B→C→D→A의 순으로 제시한다.

• 어린이를 초대한다. 각 세트는 하나씩 제시한다.
  – 교사는 먼저 꼭지원기둥 B로 제시하는 것이 바람직하다.

• 교사는 교구를 소개한 다음 꼭지원기둥을 들고 오는 법을 보여준다(오목하게 들어간 곳을 양손으로 잡는다).
• 교사는 책상(매트) 위에 꼭지원기둥을 놓고 어린이의 오른쪽에 앉는다.
• 교사는 오른손에 엄지, 검지, 장지 세 손가락을 이용하여 원기둥의 꼭지를 잡고 하나씩 빼내어 놓는다.
• 모두 빼낸 다음 하나씩 꽂아본다.
• 주의점 : 교사는 원기둥을 자세히 관찰하면서 원기둥의 깊이, 블록의 깊이를 비교하면서 맞추어 본다.
• 어린이가 다시 하고자 하는 의향이 있을 경우, 원기둥을 빼내어 어린이가 작업할 수 있도록 준비해 준다.
• 일정한 순서로 하고 난 후 섞어서 하도록 한다.
• 작업이 끝나면 교구를 제자리에 갖다 둔다.

명칭연습

• A : "높다"와 "낮다", "더 높다"와 "더 낮다", "제일 높다"와 "제일 낮다"
• B : "굵다"와 "가늘다", "더 굵다"와 "더 가늘다", "제일 굵다"와 "제일 가늘다"
• C : "크다"와 "작다", "더 크다"와 "더 작다", "제일 크다"와 "제일 작다".
• D : "가늘고 높다"와 "굵고 낮다", "더 가늘고 더 높다"와 "더 굵고 더 낮다", "제일 가늘고 제일 높다"와 "제일 굵고 제일 낮다."

흥미점
• 원기둥의 모양, 크기가 다른 원기둥을 보는 것
• 원기둥이 블록에 쏙 들어가는 것을 보는 것

오류수정 블록과 원기둥이 일치하지 않는 것, 시각과 촉각을 통하여 할 수 있다.

직접목적
• 크기의 시각적 변별력 – 동일한 모양의 꼭지원기둥들 속에서 여러 차원의 차이점 인식하는 것
• 나무 블록과 꼭지원기둥의 일치를 인식하는 것

간접목적
• 글씨 쓰기를 위한 섬세한 조정력의 형성, 손목운동
• 연필을 잡기 위한 준비, 관찰력, 측량 개념의 형성, 논리적인 사고력

응용편

• 2개의 블록, 3개, 4개의 블록을 이용해서 맞추어 본다.

• 처음 중간 것을 맞추고 그 다음 굵은 것, 가는 것 순서로 맞추어 본다.
• 꼭지원기둥을 블록에서 빼서 배열하고 어린이의 눈을 감긴 후 하나를 없앤다. 어떤 것이 없어졌는지를 확인하게 한다.
• 틀에서 원기둥을 빼내어 순서대로 배열하게 한다.
• 똑같은 높이나 직경을 5쌍 찾아내게 한다.
• 원기둥을 따라 연필로 그리게 하여 원에 색칠하고 차이를 시각적으로 확인시킨다.
• 색 원기둥과 혼용해서 사용한다.
• 블록 2개를 자기 앞에 섞어놓는다.
• 블록 4종류가 개별적으로 익숙해졌을 때, 블록의 구멍에 연필을 꽂아두고 그 곳에 맞는 꼭지원기둥을 찾아 꽂게 해 본다.
• 10~40명에게 원기둥을 하나씩 주어 그 구멍에 맞는 것을 꽂도록 한다.
• 4종류를 틀 없이 배열하게 한다.

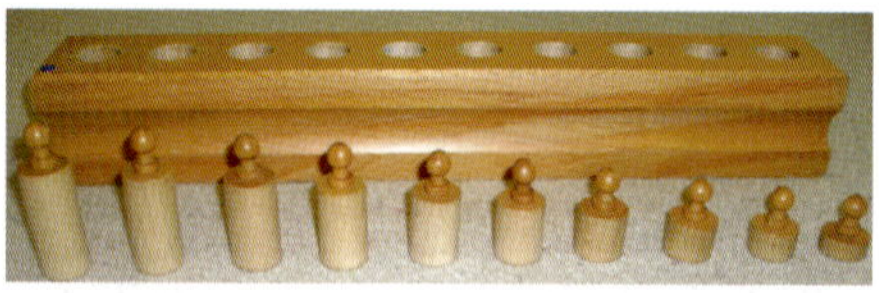
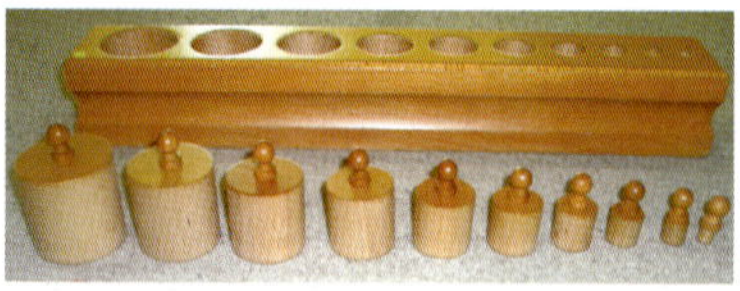

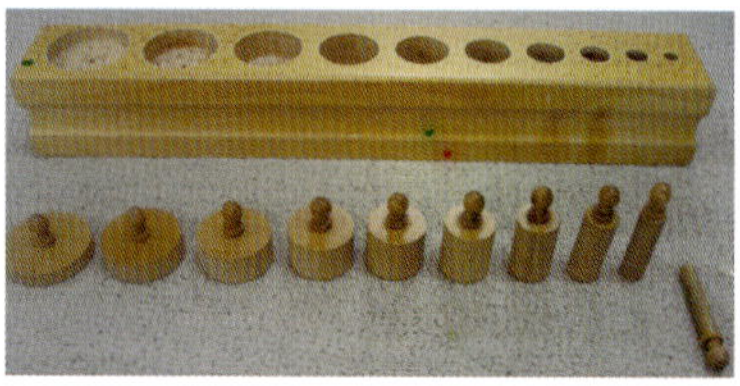

색 원기둥

연 령 4세 정도, 꼭지원기둥을 마친 어린이

교 구 네 가지 색깔(파랑, 빨강, 노랑, 초록)의 원기둥 모양으로 된 네 꼭지원

기둥 A, B, C, D 블록과 같은 4세트(차이점 : 꼭지가 없음)

- 파랑상자 : 꼭지원기둥 A와 같은 1차원의 변화를 가진 교구
- 빨강상자 : 꼭지원기둥 B와 같은 2차원의 변화를 가진 교구
- 노랑상자 : 꼭지원기둥 C와 같은 3차원의 변화를 가진 교구
- 초록상자 : 꼭지원기둥 D와 같은 3차원의 변화를 가진 교구(역행)

제 시

- 어린이를 초대하여 교구를 설명한 후 노랑상자를 선택하여 책상 혹은 매트 위에 놓는다.
- 상자 뚜껑을 열고 원기둥을 모두 꺼낸다.
- 상자는 뚜껑을 덮은 후, 책상 오른쪽 상단에 놓는다.
- 원기둥을 서로 비교해 본 후 가장 굵은 원기둥을 찾아서 어린이 앞에 놓는다.
- 차츰차츰 순서대로 왼쪽에서 오른쪽으로 배열한다.
- 주의점 : 어린이가 눈으로 원기둥의 높이를 볼 수 있도록 배열해야 한다.
- 손을 사용하여 배열한 원기둥의 높이를 느껴본다.
- 어린이에게 하고 싶은지 물어보고 동의가 있으면 배열한 원기둥을 처음 시작할 때처럼 섞어놓는다.
- 작업이 끝나면 원기둥을 가장 큰 것부터 차례대로 넣어 상자를 교구장으로 옮긴다.
- 이러한 방법으로 나머지 세 상자도 제시한다.

명칭연습

- A : "높다"와 "낮다", "더 높다"와 "더 낮다", "제일 높다"와 "제일 낮다"
- B : "굵다"와 "가늘다", "더 굵다"와 "더 가늘다", "제일 굵다"와 "제일 가늘다"
- C : "크다"와 "작다", "더 크다"와 "더 작다", "제일 크다"와 "제일 작다"
- D : "가늘고 높다"와 "굵고 낮다", "더 가늘고 더 높다"와 "더 굵고 더 낮다", "제일 가늘고 제일 높다"와 "제일 굵고 제일 낮다"

흥미점 크기나 굵기가 다른 원기둥을 차례대로 나열하는 것

오류수정 시각과 촉각을 통한 오류의 발견과 정정

직접목적 크기 식별에 대한 시각의 발달

간접목적 손과 눈의 협응력, 팔의 근육운동, 예리한 관찰력과 주의력

응용편

- 탑을 쌓아보기(2개, 3개의 상자를 이용하여 탑 쌓아보기)
- 눈을 가리고 작업해 보기
- 색깔과 크기의 조화를 이용한 작업
  (빨강+노랑, 빨강+초록, 파랑+노랑, 파랑+초록 …)
- 똑같은 크기의 5쌍을 찾아보기

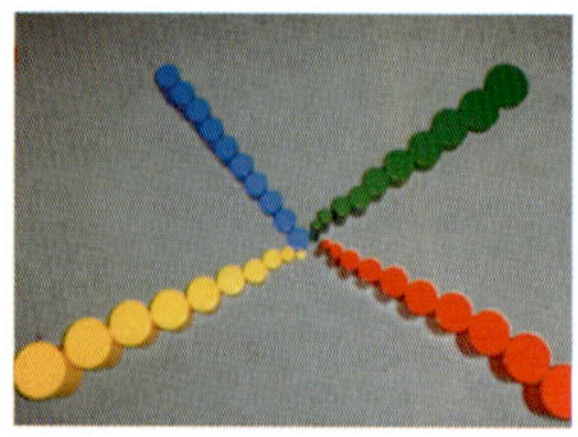

색 판

교 구

- 색 판은 3개의 상자로 이루어진 시리즈이다.
- 각 상자에는 단계별로 아래와 같은 색 판이 들어 있다.
- 제1 상자 : 빨강, 노랑, 파랑의 각 2장씩 삼원색으로 구성된 총 6장의 색 판

- 제2 상자 : 빨강, 노랑, 파랑, 주황, 보라, 초록, 분홍, 갈색, 검정, 회색 흰색의 각 2장씩으로 구성된 총 22장의 색 판
- 제3 상자 : 빨강, 노랑, 파랑, 주황, 보라, 초록, 분홍, 갈색, 회색의 각 7장씩 명도 차이가 있게 구성된 총 63장의 색 판

제 시1 색 판－제1 상자

연 령 3세부터

제 시

- 교사는 어린이를 초대하여 교구를 설명한 후 매트를 준비한다.
- 준비한 매트 위에 색 판－제1 상자를 가져온다.
- 상자를 열어서 6개의 색 판을 어린이에게 보여준 후 색 판을 잡고 꺼낸다.
- 주의점 : 색 판 잡는 방법을 통일해야 한다.
- 6개의 색 판을 하나씩 꺼내어 흩어 놓은 후, 상자 뚜껑을 닫고 매트 오른쪽 상단에 놓는다.
- 흩어진 6개의 색 판을 하나하나 비교하면서 짝을 맞추어 아래 방향으로 배열한다. 이때 흰 부분은 색 판 사이를 구별하는 기준선이 된다.
- 어린이에게 작업을 하고 싶은지 물어본 후 동의가 있으면 색 판을 섞어놓는다.
- 작업이 끝나면 짝이 되는 색 판 2장을 하나씩 상자에 넣는다.
- 상자를 교구장으로 옮긴다.

명칭연습 빨강, 파랑, 노랑(3단계 명칭연습)

- 먼저 빨강, 노랑을 꺼내어 색상을 확인시킨 후 파랑색을 꺼내어 확인시킨다.
  - 1단계 : "이것은 빨강색입니다", "이것은 노랑색입니다", "이것은 파랑색입니다"
  - 2단계 : "빨강색을 ~에게 주세요", "노랑색을 ~에게 주세요", "파랑색을 ~에게 주세요"
  - 3단계 : "이것은 무슨 색입니까?"

흥미점 같은 색끼리 맞추어 보는 것, 색 판의 흰색 부분만 잡는 것

오류수정 시각에 의한 오류의 발견 및 정정

직접목적 기본색의 구별

간접목적 색감의 발달

응용편

- 교사는 빨강, 파랑, 노랑의 색 판을 각각 하나씩 매트 위에 놓은 후 나머지 3개는 어린이들에게 교실 내의 어딘가에 갖다 놓으라고 한다.
- 교사는 1개의 색 판을 가리키면서 어린이에게 짝이 어디 있는지를 물어보고 어린이에게 짝을 가져와 맞추어보게 한다.
- 어린이들에게 색 판을 보여 준 후 교실 내에 색 판과 같은 색깔이 어떤 것들이 있는지 물어본다.

제 시 2 색 판—제2 상자

연 령 3세부터

제 시 제 1상자와 기본 제시방법이 똑같다. (11개의 색)

명칭연습 빨강, 파랑, 노랑, 주황, 보라, 분홍, 초록, 갈색, 회색, 검정, 흰색

3단계연습

- 먼저 두 가지 색을 꺼내어 색상을 확인시킨 후, 세 번째 색을 꺼내어 확인시킨다.
  - 1단계 : "이것은 ~색입니다", "이것은 ~색입니다", "이것은 ~색입니다"
  - 2단계 : "~색을 ~에게 주세요", "~색을 ~에게 주세요", "~색을 ~에게 주세요"
  - 3단계 : "이것은 무슨 색입니까?"

흥미점 같은 색끼리 맞추어 보는 것, 색 판의 흰색 부분만 잡는 것

오류수정 시각에 의한 오류의 발견 및 정정

직접목적 어린이들에게 색의 혼합을 인식하게 하는 것
(예 빨강+파랑 = 보라, 노랑+빨강 = 주황 등)

간접목적 색감의 발달(혼합색), 미술의 준비

응용편

- 색 판을 나누어준 후 색 판을 교실 어딘가에 갖다 놓으라고 한다.
  - 교사는 하나의 색상을 가리키면서 짝이 어디 있는지를 물어보고 짝을 가져와 맞추어 보도록 한다.
- 색 판과 같은 색의 물건을 교실 내에서 찾게 한다.
- 눈을 감게 해서 색 판을 하나 빼어놓은 후 없어진 색을 찾아 맞추어 보기
- 혼합색을 직접 맞추게 수성 물감을 준비한다. (예 빨, 파, 노, 흰, 검)
  혹은 색 셀로판지를 이용하여 혼합색을 맞춘다. (예 빨강+검정=갈색)

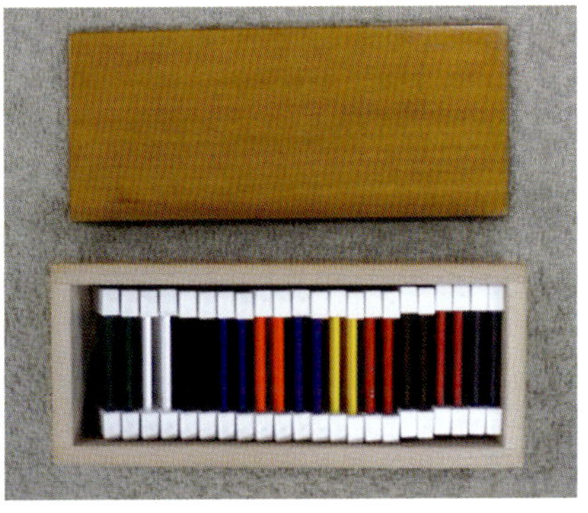

제 시3 색 판－제3 상자

연 령 3세

제 시

- 제2 상자의 작업이 끝난 어린이를 초대한 후, 교구를 설명하고 매트를 준비한다.
- 준비된 매트 위에 9색상 중에서 서열화하기 쉬운 한 가지 색상을 선택하여 일곱 가지의 색 판을 쟁반에 담아서(혹은 꺼내어) 매트 위에 흩어 놓는다.
- 교사는 어린이 오른쪽에 앉는다.
- 교사는 색 판들을 비교해 가면서 가장 진한 색을 골라낸다. (기준)
- 다음으로 진한 색 판을 찾아서 먼저 놓은 색상의 오른편에 놓는다.

• 가장 진한 것에서부터 연한 것으로 차례대로 색 판을 배열한다.

• 색의 밝기에 따라서 서열화된 것을 보여주며 진한 색에서 연한 색으로 나아가고 있음을 말해 준다.

• 어린이가 작업을 반복하도록 초대해 동의가 있으면 색 판을 섞어놓는다. 또는 원하는 색을 선택해서 할 수도 있다.

• 작업이 끝나면 어린이에게 교구를 정리해서 가져다 두게 한다.

명칭연습 밝다-어둡다, 밝다-더 밝다-제일 밝다, 어둡다-더 어둡다-제일 어둡다.

오류수정 시각에 의한 오류의 발견 및 정정

직접목적 색의 명암을 인지하는 것

간접목적 미적인 감각의 발달(색감의 발달)

응용편

• 가장 밝은 것에서 가장 어두운 것으로 배열하기

• 어린이의 눈을 가린 후 하나의 색 판을 빼내어 색깔이 빠진 부분을 맞추어 보게 한다.

• 색 판 모두를 사용하여 별 모양으로 배열해 보기

구성 삼각형 : 사각상자 1

연 령 3세부터

필요조건 기하도형 서랍의 도형 모양에 대한 명칭을 익힌 어린이

교 구
- 노란색과 녹색의 직각이등변 삼각형 2쌍
- 회색, 녹색, 노란색의 직각부등변 삼각형 3쌍
- 노란색의 정삼각형 1쌍. 빨간색의 다른 삼각형 2개

제 시

- 어린이를 초대하여 교구를 설명하고 매트를 준비하게 한다.
- 준비된 매트 위에 상자를 열고 삼각형을 꺼내어 흩어 놓은 후 상자는 매트 오른쪽 상단에 둔다.
- 어린이에게 삼각형 하나를 보여 주고 같은 색과 같은 모양을 찾아보게 한다.
- 모든 삼각형이 짝이 될 때까지 찾아서 겹쳐 둔다.
- 어린이에게 분류한 삼각형 한 쌍을 검은 선을 기준으로 하여 마주 보도록 한다.
- 검지와 중지로 양쪽 검은 선을 각각 훑는다.
- 이때 한쪽 삼각형을 미끄러지듯 밀어서 2개의 삼각형이 합쳐져 하나의 사각형이 되는 것을 보여준다.
- 어린이가 만들어진 사각형에 이름을 부여할 수 있으나, 강요하지는 않는다.
- 남은 삼각형 쌍을 이용하여 사각형 만들기를 계속한다.
- 작업이 끝나면 삼각형을 상자에 담고 교구를 교구장에 갖다 둔다.

오류수정 검은 선을 이용한 틀림의 발견 및 정정

직접목적 2개의 삼각형을 이용하여 사각형을 만들어 보는 것

간접목적 기하도형의 준비

응용편

- 모든 삼각형을 이용하여 여러 가지 도형과 사물의 형태를 만들어보기
- 짝이 되는 것을 선생님과 아동들이 나누어 가진 후 맞추어보기

구성 삼각형 : 삼각상자

연 령 4세부터

교 구
- 회색의 큰 정삼각형 1. 녹색의 직각부등변 삼각형 2개
- 노란색의 둔각이등변 삼각형 3개, 빨간색의 작은 정삼각형 4개

제 시

- 어린이를 초대하여 교구를 설명하고 매트를 가져온다.
- 준비된 매트 위에 삼각상자를 갖다 놓는다.
- 상자를 열어 속에 든 삼각형을 꺼내어 흩어 놓은 후 상자는 매트 오른쪽 위에 둔다.
- 교사는 먼저 회색 정삼각형을 집어서 어린이에게 보여주고 왼쪽에 놓는다.
- 교사는 어린이에게 나머지 삼각형들도 같은 색깔 · 모양으로 분류하게 한다.
- 교사는 2개의 녹색 삼각형을 찾아서 각각의 삼각형에 그어진 검은 선을 기준으로 삼각형을 완성한다.
- 교사는 노란색 삼각형 3개를 가지고 검은 선을 기준으로 삼각형을 완성한다.
- 빨간색 작은 삼각형 4개를 위와 같은 방법으로 하여 삼각형을 만든다.
- 완성된 삼각형 위에 회색 삼각형을 포개어 보면서 같은 크기임을 확인한다.
- 어린이에게 하고 싶은지를 물어본 후 동의가 있으면 어린이가 작업해 볼 수 있도록 삼각형을 섞어 준비해 준다.

- 작업이 끝나고 나면 어린이에게 교구를 교구장으로 갖다 놓게 한다.

오류수정 회색 삼각형과 도형에 그려진 검은 선을 이용한 오류의 발견과 정정

직접목적 정삼각형, 이등변 삼각형, 직삼각형을 이용하여 하나의 큰 삼각형 만들기

간접목적 기하도형의 준비

응용편

- 삼각형을 이용해서 다른 모양 만들어 보기(검은 선을 초월해서)
- 모든 삼각형을 이용하여 큰 삼각형 만들어 보기
- 삼각형의 도형을 색종이에 본을 떠서 오려 여러 가지 도형을 만들어 본 후 풀칠하기

구성 삼각형 : 큰 육각상자

연 령 4세부터

교 구 노란색의 둔각이등변 삼각형 6개, 빨강색의 둔각이등변 삼각형 2개, 회색의 둔각이등변 삼각형 2개, 노란색의 큰 정삼각형 1개

제 시

- 교사는 어린이를 초대하여 큰 육각상자를 가져온다.
- 상자 뚜껑을 열어 삼각형을 꺼내 흩어 놓은 후 상자는 매트 오른쪽 위에 둔다.

- 어린이에게 같은 모양과 같은 색을 찾아 분류해 보게 한 후, 검은 선을 마주 보게 할 수 있는지를 물어보고 작업을 해 보게 한다.
- 노란색으로 만들어진 육각형의 큰 삼각형을 빼고 그 자리에 다른 노란색 삼각형 3개를 놓아보게 하여 같은 크기임을 알게 하고 육각형이 삼각형 6개로 이루어졌음을 알게 한다.
- 빨간색 삼각형 2개를 육각형 위에 겹쳐 놓으면서 빨간색 삼각형이 육각형의 1/3임을 깨닫게 한다.
- 회색 삼각형 2개를 육각형 위에 겹쳐 놓으면서 회색 삼각형이 육각형의 1/3임을 알게 한다.
- 육각형의 바깥쪽에 배열한 삼각형 3개를 안으로 포개어서 같은 크기임을 알게 한다.
- 어린이에게 작업을 더 하고 싶은지를 물어보고 동의가 있으면 삼각형을 섞어서 준비해 준다.
- 작업이 끝나면 교구를 교구장에 갖다 놓게 한다.

오류수정 검은 선을 이용한 오류의 발견 및 정정

직접목적 여러 종류의 삼각형을 이용한 도형 만들어 보기

간접목적 기하도형의 준비

응 용 편 풀칠하기, 여러 가지 모양 만들기

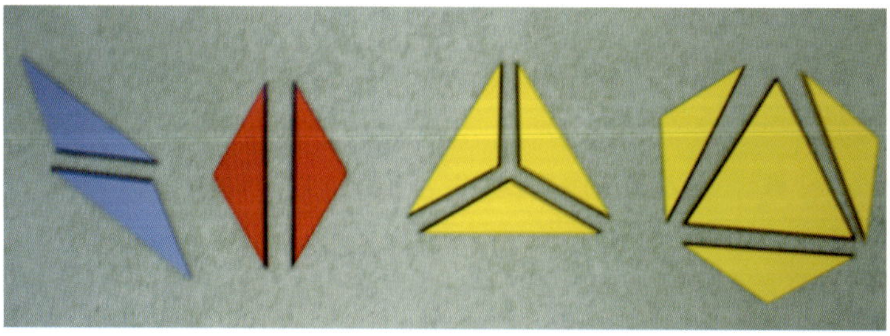

구성 삼각형 : 작은 육각상자

연 령 4세부터

교 구 노란 정삼각형 1개, 회색 정삼각형 6개, 녹색 정삼각형 3개, 빨간 정삼각형 2개, 빨간 둔각삼각형 6개

제 시

- 교사는 어린이를 초대하여 교구를 설명해 준 뒤 매트를 준비한다.
- 준비된 매트 위에 작은 육각상자를 가져온다.
- 뚜껑을 열고 삼각형을 꺼낸 후 상자를 매트 오른쪽 위에 둔다.
- 꺼낸 삼각형을 섞어놓은 후 어린이에게 같은 색과 같은 모양을 찾아보게 한다.
- 분류한 도형을 검은 선을 기준으로 하여 맞추어가도록 한다.
- 교사는 어린이에게 정육각형이 정삼각형 6개로 구성됨을 보여준다.
- 정삼각형 3개로 이루어진 사다리꼴(녹색)은 정육각형의 절반임을 보여준다.
- 정삼각형 2개로 이루어진 사각형(마름모)은 정육각형의 1/3임을 보여준다.
- 둔각이등변 삼각형 6개로 만든 정육각형과 정삼각형 6개로 만든 정육각형은 같은 크기임을 보여준다.
- 어린이에게 하고 싶은지를 물어본 후 동의가 있으면 삼각형을 다 섞어서 작업준비를 해 준다.
- 작업이 끝나면 삼각형을 상자에 담고 교구를 교구장에 갖다 둔다.

오류수정 검은 선을 이용한 오류의 발견 및 정정

직접목적 삼각형을 사용하여 여러 가지 도형 만들어 보기

간접목적 기하도형의 준비

구성 삼각형 : 사각상자 2

연 령 4세부터

교 구 모든 삼각형은 파란색이고 흑색선이 없다. 직각이등변 삼각형 2개, 직각부등변 삼각형 3개, 정삼각형 2개, 둔각이등변 삼각형 1개

제 시

- 선과 색을 넘어서서 자기 나름대로 도형을 만드는 단계
- 교사는 어린이를 초대하고 교구를 설명하고 매트를 준비하게 한다.
- 준비된 매트 위에 파란 삼각형이 든 사각상자를 열고 삼각형을 꺼낸 후 상자는 뚜껑을 닫아 매트의 오른쪽 위에 놓는다.
- 같은 크기의 삼각형 2개를 찾아서 사각형을 만들어 보인 후 시계방향으로 1개의 삼각형을 움직여 보면서 여러 가지 모양의 사각형을 만들어 본다.
- 2개의 도형을 만들 때마다 교사는 어린이가 그것에 명칭을 부여할 것인가의 여부를 확인하기 위하여 멈춘다.
- 어린이에게 하고 싶은지를 물어본 후 동의가 있으면 작업할 수 있도록 준비해 준다.
- 작업이 끝나면 삼각형을 상자에 담고 뚜껑을 닫아 교구장에 갖다 두게 한다.

오류수정 시각적인 조정

직접목적 삼각형을 이용하여 사각형 만들기

간접목적 기하도형의 준비

응용편 삼각형을 여러 가지 도형으로 만들어 기하도형으로 만들어 보기

기하입체

연 령 3세부터

교 구
- 9개의 파란색으로 만들어진 기하도형과 투영 판이 들어 있는 나무상자
- 종류로는 구체, 원주체(타원체), 계란체, 정육면체, 직육면체, 삼각기둥, 사각뿔, 원뿔, 삼각뿔, 원기둥

제 시 1 구르는 것과 구르지 않는 것의 두 가지 속성을 다 가진 것

- 교사는 어린이를 초대하여 교구를 설명하고 매트를 준비하게 한다.
- 준비된 매트 위에 기하입체를 하나씩 가져온다.
- 기하입체를 충분히 만져본다.
- 기하입체를 충분히 관찰한 뒤 입체를 굴려보아서 구르는 것과 구르지 않는 것을 분류해 본다.
- 어린이에게 하고 싶은지를 물어보고 동의가 있으면 기하입체를 다시 섞어서 어린이가 할 수 있도록 준비해 준다.
- 작업이 끝나면 교구를 제자리에 갖다 둔다.

제 시 2 측면끼리 같은 모양

- 교사는 어린이를 초대하여 교구를 설명하고 매트를 준비하게 한다.
- 준비된 매트 위에 기하입체를 하나씩 가져온다.
- 기하입체를 충분히 만져본다.
- 기하입체를 충분히 관찰한 뒤 측면끼리 같을 경우 겹쳐 쌓아보기를 한다.
- 어린이에게 하고 싶은지를 물어보고 동의가 있으면 기하입체를 다시 섞어서 어린이가 할 수 있도록 준비해 준다.
- 작업이 끝나면 교구를 제자리에 돌려놓고 매트도 접어서 제자리에 갖다 둔다.

제 시 3 투영 판과 맞추기

- 교사는 어린이를 초대하여 교구를 설명하고 매트를 준비하게 한다.
- 준비된 매트 위에 기하입체와 투영 판을 하나씩 가져온다.
- 상자를 열고 투영 판을 꺼낸 후에 상자 뚜껑을 닫고 매트 오른쪽 위에 둔다.

- 기하입체와 투영 판을 서로 비교해 보면서 짝이 되는 것들을 찾아 투영 판 위에 도형을 살며시 놓는다.
- 어린이에게 하고 싶은지를 물어보고 동의가 있으면 기하입체를 다시 섞어서 어린이가 할 수 있도록 준비해 준다.
- 작업이 끝나면 교구를 제자리에 돌려놓고 매트도 접어 제자리에 갖다 둔다.

명칭연습 "구 · 타원체, 정육면체, 직육면체, 삼각뿔, 원기둥, 원뿔, 삼각기둥, 사각뿔" 3단계 명칭연습을 한다.

- 제1단계 : "이것은 정육면체입니다", "이것은 구입니다"
- 제2단계 : "~야 구를 ~에게 줄 수 있겠어요?", "~에게 ~을 주세요"
- 제3단계 : "이것은 무엇입니까?"

오류수정
- 투영판과 기하입체의 불일치, 시각에 의한 정정, 불빛을 이용한 정정
- 불을 끄고 촛불을 켜서 원과 원뿔, 원주체, 계란체 등이 원을 형성하는 속성이고 삼각기둥과 삼각뿔 또한 삼각형이 형성됨을 보여준다.

직접목적 기하입체에 대한 주의력과 기하도형들의 특징 알기

간접목적 기하학의 준비

응용편

- 바구니에 기하입체를 담고 보자기를 덮어서 어린이들이 손을 넣어 각진 것과 각지지 않은 것을 분류해 보게 한다.
- 어린이의 눈을 가린 후 기하입체를 하나 준다. 충분히 만져보게 한 뒤 기하입체를 제자리에 놓고 어린이의 눈을 뜨게 한 뒤 찾아보게 한다.
- 바구니에 기하입체를 담고 보자기를 덮어 교사가 요구하는 입체를 찾아보도록 한다. 혹은 자신이 꺼낸 입체의 명칭을 맞춰보게 한다.
- 실외에서 기하입체와 같은 종류의 사물을 찾아보게 한다.

이항식

연 령 3.5~4세

교 구

- 8개가 1세트인 나무로 된 육면체와 $(a+b)$의 육면체를 나타내는 3색으로 채색된 직육면체 : $(a+b)3 = (a+b)(a+b)(a+b) = a3+3a2b+3ab2+b3$
- 각각의 정육면체 혹은 직육면체는 아래와 같이 전개하여 그 의미를 나타낸다 :
  - $a3$: 빨간색 정육면체
  - $b3$: 파란색 정육면체
  - $a2b$: 3개의 직육면체
  - $a2$: 2개의 빨간색 정사각면
  - ab : 4개의 흑색 직사각면
  - ab : 3개의 직육면체
  - $b2$: 2개의 파란 정사각면
  - ab : 4개의 흑색 직사각면

제 시

- 제시를 위해 어린이를 초대하여 이항식 육면체를 소개한다.
- 상자의 뚜껑을 열고 어린이가 상자 위의 모형본을 볼 수 있는 곳에 둔다.
- 상자의 측면을 한 번에 한쪽씩 연다.
- 상단에서 직육면체를 집어서 책상 한편에 둔다.
- 하단의 직육면체를 집어서 책상의 다른 편에 둔다.
- 어린이 앞에 빨간색 정육면체를 둔다.
- 어린이에게 빨간색 정육면체와 한면이 같은 색과 같은 크기로 된 직육면체를 찾도록 요구한다.
- 어린이에게 이 직육면체를 빨간색 정육면체 옆에 어떻게 두는지 보여준다.
- 어린이에게 정육면체의 인접 면에 붙여서 꼭 맞을 다른 직육면체를 찾도록 요구한 후, 빨간색 정육면체 앞에 붙여 놓도록 한다.

- 그리고서 아동에게 다른 직육면체로 공백을 채우도록 요구한다.
- 하단 위에 상단을 포갠다.
- 제일 먼저 파란 정육면체를 포갠다.
- 파란 정육면체에 붙여서 직육면체를 놓으면서 상단을 쌓아간다.
- 활동을 반복하기 위하여 아동을 초대한다.
- 처음 아동이 상자 안에 쌓을 때는 상자 안 구석에 정육면체를 놓을 시 도움이 필요할 수 있다.

오류수정 시각을 통한 대각선상의 정사각형들

직접목적 이항식 정육면체 쌓기 : 크기, 색감, 그리고 모양에 대한 시각적 식별력의 발달

간접목적

- 대수학에의 간접적인 준비, 특히 2항 전개식의 증명
- 육면체 기초 발견을 위한 직접적 준비

응용편

- 모든 직육면체를 함께 흩어 놓는다.
- 빨간색 정육면체를 시작으로 하여 먼저와 같이 이항식 육면체를 쌓는다.
- 어린이에게 정육면체의 6면이 같은 모형임을 지적한다.
- 모든 횡단면이 이와 같은 모형이라는 것을 보여주기 위하여 정육면체를 가른다.
- 활동을 반복하도록 아동을 초청한다.

삼항식

연 령 3.5 ~ 4세

교 구
- 육면체(a+b+c)를 나타내는 4개 색상의 27개 나무 정육면체와 직육면체
- 1세트 : (a+b+c)3 = a3+3a2b+3a2c+6abc+3ac2+b3+3b2c+3bc2+c3

제 시
- 아동에게 삼항식 육면체를 소개한다.
- 상자의 뚜껑을 열고 측면을 연다.
- 제일 윗단에 있는 육면체 조각들을 책상 위에 흩어 놓고 그것들 모두가 정육면체와 같아지게 한다.
- 3개의 분리된 집단을 형성하며 둘째 단과 셋째 단을 반복한다.
- 어린이 앞에 상자 뚜껑을 놓고 도안의 제일 위쪽에 빨간색 정육면체를 놓는다.
- 어린이에게 한 면이 빨간 정육면체의 측면과 같은 크기와 색상이고 다른 면이 정육면체에 인접한 도안 위의 직사각형과 같은 크기와 색상인 직육면체를 찾게 한다.
- 이와 같은 방법으로 셋째 단을 계속하여 쌓는다.
- 셋째 단의 제일 위에 보이는 파란색 정사각형 위에 파란색 정육면체를 놓는다.
- 둘째 단 쌓기를 계속한다. 교사는 셋째 단을 옮겨놓고 도안 위에 바로 둘째 단을 쌓을 수 있다.
- 첫째 단을 반복한다.
- 빨간색 정육면체를 시작으로 하여 아동에게 어떻게 상자 안에 그 육면체 조각들을 놓는지 보여준다.
- 정사각형들의 대각선 모형으로 각 단을 시작하는 대안적 접근방법이 있다.
- 이 경우, 그 단들은 도안 위보다도 책상 위에서 쌓아질 수 있다.

오류수정 시각적 구별, 대각선 위에 채색된 정사각형들

직접목적 대수학의 간접적인 준비와 삼항식 전개에 대한 증명

응용편

- 모든 직육면체들을 같이 흩어 놓는다.
- 각기 단을 맞추고 포개어 놓는다. 혹은 마지막의 제일 위에 각기 단을 쌓는다.
- 이항식으로 했던 것처럼 횡단면을 보여준다.

촉각 판 I

연 령 3세부터

교 구

- 거친 면과 매끈매끈한 면으로 구성된 가로 24㎝, 세로 13㎝의 나무 판 4 장
- A판 : 표면의 반이 거친 부분과 매끈한 부분으로 이루어져 있다.
- B판 : A판과 같이 거친 면과 매끈한 면이 교대로 이루어진 판
- C판 : 5단계의 거친 면으로 이루어진 판
- D판 : 5단계의 매끈한 면으로 이루어진 판
- 손가락을 씻을 수 있는 물이 든 작은 볼, 손가락 닦는 수건

제 시 1

- 촉각 판 사용을 위하여 어린이를 초대하고 손가락 씻는 볼에 물을 따른다. 수건은 펼쳐 둔다.

- 교사는 손가락 끝을 물에 담그고 나서 수건으로 닦아 손끝을 예민하게 한다. 같은 방법으로 어린이도 손끝을 예민하게 한다.
- 볼을 정리하여 제자리에 갖다 둔다.
- 촉각 판 교구를 책상에 옮겨, 책상 중앙에 놓는다.
- 거친 표면을 어린이 쪽으로 향하게 한다.
- 왼손으로 촉각 판을 누르면서 고정시키고 오른손 4개의 손가락 끝부분으로 거친 부분을 위에서 아래로 천천히 부드럽게 쓰다듬는다.
- 교사는 쓰다듬으며 "거칠다"라고 말한다. 여러 번 반복한다.
- 다른 부분인 매끈한 부분도 위에서 아래로 천천히 쓰다듬는다.
- 반복하여 여러 번 한 후에 "부드럽다"라고 말한다.
- 어린이가 해 보도록 한다. 부드럽게 쓰다듬도록 교사가 손목을 받쳐줄 수도 있다.
- 작업이 끝나면 촉각 판을 제자리에 담고 교구장에 갖다 놓게 한다.

제 시 2

- 두 번째 촉각 판을 제시할 때는 어린이에게 검지와 중지 손가락만을 사용하여 좁은 줄 안에 어떻게 쓰다듬는지 보여준다.
- 나중에 어린이는 셋째와 넷째 촉각 판으로도 동일한 방법의 작업을 할 수 있다.

명칭연습 "거칠다", "부드럽다" 3단계 명칭연습을 한다.

- 제1단계 : "이것은 거칠다 입니다", "이것은 부드럽다 입니다"
- 제2단계 : "~야, 거칠다를 ~에게 줄 수 있겠어요?", "~에게 부드럽다를 주세요."
- 3단계 : "이것은 무엇입니까?"

오류수정 거친 부분과 매끈한 부분의 분명한 차이

직접목적 촉각의 발달, 표면의 차이를 느끼는 감각의 발달

간접목적 근육조정의 발달, 눈과 손의 협응력, 쓰기 연습의 준비, 세 손가락의 움직임

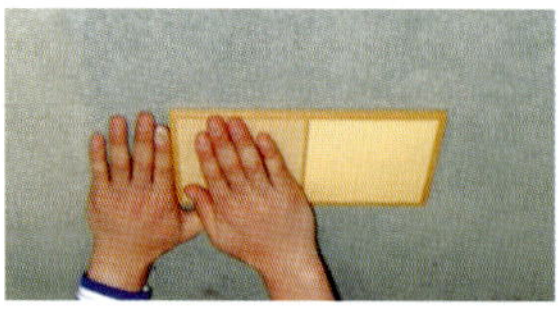  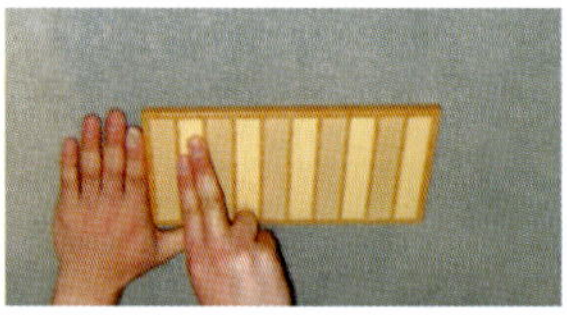

촉각 판 Ⅱ

연 령 3세부터

교 구 나무상자 2개에 각각 2장씩 짝이 되는 면이 있는 단계가 다른 5쌍의 판이 들어 있다.

제 시

- 촉각 판 사용을 위해 어린이를 초대하여 손가락 씻는 볼에 물을 따른다. 수건은 펼쳐 둔다.
- 교사는 손가락 끝을 물에 담그고 나서 수건으로 닦아 손끝을 예민하게 한다. 같은 방법으로 어린이도 손끝을 예민하게 한다.
- 볼을 정리하여 제자리에 갖다 둔다.
- 촉각판 II 교구를 책상에 옮겨, 책상 중앙에 놓는다.
- 교사는 먼저 상자에서 가장 거친 판 1쌍과 가장 매끈한 판 1쌍을 꺼내어 섞어놓는다.
- 교사는 섞인 4장을 거친 것과 매끈한 것끼리 짝을 맞춘다.
- 어린이가 하고 싶은지를 물어보고 동의가 있으면 교구를 준비해 준다.
- 작업이 끝나면 촉각 판을 제자리에 정리정돈하고 교구장에 갖다 놓게 한다.

명칭연습 "거칠다", "부드럽다"(비교급과 최상급)

오류수정 시각과 촉각에 의한 오류의 발견 및 정정

직접목적 촉각의 발달, 거친 것의 미세한 차이를 아는 것

간접목적 근육조정의 발달, 눈과 손의 협응력, 쓰기 연습의 준비

응 용 편

• 5쌍을 전부 나열하여, 손끝으로 짝 맞추기를 할 수 있다.

• 눈을 가리고 5쌍을 짝 맞추기 한다.

• 거친 순서대로 놓아보게 한다.

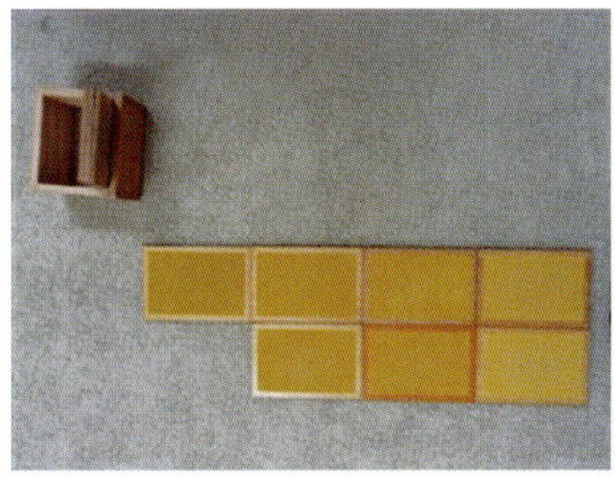

무게 변별 판

연 령 3세부터

교 구 하나의 나무상자 안에 3종류의 나무로 구성된 나무 판 21개(가로 6㎝, 세로 8㎝)

제 시 1

• 어린이를 초대하고 교구를 설명한 후 책상으로 교구를 옮긴다.

• 교사는 3종류의 나무 판 중에서 2개씩을 꺼낸 후 상자는 책상 위 오른쪽에 둔다.

• 어린이가 손바닥을 위로 하여 무게 판을 손가락 쪽에 올려놓게 한다.

• 어린이에게 무게를 느끼게 하기 위하여 손 움직이는 방법을 보여준다.

• 교사는 하나의 무거운 무게 변별 판을 택하여 손가락 끝쪽에 놓아서 무게를 달아본다.

• 교사는 하나의 가벼운 무게 변별 판을 택하여 손가락 끝쪽에 놓아서 무게를 달아본다.

• 같은 무게 변별 판을 찾아서 짝을 지어본다.

- 주의점 : 팔꿈치를 책상 위에 얹지 않도록 한다.
- 어린이에게 해 보고 싶은지를 물어보고 동의가 있으면 어린이가 할 수 있도록 준비해 준다.
- 작업이 끝나면 무게 변별 판을 교구장에 갖다 두게 한다.

제 시 2

- 어린이를 초대하여 교구를 설명한 후 책상에 교구를 옮긴다.
- 교사는 3종류의 나무 판 중에서 2개씩을 꺼낸 후 상자는 책상 위 오른쪽에 둔다.
- 교사는 6개의 판을 섞은 후에 어린이에게 양손을 앞으로 내밀어 손바닥이 위로 오도록 요청한다.
- 교사는 어린이 왼쪽 손바닥에 중량 판 1개를 놓고 오른쪽 손바닥에 나머지 판들을 차례로 올려서 왼손에 짝을 찾아보게 한다.
- 찾아진 짝은 2장을 포개어서 배열한다.
- 더해 보고 싶은지를 물어보고 동의가 있으면 무게 변별 판을 섞어놓는다.
- 작업이 끝나면 무게 변별 판을 교구장에 갖다 두게 한다.

명칭연습 "가볍다", "무겁다" 3단계 명칭연습을 한다.

- 제1단계 : "이것은 가볍다 입니다", "이것은 무겁다 입니다"
- 제2단계 : "~야, 무겁다를 ~에게 줄 수 있겠어요?", "~에게 가볍다를 주세요"
- 제3단계 : "이것은 무엇입니까?"

오류수정 시각(나무의 다른 색)과 손의 감각을 통한 오류의 정정

직접목적 무게를 변별하는 감각을 기르는 것

간접목적 근육조정력의 발달

응 용 편
- 모든 판을 이용해서 비교, 변별해 보기(21개)
- 눈을 감고 변별해 보기
- 어린이 21명에게 나누어 주고 같은 그룹 찾기

소리상자

연 령 3세부터

교 구 빨강, 파랑색 뚜껑의 나무상자 안에 소리의 종류에 따라 각각 6개씩의 원기둥이 들어 있다.

제 시1

- 교사는 제시 시작 전에 상자의 가장 강한 소리와 약한 소리의 위치를 확인한다.
- 교사는 어린이를 초대하여 빨간 뚜껑의 상자를 책상 위로 옮긴다.
- 상자 뚜껑을 열고 원기둥을 모두 꺼낸 뒤 뚜껑을 닫고 책상 오른쪽 위에 둔다.
- 어린이에게 원기둥 잡는 법과 손목만으로 손을 움직이며 귀 가까이에 그것을 대고 흔드는 방법을 보여준다.
- 교사는 원기둥을 하나 선택하여 흔들어 소리를 들은 뒤 가장 큰 소리가 나는 원기둥을 찾는다.
- 차례로 큰 소리에서 작은 소리로 배열한다.
- 어린이가 하고 싶은지를 물어보고 동의가 있으면 원기둥을 섞어 작업준비를 해 준다.
- 작업이 끝나면 소리원기둥을 상자에 담아 교구장에 갖다 두게 한다.

제 시2 제시 1이 끝난 상태에서 소리상자를 그대로 둔 채 제시한다.

- 교사는 어린이를 초대하고 교구를 설명한 뒤, 상자 2개를 하나씩 책상 위로 옮긴다.
- 뚜껑을 열어 원기둥 12개를 모두 꺼낸 뒤 뚜껑을 닫고 상자는 책상 오른쪽 위에 둔다.
- 어린이에게 빨간색 원기둥을 배열해 볼 수 있는지를 물어보고 동의가 있을 경우 작업을 하게 한다.
- 위에서 아래로 배열한 뒤 파란 원기둥을 신중히 흔들어보면서 짝을 찾아 배열한다.
- 어린이에게 더하고 싶은지를 물어보고 동의가 있으면 섞어서 작업준비를 해

준다.

- 작업이 끝나면 소리원기둥을 상자에 담아 교구장에 갖다 두게 한다.

명칭연습 "강하다"와 "약하다"에 대한 원급, 비교급, 최상급

오류수정 청각과 소리원기둥의 밑면에 붙인 오류정정을 위한 표시

직접목적 소리의 차이를 구별하는 청력의 발달과 감각의 발달

간접목적 손목의 근육발달 및 주의집중력

응용편

- 눈을 감고 해 보기
- 어린이 6명에게 파란색 원기둥을 나누어 준 뒤 교사가 흔드는 붉은색 원기둥의 짝을 찾아보게 하기
- 12명 어린이에게 나누어주어서 짝을 찾아보게 하기
- 눈을 가리고 배열한 것 중에서 하나를 빼내어 빠진 곳을 찾아 맞추어보기

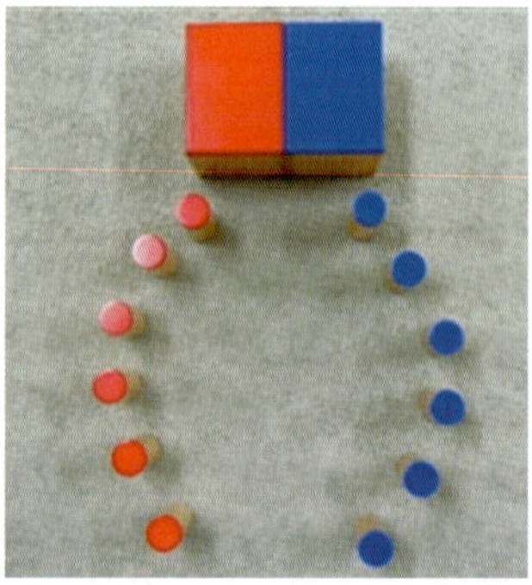

후각상자

연 령 3세부터

교 구 2개의 상자 속에 각각 6개씩, 카레, 차 2개, 계피, 커피, 후추 알, 향수, 비누 등의 냄새가 다른 내용물이 들어 있는 원기둥

제 시1

- 교사는 어린이를 초대하여 교구를 설명하고 교구를 책상 위로 옮긴다.
- 상자 하나에서 모든 원기둥을 꺼낸 뒤 상자는 책상 오른쪽 위에 둔다.
- 원기둥 뚜껑을 연 뒤 뚜껑을 오른편에 가지런히 정리하여 둔다.
- 교사는 어린이에게 냄새 맡는 법을 정확히 보여준다. 입을 다물고 코로 냄새를 맡는다.
- 냄새를 맡을 때는 중간중간 휴식을 취하면서 고개를 돌리고 다시 냄새를 맡도록 한다.
- 어린이에게 냄새를 맡아보게 한다.
- 어린이에게 더하고 싶은지를 물어보고 동의가 있으면 교구를 섞어서 작업준비를 해 준다.
- 작업이 끝나면 원기둥 뚜껑을 닫고 상자에 넣어 교구장의 제자리에 갖다 두게 한다.

제 시2

- 교사는 어린이를 초대하여 교구를 설명하고 교구 두 상자를 책상 위로 옮긴다.
- 뚜껑을 열고 원기둥을 모두 꺼낸 뒤 뚜껑을 닫고 상자를 책상 오른쪽 위에 둔다.
- 12개의 원기둥을 섞어놓고 왼손에 하나, 오른손에 하나의 원기둥을 잡고 냄새를 비교해 본다.
- 짝을 찾았으면 책상 왼편에 위에서부터 아래로 배열한다.
- 어린이에게 하고 싶은지를 물어본 후 동의가 있으면 원기둥을 섞어서 작업준비를 해 준다.
- 작업이 끝나면 원기둥 뚜껑을 닫고 상자에 넣어 교구장의 제자리에 갖다 두도록 한다.

명칭연습
- 내용물의 이름 : 커피, 카레, 후추, 계피 등
- 처음에 2개에서 3개 그리고 4개로 나아간다.

오류수정
- 후각을 이용한 오류의 발견 및 정정

• 원기둥 밑면의 오류정정을 위한 표시

직접목적 소리의 차이를 구별하는 청력의 발달과 감각의 발달

간접목적 손목의 근육발달 및 주의집중력

응용편

- 눈을 감고 해 보기
- 상자를 한 조씩 다른 책상에 옮겨 놓고 해 보기
- 교사가 하나를 들고 어린이가 같은 것 맞추기

미각상자

연 령 3세부터

교 구 8개의 병과 8개의 스포이드로 이루어진 한 세트, 4개를 한 조로하여 네 가지의 맛(단맛, 짠맛, 신맛, 쓴맛)을 구별하기 위한 내용물이 들어 있다.

제 시

- 어린이를 초대해서 교구를 설명한 뒤 교구를 책상 위로 가져온다.
- 미각병을 꺼내어 뚜껑을 돌려서 열고 스포이드로 빨아올려서 손등에 한 방울씩 떨어뜨린다.

- 맛을 본 후에 어린이에게도 떨어뜨려 준 후 맛을 보게 한다.
- 이때 어린이에게 "이것은 달다."라고 이야기한다.
- 손등을 젖은 수건으로 닦고 물을 마신다.
- 차츰 맛을 보면서 짝을 맞추어본다.
- 어린이에게 해 보고 싶은지를 물어본 후 동의가 있으면 작업을 하게 한다.
- 작업이 끝나면 교구를 제자리에 돌려놓는다.

명칭연습 달다, 짜다, 시다, 쓰다 외에 맵다, 떫다.

오류수정 미각을 이용한 오류의 발견 및 정정, 밑면의 오류정정을 위한 표시

- 직접 목적 : 소리의 차이를 구별하는 청력의 발달과 감각의 발달
- 간접 목적 : 손목의 근육발달 및 주의집중력

응용편

- 유리병 8개를 가지고 아동에게 마시게 한 후 구별하기
- 맛을 본 후에 같은 맛이 나는 음식 알아보기
- 눈을 감고 맛봐서 짝지어보기
- 선생님이 원하는 맛을 다른 책상 위에 놓인 미각병에서 가져오게 하기

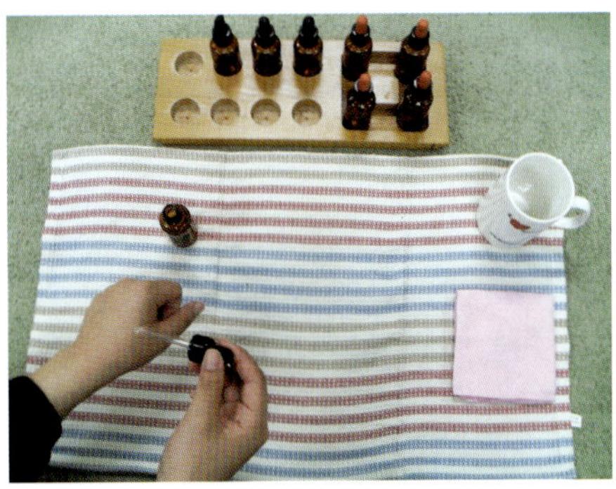

압각 봉

연 령 3세부터

교 구 원기둥 12개, 6개씩 한 조로 되어 있고 압력이 각각 다르다.

제 시

- 교사는 어린이를 초대하여 교구를 설명하고 교구를 책상 위로 옮긴다.
- 원기둥 한 조를 꺼낸 뒤에 교사가 한 손으로 만져보고(눌러보고) 옆에 놓고 나머지 한 조를 꺼내 놓는다.
- 압력에 따라서 서열화를 시켜본다.
- 어린이에게 같은 짝을 맞추어보도록 한다.
- 어린이에게 작업을 더하고 싶은지를 물어보고 동의가 있으면 작업준비를 해 준다.
- 작업이 끝나면 교구를 교구장에 갖다 두도록 한다.

오류수정 압각을 이용한 오류의 발견 및 정정, 밑면의 오류정정을 위한 표시

직접목적 촉감의 발달

간접목적 근육의 조정, 주의력, 집중력, 관찰력, 판단력

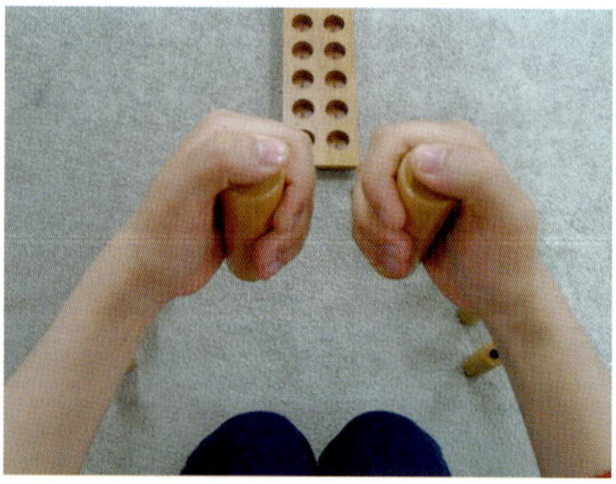

Chapter 8

수 영역

01. 몬테소리의 수 영역 이론

몬테소리는 인간의 자연세계는 탁월하고 훌륭한 수학적 세계라고 말한다. 이미 인간의 정신은 충분히 수학적, 추상적, 무엇이든 측정 가능한 정신을 가지고 태어났으며 이러한 현상은 수학의 원리에서 나타난다. 어린이들은 본능적으로 다른 친구들과 형제들보다 더 많이 가지려 하며 언어가 발달하면 숫자를 세고 자신이 친구보다 크다고 자랑한다. 이미 수학적 본능을 가지고 있다는 뜻이다. 어린이들은 어떤 시기가 되면 질과 양을 서로 비교하려는 본능도 있다. 예를 들면, 나는 선애보다 더 착하단 말이야, 나는 미영이보다 좋은 점이 더 많거든, 아니면 이번에는 100점을 맞을 거야, 나는 1시간만 잠을 잘 거야 등과 같은 언어적 표현들 속에 수학적 개념을 포함하고 있다.

몬테소리는 어린이들의 수에 대한 직관능력을 수 감각으로 표현하고 수에 대한 이해, 수와 인적 환경, 물리적 환경 그리고 심리학적 환경과의 관계를 통해서 수 감각을 이해하고 발달시킨다고 말한다. 몬테소리의 수 이론에 의하면 수학은 인간의 정신을 논리적이고 정확하게 발달시키는 하나의 수단과 방법으로 중요한 개념이며 수학을 위한 교구들은 정신운동을 위한 대형 체육관에 비교한다(Montessori M, 1971). 수학적 개념이 발달하지 않고는 인간의 정신기능 발달은 치명적인 상처를 입는 것과 같다. 왜냐하면 가장 정교하고 정확해야 할 인간의 정신이 수학적 정신없이 발달한다는 것은 불가능하기 때문이다.

수 감각은 수학적 개념과 병행하면서 수 개념에 대한 범주를 제한하고 있다. 일반적인 수 개념은 우선 수 감각과 수 개념, 공간 개념과 도형, 측정방법, 패턴에 의한 규칙성, 자료수집, 통계분석, 결과분석으로 나누어진다.

몬테소리의 수 감각과 수 개념들은 수 이론을 적용하여 실제 활동을 할 수 있도록 교구로 구성되어 있다. 어린이들은 자기 환경에서 발견하는 수학적 개념들을 그들의 수학적 능력과 연결시켜 실제적인 교구를 가지고 훈련함으로써 수 감각과 수 개념을 쉽게 논리적으로 발달시킬 수 있다. 어린이들은 수 감각을 정확하고 능률적이며 오류수정을 자동적으로 수행하고 논리적으로 수를 인지하여 수의 유창성과 정확성을 발달시킨다. 수 감각의 특성은 수 개념의 다양성을 이해하는 것, 수와 수 세계 사이의 관계성 이해, 수의 크기와 작은 개념 이해하기, 연산방법에 대한 이해, 일상생활에서 수의 개념을 다양하게 적용하고 활용하기 등이 있다(이순영 외, 2010).

어린이들에게 수 감각에 대한 개념인 물리적 지식을 즐거운 마음으로 이해하고 경험하도록 돕는 것이 몬테소리의 수 교육영역이다. 이러한 수학적 개념과 수 감각은 인간이 살아가는 모든 지식의 원리로써 어린이들의 정신이 논리적으로 성장하도록 돕는다.

수학의 기본 구성인 모양, 형태, 직선, 곡선, 각도와 같은 수학적 요소는 인간이 생존하는 곳이면 어디에서든지 존재하며 어린이들은 모양, 형태, 수량, 패턴, 크기를 자기들의 환경에서 쉽게 발견한다. 어린이들은 수학적 발견을 질서, 규칙, 관계, 서열, 등급화와 같이 수 감각의 관계로 연결한다.

일상생활 주변에서 발견되는 어린이들의 수학적 논리탐색은 단지 셈하고 나누는 것이 아니라 새로운 지식을 습득하고 책임감 있는 의사결정을 비교하고 분석하며 문제해결 능력을 개발하는 데 활용되고 있으므로 수는 모든 지식의 근원이다. 수는 시 공간 개념과도 연결되어 있다. 숫자를 모르던 옛날의 문맹자들은 점심시간이 언제인지, 취침시간이 언제인지, 아침에 일어나는 시간이 언제인지 몰랐기 때문에 자연현상에 의해서 해가 이쯤 오면 점심을 먹고 해가 지면 대충 몇 시쯤 되었다고 추측으로 측정하고 계산하였다. 생활하는 데 불편하고 정확하지 않고 논리성이 부족하다.

몬테소리가 수 세계와 인간의 관계를 중요시하는 이유는 수는 인간의 삶과 연결되어 생활을 편리하도록 만들어주고 삶의 기본적인 틀을 논리적이고 정확하게 이끌어준다. 수는 인간의 뇌를 논리적으로 정열해 주고 수학은 우주의 모든 원리에 속하며 어린이들의 행동과 생각을 논리적이고 질서 있게 구체적으로 만드는 도구로써 수학은 하나의 실존철학에 불과하다.

02. 몬테소리 수 교육의 목적

몬테소리 수 영역에 관한 교육의 목적은 다음과 같다.

- 유아 자신의 사고 속에서 수의 구조를 자율적으로 구성할 수 있도록 협조해 주어야 한다.
- 어린이들에게 수학학습은 수학에 대한 규칙, 기술, 방법을 이해하도록 지도하는 것이 아니라 수학을 이해할 수 있는 능력을 발달시키는 데 목적이 있다. 어린이들의 수학적 욕구를 충족시키기 위해서 우선적으로 필요한 것은 수학-심리((Psicoaritmetica)에 근거한 수학적 정신운동을 할 수 있는 수학 체육관과 수학 도서관이 필요하다고 강조한다(Montessori M., 1934). 즉, 어린이들의 수학 세계에서 수학에 대해서 이해할 수 있는 환경을 만들어 주어야 한다.
  어린이들 정신교육에 중요한 역할은 바로 수학적, 논리적으로 정확하게 발달시키기 위한 목적을 가진다.
- 어린이들이 수 개념을 바르게 이해하고 인식하며 수 감각을 즐길 수 있는 경험을 제공하여 수학에 대한 긍정적인 태도를 학습하도록 촉진시켜야 한다.
- 어린이들은 수학적 자극을 통해서 논리성, 추상성, 비교, 분석, 판단 능력을 강화하여 수학적 사고를 확산시킨다.
- 수, 측정, 비율, 더하기, 빼기, 곱셈, 나누기에 대한 조작 순서를 인지하도록 돕고 물체의 분류, 집합의 분류, 그들 간의 수학적 관계인식, 단순한 암기가

아니라 이해를 도와야 한다.

- 수와 수 사용에 대한 흥미를 자극하여 수 개념이 어떻게 문제해결에 적용되는지를 인식하도록 한다.
- 수 감각을 활용하여 세계에 대해서 논리적이고 정확하게 인식할 수 있는 방법을 증가시켜야 한다.

몬테소리는 수 교육의 목적을 달성하기 위해서 수 교육의 필요성을 강조하였다. 예를 들면, 수학적 경험은 어린이들의 논리적 사고의 기초가 되고 수학적 경험이 문제해결 능력을 발달시키며 수학적 경험의 결핍과 수학적 환경 결핍은 인지발달을 저해한다. 또한 정보화 시대를 능동적으로 대처할 수 있는 기본적인 능력을 발달시키며 긍정적인 수학적 경험은 수학에 대한 긍정적인 태도를 발달시키기 때문이다. 몬테소리는 어린이들이 수 영역에서 활동하는 동안 수의 감각적인 요소에서 추상화로, 동적인 활동에서 정적인 활동으로 변화하며 개인적 활동에서 그룹 활동으로, 그룹 활동에서 다시 개별화 활동으로 이루어지는 특성을 발견하였다.

다른 한편으로 교구 수정이 자동적으로 이루어지고 자율적 학습이 가능해지며 수학적 사고능력이 발달하고 유아는 감각기관을 통해서 수학적 개념 형성의 기초를 형성하는 특성을 보였다.

어린이들은 사물을 손으로 쥘 수 있다 없다를 인지한다. 갈색계단, 분홍 탑과 같은 물건이지만 들어보고 무게감각을 탐색한다. 수유와 수면과 같은 일상생활을 통해서 시간 개념을 파악하고 걷기와 음식물을 통해서 거리감각을 파악하며 넓은 공간 속에서 활동하면서 공간의 크기 개념을 익힌다.

어린이들은 수학적, 물리적 지식을 형성하는 특성을 가진다. 어린이가 사물과의 관계로부터 형성된 지식은 물체와 관련지어 그 물체의 속성 내지 본질과 관계성을 형성하면서 새로운 지식을 만들어간다. 어린이들은 크기가 다른 2개의 블록을 가졌을 때 비교하면서 크다, 작다의 관계를 알아낸다. 같다, 같지 않다는 개념은 개인의 정신에 의해서 만들어진 하나의 비교관계에 의해서 얻어진 지식이다.

어린이들은 물체와 서로 관련지어 관계성을 이해하였을 때 논리적 지식을 획득할 수 있다. 논리-수학적 지식의 형성은 사물의 내부 혹은 사물들 사이의 관계를 형성하는 주체자의 행위로부터 이루어진다.

어린이들에게 물리적 지식의 근원은 물체 자체에 내재된 구성 요소가 외부로 보이는 기능과 더불어 발생한다. 공이 구르는 것을 경험해야만 공에 대한 지식을 얻을 수 있는 것처럼 사물의 내부기능과 사물의 외부로부터 정확한 지식이 얻어진다.

어린이들을 위한 사회적 지식은 사회 구성원들에 의해서 정해진 임의의 약속에 의한 지식이다. 예를 들면, 크리스마스는 12월 25일, 사과를 사과라고 부르는 것은 사회적 지식이다. 정확한 지식을 위해서 사회적 규칙과 지식을 하나의 문화로써 전달하지만 모든 지식의 근원은 서로 분리된 기능에 의해서 형성되는 것이 아니라 서로 긴밀하게 연결되어 있다.

부르너의 지식 원리에서 죽은 지식과 살아 있는 지식의 차이점은 몬테소리의 교육원리와 동일한 개념으로 이해된다. 예를 들면, 부르너는 지식 자체를 가르치는 것은 암기식으로 가능하지만 우리가 지금 가르쳐야 할 방법은 지식 자체를 전달하는 것이 아니라 지식이 어떻게 형성되어 있는지에 관한 지식구조를 의미한다. 모든 지식의 기본구조는 서로 상호 연결되어 있기 때문에 구조와 내용을 이해하고 분석함으로써 과학적인 지식을 관계성 안에서 증명할 수 있다. 수학적 원리와 개념을 정확하게 인식하기 위해서 구체적으로 교구를 탐색, 조작, 분석해보고 감각적으로 물리적 경험을 해봄으로써 수학적 지식을 발달시킨다.

03. 몬테소리 수 교육의 내용

몬테소리는 교육적인 관점에서 수학은 일반적으로 과학적 학문으로 어린이들의 정신교육 영역에서 중요한 의무와 역할을 한다고 하였다. 수학은 정신발달을 위한 방법을 논리적으로 구체화하는 학문이다.

일반적으로 수학을 논리적인 측면에서 고려한다면 부르너의 구조 이론을 근거로 기초적인 지식구조에서 단계적으로 복잡한 과정으로 이어지는 연계성을 중요시하면서 어린이들의 발달단계에 맞는 수학적 개념을 논리적으로 구성한다. 심리학적인 측면은 어린이에 대한 발달지식과 학습방법에 대한 지식을 근거로 프로그램을 개발하여 유아의 교육내용 선택이 자유롭도록 촉진한다. 사회적인 입장은 어린이들이 사회에 적응하는 데 필요한 수학적 지식을 제공한다. 이러한 세 가지 학문적 근거를 제시하면서 수 교육의 내용을 다음과 같이 구성하였다.

① **수 영역 1~10**

- 수 막대
- 모래 숫자판
- 수 막대와 숫자판
- 셈 막대와 셈 막대상자
- 숫자와 빨간 알
- 기억놀이

② **십진법의 소개**

- 소개쟁반(1111)
- 9 쟁반 1
- 큰 수 만들기
- 교환게임

③ **사칙연산의 개념 소개**

- 금색구슬 교구 : 교구 소개, 덧셈, 곱셈, 뺄셈, 나눗셈
- 우표놀이 : 교구 소개, 덧셈, 곱셈 ,뺄셈, 나눗셈
- 점놀이 : 교구 소개, 덧셈, 곱셈
- 작은 구슬 틀 : 교구 소개, 덧셈, 곱셈, 뺄셈

④ **연속 수의 호칭과 나열**

- 색 구슬 계단
- 세강판 1
- 세강판 2
- 백판

⑤ 기억에 의한 사칙연산

- 덧셈 : 뱀놀이, 덧셈 판, 덧셈의 암산 판
- 뺄셈 : 뺄셈 판, 뺄셈의 암산 판
- 곱셈 : 곱셈의 구슬 나열, 곱셈 판, 곱셈의 암산 판
- 나눗셈 : 나눗셈 판, 나눗셈의 암산 판

몬테소리의 수 교육내용 구성은 어린이들이 수 교구와 함께 사물을 분류하고 비교하며 서열화하여 수 개념을 익히고 수의 활용을 창의적으로 적용하고 부분과 전체의 상호관계를 규명하며 기본적인 도형을 기하학을 통해서 익히고 공간개념을 훈련하고 패턴을 인식하도록 구성하고 있다.

몬테소리 수 교육에서 분류란 사물의 특성에 의해서 범주와 영역으로 구분하는 과정으로써 사물의 동질성과 차이성을 학습하여 수학의 기본 원리인 논리 수학적 사고의 발달을 촉진한다. 분류는 두 가지가 있는데, 하나는 단순분류로써 하나의 속성을 근거로 동일한 속성의 사물을 모아서 단순하게 분류하는 것이고 복합분류는 한 번에 두 가지 이상의 속성을 준거로 물체 분류하는 것을 의미한다.

비교는 어떤 특별한 속성에 근거하여 물체 간의 관계를 연결짓는 한 과정으로 길다 · 짧다, 가볍다 · 무겁다와 같은 관계를 형성하면서 얻어지는 지식과정이다.

수 영역에서 서열화는 사물의 특별한 속성과 본질을 순서와 차례대로 배열하는 것으로써 한 가지 속성에 의해서 사물을 순서 짓고, 일대일로 대응되도록 순서 짓는 이중 서열화, 두 가지 속성에 의해서 사물을 순서 짓는 경우가 있다. 또한 수 개념으로써 수의 명칭과 순서 인지하기, 수 세기, 기수의 원리 등 다양한 영역들이 정확하게 과학적으로 구분되어 교구화된 것이 몬테소리 수 교육의 특성이라고 할 수 있다. 그러므로 몬테소리 교실에서 어린이들은 수학적 개념을 위의 내용을 통해서 학습한다. 어린이들은 공을 굴림으로써 공은 구르는 물체라는 것을 인식할 수 있듯이 그들 스스로 수 교구를 가지고 실제로 만지고 탐색하며 응용해 보고 창의적으로 작업해 볼 수 있는 경험 학습적 환경을 만들어 주는 것이 중요하다.

그러나 일반적으로 어린이들의 수 교육을 위한 내용구성에서 고려하여야 할

것은 피타고라스가 수학은 하나의 철학영역이라고 말한 의미를 음미하면서 흥미롭고 논리적이며 탐색적으로 접근하기 위해서는 다음과 같은 내용을 고려하여야 한다.

- 어린이들과 수학 간의 관계성은 사물과 상호작용하는 것으로부터 시작하고 최대한 교구를 활용하여 하나의 즐거운 작업으로 학습하도록 제시하여야 한다. 수 영역을 위한 환경구성은 최대한 어린이들의 호기심과 관심 그리고 집중력을 촉진할 수 있어야 한다.
- 어린이들에게 수학의 의미, 수학에 대한 인식, 필요성에 대해서 긍정적인 생각을 가지도록 제시하여야 한다.
- 우주의 모든 원리가 수학적 체계에 의해서 움직이는 인간의 삶과 밀접하게 접근되어 있고 모든 인간들은 수학 세계에 살아가고 있는 가장 친숙한 관계라는 것을 내용적으로 제시하여야 한다.
- 수학의 난이도와 교육내용의 정도가 어린이들의 인지발달 수준에 맞아서 이해가 가능하여야 한다.
- 문제해결에 적용되고 수학적 사고가 가능한 내용을 제시하여야 한다.
- 수학적 개념과 수학적 아이디어가 구체적인 교구작업을 통해서 이해될 수 있어야 한다.
- 어린이들에게 다양한 수학적 활동이 창의적 활동과 연결되어야 한다.
  몬테소리 수 교육의 특징으로는 어린이들이 일상생활에서 수 활동과 수에 대한 호기심을 충족시키기 위해서 수 교구를 가지고 구체적으로 수 활동을 할 수 있도록 구성되었다.
- 몬테소리의 모든 교육은 감각교육에 근거하여 발달한다. 유아 세계에 있는 모든 사물들의 속성과 본질 속에는 수학적 개념을 포함하고 있기 때문에 수학적 개념을 이해하고 터득하기 전에 이미 감각적으로 속성에서 크기, 무게, 길고, 작고, 크기를 인식하여 수학적으로 연결시킨다.

04. 몬테소리의 수 영역을 위한 환경구성에 주의할 점

어린이들은 환경과 상호작용하면서 학습경험의 질과 수 교육의 효율성을 높일 수 있어야 한다. 어린이들을 위한 수 교육환경은 그들에게 직접 수 교육을 시작하는 것이 아니라 간접적으로 수 교육을 준비시키는 단계이므로 수 교육에 관심을 갖도록 우선적으로 준비해 주어야 한다. 즉, 수 교육에 관심을 가지도록 안내해 준다. 수 영역을 위한 환경은 인적 환경, 물리적 환경, 심리적 환경으로 구성되어야 한다.

- 인적 환경 : 인적 환경 구성은 어린이, 교사, 부모가 하나의 파트너십이 되어 공동관리가 가능하여야 한다. 부모와 교사의 수학적 교수방법이 어린이의 수학적 수준과 균형을 이루어야 한다. 어린이들의 수학학습 능력을 촉진시킬 수 있는 수학적 환경구성을 통해서 사학학습의 효율성을 높여줄 필요성이 있다.
  인적 구성원들은 어린이들 수학활동에 적극적으로 참여하여 그들의 수학적 호기심이 유발되도록 돕고 계속해서 수학적 탐구활동이 일어나도록 환경을 준비해 주어야 한다. 그러면서 어린이들의 수학적 활동이 작업으로 연결되도록 그들을 격려하고 신뢰하고 긍정적으로 잘하고 있다는 확신감과 용기를 주어 수 작업이 지속적으로 실행되도록 격려한다.
- 인적 환경에서 주도적 역할을 하는 교사와 부모는 가능하면 언어적 표현보다는 침묵과 안내하는 정신적 지도자로서 관찰과 시범자의 역할을 하여야 한다. 부모와 교사는 단지 준비된 환경 속에서 어린이들과 친숙하고 인격적으로 상호작용할 수 있어야 한다.
- 물리적 환경 : 몬테소리는 교사들에게 인쇄된 책보다는 자연의 책을 들고 교실에 들어가기를 원했다. 수 교육은 교실 안팎에서 자연물을 가지고 작업이 가능한 우주환경을 만들어가야 한다.
  어린이들이 물리적 환경 속에서 자극이 강화되고 다양한 경험을 할 수 있으며 다양한 경험 속에서 물리적 지식을 만들어갈 수 있도록 한다. 교사들은 어린이들과 환경을 관찰한 다음 항상 물리적 환경을 새롭게 디자인하여 그들의 민감기를 최대한으로 발달시켜 주어야 한다.

물리적 환경을 새롭게 디자인한다는 것은 어린이들의 모든 민감기를 적극적으로 성취시키는 데 목적이 있다. 수 교육을 위한 환경은 수학과 다른 영역활동과의 연계성, 자유로운 수 활동을 위한 교구 제공, 수 활동에 대한 자극을 유발할 수 있는 환경, 수학적 경험을 체계적으로 할 수 있는 체계적이고 구체적인 구체물을 제공받을 수 있는 환경이 준비되어야 한다.

수 영역을 위한 물리적 환경은 수학활동의 특성, 연령, 교실의 크기, 개인작업과 그룹작업의 가능성, 다양한 선택이 가능한 교구 교재 준비, 교실은 융통성 있고 활용도가 높은 환경으로 구성되어야 한다.

- 심리적 환경 : 수학학습을 위한 심리적 환경이란 어린이들이 안전적이고 평화롭게 독립적이며 자율적이고 탐구적으로 수학활동을 할 수 있는 준비된 환경을 의미한다.

  그러므로 교실 안에서 정해 놓은 규칙, 질서, 교사와 친구들에 대한 배려, 환경 자체에 대한 존중감을 우선적으로 지켜야 한다. 교실 자체의 분위기가 어린이화, 인간화되어야 한다.

  수학활동을 위한 심리적 환경은 수학활동이 중심이 되어야 하고 수학활동에 어린이들이 적극적으로 참여할 수 있는 분위기를 제공하여 교사와 어린이 그리고 부모가 서로 격려하며 수학학습 결과를 긍정적으로 이끌어낼 수 있어야 한다.

수 막대

연 령 3세 이상, 이미 빨간 막대를 경험한 어린이

교 구 길이와 크기가 빨간 막대와 같은 10개의 나무 막대, 10cm 간격으로 빨간색과 파란색이 반복되어져 있다.

제 시 1

- 어린이를 초대하여 교구장에 가서 교구의 이름과 위치를 알려준다.
- 가장 짧은 수 막대부터 양끝을 잡고 가져와 매트 위에 순서 없이 놓는다.
- 가장 짧은 수 막대부터 찾아서 순서대로 놓아본다.
- 수 막대를 순서대로 훑어서 길이의 늘어남을 감각적으로 느낀다.
- 가장 긴 수 막대부터 제자리에 정리한다.

제 시 2

- 1의 수 막대부터 10의 수 막대까지 매트 위에 가져와 놓는다.
- 1의 수 막대를 앞쪽으로 가져와서 훑으며 길이를 감각으로 느끼며 "1"이라고 소개한다.
- 2의 수 막대를 가져와 1만큼 훑어서 빨간 부분이 끝나는 곳에서 "1", 계속 파란 부분을 훑으면서 "2"라고 하고 전체를 훑으면서 "2"라고 말한다.

[3단계 명칭연습]

1) 1단계
  - 3도 같은 방법으로 소개한다.
  - 1, 2, 3의 막대를 나란히 두고 "1의 막대는 어느 것입니까?", "2를 찾아주세요" 등의 질문을 하여 수 막대의 이름을 익힌다.

2) 2 단계
  - 수 막대를 익혔으면 "이것은 무엇입니까?" 물어본다.

3) 3단계
  - 수 막대도 같은 방법으로 소개한다.
  - 10의 수 막대부터 정리한다.

제 시 3

- 수 막대를 차례로 가지고 와서 매트에 정리하여 나열한다.
- 10의 수 막대 아래인 9의 수 막대에 1의 수 막대를 놓아 끝이 10과 같음을 확인한다.
- 8과 2, 7과 3, 6과 4도 같은 방법으로 놓아서 10이 됨을 감각적으로 느끼게 한다.
- 5는 두 번 놓아서 10이 되도록 한다.
- 10의 수 막대부터 정리한다.

흥미점 수 막대가 계단 모양으로 늘어나는 것, 수 막대의 색 : 빨강과 파랑

오류수정 빨간색과 파란색이 나란히 배열되지 않은 것, 수 막대가 계단 모양으로 놓여지지 않은 것, 수 막대가 교구장에 남은 것

직접목적 1~10까지 수의 개념

간접목적 수학적 두뇌육성, 논리적 사고의 준비, 미터의 개념

응용편 수 막대 길이와 같은 것을 교실에서 찾아보기

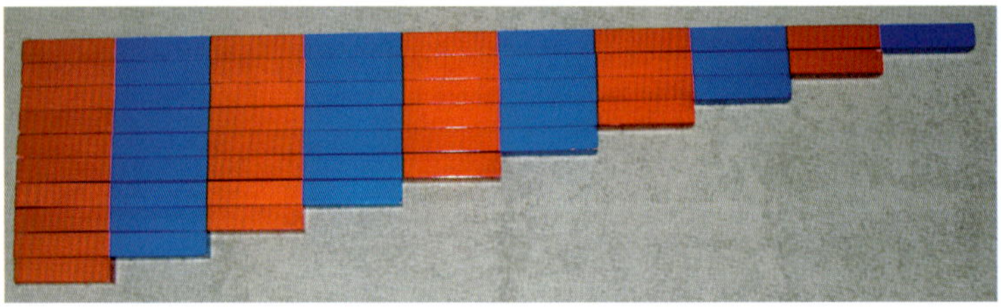

모래 숫자판

연 령 3세 이상, 수 막대를 경험한 어린이

교 구 0~9까지 모래 숫자가 중심보다 약간 오른쪽에 쓰인 판

제 시

- 어린이를 초대하여 교구의 이름을 소개한 후 교구를 가지고 온다.

- 교구를 가지고 와서 매트 위에 놓는다.
- 상자에서 숫자판 1을 꺼내어 보여주고 매트 가운데에 놓는다.
- 왼손으로 숫자판을 잡고 오른손으로 모래 숫자를 훑으며 "1"이라고 한다.
- 여러 번 반복하여 익히게 한 후 2, 3도 3단계 명칭연습으로 제공한다.
- 어린이가 익혔으면 "선생님 1을 주세요.", "2는 어디에 있나요?" 등을 물어 본다.
- 마지막으로 "이것은 무엇입니까?"라고 물어서 숫자를 익히게 한다.
- 1의 숫자판부터 상자의 앞쪽에 넣고 정리하여 교구장에 갖다 둔다.

흥미점 손가락에 닿는 촉감

오류수정 시각과 촉각에 의한 정정

직접목적 수 기호를 익히기, 1~9까지의 이름과 기호를 연결

간접목적 쓰기에 대한 준비, 십진법의 준비

참 고 0의 모래 숫자판은 후에 소개한다.

수 막대와 숫자판

연 령 3세 이상, 수 막대와 모래 숫자판을 경험한 어린이

교 구 수 막대, 1~10까지의 숫자가 있는 10개의 숫자판

제 시 1

- 어린이를 초대하여 교구의 이름을 소개한 후 가장 짧은 수 막대부터 가져온 후 숫자판도 가져온다.

• 수 막대를 순서대로 놓아보게 한다.
• 숫자판이 담긴 상자에서 숫자판을 무작위로 꺼낸다.
• 1의 수 막대를 훑으면서 얼마인지 물어본다.
• 1의 수 막대에 맞는 숫자판을 찾아와서 옆에 놓게 한다.
• 다른 수 막대와 숫자판도 같은 방법으로 놓게 한다. 1의 숫자판부터 상자에 넣어 제자리에 갖다 놓은 후 10의 수 막대부터 정리한다.

흥미점 수 막대와 숫자판의 대응

오류수정 수 막대와 숫자판의 틀린 대응

직접목적 1~10까지 수량의 일치

간접목적 수량의 개념 도입, 십진법의 준비

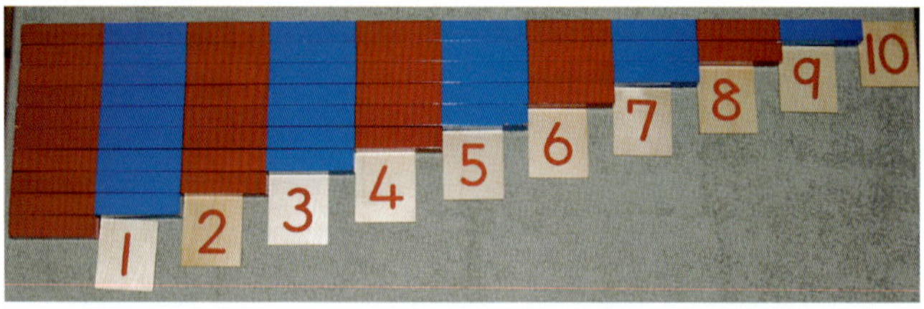

셈 막대와 셈 막대상자

연 령 3세 이상

교 구 0~4까지, 5~9까지 숫자가 적힌 칸이 구분되어 있는 상자, 셈 막대 45개가 담긴 상자

제 시 1

• 어린이를 초대하여 교구를 소개한 후 교구를 가지고 온다.
• 상자에 쓰인 숫자를 읽는다.
• 왼손바닥을 펴고 오른손으로 셈 막대를 한 개씩 집어서 왼손에 놓고 그 양을 감각적으로 느낀 후 상자에 넣는다.

- 9까지 셈 막대를 채워 넣는다.
- 셈 막대를 숫자가 쓰이지 않은 상자에 넣어서 교구를 제자리에 정리한다.

제 시2

- 셈 막대상자에 숫자대로 셈 막대가 들어 있는 상태에서 각 칸에 셈 막대가 몇 개 있는지 물어본다.
- 마지막으로 0을 가리키며 몇 개가 있는지 물어본다.
  "이것은 0으로 아무것도 가질 수 없어요. 0은 아무것도 가지지 않지만 자리를 지켜주는 중요한 역할을 해요."
- 교구를 정리한다.

흥미점 9까지 넣으면 셈 막대가 딱 떨어지는 것

오류수정 셈 막대가 남거나 부족

직접목적 0의 개념, 양의 묶음

간접목적 십진법의 준비

응용편 다양한 물체로 0~9까지 놓아본다.

예 사과나무와 사과의 수, 어항과 금붕어의 수, 암탉과 달걀의 수 등

숫자와 빨간 알

연 령 3세 이상

교 구 1~10까지 빨간색 숫자, 빨간 알 55개

제 시1 1에서 10까지 순서 만들기

- 어린이를 초대하여 교구를 소개하고 매트로 가져온다.
- 숫자를 무작위로 꺼내면서 읽는다.
- 1부터 순서대로 놓아본다.
- 숫자 1을 짚으면서 "1"이라고 말하고 빨간 알을 그 아래에 1만큼 놓는다.
- 숫자 2를 짚으면서 "2"라고 말하며 "2는 짝을 맞추어 놓을 것입니다."라고 하면서 짝을 지어놓는다.
- 10까지 빨간 알을 놓아본다.
- 숫자와 빨간 알을 정리한다.

제 시2 짝수와 홀수

- 교구를 가져와 숫자와 빨간 알을 매트 위에 놓는다.
- 빨간 알 1을 가리키며 "1은 짝이 있어요?"라고 물어본다.
- 짝이 없는 수는 '홀수' 임을 알려준다.
- 2가 짝이 있는지를 물어보고 짝이 있는 수는 '짝수' 임을 소개한다.
- 홀수를 찾아보게 하고 짝수를 찾아보게 한다.
- 홀수를 아래로 내려서 그 모습을 보게 한다.
- 교구를 정리한다.

흥 미 점 빨간 알이 딱 떨어지는 것

오류수정 빨간 알이 남거나 부족한 것

직접목적 수의 계열성,

간접목적 짝수와 홀수의 개념 소개

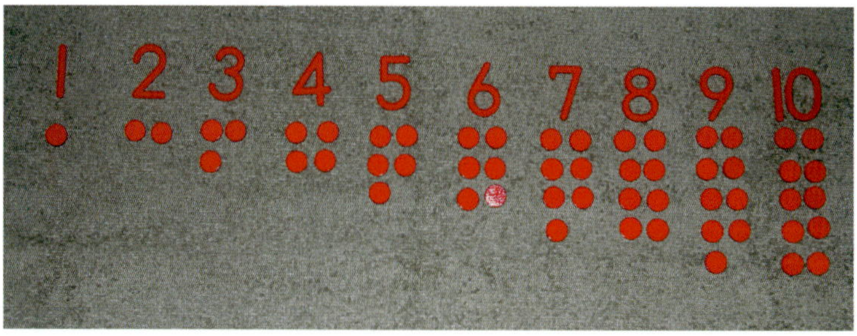

기억놀이

연 령 4세 이상

교 구 수 카드(0~10)가 들어 있는 주머니, 실물 55개, 실물 담을 그릇

제 시

- 어린이를 2명 이상 초대하여 교구를 소개한다.
- 주머니 속의 수 카드 1개씩 꺼내 읽어서 기억하고 수 카드를 뒤집어 둔다.
- 기억하는 숫자의 개수만큼 실물을 가져와서 그릇에 담는다.
- 모든 아동이 실물을 가져 간 후 숫자가 맞는지 확인한다.
- 0을 가진 아동은 가져 갈 수 없다.
- 교구를 정리한다.

흥미점 숫자판을 덮고 기억하는 것, 수 카드를 한 장씩 꺼내는 것, 숫자판을 혼자서 보는 것, 수 카드와 실물의 양을 확인하는 것

오류수정 실물이 남거나 부족할 때, 수 카드를 읽지 못하는 것

직접목적 수에 대한 기억 증진, 0의 개념 인식, 기본 수의 개념 확립과 수학적 기억력 향상

간접목적 수의 기억, 차례를 기다림, 규칙을 따르는 능력을 기름

소개쟁반(1111)

연 령 4세 이상

교 구 1, 10, 100, 1000의 금색구슬 1개씩, 1, 10, 100, 1000의 수 카드

제 시1 구슬의 소개

- 어린이를 초대하여 교구를 소개한다.
- 1의 금색구슬을 매트 위에 내려놓으면서 "1"이라고 말하며 어린이에게 만져

서 감각적으로 느껴보게 한다.

- 10의 금색구슬을 1의 금색구슬 왼쪽에 놓으면서 "10"이라고 말하며 10의 금색구슬을 세어서 1이 10개 있음을 보여준다.
- 같은 방법으로 100, 1000의 금색구슬도 소개한다.
- 3단계 명칭법을 통하여 구슬의 이름을 익힌다.
- 1의 금색구슬부터 순서대로 교구를 정리한다.

제 시2 수 카드와 같이 하기

- 어린이를 초대하여 교구를 소개한다.
- 구슬을 꺼내면서 이름을 이야기하게 한다.
- 1의 수 카드를 꺼내어 1의 금색구슬 위에 놓으면서 "1"이라고 말한다.
- 10, 100, 1000의 수 카드도 소개하여 금색구슬 위에 놓는다.
  카드를 읽어보게 하고 잘 읽으면 구슬을 상자에 담아 정리한 후 카드를 읽어보게 한다.
- 수 카드가 1111이 되도록 겹쳐 놓은 후 읽어보게 한다.
- 교구를 정리한다.

흥미점 구슬 만질 때의 입체감, 양에 따른 수 카드 대응, 자릿수에 따른 수 카드의 숫자 색

직접목적 1, 10, 100, 1000의 양과 상징의 인식, 십진법 체계의 단위 인식

간접목적 기하의 준비(점, 선, 면, 체), 0의 기능

금색구슬 교구(덧셈)

연 령 5세 이상

교 구 금색구슬 1세트, 큰 수 카드 1세트, 작은 수 카드 1세트, 부호(+, =), 구슬을 옮겨 나를 쟁반, 문제지, 색연필(초록, 파랑, 빨강)

제 시 1 올림이 없는 수 덧셈

- 어린이를 초대하여 교구를 소개한다.
  "덧셈을 소개하려고 해요. 덧셈은 작은 수에 작은 수를 합쳐서 큰 수를 만드는 것이에요."
- 작업지를 하나 꺼내서 읽고 그 수의 작은 수 카드를 꺼내어 온다.
- 수 카드의 수만큼 구슬을 가져와서 수 카드 아래에 놓아본다.
- 더하는 수도 수 카드, 구슬 순서로 가져와서 더해지는 수 아래에 놓는다.
- 수 카드를 겹쳐서 오른쪽에 놓아둔다.
- +와 =의 부호를 소개한 후 카드와 부호를 사용하여 식을 만든다.
- 1의 구슬부터 위로 올려서 더한 후 구슬을 세어서 숫자를 확인하고 큰 수 카드를 가져와 구슬 위에 놓는다.
- 10, 100, 1000의 자리도 더하여 큰 수 카드를 놓는다.
- 만들어 둔 식의 등호 옆에 큰 수 카드를 놓아 식을 완성한다.
- 어린이가 숫자를 쓸 수 있다면 답지에 색연필로 색깔별로 답을 적게 해도 좋다.
- 구슬과 수 카드를 정리한다.

※ 보자기에 두 수의 구슬을 넣어서 합치는 모습을 보여주고 구슬을 꺼내어 센 후 큰 수 카드를 놓아도 좋다.

제 시 2 올림이 있는 수 덧셈

- 어린이를 초대하여 교구를 소개한다.
- 문제지를 하나 꺼내어 읽어본다.
- 문제지만큼 작은 수 카드를 꺼내어 매트 위에 놓는다
- 더하는 수만큼 작은 수 카드를 꺼내어 놓는다.

- 수 카드만큼의 구슬을 가져온다.
- 1의 구슬부터 수 카드 아래에 놓는다.
- 수 카드를 겹쳐서 구슬의 오른쪽에 놓는다.
- 오른쪽의 수 카드와 부호를 사용하여 덧셈 식으로 만든다.
- 아래의 구슬을 1의 구슬부터 위로 밀어서 합한다.
- 올림이 있으면 그만큼 구슬을 구슬장으로 가서 높은 단위의 구슬로 바꿔와서 자리를 찾아 놓는다.
- 큰 수 카드에서 수를 찾아서 구슬 위에 놓는다.
- 10의 구슬, 100의 구슬, 1000의 구슬까지 올려서 합한 후 큰 수 카드를 찾아서 구슬 위에 놓는다.
- 큰 수 카드를 겹쳐 놓아서 식을 완성한다.
- 아동이 수를 쓸 수 있으면 문제지에 답을 색깔별로 적게 해도 좋다.
- 교구를 정리한다.

※ 일의 자리, 십의 자리, 백의 자리에 0이 나올 경우는 나머지가 있는 것을 제공한 후 제공해 주어야 한다.

흥미점 작은 수 카드와 큰 수 카드의 크기와 모양, 구슬을 합쳐보는 것, 부호의 사용, 색연필로 답안 작성

직접목적 덧셈의 개념 소개

간접목적 십진법이 가지는 의미 파악

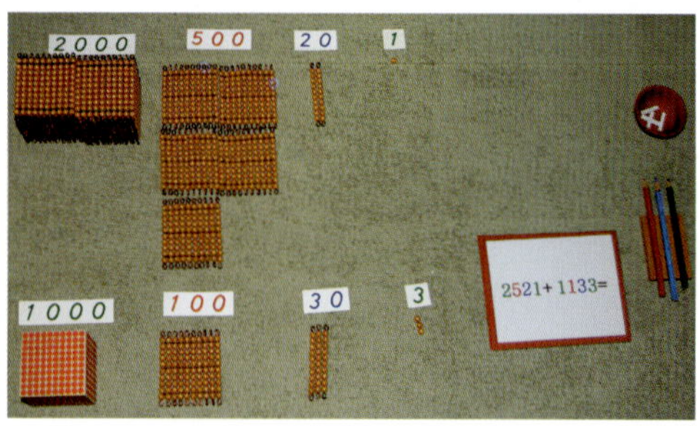

금색구슬 교구(곱셈)

연 령 5세 이상

교 구 금색구슬 1세트, 큰 수 카드 1세트, 작은 수 카드 1세트, 부호(×, =), 구슬을 옮겨 나를 쟁반, 문제지, 색연필(초록, 파랑, 빨강)

제 시 1 올림이 없는 수 곱셈

- 어린이를 초대하여 교구를 소개한다.

  "곱셈을 소개하려고 해요. 곱셈은 작은 수를 여러 번 더해서 큰 수를 만드는 것이에요."
- 문제지를 하나 가져와 매트 위에 놓고 문제를 읽어본다.

  "2331 곱셈 2는 2331을 두 번 가져오는 것과 같아요."
- 승수만큼 작은 수 카드를 놓는다.
- 구슬을 가져와서 수 카드 아래에 놓는다.
- 몇 번 가져와야 하는지 물어서 한번 더 가져오는 것을 상기시킨다
- 수 카드를 읽어본 다음 겹쳐서 구슬 오른쪽에 놓는다.
- 부호를 가져와 소개하고 식을 만들고 다시 읽어본다.
- 1의 구슬부터 위로 올려서 더한 후 큰 수 카드를 가져와 구슬 위에 놓는다.
- 수 카드를 겹쳐서 식 아래에 답의 수 카드를 놓아서 식을 완성한다.
- 어린이들이 수를 쓸 수 있으면 문제지에 답을 색깔별로 적게 해도 좋다.
- 교구를 정리한다.

제 시 2 올림이 있는 수 곱셈

- 어린이를 초대하여 교구를 소개한다.
- 오늘은 올림수가 있는 곱셈을 해 볼 거예요."
- 문제지를 하나 꺼내어 매트 위에 놓고 수를 읽어본다.

  "1244 곱셈 3은 1244를 몇 번 가져와야 되지요?"
- 작은 수 카드를 꺼내어 매트 위에 놓는다.
- 구슬을 수만큼 가져와서 수 카드 아래에 놓는다.
- 구슬을 몇 번 가져와야 하는지 물어서 곱하는 수만큼 가져오게 한다.

- 수 카드를 겹치고 부호를 가져와서 식을 만든다.
- 아래쪽 1의 구슬부터 위로 올려서 합한다.
- 올림이 있으면 그만큼 구슬을 바꿔와서 자리를 찾아 놓는다.
- 큰 수 카드를 찾아서 구슬 위에 놓는다.
- 큰 수 카드를 겹쳐서 식의 아래쪽에 답의 수 카드를 놓아서 식을 완성한다.
- 어린이들이 수를 쓸 수 있으면 문제지에 답을 색깔별로 적게 해도 좋다.
- 교구를 정리한다.

흥미점 작은 수를 반복해 더해서 큰 수를 만드는 것

직접목적 곱셈의 개념 소개

간접목적 십진법이 가지는 의미 파악

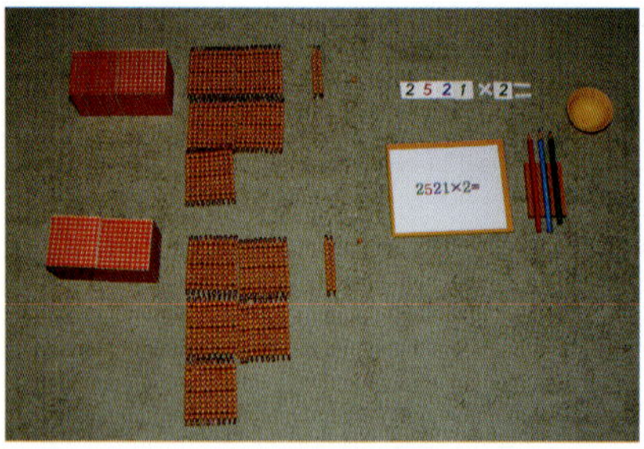

금색구슬 교구(뺄셈)

연 령 5세 이상

교 구 금색구슬 1세트, 큰 수 카드 1세트, 작은 수 카드 1세트, 부호(−, =), 구슬을 옮겨 나를 쟁반, 문제지, 색연필(초록, 파랑, 빨강)

제 시 1 내림이 없는 수 뺄셈

- 어린이를 초대하여 교구를 소개한다.

"뺄셈을 소개하려고 해요. 뺄셈은 큰 수에서 작은 수를 없애서 작은 수를 만드는 것이에요."

- 문제지를 읽어 피감수만큼 큰 수 카드를 꺼내어 놓는다.

- 큰 수 카드만큼 구슬을 가져와 큰 수 카드 아래에 놓는다.
- 작은 수 카드를 가져와 빼는 수만큼 꺼내 큰 수 카드 아래에 놓는다.
- 큰 수 카드 밑에 있는 구슬 중에서 빼는 수만큼 구슬을 가져와 작은 수 카드 밑에 일의 자리부터 수를 말하며 놓는다.
- "이만큼 뺄셈으로 했으니까 쟁반에 빼 놓을 거예요." 하면서 쟁반에 빼둔다.
- 큰 수 카드와 작은 수 카드를 겹쳐서 구슬 오른쪽에 두고 부호를 가져와 식을 만든다.
- 남은 구슬을 1의 구슬부터 센 후 작은 수 카드를 구슬 위에 놓는다.
- 부호를 가져와 소개하고 수 카드를 겹쳐서 식을 완성한다.
- 아동이 수를 쓸 수 있으면 문제지에 답을 색깔별로 적게 해도 좋다.
- 교구를 정리한다.

제 시2 내림이 있는 수 뺄셈

- 어린이를 초대하여 교구를 소개한다.
- 어린이를 초대하여 교구를 소개하고 위치를 알려준다.
  "오늘은 빌려 오는 수가 있는 뺄셈을 해 볼 거예요."
- 문제지에 있는 수만큼 큰 수 카드를 꺼내어 놓는다.
- 큰 수 카드만큼 구슬을 가져와 큰 수 카드 아래에 놓는다.
- 빼는 수만큼 작은 수 카드를 꺼내어 큰 수 카드 아래에 놓는다.
- 큰 수 카드 밑에 있는 구슬 중에서 빼는 수만큼 구슬을 가져와 작은 수 카드 밑에 일의 자리부터 수를 말하며 놓는다.
- 빌려 오는 수가 필요하면 구슬을 구슬장에 가져가서 작은 단위의 구슬로 바꿔온다.
- 작은 수 카드 밑에 있는 구슬을 쟁반에 담아 치운다.
- 큰 수 카드와 작은 수 카드를 겹쳐서 식을 만든다.
- 남아 있는 구슬을 일의 자리부터 세어서 그 수에 해당하는 작은 수 카드를 찾아 구슬 위에 놓는다.
- 작은 수 카드를 겹쳐서 식을 완성한다.
- 답지를 가져와 식과 답을 색연필로 적는다.

• 교구를 정리한다.

흥미점 큰 수에서 작은 수를 빼서 작은 수를 만드는 것

직접목적 뺄셈의 개념 소개

간접목적 십진법이 가지는 의미 파악

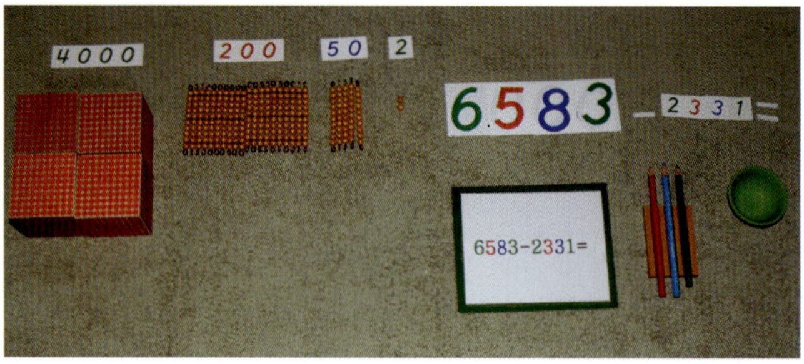

금색구슬 교구(나눗셈)

연 령 5세 이상

교 구 금색구슬 1세트, 큰 수 카드, 작은 수 카드 1세트, 부호(÷, =), 구슬을 옮겨 나를 쟁반, 문제지, 색연필(초록, 파랑, 빨강)

제 시 1 내림이 없는 나눗셈

• 어린이를 초대하여 교구를 소개한다.

"나눗셈을 해 볼 거예요. 나눗셈은 큰 수를 여러 사람이 똑같이 나누어 작은 수를 만드는 것이에요."

• 문제지를 하나 꺼내어 매트 위에 놓고 읽어본다.

"2468 나눗셈 2는 2468을 두 사람이 똑같이 나누어 가지는 것을 말해요."

• 큰 수 카드를 꺼내어 놓는다.

• 수만큼 구슬을 가져와 수 카드 아래에 구슬을 놓는다.

"나누어 가질 때는 가장 크고 좋은 것부터 나누어 가질 거예요."

• 말을 2개 가져와 매트 왼쪽에 놓는다.

- 천의 구슬부터 한 개씩 나눈다. 구슬이 없어질 때까지 나눈다
- 두 구슬을 다 읽어서 같은 것을 확인한 후 "두 사람이 같기 때문에 한 사람의 것이 답이예요."라고 말한다.
- 큰 수 카드의 수를 말하며 겹쳐 놓고 부호를 가져와 식을 만든다.
- 나눈 구슬을 세어서 1000의 자리부터 작은 수 카드를 구슬 위에 놓는다.
- 작은 수 카드를 겹쳐서 식을 완성한다.
- 문제지에 색을 맞춰 답을 적는다.
- 교구를 정리한다.

제 시 2 내림이 있는 나눗셈

- 어린이를 초대하여 교구를 소개한다.
- 문제지를 꺼내어 매트 위에 놓고 읽어본다.

  "6879 나눗셈 3은 6879를 세 사람이 똑같이 나누어 가지는 것을 말해요."
- 큰 수 카드를 꺼내어 놓는다.
- 수만큼 구슬을 가져와 수 카드 아래에 구슬을 놓는다.

  "세 사람이 나누어 가질 때는 가장 크고 좋은 것부터 나누어 가질 거예요."
- 말을 3개 가져와 매트 왼쪽에 놓는다.
- 천의 구슬부터 1개씩 나눈다. 구슬이 없어질 때까지 나눈다.
- 빌려 오는 수가 필요하면 구슬장에 가서 작은 단위의 구슬로 바꿔와서 자리에 맞추어 놓으며 계속 나눈다.
- 세 사람이 나눈 수를 각각 읽어서 같다는 것을 확인한 후 "세 사람이 같기 때문에 한 사람의 것이 답이예요."라고 말한다.
- 큰 수 카드의 수를 말하며 겹쳐 놓고 부호를 가져와 식을 만든다.
- 구슬을 세어서 1000의 자리부터 작은 수 카드를 구슬 위에 놓는다.
- 작은 수 카드를 겹쳐서 식을 완성한다.
- 문제지에 색을 맞춰 답을 적는다.
- 교구를 정리한다.

흥 미 점 큰 수를 똑같이 나누는 것

직접목적 나눗셈의 개념 소개

간접목적 십진법이 가지는 의미 파악

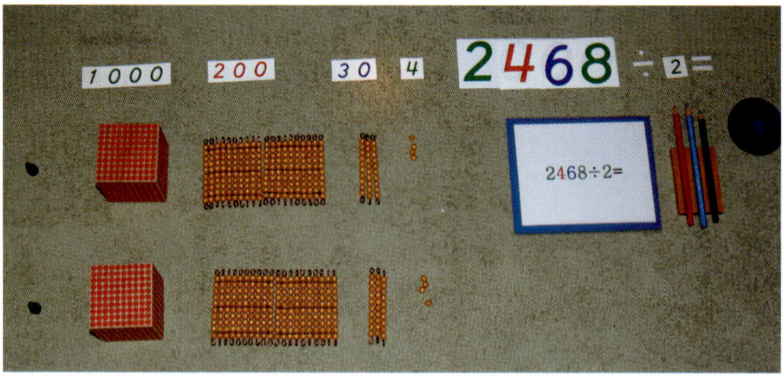

우표놀이(교구 소개)

연 령 5세 이상

교 구 1111 소개쟁반, 1의 우표(초록), 10의 우표(파랑), 100의 우표(빨강), 1000의 우표(초록), 말, 둥근알(초록, 파랑, 빨강), 문제지, 색연필(초록, 파랑, 빨강)

제 시 1

- 어린이를 초대하여 교구를 소개한다.
- 1의 구슬부터 1000의 구슬까지 매트 위에 놓는다.
- 오늘은 1 구슬 밑에 "숫자(초록)를 놓고 같이 사용할 거예요."하며 구슬 밑에 우표를 놓는다.
- 10의 구슬, 100의 구슬, 1000의 구슬도 같은 방법으로 하여 구슬과 우표가 같은 것임을 확인한다.
- 1111쟁반을 정리하고 우표도 제자리에 넣는다.
- 교사가 불러주는 수만큼 우표를 놓아보게 한다.
- 교구를 정리한다.

흥미점 1111 소개쟁반과 우표를 비교하기, 우표의 모양과 색

직접목적 추상적인 교구로 수를 이해

간접목적 수학적 두뇌 육성

우표놀이(덧셈)

연 령 5세 이상

교 구 1의 우표(초록), 10의 우표(파랑), 100의 우표(빨강), 1000의 우표(초록), 말, 둥근알(초록, 파랑, 빨강), 문제지, 색연필(초록, 파랑, 빨강)

제 시 1 올림이 없는 덧셈

- 어린이를 초대하여 교구를 소개한다.
- 문제지를 꺼내 매트 위 오른쪽에 놓는다.
- 문제 카드에 있는 수를 읽는다. 2043+1210 =
- 2043에 해당하는 우표를 찾아 상자 아래쪽에 놓는다.
- 1210에 해당하는 우표를 찾아 그 아래에 놓는다.
- 문제에 0이 있으면 같은 색깔의 둥근 알을 놓으면 된다.
- 아래 1의 자리부터 우표를 위로 밀어서 합한다.
- 합쳐진 수를 읽어보고 문제지에 답을 적는다.
- 교구를 정리한다.

제 시 2 올림이 있는 덧셈

- 어린이를 초대하여 교구를 소개한다.

- 문제지를 꺼내 매트 오른쪽에 놓는다.
- 문제 카드에 있는 수를 읽는다. 3468 + 1343 =
- 3468에 해당하는 우표를 찾아 상자 아래에 놓는다.
- 1343에 해당하는 우표를 찾아 그 아래에 놓는다.
- 아래의 우표를 1의 자리부터 위로 밀어서 합한다.
- 올림이 있으면 우표를 바꿔 와서 자리에 맞게 놓는다.
- 합쳐진 수를 읽어보고 문제지에 답을 적는다.
- 교구를 정리한다.

흥미점 우표의 모양과 색

직접목적 수의 양을 보지 않고 덧셈을 한다. (수 개념의 추상화)

간접목적 수학적 두뇌 육성

우표놀이(곱셈)

연 령 5세 이상

교 구 1의 우표(초록), 10의 우표(파랑), 100의 우표(빨강), 1000의 우표(초록), 말, 둥근알(초록, 파랑, 빨강), 문제지, 색연필(초록, 파랑, 빨강)

제 시1 올림이 없는 곱셈

- 어린이를 초대하여 교구를 소개한다.
- 문제 카드를 꺼내어 매트 오른쪽에 놓는다.

- 문제 카드의 수를 읽어본다. 2324×2 =
  "2324 곱셈 2는 2324를 두 번 더하는 것과 같아요."
- 2324만큼 우표를 꺼내어 상자 아래에 놓고 그 아래에 조금 띄어서 한번 더 놓는다(연필이나 끝으로 사이를 구분하여도 좋다).
- 1의 자리부터 위로 밀어서 합한다.
  합쳐진 수를 읽어보고 문제지에 답을 적는다.
- 교구를 정리한다.

제 시2 올림이 있는 곱셈

- 어린이를 초대하여 교구를 소개한다.
- 문제 카드를 꺼내어 매트 오른쪽에 놓는다.
- 문제 카드의 수를 읽어본다. 1455×3 =
  "1455 곱셈 3은 1455를 3번 가져와서 더하는 것이에요."
- 1455만큼 우표를 놓아보고 그 아래에 조금 띄어서 두 번 더 놓는다.
- 1의 자리부터 위로 밀어서 합한다.
- 올림수가 나오면 다음 단위의 우표와 바꿔와서 자리에 맞추어 놓는다.
- 합쳐진 수를 읽어보고 문제지에 답을 적는다.
- 교구를 정리한다.

흥미점 우표의 모양과 색

직접목적 수의 양을 보지 않고 곱셈을 한다. (수 개념의 추상화)

간접목적 수학적 두뇌 육성

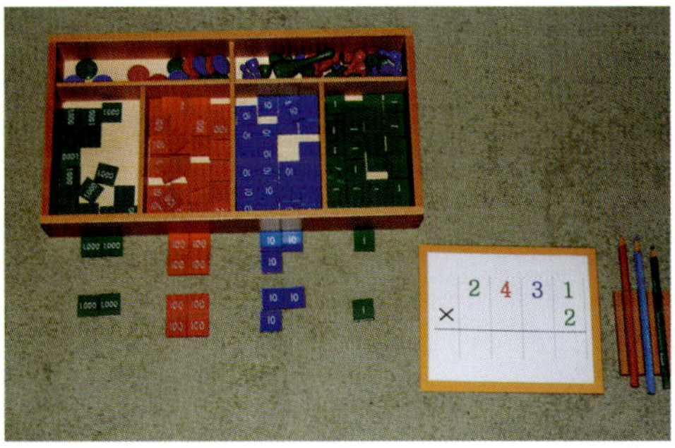

우표 놀이(뺄셈)

연 령 5세 이상

교 구 1의 우표(초록), 10의 우표(파랑), 100의 우표(빨강), 1000의 우표(초록), 말, 둥근알(초록, 파랑, 빨강), 문제지, 색연필(초록, 파랑, 빨강)

제 시1 내림이 없는 뺄셈

- 어린이를 초대하여 교구를 소개한다.
- 문제 카드를 꺼내어 매트 오른쪽에 놓는다.
- 문제지의 수를 읽어본다. 7854−2354=
- 7854를 말하며 우표를 꺼내어 상자 밑에 놓는다.
- 2354를 말하며 1의 자리부터 1000의 자리까지 우표를 빼내어 상자에 담는다.
- '0' 이 나오면 둥근 알을 단위색별로 놓으면 된다.
- 얼마가 남았는지 읽어보고 문제지에 답을 적는다.
- 교구를 정리한다.

제 시2 내림이 있는 뺄셈

- 어린이를 초대하여 교구를 소개한다.
- 문제 카드를 꺼내어 매트 오른쪽에 놓는다.
- 문제지의 수를 읽어본다. 5237−1456=
- 5237만큼 우표를 꺼내어 상자 밑에 놓는다.
- 1456도 1의 자리부터 1000의 자리까지 우표를 빼내어 상자에 담는다.
- 빌려 오는 수가 필요하면 우표를 바꿔와서 자리에 맞춰 놓는다.
- 우표가 얼마나 남았는지 읽어보고 문제지에 답을 적는다.

- 교구를 정리한다.

흥미점 우표의 모양과 색

직접목적 수의 양을 보지 않고 뺄셈을 한다. (수 개념의 추상화)

간접목적 수학적 두뇌 육성

우표놀이(나눗셈)

연 령 5세 이상

교 구 1의 우표(초록), 10의 우표(파랑), 100의 우표(빨강), 1000의 우표(초록), 말, 둥근알(초록, 파랑, 빨강), 문제지, 색연필(초록, 파랑, 빨강)

제 시 1 내림이 없는 나눗셈

- 어린이를 초대하여 교구를 소개한다.
- 문제 카드를 꺼내어 매트 오른쪽에 놓는다.
- 문제 카드의 수를 읽어본다. 6244÷2=

"6244 나눗셈 2는 6244를 두 사람이 똑같이 나누어 가지는 것을 말해요."

- 6244만큼 우표를 놓아본다.
- 두 사람이 똑같이 나누어야 하기 때문에 말을 2개 가져와 매트 왼쪽 아래에 놓는다.

"두 사람이 나누어 가질 때는 가장 크고 좋은 것부터 나누어 가질거예요."

- 1000의 자리부터 100의 자리, 10의 자리, 1의 자리도 나누어 갖는다.
- 한 사람의 것을 세어본다.

"두 사람이 똑같이 가졌기 때문에 한 사람의 것이 답이에요."

- 문제지에 답을 적는다.
- 교구를 정리한다.

제 시 2 내림이 있는 나눗셈

- 어린이를 초대하여 교구를 소개한다.
- 문제 카드를 꺼내어 매트 오른쪽에 놓는다.
- 문제 카드의 수를 읽어본다. 4353÷2=

"4353 나눗셈 2는 4353을 두 사람이 똑같이 나누어 가지는 것을 말해요."

- 4353만큼 우표를 놓아본다.
- 두 사람이 똑같이 나누어야 하기 때문에 말을 2개 가져와 매트 왼쪽 아래에 놓는다.

"두 사람이 나누어 가질 때는 가장 크고 좋은 것부터 나누어 가질거예요."

- 1000의 자리부터 100의 자리, 10의 자리, 1의 자리도 나누어 갖는다.
- 빌려 오는 수가 필요하면 우표를 바꿔 자리에 맞춰 놓고 다시 나눈다.
- 한 사람의 것을 세어본다.

"2사람이 똑같기 때문에 한 사람의 것이 답이예요."

- '1' 나머지가 있을 때는 '나머지 1' 이라고 하던지 부호를 하나 정해 놓는 '1' 을 적어도 된다.
- 문제지에 답을 적는다.
- 교구를 정리한다.

흥미점 우표의 모양과 색

직접목적 수의 양을 보지 않고 나눗셈을 한다. (수 개념의 추상화)

간접목적 수학적 두뇌 육성

점놀이(교구 소개)

연 령 5세 이상

교 구 1111 소개쟁반, 점놀이 용지, 문제지, 연필

- 첫 칸에 1(초록), 10(파랑), 100(빨강), 1000(초록)의 숫자가 적혀 있고
- 둘째 칸에 10칸씩 여러 줄의 방안지 모양이고
- 셋째 칸은 올림수를 표시할 수 있게 비어 있다.

• 넷째 칸은 답을 기록하도록 비어 있다.

제 시

• 어린이를 초대하여 교구를 소개한다.
• 점놀이 용지를 가져와 읽어본다.
• 1111 소개쟁반을 가져와 1의 1칸이 1의 구슬, 10의 1칸이 10의 구슬과 같음을 확인한다.
• "한번 세어봅시다."하며 오른쪽에서 왼쪽으로 빗금을 하나씩 긋는다.
(점을 찍어도 좋다)
• 점놀이 용지에 표시한 만큼 읽어보게 한다.
• 불러주는 수를 점놀이 용지에 표시하게 한다.
• 교구를 정리한다.

흥미점 용지에 그어진 칸에 표시하는 것

직접목적 추상적인 교구로 수를 이해

간접목적 점놀이 연산의 준비

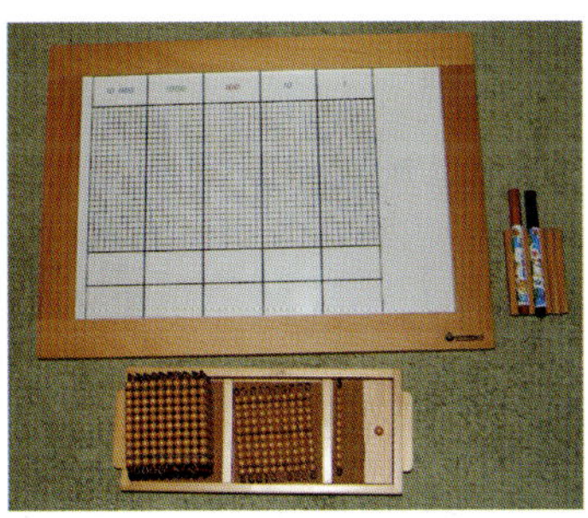

점놀이(덧셈)

연 령 5세 이상

교 구 1111 소개쟁반, 점놀이 용지, 문제지, 연필

• 첫 칸에 1(초록), 10(파랑), 100(빨강), 1000(초록)의 숫자가 적혀 있고

- 둘째 칸에 10칸씩 여러 줄의 방안지 모양이고
- 셋째 칸은 올림수를 표시할 수 있게 비어 있다.
- 넷째 칸은 답을 기록하도록 비어 있다.

제 시 1 올림이 없는 덧셈

- 어린이를 초대하여 교구를 소개한다.
- 문제지의 수를 점놀이 오른쪽에 적는다. 2342+4234 =
- 1의 자리부터 점놀이 용지의 칸에 수만큼 /표시한다. 표시를 마친 수는 식의 수 위에 /표시하여 계산되었음을 표한다.
- 10의 자리, 100의 자리, 1000의 자리까지 같은 방법으로 한다
- 더해지는 수도 같은 방법으로 더한다. 먼저 표시한 옆에 하면 된다.
- 다 표시한 후 "1의 자리부터 세어볼 거예요."하며 칸의 것을 셀 때는 반대(\)로 표시한다.
- 점놀이 용지에 표시된 것의 수를 세어서 나온 수를 밑의 큰 칸에 적는다.
- 문제가 적혀 있는 오른쪽 아래에 답을 적는다.
- 교구를 정리한다.

제 시 2

- 어린이를 초대하여 교구를 소개한다.
- 문제지의 수를 점놀이 용지에 적는다. 2768+2456 =
- 1의 자리부터 점놀이 용지의 칸에 수만큼 /표시한다. 표시를 마친 수는 식의 수 위에 /표시하여 계산되었음을 표한다.
- 더하는 수를 1의 자리부터 더한다. 먼저 표시한 옆에 계속하면 된다.
- 10칸이 넘으면 아랫줄에 표시한다.
- 표시한 후 "1의 자리부터 세어볼 거예요."하며 표시한 칸에 반대로 표시한다.
- 10이 넘으면 10개의 선을 옆으로 긋고 윗자리에 1개를 더 표시한다.
- 점놀이 용지에 표시된 수를 헤아려 밑의 큰 칸에 적는다. 방안지 아랫줄에 올려주는 자리와 올려받는 자리에 붉은 점을 찍어 표시하여도 좋다.
- 문제가 적혀 있는 오른쪽 아래에 답을 적는다.

• 교구를 정리한다.

흥미점 용지에 그어진 칸에 표시하는 것, 용지에 표시를 하는 것, 칸을 세면서 반대로 표시를 하는 것

직접목적 각각의 수를 구체적으로 보지 못하고 연결된 수만 보고 덧셈을 한다.

간접목적 수학적 두뇌 육성

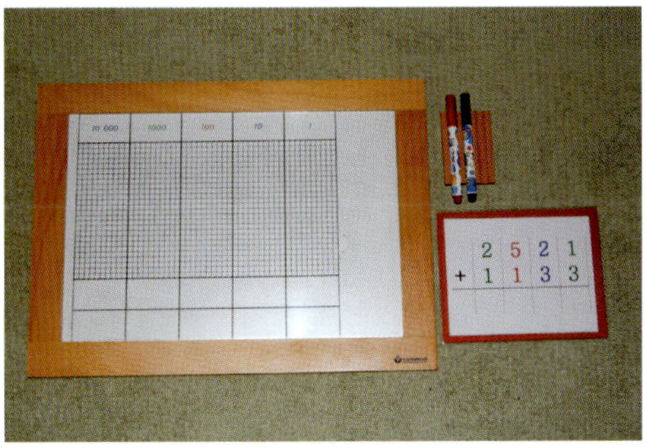

점놀이(곱셈)

연 령 5세 이상

교 구 1111 소개쟁반, 점놀이 용지, 문제지, 연필

• 첫 칸에 1(초록), 10(파랑), 100(빨강), 1000(초록)의 숫자가 적혀 있고

• 둘째 칸에 10칸씩 여러 줄의 방안지 모양이고

• 셋째 칸은 올림수를 표시할 수 있게 비어 있다.

• 넷째 칸은 답을 기록하도록 비어 있다.

제 시 1

• 어린이를 초대하여 교구를 소개한다.

• 문제 카드의 수를 점놀이 용지에 적는다. 1232×2 =

• 1의 자리부터 점놀이 용지의 칸에 수만큼 /표시한다. 표시를 마친 수는 식의 수위에 /표시하여 계산되었음을 표한다.

- 같은 수를 한번 더 같은 방법으로 더한다. 먼저 표시한 옆에 하면 된다.
- 다 표시한 후 "1의 자리부터 세어 볼 거예요."하며 칸의 것을 셀 때는 반대(\)로 표시한다.
- 점놀이 용지에 표시된 것의 수를 헤아려 나온 수를 밑의 큰 칸에 적는다.
- 문제가 적혀 있는 오른쪽 아래에 답을 적는다.
- 교구를 정리한다.

제 시 2

- 어린이를 초대하여 교구를 소개한다.
- 문제지의 수를 점놀이 용지에 적는다. 348×3 =
  "348 곱셈 3은 348을 3번 더한 것과 같아요."
- 1의 자리부터 점놀이 용지의 칸에 수만큼 /표시한다. 표시를 마친 수는 식의 수위에 /표시하여 계산되었음을 표한다.
- 같은 수를 한번 더 같은 방법으로 더한다. 먼저 표시한 옆에 하면 된다.
- 다 표시한 후 "1의 자리부터 세어볼 거예요."하며 칸의 것을 셀 때는 반대로 표시한다.
- 10이 넘으면 10개의 선을 옆으로 긋고 큰 자릿수에 1개를 더 표시한다.
- 점놀이 용지에 표시된 수를 헤아려 밑의 큰 칸에 적는다.
- 문제가 적혀 있는 오른쪽 아래에 답을 적는다.
- 교구를 정리한다.

흥미점 용지에 그어진 칸에 표시하는 것, 용지에 표시를 하는 것, 칸을 세면서 반대로 표시를 하는 것

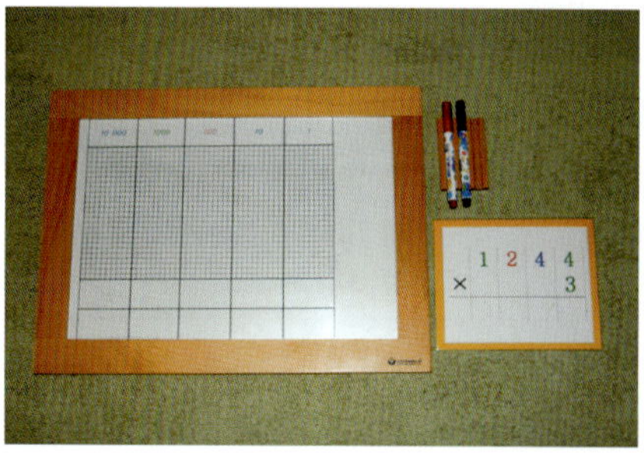

직접목적 각각의 수를 구체적으로 보지 못하고 연결된 수만 보고 곱셈을 한다.

간접목적 수학적 두뇌 육성

작은 구슬 틀(교구 소개)

연 령 5세 이상

교 구 1111 소개쟁반, 작은 구슬 틀, 문제지, 연필

제 시

- 어린이를 초대하여 교구를 소개한다.
- 구슬 틀 옆에 있는 수를 읽어보게 하고 1의 구슬부터 1000의 구슬까지 수의 양을 소개한다.
- 1111 소개쟁반의 구슬과 구슬 틀의 구슬 단위와 양이 같음을 설명한다.
- 교사가 구슬 틀의 구슬을 1254만큼 오른쪽으로 옮긴 후 아동에게 읽어보게 한다.
- 어린이들에게 2345를 불러주고 수만큼 구슬 틀의 구슬을 옮기게 한다.
- 어린이들은 놓은 것을 하나씩 읽으며 확인한다.
- 교구를 정리한다.

흥미점 작은 구슬 틀의 구슬을 좌우로 움직이는 것

직접목적 추상적인 교구로 수를 이해

간접목적 작은 구슬 틀 연산의 준비

작은 구슬 틀(덧셈)

연 령 5세 이상

교 구 1111 소개쟁반, 작은 구슬 틀, 문제지, 연필

제 시1 올림이 없는 덧셈

- 어린이를 초대하여 교구를 소개한다.
- 문제지를 매트 위에 놓고 수를 같이 읽어본다. 2342+4234 =
- 2342만큼 구슬 틀의 구슬을 오른쪽으로 옮긴다.
- 2342만큼 옮겨진 위에 4234만큼 더 옮긴다.
- 얼마가 되었는지 세어보고 문제지에 답을 쓴다.
- 구슬을 원상태로 한 다음 교구를 정리한다.

제 시2 올림이 있는 덧셈

- 어린이를 초대하여 교구를 소개한다.
  "작은 구슬 틀에서 올림수 있는 덧셈을 해 볼 거예요."
- 문제지를 하나 꺼내어 매트에 놓고, 문제 카드의 수를 읽어본다.
- 1989+2456 = 구슬을 1989만큼 옮긴다.
- 1989 위에 2456만큼 더 구슬을 옮긴다.
- "1의 구슬이 10개면 10의 구슬 1개와 바꿀 수 있어요."하면서 1의 구슬이 10이 되면 10의 자리 구슬을 오른쪽으로 1개 옮기면서 1의 구슬을 왼쪽으로 보낸다.
- 나머지 구슬(5)를 오른쪽으로 보낸다.
- 10의 구슬도 10이 되면 100의 구슬을 오른쪽으로 1개 옮긴 후 10의 구슬을 왼쪽으로 보낸다.
- 나머지 구슬(4)를 오른쪽으로 보낸다.
- 10, 100의 구슬이 10이 되면 1000의 구슬 1개를 오른쪽으로 옮긴 후 100의 구슬을 왼쪽으로 보낸다.
- 나머지 구슬(4)를 오른쪽으로 보낸다.

- 1000의 구슬을 오른쪽으로 옮겨놓는다.
- 구슬 틀에 있는 것을 읽어본 후 문제지에 답을 적는다.
- 구슬을 원상태로 한 후 교구를 정리한다.

흥미점 작은 구슬 틀의 구슬을 좌우로 움직이는 것

직접목적 10이 넘는 수를 보지 못해도 덧셈을 할 수 있다.

간접목적 수학적 두뇌 육성

작은 구슬 틀(곱셈)

연 령 5세 이상

교 구 1111 소개쟁반, 작은 구슬 틀, 문제지, 연필

제 시 1 올림이 없는 곱셈

- 어린이를 초대하여 교구를 소개한다.
- 문제지를 매트 위에 놓고 문제지의 수를 읽어본다. 2132×2 =
  "2132 곱하기 2는 2132를 두 번 가져와 더하는 것과 같아요."

- 구슬 틀에 2132를 옮겨놓는다.
- 구슬을 오른쪽으로 한번 더 옮겨놓는다.
- 다한 후 답이 얼마인지 확인한다. (4264)
- 답지에 답을 연필로 적고 교구를 정리한다.

제 시2 올림이 있는 곱셈

- 어린이를 초대하여 교구를 소개한다.
- 문제 카드를 꺼내어 매트 위에 놓고 문제 카드의 수를 읽어본다.
- 2488×2=구슬을 2488만큼 옮긴다.
- 2488이 몇 번 있어야 하나요?" 물어보고 한번 더 옮긴다.
- 1의 구슬이 10이 되면 10의 자리 1개를 오른쪽으로 옮기고 1의 구슬을 왼쪽으로 옮긴다.
- 나머지 구슬(6)을 오른쪽으로 보낸다.
- 올림수가 있으면 올려가면서 더한다.
- 답(4976)을 읽고 답지에 답을 적는다.
- 교구를 정리한다.

흥미점 작은 구슬 틀의 구슬을 좌우로 움직이는 것

직접목적 10이 넘는 수를 보지 못해도 곱셈을 할 수 있다.

간접목적 수학적 두뇌 육성

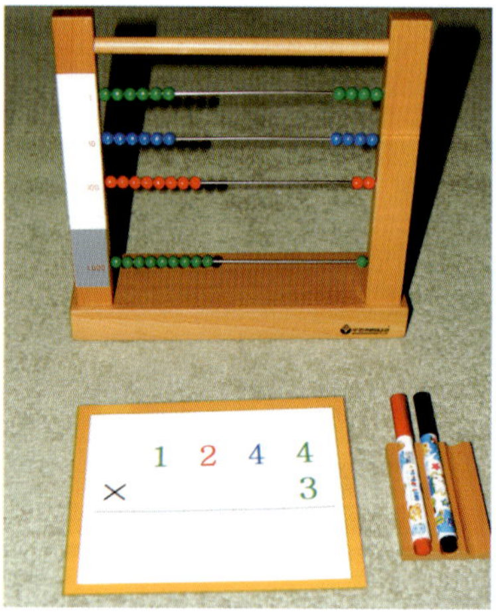

작은 구슬 틀(뺄셈)

연 령 5세 이상

교 구 1111 소개쟁반, 작은 구슬 틀, 문제지, 연필

제 시 1 내림이 없는 뺄셈

- 아동을 초대하여 교구를 소개하고 위치를 알려준다.
- 문제지를 매트 위에 놓고 문제지를 읽어본다. 9421－1311=
- 9421만큼 구슬을 옮겨놓는다.
- 1의 구슬부터 1311만큼 구슬 틀의 구슬을 왼쪽으로 옮겨서 뺀다.
- 다한 후 수를 읽어본다. (8110)
- 답을 적고 교구를 정리한다.

제 시 2 내림이 있는 뺄셈

- 어린이를 초대하여 교구를 소개한다.
- 문제지를 매트 위에 놓고 문제지의 수를 읽어본다. 8323－1489 =
- 8323만큼 구슬을 오른쪽으로 옮긴다.
- "8323에서 9를 뺄 거예요."하며 구슬을 왼쪽으로 뺀다.
- 수를 세다가 모자라면 10의 자리 1개를 왼쪽으로 옮기고 1의 자리 10개를 오른쪽으로 가져온다.
- 다 못 뺀 수(6)를 왼쪽으로 뺀다.
- 1489만큼 빼면서 모자라면 윗자리에서 빌려와서 뺀다.
- 답을 적은 후 교구를 정리한다.

흥미점 작은 구슬 틀의 구슬을 좌우로 움직이는 것

직접목적 추상적인 교구로 수를 이해

간접목적 작은 구슬 틀 연산의 준비

색 구슬 계단

연 령 3세 이상

교 구 색 구슬(1－빨강색, 2－초록색, 3－분홍색, 4－노랑색, 5－하늘색, 6－보라색, 7－하얀색, 8－갈색, 9－파랑색, 10－금색) 1~10의 숫자판, 셈자

제 시 1

- 어린이를 초대하여 교구를 소개한다.
- 색 구슬을 무작위로 매트 위에 내어 놓는다.
- 구슬을 비교해 가면서 1의 구슬을 가장 아래로 해서 역삼각형으로 정리한다.
- 왼손으로 1의 구슬을 가져와서 셈자로 세면서 읽는다.
- 나머지 구슬도 같은 방법으로 읽은 후 다시 역삼각형으로 정리한다.
- 교구를 정리하여 제자리에 가져다 둔다.

제 시 2

- 색 구슬을 역삼각형으로 정리한다.
- 숫자판을 무작위로 꺼내며 읽는다.

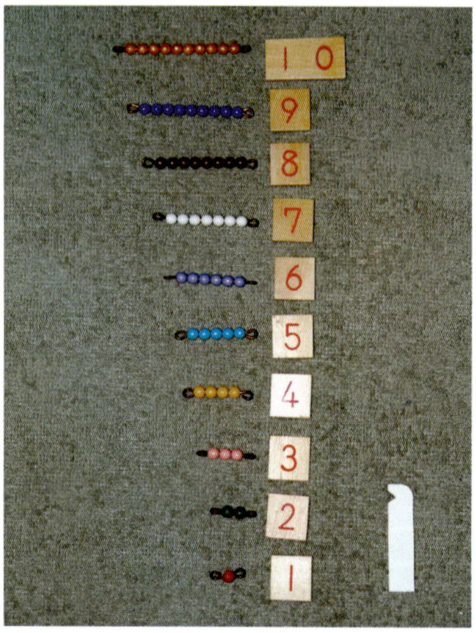

- 1의 색 구슬을 가져와 세어보고 1의 숫자판을 가져와서 색 구슬 옆에 놓는다.
- 10의 구슬까지 같은 방법으로 작업한다.
- 완성된 작업을 관찰한다.
- 교구를 정리해서 교구장에 갖다 둔다.

흥미점 색 구슬의 색, 셈자의 사용, 역삼각형으로 나열하는 것

직접목적 명칭 기억의 강화

간접목적 수 읽는 법과 양을 인식, 뱀놀이의 준비

세강판 I

연 령 5세 이상

교 구 세강판 1(10이 9개 쓰인 나무판 2개, 마지막 칸은 비어 있다, 1~10까지 숫자판), 10의 금색구슬 9개, 1~9 색 구슬

제 시

- 어린이를 초대하여 교구를 소개한다.
- 매트를 세로로 펴고 교구의 뚜껑을 열고 나무판을 꺼내서 세로로 길게 놓는다.
- 숫자판은 세강판의 오른쪽에 무작위로 꺼내어 놓는다.
- 10구슬들과 색구슬을 세강판 왼쪽 매트 위에 내려놓고 색구슬은 역삼각형 모양이 되도록 차례로 나열한다.
- 오른손 검지로 세강판 제일 위의 '10'을 가리키며 10이라 읽고 10의 구슬 1개를 들어서 10의 수 왼쪽 옆에 "십"하고 읽으며 놓는다.
- "십에 1이 더 있으면 십일" 색구슬 1을 들어서 세강판 왼쪽 옆에 놓아둔 10구슬 오른쪽에 놓으며 "십일"하고 읽는다.
- 숫자판 '1'을 찾아 세강판에 끼워넣는다
- 숫자판을 끼워서 전체를 손가락으로 인지하며 다시 읽는다. "십일"
- 같은 방법으로 19까지 작업한다.
- 3단계 명칭연습으로 익히도록 한다.
- 교구를 정리한다.

흥미점 숫자판을 홈에 끼우는 것

직접목적 11~19까지 수의 명칭과 양 익히기

간접목적 10이라는 수와 한자릿수와의 관계 이해

세강판 2

연 령 5세 이상

교 구 세강판 2(10~90까지 숫자가 쓰인 나무판 2개, 1~9까지 숫자판), 1의 금색구슬 9개, 10의 금색구슬 9개

제 시 1

- 어린이를 초대하여 교구를 소개한다.
- 매트를 세로로 펴고 교구의 뚜껑을 열어 나무판을 꺼내서 세로로 길게 놓는다.
- 숫자판을 꺼내며 수를 말하고 세강판 오른쪽에 무작위로 놓는다.
- '10'에서 '90'까지 오른손 검지손가락으로 숫자판 밑을 옆으로 그으며 "십, 이십, 삼십…" 읽는다.
- 오른손 검지 손가락으로 '10'을 가리키며 "십"이라고 읽으며 10의 구슬 하나를 들어서 세강판 10 왼쪽에 "십"이라 하고 놓는다.
- 십에 1이 더 있으면 "십일" 십의 구슬 옆에 일의 구슬 하나를 더 놓고 숫자판 1을 찾아 수(십일)를 말하며 세강판에 끼운다.

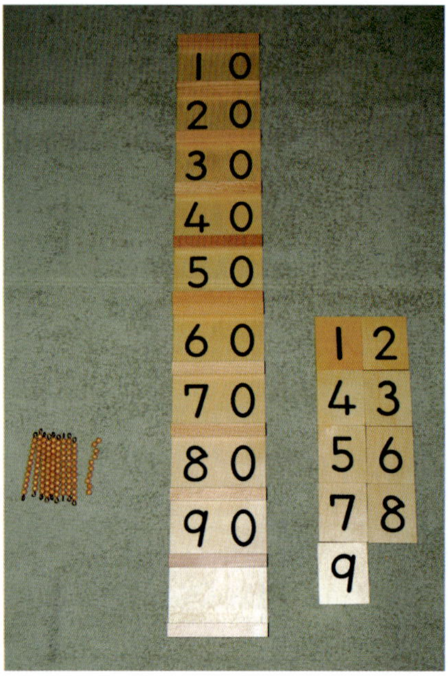

- "십일에 일이 더 있으면 십이"하면서 1의 구슬을 하나 더 가져와 구슬들 옆에 놓는다.
- 숫자판 '1'을 빼내고 '2'를 찾아 수(십이)를 말하며 세강판에 끼운다.
- 같은 방법으로 '19'까지 한다.
- "19에 1만큼 더 있으면 20" 10의 구슬 하나를 아래로 내리고 1의 구슬 9개를 그릇에 담고 10의 구슬을 1개 가져와서 세강판 20 옆에 놓는다.
- 같은 방법으로 '99'까지 활동한다.
- 50까지 먼저 해도 되고 활동량을 정해 주어도 된다.
- 교구를 정리한다.

흥미점 숫자판을 홈에 끼우는 것, 9 다음에 새로운 단위가 되는 것

직접목적 11~99까지의 수의 명칭과 양 익히기

백판

연 령 5세 이상

교 구 가로 10칸 세로 10칸의 선이 그어진 100판, 왼쪽 맨 위에 1이 적혀 있음, 1~100까지 적혀 있는 정정판, 1~100까지의 숫자타일

제 시

- 어린이를 초대하여 교구를 소개한다.
- 교구를 가져와 매트 위에 놓는다.
- 백판의 정정판을 꺼내어 매트 왼편 위쪽에 뒤집어서 놓는다
- 숫자타일이 담긴 통에서 1~10까지 카드를 꺼내어 가지고 와서 백판 오른쪽에 숫자를 말하면서 하나씩 놓는다.
- 백판 위에 적혀 있는 숫자 1을 손가락으로 만지면서 읽어보고 숫자타일 중에서 1을 찾아 그 위에 놓는다.
- 2부터 숫자타일을 찾아 읽으며 맞는 자리에 놓으면서 10까지 놓는다.
- 11~20까지 카드를 꺼내어 가지고 와서 백판 오른쪽에 숫자를 말하면서 하나씩 놓는다.
- 1의 자리 밑 빈 칸(11의 카드를 놓아야 할 자리)에 11의 수 카드를 찾아 수를 말하면서 놓는다.
- 같은 방법으로 100까지 제자리 칸에 수 카드를 모두 찾아 놓는다.
- 처음에는 나누어서 할 수도 있다. (1~40, 41~70, 71~100)
- 잘하면 1~100까지의 수를 다 섞어놓는다.
- 정정판은 사용해도 되고 안 해도 된다.
- 수를 읽어보게 한다.
- 교구를 정리한다.

오류수정 숫자타일을 차례대로 놓아보는 것

직접목적 1~100까지의 수의 명칭을 익힌다.

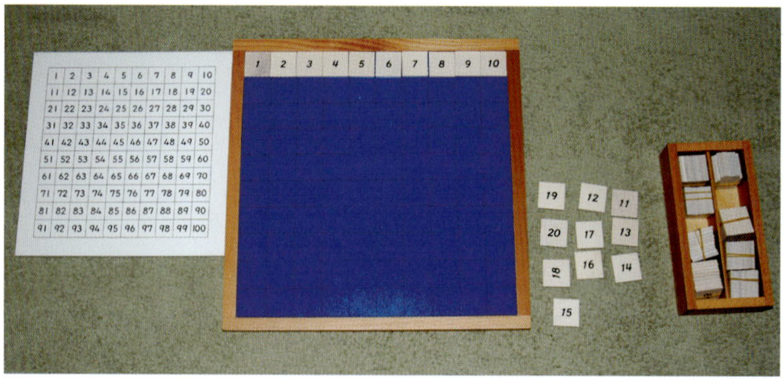

덧셈의 뱀놀이

연 령 5세 이상

교 구 색 구슬 2세트 이상, 흑백구슬 1세트, 10의 금색구슬 10개, 셈자, 문제지, 연필

제 시1 10 만들기

- 어린이를 초대하여 교구를 소개한다.
- 색 구슬을 2세트 가져와 수를 말하며 꺼내어 역삼각형을 만든다.
- 흑백구슬도 가져와 수를 말하며 꺼내어 역삼각형으로 놓는다.
- 9+1, 8+2, 7+3,~~1+9의 순으로 구슬을 놓는다.
- 셈자로 10이 될 때까지 세어서 10이 되면 10의 금색구슬을 가지고 오고 색 구슬은 제자리에 갖다 놓는다.
- 10을 만들 두 구슬을 연결해서 놓고 10의 금색구슬로 같음을 보여줄 수도 있다.
- 교구를 정리한다.

제 시2 흑백구슬의 사용

- 어린이를 초대하여 교구를 소개한다.
- 색 구슬을 2세트 가져와 수를 말하며 꺼내어 역삼각형을 만든다.
- 흑백구슬도 가져와 수를 말하며 꺼내어 역삼각형으로 놓는다.
- 1의 구슬부터 9의 구슬까지 가져와 뱀 모양으로 놓는다.
- 셈자로 1부터 세어 10이 되면 셈자를 그 자리에 그대로 꽂아두고 10의 구슬 1개를 가지고 와서 10까지 센 구슬 위에 매칭하여 놓고 1~10까지 센 색 구슬은 제자리에 갖다 놓는다.
- 남아 있는 구슬 수만큼의 흑백구슬을 가져와 매칭한다.
- 흑백구슬부터 셈자로 10이 될 때까지 센다.
- 이와 같은 방법으로 색 구슬을 모두 금색구슬과 흑백구슬로 바꾸어 놓는다.
- 얼마가 되는지 읽는다. (45)
- 교구를 정리한다.

제 시 3 뱀놀이

- 어린이를 초대하여 교구를 소개한다.
- 문제를 읽는다. 3+6+2+5+1+8+2+7 =
- 문제의 수만큼 색 구슬을 뱀 모양처럼 놓는다.
- 색 구슬 3을 놓고 문제지의 3을 사선으로 지운다. (혼란스럽지 않기 위해서)
- 같은 방법으로 7까지 색 구슬을 늘어놓는다.
- 셈자를 가져와 3부터 세어 나간다.
- 색 구슬 2까지 세어 10이 되면 셈자를 그 자리에 그대로 꽂아두고 10의 구슬 1개를 가지고 와서 매칭한다.
- 그 남은 수를 세어 흑백구슬 1을 가져와 매칭한다.
- 색 구슬 3, 6, 2를 제자리에 놓는다.
- 흑백구슬(1)부터 셈자로 세어서 10이 되면 10의 구슬로 교환하면서 끝까지 더해 간다.
- 다 더한 후 남은 구슬을 세어서 뱀놀이 문제집에 연필로 답(34)을 적는다.
- 스스로 문제를 만들어서 하기도 한다.
- 교구를 정리한다.

흥미점 흑백구슬의 색, 색 구슬을 뱀 모양으로 놓는 것, 셈자로 10이 될 때까지 연속해서 세는 것, 색 구슬을 금색구슬과 흑백구슬로 바꾸는 것

오류수정 계산한 색 구슬과 10의 금색구슬과 흑백구슬의 개수가 다를 경우

직접목적 10의 구성수 이해, 덧셈의 암산화

간접목적 연산능력 강화

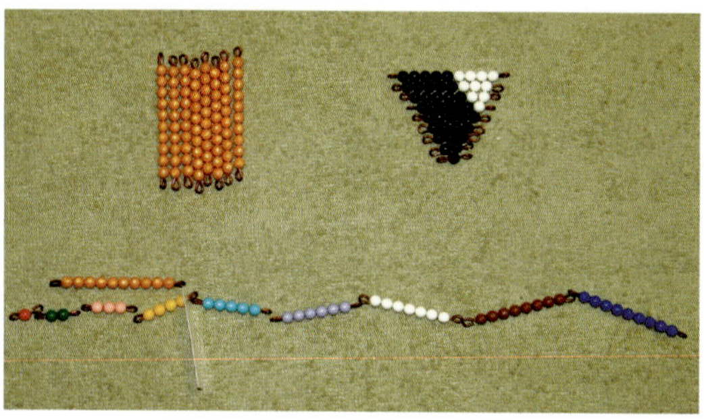

덧셈 판

연 령 5세 이상

교 구 덧셈 판(가로 18줄, 세로 11줄의 파란색 줄이 쳐 있고 상단에 10까지는 빨강, 11~19는 파란색 숫자로 쓰여 있고 10과 11 사이에 빨간 경계선이 그어져 있다), 파란 자(1~9까지 9개의 자로 오른쪽 끝에 숫자가 쓰여 있다.), 빨간 자(1~9까지 9개가 있으면 각 숫자만큼 칸이 그어져 있다), 문제지, 연필

제 시 1 10 만들기

• 어린이를 초대하여 교구를 소개한다.

- 덧셈 판을 매트 중앙에 놓고 양옆에 파란색 자(왼쪽)와 빨간색 자(오른쪽)를 1~9까지 늘어놓는다.
  "10을 만들어 볼 거예요."
- 파란색 자의 1을 더하기 판 제일 위에 왼쪽에서 시작하여 가로로 놓는다.
- "9에 1를 만나면 10이 되요."하면서 빨간색 자의 9를 가져와 파란색 자 옆에 놓는다.
- 빨간 자 위의 숫자를 읽어 답을 말한다.
- 8+2, 7+3, 6+4, 5+5, 4+6, 3+7, 2+8, 1+9의 자도 놓아 빨간 선을 기준으로 10을 만들어본다.
- 교구를 정리한다.

제 시2 하나의 기준으로 덧셈

- 어린이를 초대하여 교구를 소개한다.
- 덧셈 판을 매트 중앙에 놓는다.
- 파란색 자(왼쪽)와 빨간색 자(오른쪽)를 더하기 판 양옆에 놓는다.
  문제지를 읽는다. 1+1
- 파란색 자 1을 더하기 판 1 위에, 빨간색 자 1을 그 뒤에 놓는다.
- 빨간 자가 끝나는 지점의 수를 읽어 문제지에 답(2)을 적는다.
- 파란색 자 1을 더하기 판 1 위에, 빨간색 자 2를 그 뒤에 놓는다.
- 수를 헤아려 문제지에 답을 적는다.
- 같은 방법으로 1+9=10까지 적는다.
- 파란색 자 2~9까지에다 빨간색 자 1~9까지 더한다.
- 정정판을 꺼내어 확인한다.
- 자를 읽어서 답을 구하기 전에 먼저 암산을 해 보게 하며 계산의 반복을 통하여 답을 암기하게 된다.
- 교구를 정리한다.

제 시3 섞어서 계산하기

- 문제지를 가져온다. 4+9 =
- 파란색 자 4를 덧셈 판 왼쪽에 놓는다.

- 빨간색 자 9를 가져와 파란색 자 4 옆에 놓는다.
- 수를 헤아려 문제지에 답을 적는다.
- 다른 문제도 만들어 해 보거나 덧셈문제 숫자타일에서 골라서 해 보기도 한다.
- 더하는 수(파랑색 자, 피가수)와 더하는 수(빨강색 자, 가수)가 18을 넘으면 안 된다.
- 정정판에서 답을 확인한다.
- 교구를 정리한다.

흥미점 파란 자, 빨간 자로 계단을 만들어보는 것, 덧셈 판에 자를 올려 답을 구하는 것

오류수정 정정판

직접목적 한자릿수 덧셈식과 답을 암기

간접목적 연산능력 강화

참 고 작은 수 막대, 색 구슬 등 다양한 교구를 활용하여 덧셈을 반복함으로써 한자릿수의 덧셈식과 답을 암기하도록 한다.

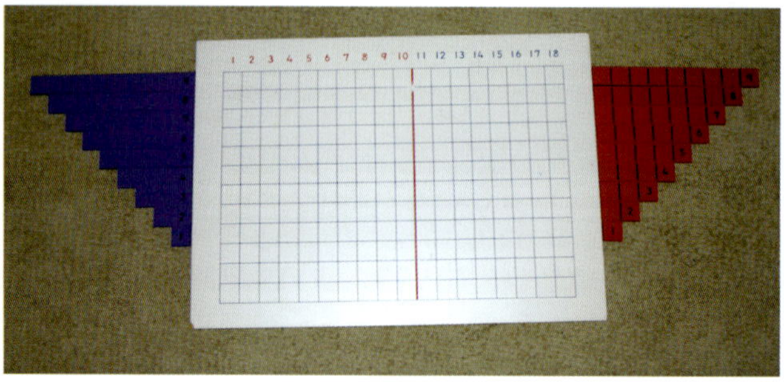

덧셈의 암산 판

연 령 5세 이상

교 구

- 덧셈 암산 판 1 : 1+1에서 9+9까지의 81개 기본 덧셈식과 답이 정리

- 덧셈 암산 판 2 : 교환법칙이 성립하는 각 쌍 중 하나만을 남긴 45개 덧셈식과 답이 정리, 합계가 같은 덧셈식은 같은 줄에 정리
- 덧셈 암산 판 3 : 아동이 작업하는 첫 암산 판, 가로와 세로 10×10, 모두 100칸으로 맨 위 가로 칸은 파랑, 맨 왼쪽 세로 칸은 빨강색으로 칠해져 있다. 첫 번째 가수는 파랑, 두 번째 가수는 빨강으로 나타낸다. 가수의 합은 교차하는 곳에 쓰여 있다.
- 덧셈 암산 판 4 : 왼쪽 세로줄에만 가수 1~10이 빨강색으로 쓰여 있고 암산판에 다른 가수는 없다. 이 암산 판은 더 많은 손가락작업이 필요하다. 양손의 검지손가락으로 두 가수를 집고 오른쪽 끝까지 간 후, 두 수의 중간 지점에 적혀 있는 수가 답이다.
- 덧셈 암산 판 5 : 암산 판 4를 단순화한 모양으로 모든 합이 다 적혀 있지 않고 그 가수의 2배 되는 수와 그 수보다 하나 작은 수만 적혀 있다.
- 덧셈 암산 판 6 : 암산 판 3과 같으나 모든 합이 비어져 있어 '빈 암산 판'이라 부른다. 각 칸에 해당하는 답의 숫자타일을 올려 놓는다. 숫자타일(2-1개, 3-2개, 4-3개~~ 17-2개, 18-1개), 문제 카드

제 시

1) 덧셈 암산 판 1
   - 어린이를 초대하여 교구를 소개한다.
   - 특별한 활동은 없고 정답을 확인할 때 사용하며 아동의 암산화 작업에 도움을 준다.

2) 덧셈 암산 판 2
   - 암산판 1에서 교환법칙이 성립되는 방정식을 지우면 암산 판 2가 된다.
   - 가로 칸으로 답이 같은 방정식이 나열되어 있음을 본다. 1자릿수+1자릿수 덧셈의 답은 18 이하로 되는 것을 본다.

3) 덧셈 암산 판 3
   - 어린이들이 작업하는 첫 암산 판이다.
   - 암산 판을 책상 위에 올려놓고 문제 카드 81개가 든 바구니에서 문제를 하나 뽑는다. (예 3+8)

- 오른손 검지로 암산 판 위의 파랑색 숫자 3을 가리키고 왼손 검지로 암산 판의 빨강색 8을 가리킨다.
- 서로 수직 · 수평으로 움직여서 마주치는 자리의 숫자가 답이 된다.
- 답을 문제지에 적는다.
- 정답은 암산 판 1번으로 확인한다.

4) 덧셈 암산 판 4

- 카드를 뽑아 문제를 공책에 적는다.
- 오른손 검지로 암산 판 위의 숫자 3을 가리키고 왼손 검지로 8을 가리킨다.
- 수평으로 진행한 다음 아래에 있는 손은 위로, 위에 있는 손은 아래쪽으로 한 칸씩 움직여 만나는 숫자가 답이다.
- 답을 문제지에 적는다.

5) 덧셈 암산 판 5

- 암산 판 4 번과 같으나 오른쪽 사선 2줄만 숫자가 적혀 있다.
- 각 줄은 각 가수의 두 배의 수와 그 바로 이전의 수가 적혀 있다.
  (5~9, 10)
- 카드를 뽑아 문제를 공책에 적는다.
- 오른손 검지로 암산 판 위의 숫자 4를 가리키고 왼손 검지로 8을 가리킨다.
- 수평으로 진행한 다음 아래에 있는 손은 위로, 위에 있는 손은 아래쪽으로 한 칸씩 움직여 만나는 숫자가 답이다.
- 만약 두 손이 움직였는데, 만나는 숫자가 없으면 만나는 숫자의 아래에 있는 숫자가 답이다.
- 답을 문제지에 적는다.

6) 덧셈 암산 판 6 : 빈 암산 판

- 숫자타일을 모두 꺼내어 같은 숫자끼리 정리한다.
- 덧셈문제 카드 바구니에서 카드 하나를 고른다.
- 두 손으로 각 가수를 가리키고 만나는 지점을 찾아 정답의 숫자타일을 올려 놓는다.

- 덧셈 암산 판 1 혹은 3으로 확인한다.
- 바구니 속의 모든 문제 카드를 다해 본다.
- 교구를 정리한다.

흥미점 손가락의 움직임과 암산 판 위의 모든 숫자타일에서 패턴을 본다.

오류수정 암산 판 1, 2번

직접목적 덧셈 기초 암산, 추상에 대한 준비, 정확도 발전

간접목적 연산능력 강화

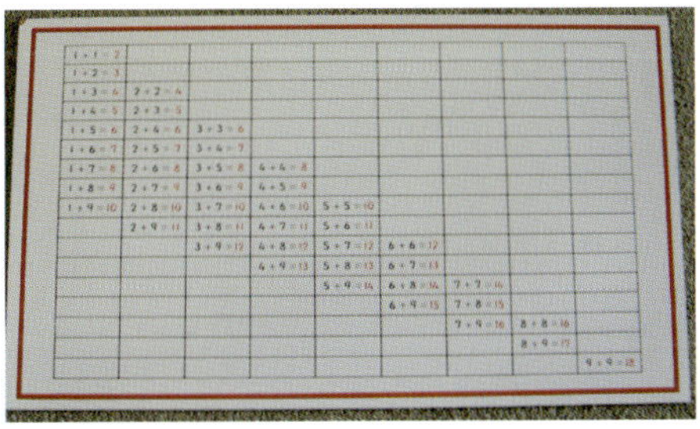
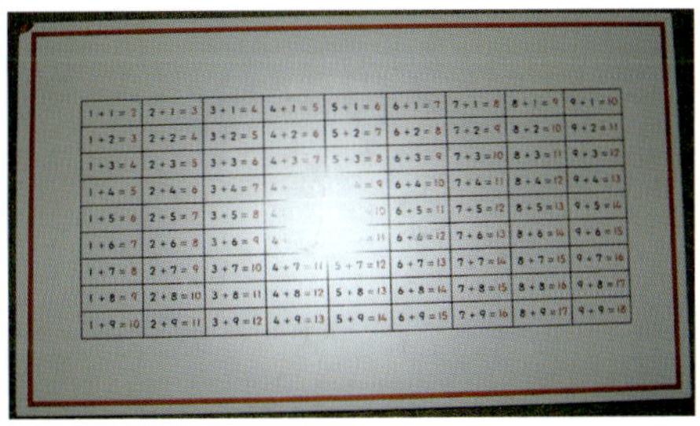

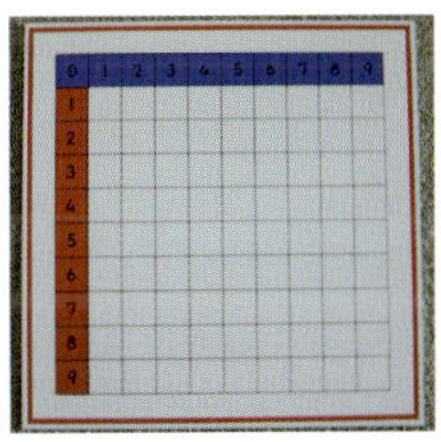
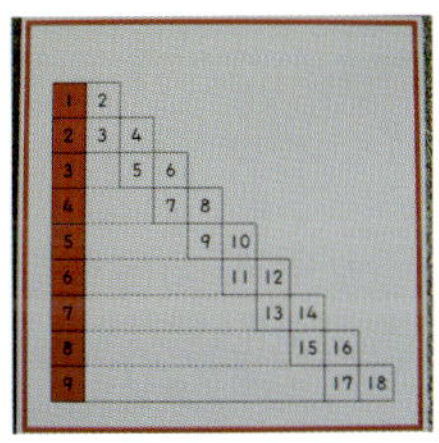
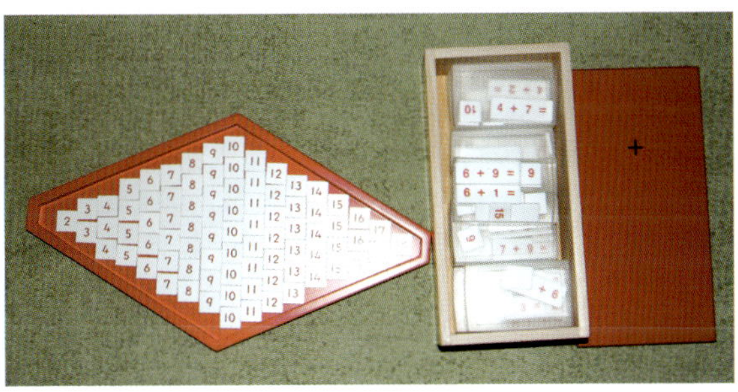

뺄셈 판

연 령 5세 이상

교 구 뺄셈 판(가로 18줄, 세로 11줄이 빨간 선으로 그어져 있다. 상단에 1~9는 파란색, 10~18은 빨간색으로 쓰여 있다. 9와 10 사이에 파란색 경계선이 그어져 있다), 갈색 자(1~17까지 17개), 파란 자(1~9), 빨간 자(1~9), 문제지, 연필

제 시

- 어린이를 초대하여 교구를 소개한다.
- 뺄셈 판을 매트 중앙에 놓고 양옆에 빨간색 자(왼쪽), 파란색 자(오른쪽)를 차례대로 정렬해 둔다.
- 갈색 자는 빼기 판 위에 차례대로 놓는다. 갈색 자는 하나만 택하여 사용해도 된다.
- 문제지를 읽는다. 17－8＝
- 뺄셈 판의 17 다음의 숫자 개수를 세어 갈색 자의 아랫부분부터 세어 같은 수가 되었을 때 그 갈색 자를 가져온다.
- 갈색 자를 가져와 제일 큰 수의 남은 수를 덮어준다. 숫자는 17까지만 보인다.
- 빼는 8은 파란색 자를 갈색 자 왼쪽에서 시작하여 놓는다.
- 파란색이 끝나는 수가 답이 된다.
- 답은 빨간색 자 9를 파란색 자 왼쪽에 놓는다.
- 문제 카드를 임의대로 뽑아서 해 볼 수도 있다.
- 교구를 정리한다.

흥미점 여러 종류 자의 역할과 차이점, 자의 모양과 취급방법

오류수정 정정판

직접목적 두자릿수(18 이하)의 뺄셈의 식과 답을 암기

직접목적 연산능력의 강화

참 고 작은 수 막대, 색 구슬 등 다양한 교구를 활용하여 뺄셈을 반복함으로

써 한자릿수의 덧셈식과 답을 암기하도록 한다.

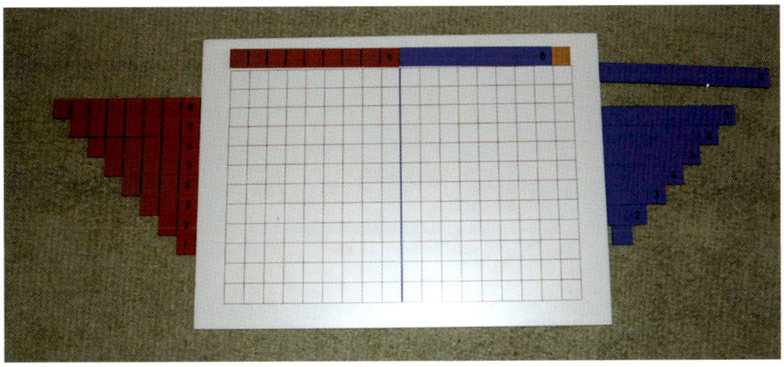

뺄셈의 암산 판

연 령 5세 이상

교 구

- 뺄셈 암산 판 1 : 18－9에서 1－1의 뺄셈 방정식, 답을 확인할 때 쓰인다.
- 뺄셈 암산 판 2 : 평행사변형 모양으로 정렬된 숫자들, 맨 윗줄의 빨간 숫자들은 피감수이고, 맨 왼쪽의 파란 숫자들은 감수를 나타내며 모든 칸은 채워져 있다.
- 뺄셈 암산 판 3 : 암산 판 2와 같으나 칸이 비어져 있다. 숫자타일(0~9의 숫자가 각 9개씩)

제 시1

1) 뺄셈 암산 판 1
   - 1－1=, 2－1=, 2－2=, ~18－9까지의 식과 답이 있다
   - 주로 정정판으로 사용한다.

2) 뺄셈 암산 판 2
   - 어린이를 초대하여 교구를 소개한다.
   - 문제를 읽어본다. 15－7

- 오른손 검지로 빨간색에서 15를 찾고, 왼손 검지로 빨간색에서 7을 찾아서 오른손은 내리고 왼손은 오른쪽으로 움직여서 만나는 곳이 답이 된다.
- 암산 판 1이나 암산 판 2에서 답을 확인한다.
- 문제지에 답을 적는다.

3) 뺄셈 암산 판 3

- 타일을 같은 것끼리 정리한다.
- 문제를 읽어본다. 15−7
- 오른손 검지로 빨간색에서 15를 찾고 왼손 검지로 빨간색에서 7을 찾아서 오른손은 내리고 왼손은 오른쪽으로 움직여서 만나는 곳에 답의 숫자타일을 찾아 올린다.
- 암산 판 1이나 암산 판 2에서 답을 확인한다.
- 문제지에 답을 적는다.
- 교구를 정리한다.

흥미점 손가락의 움직임과 암산 판 위의 모든 숫자타일에서 패턴을 본다.

오류수정 암산 판 1 혹은 2

직접목적 뺄셈 기초 암산, 추상에 대한 준비, 정확도 발전

간접목적 연산능력 강화

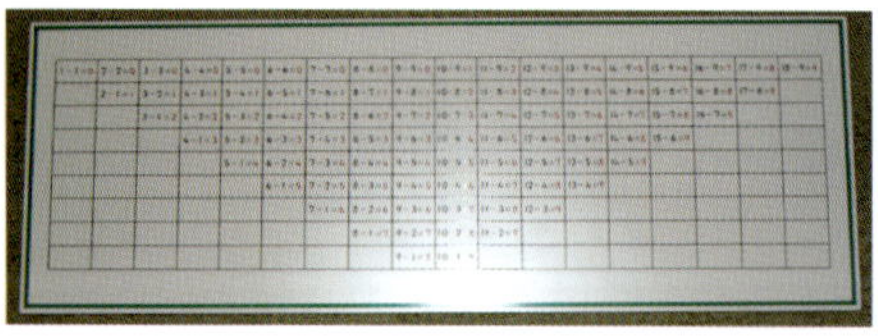

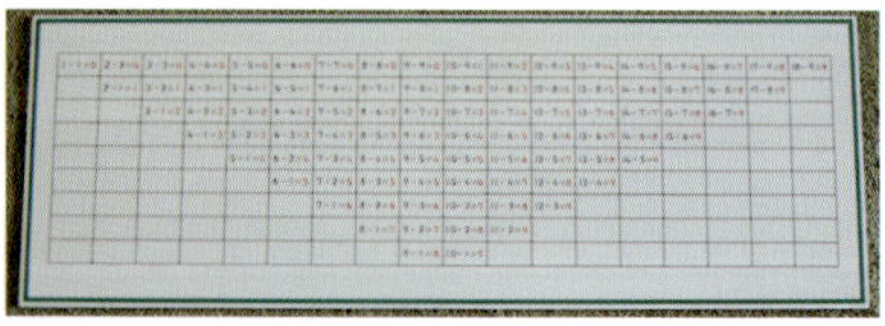

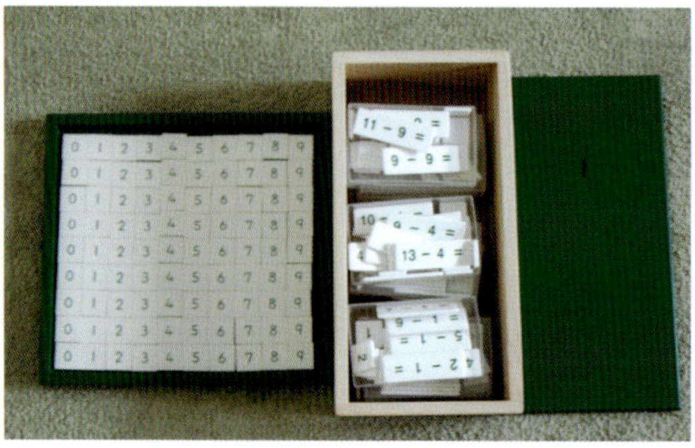

곱셈의 구슬 나열

연 령 5세 이상

교 구 1~9까지 색 구슬이 여러 개 들어 있는 상자, '2가 1번 있으면', '2×1=' 카드, 셈자, 연필

제 시 1

- 어린이를 초대하여 교구를 소개한다.
- 문제지를 가져와 명칭을 적는다. (4×)
- 글씨 카드(4가 1번 있으면)를 차례로 나열하고 기호 카드(4×1=)를 그 아래에 나열한다.
- 카드 아래에 4의 구슬을 가로로 놓는다
- 셈자로 4를 세어 "4×1번 있으면 4에요."하며 4의 구슬을 1개 가져와 세로로 세운다.
- '4가 2번 있으면', '4×2='를 읽고 4의 구슬을 2개를 가로로 놓고 4를 말하고 셈자로 "오, 육, 칠, 팔"하고 센다.
- "4가 2번 있으면 8이에요."하며 8의 구슬 1개 가져와 세로로 세운다.
- 같은 방법으로 '4가 10번 있으면', '4×10='까지 한다
- 4단의 곱셈 구슬 나열을 관찰한다.
- 문제지를 가져와서 손가락으로 짚으며 수를 말하고 4×1=4, 4×2=8, 4×3=12 ... 적는다.
- 교구를 정리한다.

흥미점 많은 색 구슬을 놓아보는 것, 4의 구슬을 가로로 놓고 세어서 답을 세로로 놓는 것, 작업 관찰

오류수정 정정판

직접목적 곱셈의 구조인식, 곱셈 암기, 곱셈의 기하도식, 나눗셈을 훈련

간접목적 기하 형태의 수 배열, 연산능력 강화

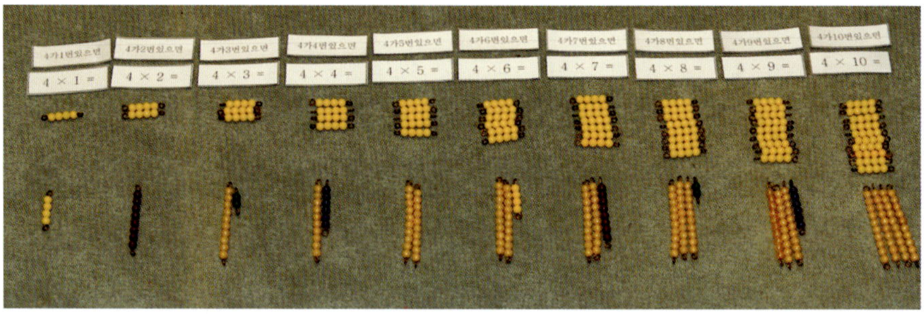

곱셈 판

연 령 5세 이상

교 구 곱셈 판(상단에 1~10까지 숫자가 쓰여 있다. 그 아래에 가로, 세로 10개씩 100개의 구멍이 파여 있다. 왼쪽 중간부분에 조금 더 큰 원으로 된 창이 있는데 여기로 작은 수 카드를 넣을 수 있다), 빨간색 구슬 100개가 들어 있는 작은 상자, 수 카드(승수, 1~10), 빨간 말(disk), 문제지, 연필,

제 시 1

- 어린이를 초대하여 교구를 소개한다.
  "곱셈 판에서 곱하기 4를 해 보려고 해요."
- 4의 수 카드를 가져와 왼쪽 중앙의 동그란 창에 끼운다.
- 말을 가져와 1 위에 놓는다.
- "4가 1번 있어요." 빨간 구슬을 가져와 세로로 하나씩 구멍에 넣는다.
- 빨간 구슬의 수를 센다. (일, 이, 삼, 사)
- "4×1의 답은 4입니다."하며 문제지를 가져와 답을 적는다.
- 말을 2의 자리로 옮기며 "4가 2번 있어요." 빨간 구슬을 가져와 세로로 하나씩 구멍에 넣는다.
- 먼저 놓은 구슬의 밑을 짚으며 "사"라고 말한 후 "오, 육, 칠, 팔"하며 수를 센다.

• "4×2의 답은 8입니다" 하며 문제지에 답을 적는다.
• 나머지도 같은 방법으로 하여 10까지 해 본다.
• 답이 맞는지 정정판을 가져와 비교해 본다.
• 문제지 대신 문제 카드를 뽑아서 사용할 수도 있다.
• 교구를 정리한다.

흥미점 곱셈 판에 빨간 구슬을 놓아보는 것, 숫자 카드를 창에 넣는 것, 말을 옮기는 것

오류수정 정정판

직접목적 곱셈식의 구성에 대한 이해, 구구단 익히기

간접목적 연산능력 강화

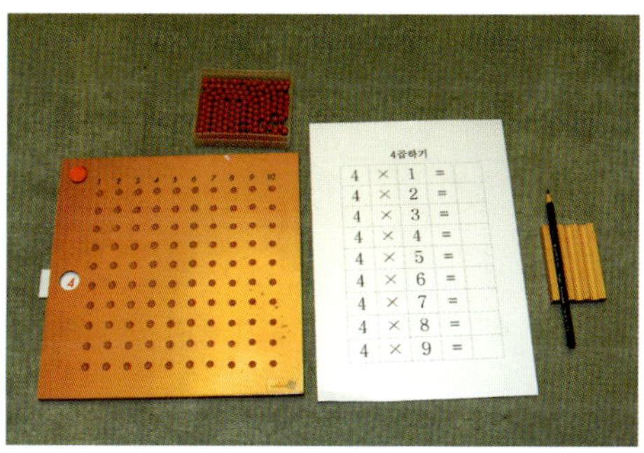

곱셈의 암산 판

연 령 5세 이상

교 구

• 곱셈 암산 판 1 : 1×1에서 10×10까지 100개의 기본 곱셈식 답과 함께 있다.
• 곱셈 암산 판 2 : 중복된 교환법칙을 지운 곱셈식이 적혀 있다.
• 곱셈 암산 판 3 : 작업용으로 가로, 세로 10칸씩 100칸으로 나누어져 있다.
• 곱셈 암산 판 4 : 암산 판 3의 중복을 없앤 암산 판

• 곱셈 암산 판 5 : 암산 판 3의 빈 암산 판, 숫자타일로 작업한다.

제 시 어린이를 초대하여 교구를 소개한다.

1) 곱셈 암산 판 1

• 1×1=, 2×1=, 2×2=, ~9×9까지의 식과 답이 있다

• 주로 정정판으로 사용한다.

2) 곱셈 암산 판 2

• 암산 판 1에서 교환법칙이 성립되는 방정식을 지우면 암산 판 2가 된다.

3) 곱셈 암산 판 3

• 6×3=문제를 선택해서 답을 예상한 후 손가락을 움직여 답을 찾아간다.

• 오른손으로 파랑 6(피승수), 왼손으로 빨강 3(승수)을 집어서 만나는 점이 답이 된다.

• 예상한 답과 맞으면 넘어가고 맞지 않으면 다시 해 본다.

4) 곱셈 암산 판 4

• 피승수, 승수가 같은 줄에 있어 피승수, 승수를 모두 빨간 줄에서 찾아서 작은 수를 짚은 손이 끝까지 간다.

• 끝까지 간 위의 손가락이 아래로 내려오면서 아래 손가락은 오른쪽으로 움직여서 만나는 지점이 답이 된다.

5) 곱셈 암산 판 5 :

• 비어 있는 암산 판에 문제를 선택하여 숫자타일로 답을 놓아본다.

• 같은 타일(30을 4개)을 선택한 후 둘 수 있는 곳을 찾는다. 3×10, 5×6, 6×5, 10×3

• 교구를 정리한다.

흥미점 손가락의 움직임

오류수정 암산 판, 답을 위한 타일이 없음

직접목적 곱하기의 암산, 추상화 준비, 곱셈의 교환법칙 강화

간접목적 연산능력 강화

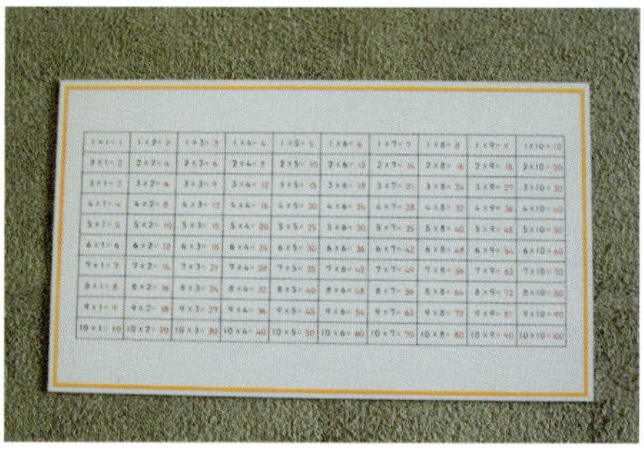
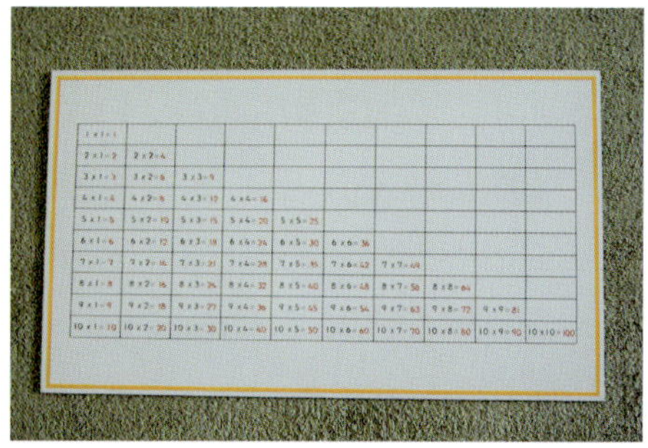

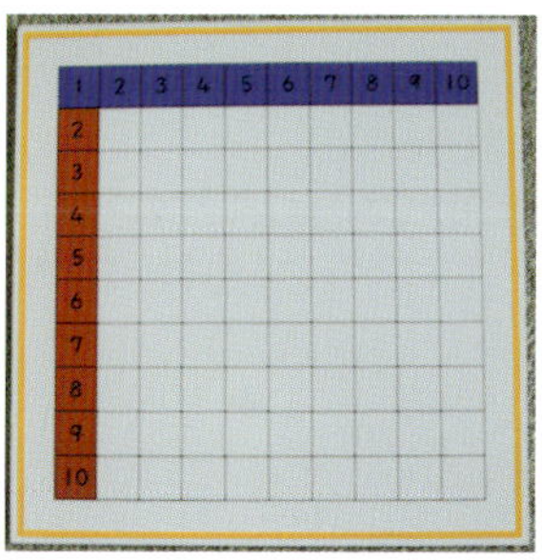

나눗셈 판

연 령 5세 이상

교 구 나누기 판(원목판에 가로, 세로로 검은색의 1~9까지 숫자가 있다. 가로 숫자 밑에는 초록색 핀을 놓기 위한 조금 큰 구멍이 있다. 1~9까지 숫자와 핀을 놓는 구멍 주위에 초록색이 칠해져 있다. 가로와 세로의 숫자 위치에 맞추어 9×9=81개의 구멍이 파져 있다), 초록색 말 9개, 초록구슬 81개(상자에 들어 있다), 문제지, 연필, 초록구슬을 세어 담을 통

제 시1 나머지 없는 나누기

- 어린이를 초대하여 교구를 소개한다.

  "나눗셈 판에서 4 나누기를 해 보려고 해요."

- 문제지의 문제를 읽는다. 4 나누기 4는, 8 나누기 4는, 12 나누기 4는 …

  "4÷4는 4를 몇 사람한테 나누어주는 거예요?", "4사람"

- 말을 4개 가져와 나누기 판 숫자 위에 놓는다.
- 초록구슬 상자에서 초록구슬을 4개 꺼내어 통에 담는다.
- 통에 있는 것을 나누기 판에 하나씩 가로로 놓는다.

  "다 나누어주었더니 한 사람이 한 개씩 가졌어요. 4÷4의 답은 1이에요."
- 문제지에 답을 적는다.
- 초록구슬을 초록구슬 상자에 넣는다.
- "8을 4 사람한테 나눠줄 거예요."하며 초록구슬을 둥근 통에 8개를 담는다.
- 8을 4 사람한테 나눠주면 1, 1, 1, 1 주고 1, 1, 1, 1하면서 그 밑의 줄에 놓는다.

  "8을 4 사람한테 나눠줬더니 2만큼 되었어요."
- 문제지에 답을 적는다.
- 초록구슬을 초록구슬 상자에 넣는다.
- 다른 수들도 같은 방법으로 하면 된다. (나누기 9까지)
- 연속적일 때 구슬을 담지 않고 더해서 나누어 주기를 해도 된다.
- 교구를 정리한다.

제 시 2 나머지 있는 나누기

- 어린이를 초대하여 교구를 소개한다.
- "나머지가 있는 나누기를 해 보려고 해요." 문제지의 문제를 읽는다. 36÷8=
- 통에 36개의 구슬을 담는다.
- 초록 말을 8개 가져와 나눗셈 판 숫자 위에 놓는다.
- 통에 있는 초록구슬을 1부터 오른쪽으로 8개 놓는다.
- 초록구슬이 없어질 때까지 계속 나눈다.
- 구슬을 똑같이 나누어 가질 수 없을 때는 통에 되돌려 넣는다.
- 답을 적는다. (36÷8 = 4…4)
- 교구를 정리한다.

흥미점 나누는 수만큼 말을 판 위에 놓는 것, 초록구슬을 판에 올리는 것, 수에 따라 나머지가 나오는 것과 안 나오는 것

오류수정 정정판

직접목적 나눗셈의 기본적인 구성에 대한 이해, 나머지 없이 나누어지는 수의

이해, 곱셈과의 관계 파악

간접목적 연산능력 강화

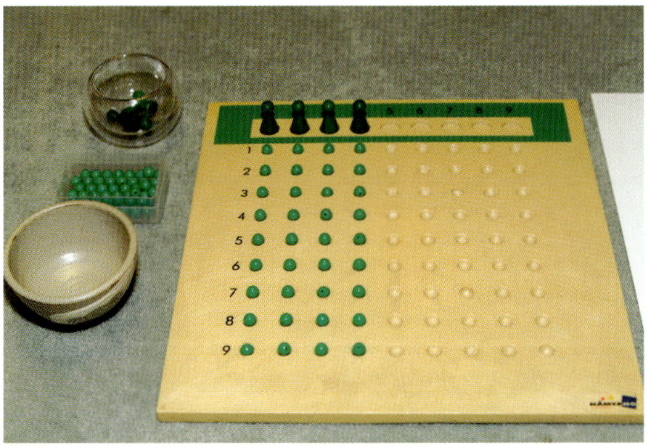

나눗셈의 암산 판

연 령 5세 이상

교 구

- 나눗셈 암산 판 1 : 피제수가 81~1까지의 수, 2~9까지의 수로 나누어 떨어지는 수만 있음, 제수는 왼쪽 줄을 따라 ÷9부터 시작하여 ÷1이라고 쓰여 있다. 제수로 나누어지지 않는 수 아래는 비어 있다.
- 나눗셈 암산 판 2 : 암산 판 1과 같지만 모든 몫의 칸은 비어 있다.
- 숫자타일(1~9까지 각 9개씩)

제 시 어린이를 초대하여 교구를 소개한다.

1) 나눗셈 암산 판 1
   - 문제를 선택해서 답을 예상한 후 손가락을 움직여 답을 찾아간다.
   - 오른손으로 상단의 수(피제수), 왼손으로 왼쪽의 수(제수)를 짚어서 만나는 점이 답이 된다.
   - 예상한 답과 맞으면 넘어가고 맞지 않으면 다시 해 본다.

2) 나눗셈 암산 판 2

• 비어 있는 암산 판에 문제를 선택하여 숫자타일로 답을 놓아본다.

• 교구를 정리한다.

흥미점 손가락의 움직임

오류수정 암산 판, 답을 위한 타일이 없음

직접목적 나눗셈의 암산, 추상화 준비

간접목적 연산능력 강화

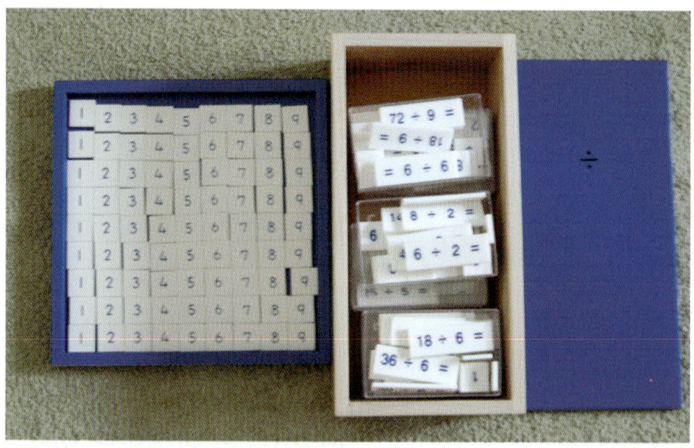

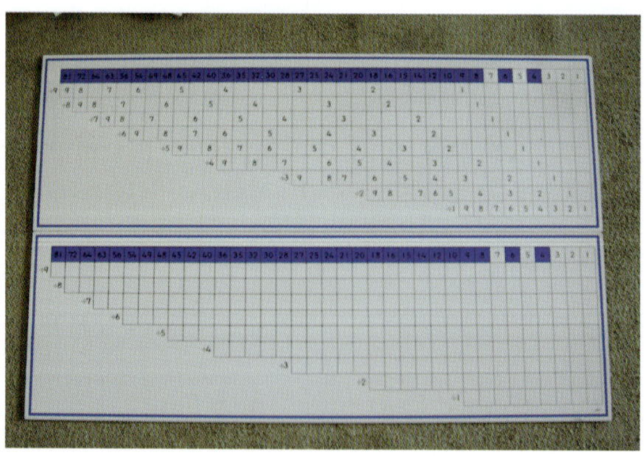

Chapter 9

언어영역

01. 몬테소리 언어교육의 이론

인간은 일반적으로 언어를 통해서 소통을 시작하고 언어를 통해서 사회적 관계를 형성해 간다. 인간은 언어가 발달하지 않아도 생존할 수 있지만 사회생활은 불가능하다. 그러므로 언어는 사회생활을 위한 사회적 매체와 같다. 즉, 언어는 인류공동체 생활에서 사람들을 일치시키는 매체이다.

몬테소리의 저서 『어린이 정신』에서 어린이들의 언어발달 이론과 언어의 사명감에 대해서 자세히 설명하고 있다(조성자 역, 1994). 그녀는 언어를 초월적 지능이라고 언급하였다. 지구상에는 불일치하는 문화 속에서 다양하고 복잡한 수많은 언어가 존재함으로 인해 서로 의사소통 할 수 있다고 한다. 그러면 언어가 무엇인가를 살펴보겠다.

1) 몬테소리의 언어의 의미

몬테소리의 언어에 대한 이론들을 살펴보면 다음과 같다.

① 몬테소리는 언어를 초월적인 지능으로 보았다(조성자 역, 1991).

언어는 통교를 위한 하나의 매체에 지나지 않지만 언어는 모든 한계성을 넘어서 자기표현을 자유롭게 하고 있다. 비록 문화가 불일치할지라도 언어를 통해서 다문화를 수용하고 감정을 표현하며 사고를 표현할 수 있는 초자연적인 창조능력을 가진 것이 언어이다.

② 몬테소리는 언어를 자기표현의 한계성을 초월하는 개념으로 보았다 (조성자 역, 1991: 141).

인간들은 자신들의 활동과 생각 그리고 마음을 표현하기 위해서 언어를 사용한다. 인간을 살아 있는 동안 언어를 사용하기 때문에 살아 있다고 말한다. 인간에게 언어는 육체적인 감각을 초월하여 정신적인 차원의 모든 것을 표현하는 매체이다.

③ 몬테소리는 언어란 아이디어, 느낌, 생각, 사고를 표상할 수 있는 도구로 보았다.

언어는 자기의 사고, 생각, 감정을 표현하고 상호소통하여 두 개체 간의 이해를 돕고 정보를 나눔으로써 서로의 관계를 형성하는 사회적이고 인간적인 매체이다. 인간과 인간 관계에서 언어만큼 정확하게 소통을 시키는 매체는 없다.

④ 언어는 하나의 문화이고 인습에 관계된다.

인간은 자기 모국어를 통해서 공동 협력하고 자기를 완성해 가는 도구이다. 언어를 통해서 자기의 희노애락을 음미하고 사회적 문화와 의미, 인습에 공동으로 동의할 때 사회에서 서로의 가치를 인정하게 된다. 화자와 청자가 말하는 것에 서로 동의할 때 사회적 규범, 관습, 인습을 언어 매체를 통해서 확인한다.

⑤ 언어의 기능은 다양하다.

어린이들은 자기의 욕구를 언어로 표현하려는 도구적 기능, 사회적 태아로 발달하는 과정에서 기본적인 소통을 위한 상호 인간적인 기능, 어린이들의 환경을 탐색하고 이해하고 의문을 가지고 문제를 탐색하는 발현적 기능, 새로운 정보를 주고 받는 정보적 기능, 현실 세계를 벗어나 상상적인 세계를 구상하는 상상적 기능 등이 있다. 어린이들은 이러한 기능들을 단계적으로 발달시키면서 언어를 정교하게 형성해 간다.

인간은 태어나는 순간 환경에서 언어를 흡수하면서 언어를 발달시키고 자기 정체성을 언어를 통해서 확인하고 사회적 관계를 시작하며 지식을 형성한다. 그러나 무능력한 인간이 처음으로 학습하는 언어는 몸짓 언어이다. 인간은 자기 몸을 장난감 삼아 놀이하면서 몸짓과 옹아리-언어를 발달시킨다. 자기가 태어나 배운 언어가 모국어가 되고 모국어 학습은 성장하면서 다른 언어를 학습하는 기초가 된다.

2) 몬테소리 언어교육의 활동영역

몬테소리 언어교육 이론의 활동영역은 듣기, 말하기, 읽기, 쓰기의 네 가지 영역으로 나누어진다. 이 중에서 듣기와 말하기는 음성언어(Oral Language)이고, 읽기와 쓰기는 문자언어(Written Language)이다.

① 음성언어로써 듣기

어린이들은 일반적으로 말하는 시간보다 보고 듣는 활동에 참여하는 시간이 훨씬 더 많다. 듣기가 발달하여야만 모든 언어소통이 가능해진다. 그러나 환경 속에서 나는 소리를 전부 듣는 것은 아니다. 언어가 정확하게 발달하지 않은 대부분의 어린이들은 듣기와 상관없이 자기가 필요한 말을 하고 멋대로 이해하는 성향을 가지고 있다. 반면 언어가 발달하면 어린이들은 자기가 듣는 것이 지적 활동으로 수용되어 듣기와 말하는 내용이 일치하고 내적 경험과 상호작용하여 이해한다. 어린이들의 듣기는 음성으로 들리는 언어가 마음에서 의미로 전환되는 과정이다.

듣기는 음성, 단어, 문장을 듣는 단계, 청자가 의미를 이해하는 단계, 수용하기 위한 평가단계, 듣고 난 다음에 긍정적인 사고, 동작, 표정으로 반응하는 단계이다.

교사들은 어린이들의 듣기 지도를 위해서 다음과 같은 사항을 고려하여야 한다.

① 교사와 어린이들 사이의 의사전달은 정확성이 있어야 한다.
듣기는 어린이가 교사의 말을 정확하게 이해했는지 아니면 어린이의 말을 교사가 정확하게 이해했는지 검토하여야 한다.

② 어린이들이 듣기에 자신감을 갖도록 해 주어야 한다.
비록 어린이들의 듣기가 잘못되었다 할지라도 말의 반복을 통해서 말의 의

미를 정확하게 전달하여야 한다.

③ 들을 수 있는 기회를 많이 제공하여야 한다.

④ 그룹 활동, 공동체 생활을 통해서 다른 사람, 다른 어린이들의 말을 정확하게 듣고 행동하도록 참여의 기회를 높인다.

⑤ 몬테소리의 청각 교구, 자연의 소리, 자기 몸에서 나는 소리를 듣고 변별하는 능력을 기른다.

⑥ 몬테소리 교실에서 소리 변별능력 기르기, 음감벨을 활용하여 음의 높낮이를 변별하기, 목소리 변별하기, 여러 가지 소리들 듣고 변별하기 훈련을 통해서 정확하게 들을 수 있도록 강화한다.

2 음성언어로써 말하기

유아를 위한 언어교육에서 교사와 어린이들의 관계에 따라서 표현방법에 차이가 있다. 말하기는 항상 상대방과의 관계를 고려해서 지도하여야 한다. 교사가 어린이들에게 말할 때 어린이들이 들을 수 있는 자세가 되어 있는지, 이해하고 수용할 자세가 되어 있는지, 교사가 말할 때 사용하는 마이크와 같은 도구들이 어린이들의 마음에 드는지, 말하려는 주제가 어린이들에게 관심과 흥미를 유발할 수 있을지, 말할 때 어린이들과 가장 편안하고 친절한 상황에서 이루어지는지를 고려하면서 말을 하여 말의 목적을 성취할 수 있어야 한다.

어린이들에게 말하기를 지도할 때는 말할 기회를 제공하여 자기 말을 듣기 좋아하는 사람이 있다는 확신감을 가지도록 도우며 어린이들이 말하는 내용을 정확하게 듣고 정확하게 반응해 주기, 어린이들에게 다양한 질문을 유도해서 말을 논리적으로 할 수 있도록 돕고, 어린이들에게 다양한 사람들과 말할 기회를 제공하며 어린이들이 실제로 경험한 모든 것을 말로 표현할 수 있도록 지도하고 몬테소리의 말하기 교구를 최대한 활용하도록 지도한다. 예를 들면, 명칭 말하기, 연상놀이, 이야기 나누기, 발표하기, 극 놀이, 동화구현, 인형극, 낱말 잇기, 동시 · 동요 발표하기 등을 제시하여 어린이들의 말하기 훈련을 시도한다.

이 모든 것을 고려한다면 듣기와 말하기의 발달은 두 단계로 나눠진다. 하위 단계로는 핵심적인 메커니즘과 신경계의 회로를 준비하는 것인데, 이것은 운동하는 방법과 더불어 감각기관과 상호 밀접한 관계를 강조한다.

다음 상위 단계는 고차원적 정신적인 활동에 의해서 결정되는 것인데, 이것은 언어의 동적인 구조를 통해서 외면화되는 것이다.

어린이는 처음에 자기들의 엄마가 자신을 애무하거나 자신들의 주의를 집중시킬 때에 사용했던 것과 같은 소리를 따라하기 위해 우주 감각적인 태도를 보인다. 그 후에 어린이들은 자신들의 엄마가 자신들에게 말했던 '마, 바, 빠, 파'와 같은 음절에 대해서 더욱 감각적으로 집중하게 된다. 결국 어린이의 주의를 집중시키는 것은 대부분이 이음절의 간단한 단어이다. 그리하여 한 번에 하나의 소리, 또는 자신들의 어머니가 기쁘게 반기며 표현했던 소리들을 발음하게 되며 결국 음절의 소리를 내기 시작함으로써 '맘마, 빠빠'와 같은 이음절 단어를 자유롭게 발음하게 된다.

몬테소리는 어린이들이 사용하는 언어들은 사고를 나타내기 위한 단어로 이것은 이미 유아기에 시작된다고 말한다. 예를 들면, 자기 엄마를 알아차리고 엄마라고 말을 한다거나, 개를 보고 멍멍이라고 말하는 것, 또 먹을 것을 보고 맘마, 혹은 빠빠라고 말하는 것 자체가 역학구조 안에서는 아직도 초보적인 상태라 할지라도 이미 이 언어는 지각과 연결되기 시작하여 나타나는 것이라고 강조하고 있다.

다시 말해서, 언어의 메커니즘적인 형성이 아직도 무의식적이라면 음절에 대한 자유로운 구사는 언어의 인식이 이루어질 때 나타난다. 즉, 언어의 메커니즘적인 형성은 지각에 의한 것이고 언어를 처음 시작할 때 소개되는 대상과 결합하게 된다. 이러한 차원 이후에는 언어 자체를 완성하게 만드는 과정을 거치게 된다. 그런 다음에는 단어를 구성하고 있는 음을 훨씬 더 완전하게 알아듣고 정신운동 채널이 본 음절에 훨씬 더 어울리게 됨으로써 단순한 언어반응의 수준에서 점차적으로 완벽한 발음의 언어로 표현하게 된다.

3) 문자언어로써 읽기와 쓰기

① 문자언어로써 읽기

몬테소리는 읽기를 사실적이고 상징적인 의미에 의한 해석이라고 보았다. 우리들이 읽는 글자들이 서술된다는 것은 정신운동의 메커니즘이 널리 퍼지는 것이라고 말할 수 있고 읽기에서 우리들은 단순히 지적인 작업만을 시작한다고 할 수 있다. 읽기는 문자로 구성된 상징적인 것을 지각하는 차원과 읽는 내용의 의미를 터득하는 차원으로 구분되기 때문에 어디든지 쓰인 글자의 상징을 해석하는 이해 언어의 한 형태이다. 그러므로 읽기는 지적 사고과정과 관계되어있다. 몬테소리 교실에서 읽기를 지도하기 위해서는 다음과 같다.

- 어린이들이 읽기에 흥미를 가지기 위해서 준비된 환경을 제공하여야 한다.
- 어린이들의 언어적 능력을 개발할 수 있는 교재 교구를 활용할 수 있어야 한다.
- 시각적, 청각적 변별 능력을 돕는 활동을 할 수 있도록 제공하여야 한다.
- 읽기는 듣기, 말하기, 쓰기를 포함하여 의사소통이 통합적으로 이루어지도록 지도하여야 한다.

읽기의 첫 단계는 알고 있는 대상의 명칭을 읽는 것이다. 자모음 하나하나를 천천히 끊어 읽는 단계에서 점차 빨리 단어를 읽도록 하게 하고 마지막으로 단어의 의미를 이해하게 된다. 이러한 방법으로 분류된 카드 읽는 연습을 계속적으로 하게 되고 문장을 읽는 단계로 발달한다.

교사들은 어린이들의 읽기 위해서 그림책 읽기 등을 통해서 글자를 정확하게 학습시키는 듣기와 읽기를 동시에 지도하여야 한다.

② 문자언어로써 쓰기

어린이의 근육감각 발달이 활발하게 이루어진다. 쓰기는 어린이에게 중요한 문제가 되지 않으나 읽기는 고차원적인 지적 발달이 요구되고 오랜 기간 교육이 요구된다. 단어의 의미를 파악하기 위해서는 목소리의 조절과 상징에 대한 해석 능력이 포함되어야 하기 때문이다.

어린이들에게 쓰기는 문자 자체를 훈련하는 것이 아니라 글자에 관심을 가지고 글자를 구성하고 있는 모든 선을 그려보는 활동이다.

쓰기를 위한 모든 요구는 순수하게 정신적인 작업이다. 쓰기는 말하기와 마찬가지로 어린 영아에게 쉽고 자연스럽게 발달이 이루어진다. 그래서 몬테소리는 쓰기의 폭발적 시기라는 표현을 하였다. 한편 읽기는 추상적이며 지적 문화의 한 부분으로써 회화적인 상징에 의해 의미가 나타나기 때문에 만약 읽기를 교정하거나 지도하고 어린이에게 완벽한 말의 메커니즘을 제공한다면 어린이들의 사고와 언어발달에 도움이 될 것이다. 즉, 읽기는 어린이의 생물학적인 측면과 사회성을 발달시키는 데 도움을 제공해 준다.

글자 쓰기는 분석을 필요로 하는 가장 복잡한 활동이다. 글자 쓰기는 운동기제론에 관계되는 일부분이고 다른 것은 자기의 지능을 수행하여 작업으로 표현하는 것이다. 몬테소리는 무엇보다도 움직임을 두 가지 중요한 그룹으로 분류하였다.

하나는 글자를 쓰기 위해 사용하는 도구를 조절하는 것과 관련된 것이며 다른 하나는 알파벳 문자 하나하나의 형태를 그리는 운동과 관련한 것인데, 이러한 두 부분은 글자 쓰기의 운동기제론을 만들어간다.

쓰기 위해서 소근육 조절이 가능하여야 하고 눈과 손의 협응능력, 공간 개념이 발달되어야 한다. 어린이들이 사물을 관찰하고 경험하며 새로운 사물을 발견하여 질문하고 모든 환경에서 자극을 받음으로써 기술하고 서술하며 쓰려는 욕구를 가진다.

쓰기 방법의 학습을 돕기 위해서는 쓰기가 필요로 하는 다양한 움직임들을 분석해야 하고 실제로 쓰기에 필요한 도구를 이용하여 글을 쓸 수 있도록 제공해 주어야 한다. 쓰고 있는 손은 필기 도구인 펜이나 연필 등을 잡을 수 있어야 하고 쓰려고 하는 것을 정확하게 표시하기 위해서 유연한 손으로 쓰기 도구를 잡을 수 있어야 한다. 필기 도구를 잡고 있는 세 손가락의 역할뿐만 아니라 전체 손의 협동을 요구하고 손과 손목은 글자를 쓰기 위해 한 장의 종이 위를 가볍게 스쳐 지나갈 수 있어야 한다. 이러한 손의 근육운동은 감각 교구와 철판도형을 통해서 이루어질 수 있다.

교사는 어린이에게 모래 낱자 교구를 반복해서 만져보게 함으로써 보지 않고 형태를 따라가게 할 수 있다. 모래 날자의 직접적인 촉각인 근육지각은 글자 쓰기의 어려움을 극복하는 데 중요한 도움이 된다. 실제로 근육기억이란 어린이들에게 보다 오랫동안 지속되고 즉각적인 반응을 보인다는 사실에 주목하여야 한다. 어린이들은 심지어 시각적으로는 알 수 없지만 촉각에 의해서는 변별이 가능할 수도 있다. 이러한 기억들은 동시에 자모의 음을 듣는 것과 서로 연합함으로써 명확하고 지속적인 기억을 가능하도록 만든다.

어린이가 자연적, 발현적으로 쓰기를 할 수 있도록 교사가 읽기를 결정하는 근거는 다음과 같다.

- 기하학적인 그림 안의 선이 똑바른가, 평행선인가?
- 눈을 가리고도 모래 날자 위의 자모를 변별할 수 있는가?
- 단어를 결합하는 데 자신감이 있고 쉽게 할 수 있는가? 등

하지만 어린이가 자발적으로 글자 쓰기를 할 준비가 다 되어 있다고 판단이 되어도 어린이로 하여금 글자를 쓰도록 하기 이전에 일주일 정도 더 기다리는 것이 좋은 방법이 될 것이다.

02. 몬테소리의 언어 지도방법

언어 지도방법은 다음과 같은 것을 고려하여야 한다.

- 충분히 풍요롭게 준비된 언어환경을 제공한다. 어린이는 언어의 민감기에 있다. 따라서 읽기와 쓰기에 대한 폭발적 발달이 이루어지는 시기이므로 어린이의 언어에 대한 내적 요구를 충족시켜 줄 수 있는 풍요로운 언어환경을 제공해야 한다.
- 어린이의 활발한 의사소통을 자극하고 촉진하기 위해 개방적이고 자유로운 교실 분위기로 구성하여 어린이들이 친구들과 대화를 통한 의사소통을 촉진할 수 있어야 한다.
- 교사나 부모가 바르고 정확한 문법과 문장 그리고 어휘를 사용함으로써 언어적 모델이 되어야 한다. 어린이는 생활 속에서 자연스럽게 주어지는 언어

적 자극을 흡수함으로써 언어발달을 촉진할 수 있다. 어린이가 교사 또는 부모와의 언어적 상호작용 과정에서 듣게 되는 어른의 발음, 억양, 어휘, 문법 구조 등은 어린이를 위한 언어발달의 기초가 된다.

- 아름답고 매력적이며 어린이의 수준에 맞고 흥미를 유발할 수 있는 교구와 작은 책을 준비해 준다.
  몬테소리 교육은 어린이가 교구와의 상호작용을 통해서 스스로 학습하도록 제공하는 원리를 기초로 하고 있다. 따라서 유아의 듣기, 말하기, 쓰기, 읽기를 위해 매력적이고 흥미로운 교구를 통해서 어린이의 발달수준에 적합한 활동이 되도록 준비해 주고 어린이가 흥미롭게 언어활동을 하도록 언어학습에 대한 긍정적인 태도를 형성하도록 돕는다.
- 어린이는 쓰기와 읽기를 위해 준비하는 실제적인 경험이 필요하다. 눈과 손의 협응력, 근육조절 능력, 시각적 변별력 기르기, 기억연습 등 언어영역의 학습을 위해 준비하는 과정이 되는 일상 · 감각 영역의 소근육 발달활동, 시각 및 청각 훈련활동을 다양하게 제공한다.
- 각 영역활동이 언어활동과 연결되도록 준비해 주어야 한다. 일상영역에서 소근육 활동의 운동방향을 왼쪽에서 오른쪽으로 하도록 하거나, 감각영역에서 정확한 어휘와 개념을 소개하고 수학이나, 문화 영역에서 쓰기 활동을 병행하는 것과 같이 각 영역활동에서 듣기, 말하기, 읽기, 쓰기 활동이 병행되도록 활동을 구성해 준다.
- 쓰기 활동에 필요한 도구와 환경을 제공하여야 한다.
- 어린이들은 쓰기를 하기 위해서 근육발달을 완성하여야 한다. 근육발달을 위해서 점토와 밀가루반죽 운동을 강화할 수 있다.
- 쓰기를 위한 방법만을 제공하는 것이 아니라 듣기, 말하기, 읽기 활동과 병행하여야 한다

03. 몬테소리의 언어교육 실제

1 언어의 청각적, 시각적 준비

① 청각의 준비

- 손뼉 따라하기
- 여러 가지 소리 듣기

② 시각의 준비

- 짝 맞추기
- 조각 그림 맞추기
- 같은 패턴으로 놓기
- 기억하여 놓기

2 듣기

- 음절수 듣기
- 간단한 이야기 듣기
- 동시 · 동요 듣기
- 동화 듣기

3 말하기

- 명칭 말하기
- 연상놀이
- 이야기 나누기
- 발표하기
- 극 놀이

4 쓰기

- 글씨 쓰기
- 모래 낱자(자음 · 모음 소개, 자음 · 모음의 결합, 받침)

- 움직이는 낱자 소개(소개, 경음과 이중모음의 소개, 단어구성, 문장구성)
- 철판 도형

5 읽기

① 단어 읽기

- 사물상자
- 주변 사물의 명칭
- 작은 책 Ⅰ, Ⅱ
- 여러 방법의 단어 읽기

② 문장 읽기

- 동작 카드
- 명령 카드
- 동화책 읽기
- 물체와 문장
- 작은 책 Ⅲ, Ⅳ

6 문법

① 품사

- 명사(이름씨)
- 대명사(대 이름씨)
- 형용사(그림씨)
- 수사(셈 이름씨)
- 조사(토씨)
- 관형사
- 동사(움직씨)
- 감탄사
- 부사(어찌씨)

② 문장의 구성

- 문장의 구성
- 문장의 분석
- 문장 부호
- 시제

손뼉 따라 하기

연 령 3세 이상

교 구 없음

제 시

- 교사는 어린이들을 둥글게 모여 앉게 한다.
  "지금부터 손뼉을 치겠습니다. 여러분들은 잘 듣고 선생님을 따라 똑같이 손뼉을 쳐 보세요."
- 교사는 처음에는 간단하게 서너 번 정도의 손뼉을 치고 어린이들이 따라하게 한다.
- 두 번째는 약간의 리듬을 넣어서 손뼉을 쳐보고 어린이들도 해 보게 한다.
- 반복해서 다양한 강약과 리듬으로 손뼉을 친다.
- 어린이들이 익숙하게 하면 교사가 아닌 어린이들끼리 번갈아가면서 손뼉을 치고 따라해 보게 한다.

흥미점 손뼉 음을 듣는 것, 치는 것

오류수정 교사에 의한 정정, 어린이 스스로

직접목적 청각의 발달

간접목적 집중력, 기억력, 리듬감의 발달

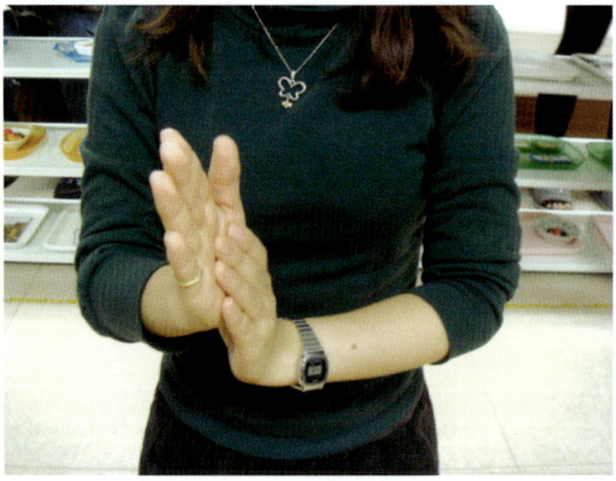

여러 가지 소리 듣기

연 령 3세 이상

교 구 악기들 혹은 여러 가지 소리가 녹음되어 있는 테이프 혹은 CD

제 시1 악기 소리 듣기

- 교사는 어린이를 초대하여 '악기 소리 듣기'라고 교구 이름을 소개한 후 교구를 가지고 온다.
- 교사는 악기 하나씩 들어서 그 소리를 여러 번 들려주고 매트를 가지런히 놓는다. 어린이가 해 보고 싶어하면 악기를 한번 쳐 보게 한다.
- 어린이에게 눈을 감게 하고 악기 하나를 들고 그 소리를 들려준다.
- 어린이에게 조금 전에 소리 낸 악기가 무엇인지 찾을 수 있는지 물어본다.
- 어린이가 그 악기를 찾으면 다시 한번 소리를 듣고 맞는지 확인하게 한다.
- 다른 악기들도 같은 방법으로 소리를 듣고 찾는다.

제 시2 녹음된 소리 듣기

- 오디오와 녹음테이프를 가지고 와서 여러 가지 녹음되어 있는 소리를 들어보자고 한다.
- 소리를 듣고 어떤 소리인지, 어디에서 나는 소리와 비슷한지, 어떤 느낌인지 이야기 나눈다.

흥미점 다양한 소리 혹은 음악 듣기

오류수정 교사에 의한 정정

직접목적 청각의 발달

간접목적 집중력, 음악적인 감각, 상상력의 발달

조각 그림 맞추기

연 령 3세 이상

교 구 하나의 그림이 2~5조각으로 나누어진 카드, 쟁반

제 시

- 교사는 어린이를 초대하여 교구 이름을 소개한 후 교구를 가지고 온다.
- 조각으로 나누어진 그림을 하나씩 매트 하단에 나열해 놓는다.
- 한 조각을 매트 상단에 올려놓고 다른 조각 하나를 그 조각 한쪽 면에 붙여서 놓는다.
- 조각의 그림이 맞는지 확인해 보고 맞으면 어떤 그림인지 이야기해 보며 그림이 맞지 않으면 다른 면에도 놓아보고 바른 모양이 되게 한다. (2조각인 경우)
- 교사에 이어 어린이도 맞추어 보게 한다.
  - 조각이 더 많은 경우에는 다른 그림 조각들도 차례로 비교해서 맞는 조각을 찾게 한다.

흥미점 조각난 그림을 보는 것, 맞춰진 그림을 보는 것

오류수정 교사에 의해서, 어린이 스스로의 시각적 변별

직접목적 시각적 변별력, 부분과 전체의 비교

간접목적 집중력, 읽기와 쓰기의 준비, 소근육 조절

응용편 여러 종류의 모양과 크기, 조각 수가 많은 퍼즐을 수준에 따라 다양하게 제공한다.

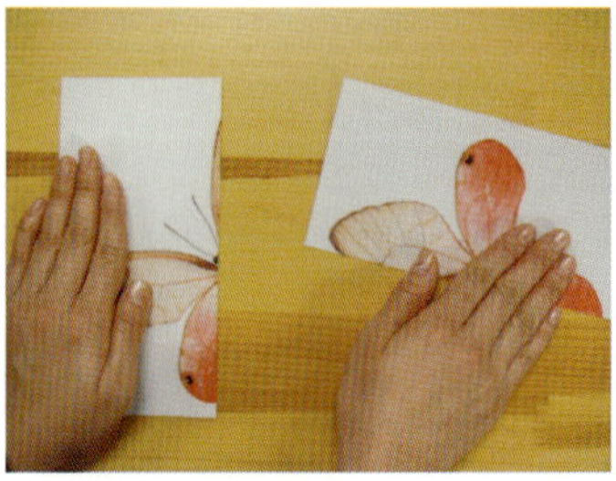

같은 패턴으로 놓기

연 령 3세 이상

교 구 물체(그림), 예시 카드, 비어 있는 패턴판, 판에 순서대로 놓을 물체 또는 그림들, 그것을 넣을 용기, 쟁반

제 시

- 교사는 어린이를 초대하여 교구 이름을 소개한 후 교구를 가지고 온다.
- 쟁반에서 물체나 그림을 꺼내서 매트 상단에 놓는다.
- 예시 카드에 어떤 물체나 그림들이 있는지 살펴보고 그 순서를 말해 본다.
- 비어 있는 패턴판을 매트 중앙에 올려놓고 물체나 그림들을 매트의 하단에 순서 없이 꺼내 놓는다.
- 패턴의 순서를 다시 한번 확인하고 왼쪽부터 순서에 맞게 같은 물체나 그림을 찾아 비어 있는 패턴판에 차례대로 놓는다.
- 물체와 만들어진 예시 카드의 순서가 같은지 확인한다.

흥미점 다양한 물체를 보는 것, 패턴의 순서대로 놓는 것

오류수정 어린이 스스로의 시각적 변별

직접목적 시각적 변별력

간접목적 집중력, 관찰력, 질서감

응용편 같은 패턴으로 그림, 글자, 숫자 놓아보기

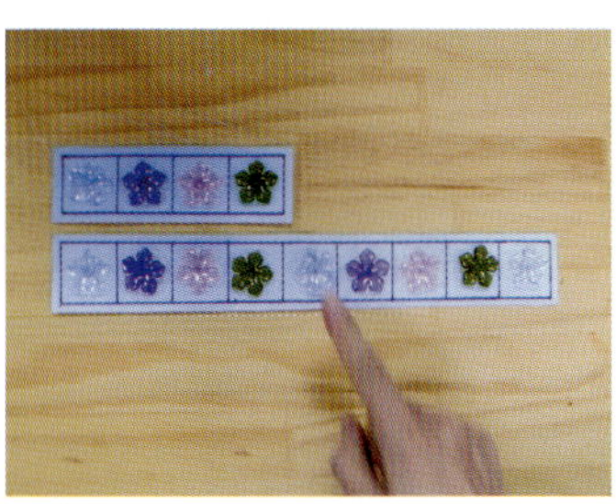

같은 패턴으로 놓기 I

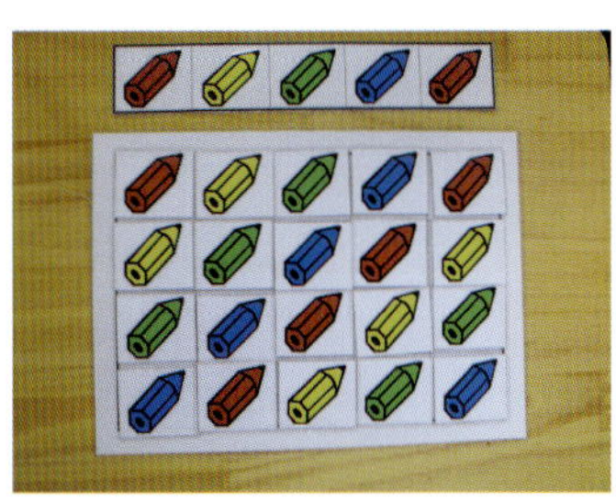

같은 패턴으로 놓기 II

기억하여 놓기

연 령 4세 이상

교 구 동물 모형의 집게 또는 그림들, 예시 카드, 패턴 판

제 시

- 교사는 어린이를 초대하여 교구 이름을 소개한 후 교구를 가지고 온다.
- 쟁반에서 패턴 예시 카드를 꺼내서 매트 상단에 놓는다.
- 예시 카드에 있는 동물들을 잘 보고 그 순서를 말해 본다.
- 기억하기 위해 몇 번 반복해서 말한 다음 예시 카드를 보이지 않게 뒤로 뒤집어 놓는다.
- 기억한 순서대로 물체를 패턴 판 위에 놓는다.
- 뒤로 돌려놓았던 예시 카드를 다시 보이도록 놓는다.
- 패턴 판에 놓인 물체나 그림의 순서가 예시 카드와 같은지 확인한다.

흥미점 순서를 외우는 것, 패턴에 맞게 놓아진 것을 보는 것

오류수정 순서가 다르게 놓아진 것

직접목적 시각적 변별력의 발달, 기억력의 발달

간접목적 집중력, 관찰력, 사고력

음절수 듣기

연 령 3세 이상

교 구 물체 또는 그림 카드 5~6개, 음절수만큼의 바둑알 또는 칩, 바구니

제 시

- 교사는 어린이를 초대하여 음절수 듣기를 해 보자고 하고 교구를 가지고 온다.
- 매트를 펴고 들려주고자 하는 명칭의 물체 또는 카드가 들어 있는 교구를 가지고 온다.
- 교사는 물체나 그림 카드를 보여주며 명칭을 한음절씩 천천히 또박또박 말한다.
- 구슬을 매트에 올려놓고 바둑알을 음절수만큼 바구니에서 꺼내서 구슬 아래에 놓는다.
- 다시 교사가 물체를 꺼내놓고 명칭을 들려주면 어린이가 그 음절수를 듣고 바둑알을 놓게 한다.
- 같은 방법으로 교구를 끝까지 소개하고 정리한다.

흥미점 음절수에 맞게 바둑알을 놓는 것

직접목적 음절수를 들어보는 것

간접목적 집중력, 상상력, 사고력

응용편 다양한 종류의 물체나 그림을 통해 여러 명칭을 경험해 보기

동시 · 동요 듣기

연 령 3세 이상

교 구 동시 · 동요 자료

제 시 1 동시 듣기

- 교사 가까이에 어린이들을 편안하게 모여 앉게 한다.
- 교사는 어린이들에게 재미있는 동시를 들려주겠다고 말하고 그 제목을 소개해 준다.
- 동시를 잘 감상할 수 있도록 운율과 느낌을 살려 천천히 들려준다.
- 어린이들에게 동시의 느낌을 물어보고 또 동시를 함께 읽어볼 수 있다.

제 시 2 동요 듣기

- 교사 가까이에 어린이들을 편안하게 모여 앉게 한다.
- 교사는 어린이들에게 재미있는 동요를 불러주겠다고 말하고 그 제목을 알려준다.
- 노랫말만 천천히 바르게 들려준 다음, 교사가 동요를 직접 불러서 어린이들에게 들려준다.
- 듣고 난 뒤의 느낌을 이야기 나누어보고 동요를 함께 불러보기로 한다.
- 노랫말 없이 허밍으로 먼저 부르고 음이 익숙해지고 난 뒤, 가사를 덧붙여 노래한다.

흥미점 노래를 듣고, 배우는 것

직접목적 듣기 능력의 발달

간접목적 정서 발달, 집중력, 음악적 감각의 발달

응용편
- 노래와 함께 신체 표현해 보기
- 다양한 음악의 감상과 느낌 이야기하기

명칭 말하기

연 령 3세 이상

교 구 교실에 있는 작은 물체(또는 모형, 교구, 그림 카드), 바구니 또는 쟁반

제 시

- 교사는 어린이를 초대하여 교구장으로 가서 교구 이름을 소개하고 교구를 가지고 온다.
- 교사는 바구니에서 물체나 그림 하나를 꺼내어서 그 물체나 그림의 이름을 말한다.
- 그 다음, 손으로 만져보거나 냄새를 맡는 등의 탐색을 한다.
- 어린이가 과일 하나를 만져보는 동안 교사는 그 이름을 다시 말해 준다.
- 탐색이 끝난 물체는 매트 위 왼쪽부터 내려놓는다.
- 교사는 다시 바구니에서 다른 물체나 그림을 꺼내어서 그 물체나 그림의 이름을 말해 준다.
- 같은 방법으로 모든 바구니 속의 물체 이름을 모두 말해 준다.
- 3단계 명칭연습을 통해서 그 이름을 정확하게 알 수 있도록 한다.

흥미점 모형 물체를 만지고 그 이름을 아는 것

오류수정 교사에 의해서

직접목적 말하기 능력의 발달

간접목적 집중력, 이해력, 관찰력

응용편

- 명칭을 익히고 나면 다른 종류의 내용물로 교구를 바꾼다.
- 교실에서 자주 사용하는 물건들이나, 집에서 사용하는 물건들을 실제로 쓰거나, 그림 카드로 만들어 제시한다.

연상놀이

연 령 3세 이상

교 구 한 가지 주제에 관련된 그림들(4~6개), 쟁반

제 시

- 교사는 어린이를 초대하여 교구 이름을 소개한 후 교구를 가지고 온다.
- 교사는 쟁반에서 그림 카드를 꺼낸다.
- 교사는 그림 카드를 하나씩 어린이에게 보여주면서 어떤 그림인지 질문한다.
- 어린이는 그림 카드를 보고 이름을 이야기한다.
- 예를 들어, 교사는 '외투, 장갑, 목도리, 털모자' 등은 어떤 것을 생각나게 할까?하고 묻는다.
- 어린이는 충분히 생각해 보고 생각나는 것을 말한다.
- 교사는 '연상' 이라는 것은 하나의 것을 보거나 생각했을 때 다른 것이 연결되어 생각나는 것이라고 그 정의를 말해 준다.

흥미점 그림을 보고 연상되는 것을 말하는 것

직접목적 연상의 개념 알기, 어휘력의 발달

간접목적 논리적 사고력, 이해력, 창의력

응용편 하나의 단어나 그림을 보고 그것과 관련되어 연상되는 단어를 말하기

이야기 나누기

연 령 3세 이상

교 구 이야기 나누기에 필요한 그림, 사진이나 물체(사물)들

제 시

- 교사는 어린이들을 가까이 모여 앉게 한다.
- 교사는 어린이들에게 이야기 나누기 자료를 보여주고 어떤 그림인지 물어본다.
- 어린이들은 그 자료를 보고 생각나는 느낌이나, 그것이 어떤 상황인지 이야기한다.
- 어린이들의 이야기를 듣고 교사는 간단한 질문을 다시 한다.
- 간단한 대화를 교사와 어린이가 함께 주고받을 수 있도록 한다.

흥미점 스스로의 생각을 말해 보는 것

오류수정 교사에 의해서

직접목적 바르고 정확하게 말하기, 어휘력의 증가

간접목적 이해력, 논리적 사고력, 관찰력

철판 도형

연 령 5세 이상

교 구 가로×세로(4cm×4cm)의 빨간색 철제 틀과 각각의 틀 안에 들어가는 파란색으로 칠해진 꼭지가 있는 0개인 도형(직사각형, 정사각형, 정삼각형, 사다리꼴, 오각형, 원, 타원형, 계란형, 곡선삼각형, 꽃 십자형), 5개씩 도형들을 올려놓는 비스듬한 2개의 받침대, 색연필, 색연필꽂이, 철판도형과 같은 크기의 종이와 종이를 담는 나무상자, 연필통, 도형받침

제 시

- 교사는 어린이를 초대하여 교구 이름을 소개한다.
- 쟁반에 필요한 도형 하나와 도형 틀, 색연필, 연필통, 도형받침대와 종이를 담아 가지고 온다.
- 책상 위에 교구를 담은 쟁반을 올려놓고 책상 앞에 바르게 앉는다.
- 도형 틀을 먼저 종이 위에 정확하게 올려놓고 색연필로 도형을 따라 그린다.
- 도형 틀을 제자리에 갖다 놓고 다시 그려진 도형 그림 위에 철판 도형을 꼭 맞게 올려놓는다.
- 도형에 맞추어서 다시 다른 색연필로 도형을 그린다. 철판 도형을 제자리에 놓는다.
- 다른 색깔로 그려진 2개 도형의 좁은 간격 사이를 다른 색연필을 이용해 간단한 선을 그어준다.
- 색연필을 제자리에 갖다 놓고 연필로 이름을 쓴다.
- 어린이도 해 볼 수 있음을 알려주고 해 보게 한다.
- 쟁반에 가지고 온 교구들을 다시 제자리에 정리한다.

흥미점
- 색연필로 다양한 도형을 그려보는 것
- 다양하게 그려진 도형을 보는 것

오류수정 도형이 바르게 그려지지 않은 것

직접목적 쓰기를 위한 손 근육의 준비와 발달, 연필의 바른 사용법을 안다.

간접목적 심미감의 발달, 창의력, 집중력

응용편 2개 이상의 도형을 이용해서 다양하게 구성해 보기

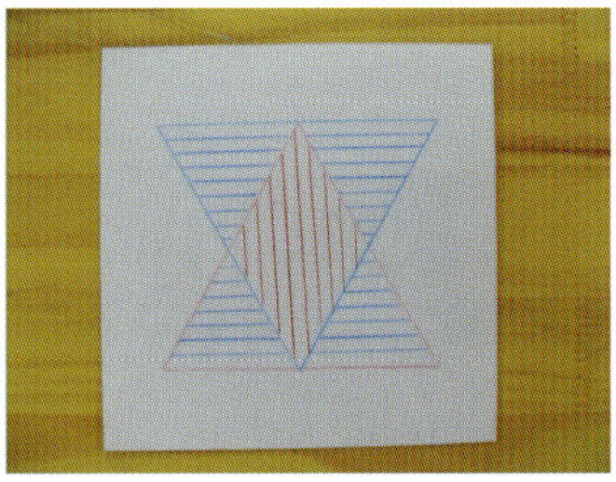

모래 낱자 : 자음 · 모음 소개

연 령 4세 이상

교 구

- ㄱ~ㅎ까지의 모래처럼 거친 빨간색의 자음이 나무판에 붙어 있는 것
- ㅏ~ㅣ까지의 모래처럼 거친 파란색 모음이 나무판에 붙어 있는 것(또는 빨간색, 파란색 나무판에 거친 모래 글자가 붙어 있는 것)

제 시

- 교사는 어린이를 초대하여 교구 이름을 소개한다.
- 매트를 펴고 소개하고자 하는 만큼의 모래 낱자를 가지고 온다. (3~4개 정도)
- 쟁반에서 모래 낱자 하나를 꺼내어서 어린이에게 보여준다. (예 ㄱ)
- 교사는 "이것의 이름은 '기역' 이고 소리는 '그' 하고 납니다."라고 말한다.
- 왼손으로 낱자판의 왼쪽을 잘 잡고 오른손 손가락으로 기역을 만지면서 '그' 하고 반복해서 말한다.

- 어린이에게도 해 보겠느냐고 묻고 해 보게 한다.
- 교사는 옆에서 반복적으로 '기역' 이라는 이름과 'ㄱ' 라는 소리를 들려준다.
- 두 번째 모래 낱자를 꺼내서 보여준 다음, 앞과 같은 방법으로 소개한다.
- 같은 방법으로 다른 모래 낱자도 소개하고 3단계 명칭연습을 통해서 정확히 기억하게 한다.

흥미점 모래 낱자의 거친 면을 만져보는 것, 함께 소리를 내어보는 것

오류수정 교사에 의해서

직접목적 자음 · 모음을 아는 것, 글자에는 소리가 있다는 것을 아는 것

간접목적
- 읽기와 쓰기의 준비, 소근육 발달, 눈과 손의 협응력
- 교구를 만지기 전에 손을 먼저 깨끗이 씻게 한다.

모래 낱자 : 자음 · 모음의 결합

연 령 4세 이상

교 구 자음 · 모음 모래 낱자판

제 시

- 교사는 어린이를 초대하여 자음과 모음을 함께 읽어보자고 한다.
- 매트를 펴고 소개하고자 하는 만큼의 자음, 모음 모래 낱자를 가지고 온다.(예 자음 ㄱ, ㄴ, ㄷ과 모음 ㅏ)
- 쟁반에서 모래 낱자 'ㄱ' 을 들어 어린이에게 무엇인지 물어본다.
- 어린이가 대답하면 쟁반에서 'ㅏ' 를 들어 어린이에게 무엇인지 물어본다.

- 어린이가 대답하면 교사는 '그' 와 '아' 를 합쳐서 함께 읽겠다고 말한다.
- 'ㄱ' 과 'ㅏ' 를 점점 가까이 가져가면서 '가' 라고 말한다.
- 'ㄱ' 모래 낱자와 'ㅏ' 모래 낱자를 겹쳐 놓은 상태에서 "이 글자의 이름은 '가' 입니다."라고 말한다.
- 나머지 '나', '다' 도 같은 방법으로 소개한다.

흥미점 자음과 모음 낱자가 모여서 하나의 글자가 되는 것을 보는 것

오류수정 교사에 의해서

직접목적 자음, 모음을 합쳐서 글자가 된다는 것을 아는 것, 글자를 읽는 것

간접목적 읽기와 쓰기의 준비, 소근육 발달, 눈과 손의 협응력

모래 낱자 : 받침

연 령 4세 이상

교 구 자음, 모음 모래 낱자판

제 시

- 교사는 어린이를 초대하여 받침이 있는 글자를 읽어보자고 한다.
- 교구로 제시할 모래 낱자를 가지고 온다. 예를 들어, '가' 와 ㅁ ㅇ
- 교사는 ㄱ 와 ㅏ 를 합쳐서 '가' 를 만들고 어린이에게 읽어보게 한다.
- 어린이에게 'ㅁ' 을 보여주면서 어떤 소리가 나며 이름이 무엇인지 묻는다.
- 받침을 읽을 때는 그 이름의 끝소리가 받침소리로 사용된다고 이야기한다.

- '가' 아래에 낱자 'ㅁ'을 점점 가까이 대면서 '가―ㅁ'을 '감'이라고 말한다.
- 같은 방법으로 다른 받침이 있는 글자도 소개한다.

흥미점 받침이 있는 글자를 읽어보는 것

오류수정 교사에 의해서

직접목적 받침이 있는 글자를 읽는 것

간접목적 읽기와 쓰기의 준비, 집중력, 분석력

움직이는 낱자 : 소개

연 령 4세 이상

교 구 자음 · 모음 모래 낱자판, 자음 · 모음 움직이는 낱자

제 시

- 교사는 어린이를 초대하여 교구 이름을 소개하고 교구를 가지고 온다.
- 교사는 자음 모래 낱자들을 하나씩 꺼내서 보여주면서 그 소리와 이름을 말해 보도록 한다.
- 모래 낱자들을 매트(혹은 책상) 위에 차례대로 놓은 상태에서 움직이는 낱자를 가지고 와서 순서 없이 흐트러트려 아래쪽에 내려놓는다.
- 교사는 "자음 모래 낱자와 똑같은 낱자들을 찾아서 겹쳐 놓아 보겠습니다." 라고 말한다.

• 움직이는 낱자 'ㄱ'을 찾아서 모래판 낱자 'ㄱ' 위에 겹쳐 올려놓으면서 '기역, 그' 하고 말한다.

• 다른 움직이는 낱자들도 찾아서 올려놓는다.

• "모래 낱자와 똑같이 생긴 이 자음 낱자들은 이렇게 움직이며 놓아볼 수 있기 때문에 움직이는 낱자라고 합니다."라고 말한다.

• 움직이는 낱자만을 가지고 자음의 소리와 이름을 말해 보게 한다

• 교구를 정리한다.

흥미점 움직이는 낱자를 모래 낱자 위에 놓아보는 것, 그것이 같음을 보는 것

오류수정 교사에 의해서, 어린이 스스로

직접목적 모래 낱자와 움직이는 낱자의 연결, 두 종류가 같은 낱자임을 안다.

간접목적 읽기와 쓰기의 준비, 눈과 손의 협응력

움직이는 낱자 : 경음과 이중모음의 소개

연 령 4세 이상

교 구 움직이는 낱자 상자

제 시

• 교사는 어린이를 초대하여 매트를 펴고 교구장으로 가서 움직이는 낱자 상자를 가지고 온다.

• 교사는 움직이는 낱자들을 하나씩 꺼내서 보여주면서 그 소리와 이름을 말

해 보게 한다.

- 움직이는 낱자들 중에서 같은 것 2개를 함께 소리 내는 낱자들이 있음을 말해 주고 찾아보기로 한다.
- 교사는 'ㄱ'을 하나 꺼내어서 어린이에게 소리 내어보게 한다.
- 'ㄱ'이 하나일 때는 '그' 하는 소리가 나지만, 이것을 2개 함께 놓아서 쓰기도 한다는 것을 알려주고 그 소리는 '끄' 하고 난다고 알려준다.
- 그 외에도 'ㄸ, ㅃ, ㅆ, ㅉ'를 알려주고 이것은 경음(된소리)이라고 설명한다.
- 같은 방법으로 이중모음(ㅚ, ㅟ, ㅒ, ㅖ, ㅘ, ㅙ, ㅝ, ㅞ, ㅢ)을 소개하고, 놓인 움직이는 낱자를 읽어보게 한다.

흥미점 2개를 함께 놓아서 새로운 소리가 만들어지는 것

오류수정 교사에 의해서

직접목적 경음, 이중모음에 대해서 안다.

간접목적 읽기와 쓰기의 준비, 눈과 손의 협응력

움직이는 낱자 : 단어 구성

연 령 4세 이상

교 구 움직이는 낱자 상자, 명칭 카드

제 시 1 움직이는 낱자와 명칭 카드

- 교사는 어린이를 초대하여 교구 이름을 소개하고 교구를 가지고 온다.
- 명칭 카드 첫 번째 세트를 꺼내서 그 이름들을 말하면서 책상 위에 놓아본다.

• 명칭 카드의 글자를 보면서 움직이는 낱자를 이용해서 글자를 구성해 본다.
• 어린이도 해 보도록 권장한다.
• 맞게 놓였는지 확인한다.

제 시2 움직이는 낱자와 물체

• 교사는 어린이를 초대하여 교구 이름을 소개하고 교구를 가지고 온다.
• 물체들을 하나씩 꺼내면서 그 이름을 말한다.
• 물체를 보면서 움직이는 낱자를 이용해서 글자를 하나 구성한다.

흥미점 움직이는 낱자를 이용해서 글자를 구성해 보는 것

오류수정 교사에 의해서, 교구, 어린이 스스로

직접목적 움직이는 낱자를 이용한 글자를 구성하는 것, 자음과 모음의 분석

간접목적 읽기와 쓰기 연습, 눈과 손의 협응력

움직이는 낱자 : 문장구성

연 령 5세 이상

교 구 움직이는 낱자 상자, 글을 쓸 수 있는 종이, 펜

제 시

- 교사는 어린이를 초대하여 교구 이름을 소개하고 교구를 가지고 온다.
- 교사는 움직이는 낱자를 이용해서 문장을 만들어 보자고 한다.
- 교사는 어린이에게 간단한 문장을 이야기해 준다. (예 유치원에 갑니다)
- 교사는 어린이에게 말한 문장을 종이에 쓴다.
- 어린이에게 그 문장을 보고 움직이는 낱자를 이용해서 만들 수 있는지 물어 본다.
- 어린이는 교사가 쓴 글씨를 보고 움직이는 낱자를 이용해서 '유치원에 갑니다' 라고 구성해 본다.
- 다 만들어진 글을 다시 한번 읽는다.

흥미점 움직이는 낱자를 이용해서 문장을 구성해 보는 것

오류수정 교사에 의해서, 어린이 스스로

직접목적 움직이는 낱자를 이용한 문장을 구성하는 것, 자음과 모음의 분석

간접목적 읽기와 쓰기 연습, 눈과 손의 협응력

사물상자

연 령 4세 이상

교 구 각각의 자음으로 시작되는 물체의 모형들이 들어 있는 'ㄱ~ㅎ'까지 표시가 되어 있는 상자(서랍), 그 물체의 단어 카드, 연필, 종이

제 시

- 교사는 어린이를 초대하여 교구 이름을 소개하고 교구를 가지고 온다.
- 교사는 어린이에게 서랍에서 물체를 꺼내고 그 이름을 말해 보라고 한다.
- 어린이는 물체를 꺼내면서 그 이름을 말한다. (예 가위, 강아지, 거북 등)
- 교사는 미리 준비한 흰 종이 카드 위에 물체의 이름을 쓰고 (예 강아지) 어린이에게 보여준다.
- 어린이는 종이 위에 쓰인 글을 읽는다. (강아지)
- 교사는 명칭을 다시 물은 뒤, 그 물체 아래에 명칭을 놓도록 한다.
- 다른 물체도 같은 방법으로 이름을 써서 놓는다.
- 어린이가 다시 카드를 읽고 물체와 짝을 맞추게 한다.
- 교구를 정리해서 제자리에 갖다 놓는다.

흥미점 교사가 써주는 카드를 읽는 것

오류수정 교사에 의해서

직접목적 글자를 읽는 것

간접목적 소리의 분해, 문장 읽기의 준비

응용편 서랍을 2개 내지 3개 꺼내어 내용물을 섞었다가 카드와 함께 찾기

주변 사물의 명칭

연 령 4세 이상

교 구 작은 바구니 혹은 쟁반 2개, 연필, 흰 종이, 가위

제 시

- 교사는 어린이를 초대하여 교구 이름을 소개하고 교구를 가지고 온다.
- 교사는 어린이에게 어떤 물건의 이름을 종이에 써주면 그것을 읽고 그 물건을 여기로 가지고 오자고 말한다.
- 종이에 교실에 있는 물건 중 가지고 올 수 있는 물건(예 연필, 가위, 풀 등) 이름을 종이에 쓴다.
- 어린이는 그것을 천천히 소리 내어 읽고 그 물건을 가지고 온다.
- 가지고 올 수 있는 물건을 2~3개 정도 써서 가지고 오게 한 다음, 이번에는 가지고 올 수 없는 물건(창문, 문, 피아노 등…)의 이름을 쓴다.
- 교사는 어린이에게 가지고 올 수 없는 물건은 이름 카드를 갖다 놓자고 한다.
- 계속해서 주변 여러 사물의 명칭을 쓰고 어린이는 그 물건을 가지고 오거나, 이름 카드를 갖다 놓는다.
- 가지고 올 수 없었던 물건들의 이름에는 어떤 것들이 있었는지 다시 한번 기억해 보게 하고 가져다 놓았던 카드들을 가지고 오게 하고 가지고 온 물건들은 제자리에 갖다 놓는다.
- 교구를 정리해서 제자리에 갖다 놓는다.

흥미점 교사가 써주는 카드를 읽는 것

오류수정 교사에 의해서

직접목적 글자를 읽는 것

간접목적 소리의 분해, 문장 읽기의 준비

응용편 바구니 2개를 마련해 놓고 계속해서 물건의 이름들을 가지고 올 수 있는 것들과 없는 것으로 나누어 넣어두면 어린이가 그것을 읽고 활동하기, 어린이가 생각해서 교실에 있는 물건들의 이름 쓰기

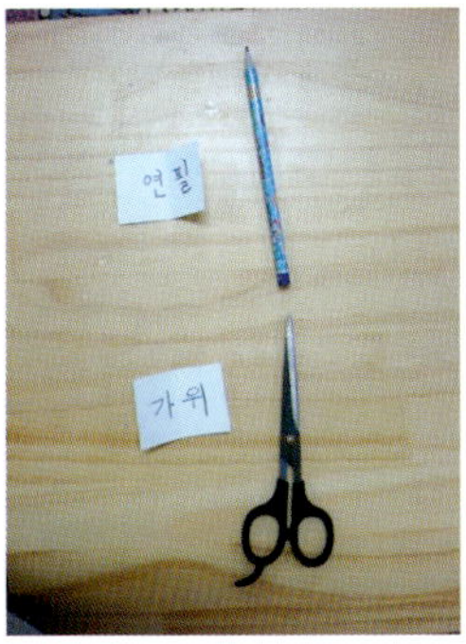

작은 책 Ⅰ, Ⅱ

연 령 4세 이상

교 구 여러 개의 작은 책 Ⅰ, Ⅱ

제 시

- 교사는 어린이를 초대하여 교구 이름을 소개하고 교구를 가지고 온다.
- 책상에 어린이와 함께 앉아서 가지고 온 작은 책을 편다.
- 왼쪽에 있는 그림을 가리키며 그 이름을 말하고 오른쪽에 있는 그 글자를 가리키며 읽는다.
- 어린이도 함께 그림을 보고 글자를 읽는다.
- 여러 가지 다른 작은 책이 있음을 알려주고 읽어보도록 한다.
- 교구를 정리해서 제자리에 갖다 놓는다.

흥미점 작은 책을 읽는 것

오류수정 교사에 의해서

직접목적 글을 읽음, 책에 관심을 가지는 것

간접목적 어휘력의 발달, 성취감

응용편 여러 단어들이 들어 있는 크기가 다양한 작은 책을 제공

여러 방법의 단어 읽기

연 령 4세 이상

교 구 동형이의어 카드, 끝말 잇기, 의성어 · 의태어 등

제 시

- 교사는 어린이를 초대하여 교구 이름을 소개하고 교구를 가지고 온다.
- 카드 중 하나의 짝이 되는 카드를 꺼내서 먼저 보여준다.
- 카드의 단어를 읽어본다.
- 카드의 짝이 되는 것이 무엇인지 다른 카드들과 비교해 보고 짝을 찾아 놓는다.
- 나머지 다른 카드도 보면서 그 차이를 비교해서 짝을 찾아 놓는다.

흥미점 다양한 단어를 읽기

오류수정 교사에 의해서

직접목적 정확하게 읽기, 읽기에 관심 가지기

간접목적 어휘력의 발달

동형이의어

의성어 · 의태어

십자말 놓기

반대말 놓기

동작 카드

연 령 5세 이상

교 구 연필(펜), 빨간색 종이 카드, 가위, 바구니

제 시

- 교사는 어린이를 초대하여 함께 책상 앞에 앉는다.
- 교사는 어린이에게 선생님이 카드에 어떤 동작을 쓰면 그것을 읽고 몸으로 표현해 보라고 말한다.
- 빨간색 종이에 한 가지 동작을 쓴다. 예를 들면, 웃으세요, 뛰세요, 걸으세요, 앉으세요, 달리세요 등이다.
- 어린이는 그 카드를 읽고(소리 내어 읽지 않는다) 카드에 쓰인대로 동작을 해 본다.

흥미점 글을 읽고 동작으로 표현하는 것.

오류수정 다른 어린이들, 교사에 의해서

직접목적 읽는 내용을 정확하게 이해하는 것

간접목적 어휘력의 발달, 이해력

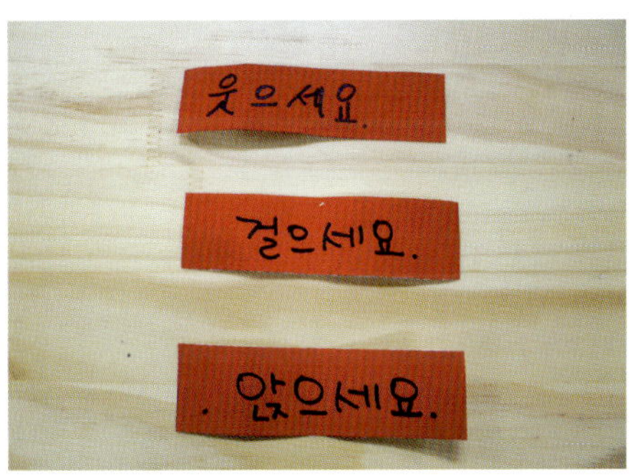

명령 카드

연 령 5세 이상

교 구 연필(펜), 흰 종이, 가위, 만들어진 명령 카드와 그것을 담은 상자(바구니)

제 시

- 교사는 어린이를 초대하여 함께 책상 앞에 앉는다.
- 교사는 어린이에게 교사가 카드에 쓰는 말을 읽고 몸으로 표현해 보라고 말한다.
- 종이에 하나의 행동이 있는 문장을 쓴다. 예를 들면, 거울을 보세요, 의자에 앉으세요, 창문을 여세요 등이다.
- 어린이는 그 카드를 읽지만 소리 내어 읽지 않는다. 카드에 적힌 대로 동작을 한다.

흥미점 문장을 읽고 그 내용을 행동으로 옮기는 것, 문장을 알아 맞추는 것

오류수정 다른 어린이들, 교사에 의해서

직접목적 문장의 뜻을 이해

간접목적 어휘력의 발달, 이해력, 문법 이해의 준비

물체와 문장

연 령 5세 이상

교 구 동작을 하고 있는 몇 개의 인형 혹은 설명이 필요한 물체 4~5개 또는 그림, 그것을 서술한 문장 카드, 쟁반

제 시

- 교사는 어린이를 초대하여 교구 이름을 소개하고 교구를 가지고 온다.
- 쟁반에서 인형(그림)을 하나씩 꺼내서 차례대로 놓는다.
- 문장 카드를 꺼내서 매트의 아래쪽에 내려놓는다.
- 카드를 하나씩 읽는다. 예를 들어, '엄마가 아기를 업고 있습니다.'를 읽으면 여자가 아기를 업고 있는 인형(그림) 앞에 카드를 내려놓는다.
- 같은 방법으로 카드를 읽고 그것과 일치하는 물체(그림)와 짝을 지어 놓는다.
- 교구를 정리해서 제자리에 갖다 놓는다.

흥미점 문장을 읽고 물체와 짝을 짓는 것

오류수정 교사에 의해서

직접목적 문장의 뜻을 읽고 이해하는 것

간접목적 어휘력의 발달, 이해력

물체와 문장

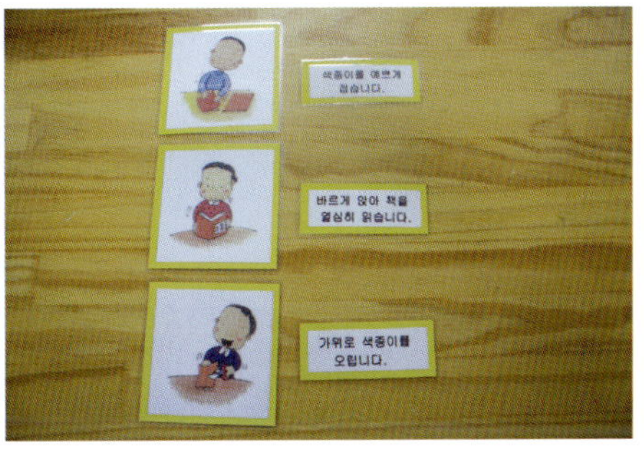

그림과 문장

작은 책 Ⅲ, Ⅳ

연 령 5세 이상

교 구 여러 종류의 작은 책 Ⅲ, Ⅳ

제 시

- 교사는 어린이를 초대하여 교구 이름을 소개하고 교구를 가지고 온다.
- 책상에 어린이와 함께 앉아서 가지고 온 작은 책 Ⅲ(Ⅳ)을 편다.
- 왼쪽에 있는 그림을 잘 살펴보고 오른쪽에 있는 문장을 읽어본다.
- 어린이도 함께 그림을 보고 문장을 읽는다.
- 여러 가지 다른 작은 책이 있음을 알려주고 읽어보게 한다.
- 교구를 정리해서 제자리에 갖다 놓는다.

흥미점 작은 책을 읽는 것

오류수정 교사에 의해서

직접목적 글을 읽음, 책에 관심을 가지는 것

간접목적 어휘력의 발달, 성취감

응용편 작은 책은 구두점, 문장 부호가 들어 있는 책, 과학적으로 분류된 그림 카드의 작은 책, 종교나 역사 책

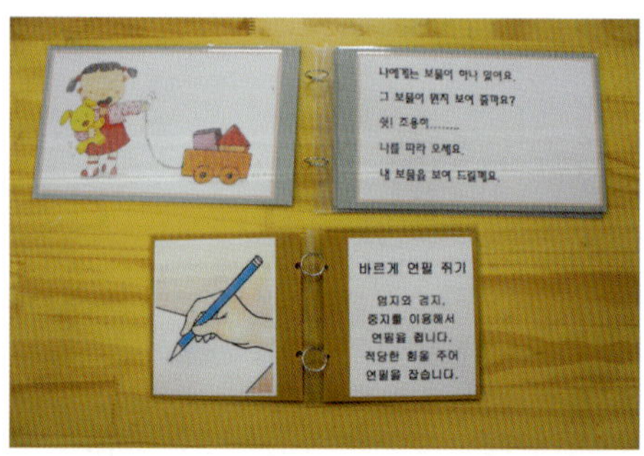

동화책 읽기

연 령 5세 이상

교 구 여러 종류의 작은 책

제시형태 개인 혹은 소집단

제시방법

- 교사는 어린이를 초대하여 책꽂이나 언어영역으로 가서 책을 소개한다.
- 어린이가 듣고자 하면 책을 읽어주고 어린이 스스로 책을 읽어볼 수 있다고 이야기한다.

흥미점 다양한 책을 읽는 것

오류수정 어린이 스스로

직접목적 글을 읽음, 책을 좋아하고 자주 접하게 되는 것

간접목적 어휘력, 집중력의 발달

명사(이름씨)

연 령 5세 이상

교 구 읽기에 사용되는 모든 교구, 물체, 연필, 종이, 명사 카드, 명사책

제 시

- 어린이를 초대하여 같이 앉는다.
- 교사는 어린이들에게 각각 교구나 물체, 그림의 이름을 써주고 가지고 오라고 이야기한다.
- 어린이들이 가지고 온 물건 아래에 이름 카드를 짝 맞추어 놓는다.
- 교사는 사물의 이름을 나타내는 품사를 '명사' 라고 설명한다
- 교사는 명사의 상징인 검은색 사각뿔을 보여주고 이것을 평면으로 표현한 검은색 삼각형을 명사의 기호로 사용함을 이야기한다.
- 어린이와 명사에는 어떤 것들이 있는지 계속해서 이야기해 보고 명사 카드

를 놓아본다.

흥미점 명사의 상징과 기호를 보는 것, 종이에 명사를 써보는 것

오류수정 교사에 의해서

직접목적 명사에 대한 이해

간접목적 이해력, 사고력, 관찰력

형용사(그림씨)

연 령 5세 이상

교 구 같은 종류면서 특징이 다른 물체 3~4개, 종이, 펜, 형용사 카드, 형용사 책

제 시

- 교사는 어린이를 초대하여 교구 이름을 소개하고 교구를 가지고 온다.
- 교구를 가지고 와서 책상 앞에 함께 앉는다.
- 쟁반에서 색깔이 다른 4개의 꽃을 꺼내서 책상 위에 올려 놓는다.
- 교사는 어린이에게 "선생님에게 꽃을 주세요."라고 말한다.
- 어린이는 어떤 꽃을 주어야 할지 모르기 때문에 망설인다.
- 교사는 정확하게 "빨간 꽃 주세요."라고 말한다.
- 어린이는 빨간 꽃을 교사에게 준다.
- 교사는 사물의 성질이나 상태가 어떠한지 알려주는 품사를 '형용사' 라고 말

하고 빨간 색연필로 쓴 글들이 '형용사' 임을 이야기해 준다.

- 형용사는 파란색이 사각뿔임을 알려주고 표시할 때는 작은 파란색 삼각형으로 표시함을 이야기한다.
- 형용사의 종류에는 무엇이 있는지 이야기해 보고 형용사 카드를 놓아본다.

흥미점 형용사의 상징과 기호를 보는 것, 종이에 형용사를 써보는 것

오류수정 교사에 의해서

직접목적 형용사의 기능, 역할을 이해한다.

간접목적 이해력, 사고력, 문장구성의 기초 구성능력을 기름

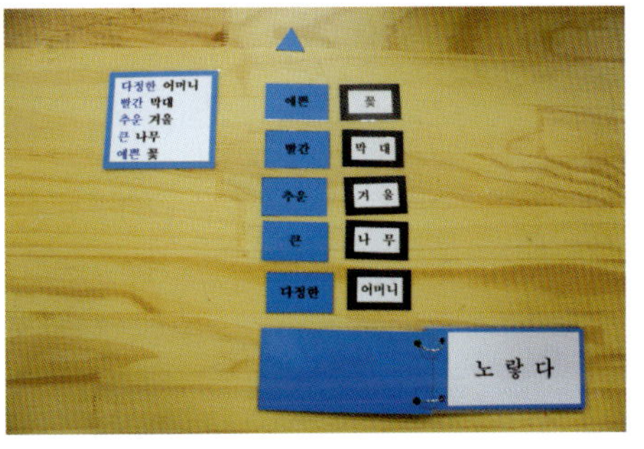

조사(토씨)

연 령 5세 이상

교 구 3개의 조화 꽃, 초록색 리본 끈, 펜, 종이, 조사 책, 조사 카드

제 시

- 어린이를 초대하고 교구를 가지고 와서 책상 앞에 함께 앉는다.
- 꽃들을 차례대로 펼쳐 놓고 그 이름을 흰 종이에 쓴다. (빨간 꽃, 노란 꽃, 분홍 꽃)
- 어린이와 함께 읽어본 다음, 그 꽃을 하나로 묶자고 이야기한다.
- 초록색 리본 끈으로 꽃들을 하나로 묶은 다음 빨간 꽃, 노란 꽃, 분홍 꽃을

하나로 묶었다고 말한다.

- 빨간 꽃, 노란 꽃, 분홍 꽃이라고 쓴 종이 사이에 '과', '과' 라는 글을 빨간 펜으로 써서 사이에 둔다.
- 다시 어린이와 함께 "빨간 꽃, 노란 꽃, 분홍 꽃"이라고 읽고 하나의 말로 연결이 되었음을 이야기한다.
- 교사는 단어와 단어 사이에서 그 말을 이어주거나, 관계를 나타내는 말이 '조사' 라고 설명하고 빨간색으로 쓴 글 '과' 가 조사임을 이야기한다.
- 조사를 나타낼 때는 초록색 초승달 모양을 말해 준다.
- 교사는 이외에도 조사에는 어떤 것들이 있는지 이야기하고 조사 카드를 놓아본다.

흥미점 조사의 기호를 보는 것, 종이에 조사를 써보는 것

오류수정 교사에 의해서

직접목적 조사에 대한 이해, 문장구성의 기초를 이해

간접목적 이해력, 사고력, 문장분석의 준비

동사(움직씨)

연 령 5세 이상

교 구 동작 카드, 흰색 종이, 검은 펜, 빨간 펜, 가위, 빨간색 둥근 공, 동사 카

드, 동사책

제 시

- 어린이를 초대하여 책상 앞에 함께 앉는다.
- 교사는 빨간색 종이에 동사 하나를 써서 어린이에게 주고 그것을 일정한 시간 동안 동작으로 나타내 보도록 한다.(예 걷다, 뛰다, 웃다, 달리다)
- 어린이의 동작이 끝나고 나면, 교사는 종이에 적어 준 말이 무엇인지 물어본다.
- 어린이는 했던 동작이 무엇이였는지 대답한다.
- 교사는 동작 카드에서 쓴 동사들과 빨간색으로 쓴 동사들을 하나씩 읽고 움직임을 나타내는 것, 행동으로 나타낼 수 있는 것이 동사라고 말한다.
- 교사는 빨간색 공을 꺼내어서 보여준 다음, 굴려서 움직이는 모습을 어린이에게 보여주고 움직임을 나타내는 표시를 기호로 쓸 때는 빨간색 원으로 표시한다고 말한다.
- 교사는 동사에는 어떤 것들이 있는지 보자고 말하고 동사 카드와 동사 책을 함께 읽어본다.

흥미점 동사의 상징과 기호를 보는 것, 종이에 동사를 써보는 것

오류수정 교사에 의해서

직접목적 동사에 대한 이해, 문장구성의 기초

간접목적 이해력, 사고력, 표현력, 문장분석의 준비

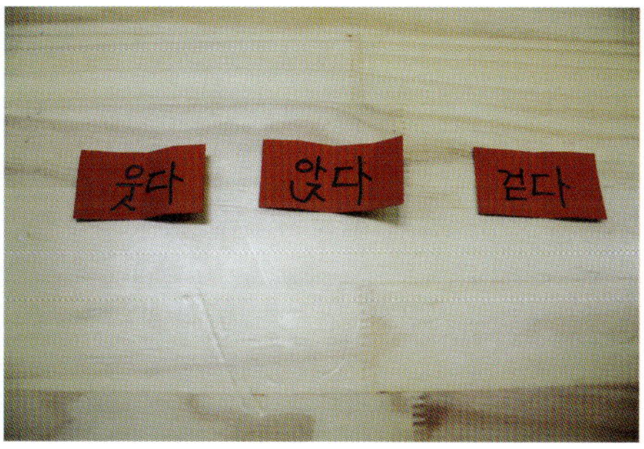

부 사(어찌씨)

연 령 5세 이상

교 구 흰 종이, 빨간색 종이, 검은 펜, 빨간 펜, 가위, 부사 책, 부사 카드

제 시

- 어린이들을 초대하여 교사 주위에 반원으로 앉게 한다.
- 3~4명의 어린이에게 교사는 빨간색 종이 위에 '걷는다' 라고 써서 주고 행동으로 나타내도록 한다.
- 어린이들이 조금 걷고 나면, 다시 모이게 하여서 흰 종이에 빨간 펜으로 각각 '시끄럽게', '느리게', '빨리', '성큼성큼' 등의 글자를 써서 주고 '걷는다' 를 하되, 흰 종이에 쓴 모양으로 걸어보라고 이야기한다.
- 어린이들은 각각 자신에게 써준 모양대로 걷는다.
- 얼마 후 어린이들에게 각각 걸었던 모양이 무엇이였는지 말해 보게 한다.
- 모두들 '걷는다' 지만, 흰 종이에 쓴 글자로 인해서 걷는 모양이 달라졌음을 알게 된다.
- 교사는 동사나 관형사, 수사, 대명사 앞에서 문장을 한정하여 꾸며주는 역할을 하는 말을 '부사' 라고 설명하고 빨간색으로 쓴 글 '시끄럽게', '느리게', '빨리' 등 이 부사임을 이야기한다.

- 부사를 나타낼 때는 동사보다 좀 더 작은 둥근 원을 사용하고 주황색으로 표시한다고 말한다.
- 부사에는 또 어떤 것들이 알아보자고 하고 부사 카드와 부사 책을 읽어본다.

흥미점 부사의 기호를 보는 것, 종이에 부사를 써보는 것

오류수정 교사에 의해서

직접목적 부사에 대한 이해, 문장구성의 기초를 이해

간접목적 이해력, 사고력, 문장분석의 준비

대명사(대 이름씨)

연 령 5세 이상

교 구 흰 종이, 검은 펜, 빨간 펜, 가위, 대명사 책, 대명사 카드

제 시

- 어린이를 초대하여 책상 앞에 함께 앉게 한다.
- 교사는 어린이에게 '색연필을 주세요.' 라고 말하고 '색연필을 주세요.' 라는 문장을 흰 종이에 쓰고 품사에 따라 가위로 자른다. 즉, 색연필을 주세요로 나눈다.
- 어린이가 색연필을 가지고 오면 '그것을 주세요.' 라고 말한다. 그리고 '그것' 을 흰 종이에 빨간 펜으로 쓴다.
- 어린이에게 '그것' 이 무얼 말하는지 물어보고 그것이 색연필을 지칭하는 말임을 인식하게 한다.
- 색연필이라는 명사 대신해서 '그것' 이라는 말을 문장에 놓는다.
- 교사는 명사를 대신하여 표현할 때 쓰이는 말은 '대명사' 라고 설명하고 빨간색으로 쓴 글 '그것' 이 대명사임을 이야기한다.
- 대명사를 나타낼 때는 명사보다 좀 더 긴 삼각형을 사용하고 보라색으로 사용한다는 것을 말한다.
- 대명사에는 또 무엇이 있는지 이야기하고 대명사 카드와 책을 읽어본다.

흥미점 대명사의 기호를 보는 것, 종이에 대명사를 써 보는 것

오류수정 교사에 의해서

직접목적 대명사에 대한 이해, 문장구성의 기초를 이해

간접목적 이해력, 사고력, 문장분석의 준비

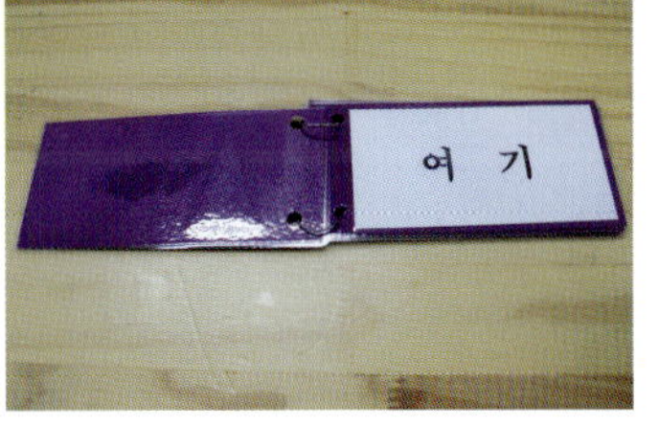

수사(셈 이름씨)

연 령 5세 이상

교 구 흰 종이, 검은 펜, 빨간 펜, 가위, 수사 카드, 수사 책

제 시

- 어린이를 초대하여 책상 앞에 함께 앉는다.
- 교사는 어린이에게 가위를 가지고 오라고 한다.
- 어린이가 가위를 가지고 오면, '가위 하나' 라고 말한다.
- 다시 어린이에게 가위를 가지고 오라고 하고, 어린이가 가위를 하나 더 가지고 오면 '가위 둘' 이라고 말한다.
- 다시 교사는 어린이에게 "첫 번째 가위는 어느 것이지?" 라고 물어본다.
- 어린이가 대답하면, 다시 '두 번째 가위는 어느 것이지?" 라고 물어본다.
- 교사는 문장을 종이에 모두 쓰되, '하나', '둘', '첫째', '둘째' 와 같은 말을 빨간 펜으로 쓴다.
- 교사는 명사의 수량이나 순서를 가리키는 단어가 '수사' 이며 빨간색으로 쓴 글 하나, 둘 등이 수사임을 이야기한다.
- 수사를 나타낼 때는 남색 삼각형으로 사용한다고 말한다.
- 교사는 수사에는 어떤 것들이 있는지 보자고 하고 수사 카드와 수사 책을 읽어본다.

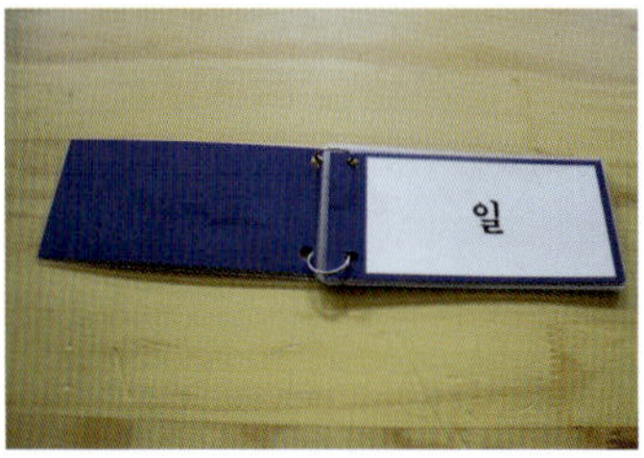

흥미점 수사의 기호를 보는 것, 종이에 수사를 써보는 것

오류수정 교사에 의해서

직접목적 수사에 대한 이해, 문장구성의 기초를 이해

간접목적 이해력, 사고력, 문장분석의 준비

관형사

연 령 5세 이상

교 구 흰 종이, 검은 펜, 빨간 펜, 가위, 관형사 책, 관형사 카드

제 시

- 어린이를 초대하여 책상 앞에 함께 앉는다.
- 교사는 주변에 있는 한 어린이를 지칭하며 '저 친구 이름이 무엇인가요?' 라고 묻는다.
- 어린이가 그 친구의 이름을 대답하면, '저 친구 이름은 ○○○입니다.' 라고 흰 종이에 쓴다. 이때 '저' 는 빨간 펜으로 쓴다.
- 이번에는 가까이에 있는 어린이를 지칭하여 물어보고 '이 친구 이름은 무엇인가요?' 라고 묻고 어린이가 답하면 흰 종이에 쓴다.
- 교사는 두 어린이를 가리키며 '두 사람 모두 친구들 입니다.' 라고 말하고 그것을 문장으로 쓴다. 여기에서 '두' 도 빨간 펜으로 쓴다.
- 교사는 홀로 독립하여 쓰이지 못하고 항상 명사 앞에 놓여서 명사가 어떠한 것이라고 꾸며주는 것은 '관형사' 라고 설명하고 빨간색으로 쓴 글 '저' 와 '두' 등이 관형사임을 이야기한다.
- 관형사를 나타낼 때는 하늘색 작은 삼각형으로 사용한다고 말한다.
- 교사는 관형사에는 또 어떤 것들이 있는지 살펴보자고 하고 관형사 카드와 관형사 책을 어린이와 함께 읽어본다.

흥미점 관형사의 기호를 보는 것, 종이에 관형사를 써 보는 것

오류수정 교사에 의해서

직접목적 관형사에 대한 이해. 문장구성의 기초를 이해

간접목적 이해력, 사고력, 문장분석의 준비

감탄사

연 령 5세 이상

교 구 흰 종이, 검은 펜, 빨간 펜, 가위, 보물 상자 또는 상자(안에 무엇인가 들어 있어 감탄사를 말하도록 하는 것), 감탄사 책, 감탄사 카드

제 시

- 어린이를 초대하여 책상 앞에 함께 앉는다.
- 보물 상자를 가지고 와서 보여주고, 상자를 열어본다. 상자 안에서 예쁜 물건을 발견하면 그것을 보고 '어머나! 예쁘다.' 하고 말한다.
- 어린이도 그것을 살펴 볼 때 다시 '와! 예쁘구나.' 라고 말한다.
- 교사는 흰 종이에 '어머나! 예쁘다.' 와 '와! 예쁘다' 를 쓰되 '어머나' 와 '와' 는 빨간 펜으로 쓴다.
- 교사는 말하는 사람의 놀라움이나, 느낌, 남을 부르거나 대답할 때, 말할 때 버릇처럼 말하는 단어들이 감탄사임을 이야기해 준다.
- 보물 상자를 열어보기 전에 열쇠 구멍으로 보면서 '와' 하고 감탄하는 것을 의미해서 감탄사는 열쇠 구멍 표시와 금색으로 기호를 나타낸다고 설명해 준다.

- 우리가 일상생활에서 사용하는 감탄사들이 또 어떤 것들이 있는지 이야기해 보고 감탄사 카드와 감탄사 책을 읽어본다.

흥미점 감탄사의 기호를 보는 것, 종이에 감탄사를 써 보는 것

오류수정 교사에 의해서

직접목적 감탄사에 대한 이해, 문장구성의 기초를 이해

간접목적 이해력, 사고력, 문장분석의 준비

문장의 구성

연 령 5세 이상

교 구 서술이 가능한 그림 또는 사진, 흰종이, 연필, 가위.

제 시

- 교사는 어린이에게 미리 준비한 사진을 보여주고 누가 있는지 물어본다.
  (예 여자아이가 강아지에게 먹이를 주고 있는 모습)
- 어린이들은 여자아이 혹은 강아지라고 이야기한다.
- 교사는 '여자아이가 먹이를 줍니다.' 라고 종이에 쓴다.
- '먹이를 주는 건 누구지?' 라고 묻는다. – 여자아이(주어)
- '여자아이가 무얼 하고 있지?' – 줍니다.(서술어)
- '여자아이가 무엇을 주고 있지?' – 먹이를(목적어)
- '여자아이가 누구에게 먹이를 주고 있지? – 강아지에게(부사어)
- '여자아이가 강아지에게 먹이를 주고 있습니다.' 라는 문장을 다 쓴 다음, 각 문장구성 요소에 대해 설명한다.

흥미점 문장의 구성 요소에 관심을 가진다.

오류수정 교사에 의해서

직접목적 문장구성 요소(성분)에 대해 관심을 가진다.

간접목적 이해력, 사고력, 문장구성 능력

문장 부호

연 령 5세 이상

교 구 문장 부호 명칭 카드, 작은 책, 쟁반

제 시

- 교사는 어린이를 초대하여 교구 이름을 소개하고 교구를 가지고 와서 책상 또는 매트 앞에 앉는다.
- 명칭 카드를 놓아서 그 명칭과 부호를 익힐 수 있도록 제시해 준다.
- 명칭 카드의 짝 맞추기가 끝이 나면 작은 책을 보여주면서 문장 부호가 어떻게 쓰이는지 함께 읽어본다.

흥미점 문장 속에 사용되는 부호들을 보는 것

오류수정 교사에 의해서, 어린이 스스로

직접목적 문장 부호를 안다.

간접목적 이해력, 사고력, 분석력, 문장과 책에 대한 관심을 갖는다.

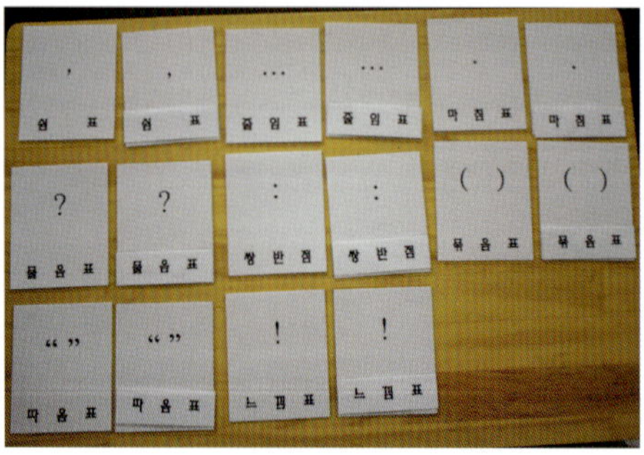

Chapter 10

우주영역

01. 몬테소리의 우주교육 이해

몬테소리 우주교육의 본질은 우주 안에 존재하는 모든 인간과 사물이 자기 위치에서 자기 역할을 수행하여 정돈된 우주 질서를 유지할 수 있도록 돕는 것이다. 모든 생명체들 가운데 가장 탁월한 지혜(Homo Sapiens)를 가지고 태어난 인간은 우주에서 다른 생명체, 무생명체와 더불어 서로 교감할 수 있도록 안내하고 돕는 역할이 주어졌다. 그러므로 인간 스스로 자기 위치를 알기 위해서 우선적으로 모든 인간들은 나는 누구인가?(Who am I)를 인식하여야 하고, 나는 어디에서 왔을까?(Where do I come from)에 대한 나의 역사와 나의 정체성을 찾는 것이며 나는 왜 지금 여기에 있을까?(Why am I here or Where am I going)에 대한 답은 나는 우주적 사명감을 완수하기 위해서 지금 여기에 있어야 하며 현재의 위치에서 최선을 다해 자기 의무와 책임감을 완성하고 세계 속에서 자기의 정체성을 찾아가면서 우주에 존재하는 모든 사람들, 사물을 진심으로 사랑하는 마음으로 교감하는 방법을 터득하도록 돕는 것이다. 우주에 존재하는 모든 생명체와 무생명체는 전-관계를 이루면서 우주의 지킴이가 되도록 교육되어져야 한다.

몬테소리는 역사 속에서 우주적 대 과업의 개념을 탐구할 의무를 어린이들에게 요구한다. 그녀의 아들인 마리오는 어머니의 우주적 과업에 대한 개념을 다음과 같이 분명하게 설명하고 있다.

"우주적 과업에 대한 몬테소리의 궁극적인 설명은 자연 속에서 우주적 질서를 유지하려는 창조성이라 할 수 있다. 우주적 과업을 설명하려면 몬테소리가 예견했던 현상들은 지속적으로 관찰되어야 하며 사물들은 자연적인 질서로 되돌아가야 한다. 오늘날 우주적 과업은 자연적 질서의 균형과 보호로 언급되어진다"(조성자 역, 1998).

우주교육은 우리들 각자가 인간 공동체로서든 개인으로서든 우주적 과업수행을 적극적으로 협조하도록 의식화되어야 한다. 이러한 의식이 유아기에 교육적으로 이루어질 때 가장 효과적이라는 것이 몬테소리의 견해이다. 우주적 과업을 수행하기 위해서 서로 다른 종족들이지만 한 뿌리에서 우리 자신을 이해하여야 하며 우주 안에서 우리들의 위치와 다른 종의 생명체와의 관계, 문화적 다양성 속에서 인간의 차이점을 인정하는 데만 만족할 것이 아니라 통일성, 수용성을 대비하여 본다. 다른 존재들은 나와 똑같이 수용하는 자세와 의식을 요구한다. 다시 말하자면 나는 누구인가에 대한 질문의 답을 직관할 수 있도록 시도해 보는 것이 우주교육의 본질이다.

02. 몬테소리 우주교육에 대한 일반적인 이해

우주교육은 살아 있는 생명체와 무생명체에 관한 모든 존재들이 나와 모든 것과의 관계, 모든 생명체의 결합, 자연에서의 상호작용, 우주의 진화과정, 우주에서 인간의 사명감, 모든 유기체의 우주적 사명감 그리고 우주에 존재하는 모든 인간들과 열린 마음으로 대화하는 것을 의미한다.

몬테소리의 우주교육에 관한 개념을 살펴보면 다음과 같다.

- 우주교육은 우주의 기원에 대해서 알아가는 것이다. 우주교육은 우주에 대한 지속적인 연구와 관심을 가지고 우주의 생성과정과 우주의 현 상태를 연구하여 우주 지식을 어린이 스스로 탐구할 수 있도록 돕는다.
- 어린이들의 우주에 대한 이야기이다.

  우주에 대한 관심을 끊임없이 생각하도록 동기 부여를 함으로써 어린이들 스스로 우주 속으로 들어가 역사를 통해서 문명의 이야기를 듣고 고고학을 통해서 사람들의 이야기를 들으며 생물학을 통해서 사람들의 이야기를 듣고 지질학과 지리학을 통해서 지구의 이야기를 들으며 물리학과 화학을 통해서 별과 태양계의 이야기를 듣고 형이상학과 천체학을 통해서 우주의 이야기를 들을 수 있도록 돕고 우주 속에서 인간의 역사와 위치를 탐구한다.

- 우주교육은 자연과학과 생명체에 관한 지식을 어린이들에게 확장시킨다.
  인간과 동·식물의 관계, 인간과 자연과학과의 관계에서 인간에게 우주적 사명감을 부여함으로써 생명체와 무생명체까지도 우주 안에서 자기 위치와 자기 역할이 있다는 것을 인식시킨다. 생명체에 대한 존엄성과 사랑, 자연과학에 대한 현상을 연구하여 하나뿐인 우주를 건강하게 보존할 수 있는 의식을 교육한다.
- 우주교육은 우주의 진화과정을 설명한다.
  진화과정에서 자연은 동적이기 때문에 모든 측면에서 서로 연결되어 복잡한 구조 속에서 상호 보완적으로 기능하면서 진화하고 있다. 모든 생명체는 본능적 기능으로 인간은 네뷸러라는 특성과 더불어 자기 고유성을 보존하는 동시에 특성을 정상화 과정을 거쳐 완성하려는 성향을 가진다. 몬테소리는 이러한 완성과정을 진화라고 하였다. 인간 진화의 가장 중요한 축은 사랑인데, 예를 들면 새들의 깃털이 태어날 때에는 검은 색이다가 점차 발달하면 아름다운 색상으로 변화하는 것과 같다. 모든 생명체는 환경 속에서 지속적인 발달을 하면서 변화하고 진화한다.
- 우주교육은 생명의 진화를 정상적으로 진화하도록 돕는다. 몬테소리는 생명은 창조되는 것과 동시에 인간에게 가장 귀한 선물이라고 하였다. 진화 자체는 자기 자신이 혼자서는 반복하지 못하는 불연속성과 독자성을 나타낸다. 즉, 진화는 유(有)에 또 다른 유(有)를 창조하는 것이지 단순하게 변화하는 것은 아니다. 몬테소리에게 유(有)는 네뷸러인데, 인간의 고유한 특성, 즉 모든 종의 특성을 나타낸다.
- 우주교육은 어린이들에게 자기 존재의 본질적인 질문에 답을 주면서 자연

과 교감하는 방법을 가르친다.

나는 누구인가?(Who am I?), 나는 어디에서 왔는가?(Where do I come from?), 나는 왜 여기에 있는가?(Why am I here?), 나는 다른 생명체와 어떤 관계를 가지는가? 인간과 자연과학의 관계는 어떠한가?

이러한 질문들은 어린이들의 과거 역사와 밀접한 관계를 가지면서 현재 자기들의 정체성을 드러내는 데 중요한 요소이다. 나는 왜 여기에 있는가는 어린이들의 미래와 연결되어 삶의 목적이 되는 동시에 어린이들의 우주적 사명감과 우주에 대한 인간의 위대한 공헌과 깊은 관계를 가진다. 어린이 자신에 대한 역사성과 자신의 존재 이유, 그리고 존재함으로써 우주에 대한 사명감을 의무적으로 가지도록 가르치고 우주적 사명감은 지금까지 자연 인간을 사랑하였지만 지금은 인간의 자연을 사랑하여 자연의 품으로 되돌아가 다시 자연을 보호하고 사랑하고 교감하여야 한다.

- 우주교육은 훌륭한 이야기 혹은 훌륭한 교훈에 답을 주어야 한다.

창조에 관한 이야기로써 우주역사와 우주신학에 관한 이야기, 삶의 이야기, 인간 이야기, 수학 이야기, 언어 이야기들이다.

위에서 말하는 창조, 삶, 인간의 이야기는 인간의 근원과 과거의 역사를 의미하면서 우주진화에 대한 것을 어린이들에게 가르친다. 수학과 언어의 이야기는 인류가 이루어 놓은 문화적 업적에 대한 이야기와 인류가 생각하는 방법에 대한 진화를 가르친다.

몬테소리 교실에서는 우주교육의 기본적인 틀을 어린이들에게 교육한다. 우선적으로 우주교육은 나와 전 인류와의 관계성, 우주적 통합, 생태학적 관점, 공존의 의미로써 전-관계의 의미를 포함한다. 자신이 우주와 연결되어 있다는 사실을 느끼도록 하고 우주의 신비에 대해서 어린이들에게 경외심과 상상력을 불러일으키도록 만들며 우주, 특히 태양계의 구성 요소를 교육하고 어린이들과 우주여행에 관한 정확한 내용과 감격을 함께 공유할 수 있도록 하며 어린이들에게 우리들이 살고 있는 땅이 지구라는 사실을 알려주며 계속해서 태양 주위를 회전하고 있는 9개의 행성 가운데 하나가 지구라는 사실을 알려주고 어린이들에게 우리가 살아가고 있는 지구가 우리들이 알고 있는 태양계에서 유일하게 생명체가 살아갈 수 있는 곳이라는 점을 인식시켜 주는 그래서 지구를 돌보고 보호해야 할 의무감을 가지도록 교육하고 어린이들에게 지구와 더불어 평화롭게 살아가는 수많은 다양한 사람들, 식물과 동물이라는 생명체를 공동체로서 존중하는 마음을 가지도록 가르쳐야 한다.

03. 몬테소리 우주교육의 방법

몬테소리 우주교육은 원래 어린이들에게 우주의 현상과 신비를 발견할 수 있는 열쇠를 준다.

- 몬테소리 우주교육 방법에서 가장 우선적으로 중요하게 제시하여야 할 것은 모든 생명체에 대한 사랑이다.

  모든 생명체는 서로 공존할 수밖에 없으므로 서로 사랑이 전제가 되어야 한다. 현재까지 자연이 인간을 늘 보듬고 사랑하였다면 이제부터 인간은 자연을 간곡하게 사랑하며 자연과 교감이 이루어질 때 모든 생명체는 생존하고 사랑할 수 있게 된다.

- 우주교육은 지금 현재 우주에서 자아의 위치, 우주와의 관계에 대한 질문에 답을 준다.

  어린이들은 지금 자기가 있는 위치에서 집, 어린이 집, 유치원, 학교, 자기가 살고 있는 도, 우리나라, 세계 각 나라, 태양계의 위치를 그림으로 그리거나 지금 나의 위치에서 세계로, 우주로, 태양계로 확장한다

  누군가가 나에게 너는 어디에서 살고 있니?라고 물으면 나는 우리 집에서 산다고 말한다. 내가 살고 있는 대구광역시는 대한민국의 5개 광역시 중 하나이고 경상북도는 대한민국의 9개도 중에 하나이고 대한민국은 아시아에 위치한 여러 나라 중 한 나라이기 때문에 나는 아시아에 살고 있고 아시아는 지구의 7개 대륙 가운데 하나이기 때문에 지구라는 행성에서 살고 있다고 말할 수 있다. 지구는 태양계에서 태양의 주변을 돌고 있는 9개의 행성

가운데 하나이므로 나는 태양계에 살고 있다. 태양계는 은하계에 있는 수많은 별들 가운데 하나이고 나는 은하계에서 살고 있다. 은하계는 우주에 있는 수천만 은하들 가운데 하나이기 때문에 나는 내가 은하계에서 살고 있다는 것이 신기하고 자랑스럽다.

- 우주교육 방법에서 중요한 것은 우주에 관한 과학적 지식이 제공되어야 한다. 어린이들이 과학적 지식이 없이 우주를 이해한다는 것은 불가능하다. 과학적 지식은 추상적인 것이 아니라 증명되어지는 지식들이다. 그러므로 정확하게 명료화된 지식들이다. 과학적 지식을 가진다는 것은 물리학, 화학, 천문학, 지질학, 대기권에 대한 이해, 궁기, 물, 기후변화와 같은 자연현상의 원리를 이해하고 분석하고 탐색함으로써 우주에 대한 생성원리를 단계적으로 이해할 수 있도록 돕는다.

- 우주교육은 어린이들에게 우주에서 가장 기본적인 요소인 에너지(힘)와 물질에 관한 것을 설명할 수 있어야 한다.

물질과 힘은 자연과학에 속하고 공간은 지리학에 속하며 시간은 역사에 속한다. 자연과학에 접근하는 방법을 인식하게 된다. 어린이들은 자기 공간에서 자신을 에워싸고 있는 세계를 발견하고 그 세계는 자연과학과 생명체 그리고 무생명체로 구성되었다는 사실을 인식하게 된다.

- 우주교육 방법으로 어린이들에게 인간의 기본적인 욕구에 대해서 설명할 수 있어야 한다. 인간들은 인간만의 기본적인 욕구를 충족시키기 위해서 전 세계와 전-관계를 가진다. 인간의 기본적인 욕구는 정신적인 욕구와 물질적인 욕구로 구분한다.

- 우주교육 방법으로 우주에 존재하는 모든 생명체와 무생명체를 실제적으로 제시할 수 있다.

어린이들에게 살아 있는 창조물들을 관찰하는 방법, 생명체를 만지는 방법, 생명체를 사랑하는 방법, 모든 창조물들을 내 몸처럼 사랑하는 방법 등을 실제적으로 보여주어야 한다. 이러한 방법을 통해서 어린이들은 생명체의 삶 자체를 볼 수 있고 창조물들이 살아가는 방법을 터득할 수 있으며 창조물들을 인식할 수 있고 창조물들의 명칭을 알 수 있으며 창조물을 사랑하고 보살피는 방법을 터득하도록 도와주어야 한다.

- 우주교육 방법으로 어린이들에게 우주 속에서 인간의 위치와 우주에 존재하는 모든 인류 역사와의 관계를 설명하여야 한다.
  - 우주교육 : 문명의 이야기(역사), 사람들의 이야기(고고학), 삶의 이야기(생물학), 지구의 이야기(지질학과 지리학), 별과 태양계의 이야기(물리학과 화학), 우주의 이야기(형이상학과 천체학)
  - 우주교육 영역 : 종교교육, 평화교육, 생태교육, 단일국가 형성(우주 안에서 전-관계에 대한 이해를 하여야 한다)
  - 생태학 : 관계의 학문은 모든 것이, 모든 점에서, 다른 모든 것과 관계를 통해서 자연과 교감할 수 있도록 돕는다.
  - 우주의 질서를 위한 정체성 찾기 : 생명, 생명을 돕는 교육, 생명의 정체성을 찾는 것, 위치의 정체성, 작업의 정체성, 직업의 정체성, 문화의 정체성, 우주의 정체성이 질서를 유지하는 요인들이다.

몬테소리 교육원리인 생명을 돕는 교육은 조화로운 인격 형성, 육체, 정서, 지능, 영성적으로 건강한 우주적 어린이로 안내하기 위해서는 네뷸러의 특성을 고려하여 잠재능력 발달, 심리활동과 발달, 경험 · 반복을 통해서 내적 욕구를 충족시키고 운동능력 개발, 대 · 소근육 발달, 지능, 주의력, 관찰, 수학, 논리, 사고, 의지, 책임감, 언어, 인내, 정서, 안정감, 자신감, 사회성 발달을 촉진하여 어린이들이 자유로운 활동과 자유선택을 통해서 자율성과 독립심이 성취되도록 돕는다.

04. 몬테소리 우주교육의 내용

우주교육의 내용은 나의 역사, 나의 정체성, 나의 우주적 사명감, 나와 타인, 사물과의 관계, 세계 인류에 대한 이야기, 세계인들의 삶에 대한 이야기, 지구에 대한 이야기, 태양계와 별들에 대한 이야기, 우주에 대한 이야기, 생명체에 대한 이야기, 세계지리, 지질학, 세계의 역사, 생태학 교육, 과학교육, 예술교육, 종교교육을 포함하고 있다.

- 세계지리 : 인간이 살아가는 지표상에서 일어나는 다양한 자연현상과 인간 삶의 형태를 연구한다.
- 지질학 : 지질학에 대한 이야기를 지리학은 지구와 지구의 구성물질, 형성 과정, 진화과정 그리고 과거에 생존했던 생명체에 관한 것을 연구한다.
- 세계 역사 : 역사는 창조설과 빅뱅의 원리를 현재를 근거로 과거로 되돌아가서 모든 생명체와 무생명체의 역사와 그들이 인간과 자연에게 기여한 공헌도와 새로운 창조에 대해서 연구한다.
- 생태학 : 우주에 존재하는 모든 것과 모든 관계를 통해서 서로 공존하면서 건강하게 교감할 수 있도록 돕는다. 그리하여 우주의 어머니인 자연의 품속으로 들어가 자연과 더불어 자연을 사랑하고 자연과 교감하여 자연을 원래의 상태로 돌아가는 작업을 하도록 교육한다. 몬테소리 우주영역의 내용은 다음과 같이 구성되어 있다.
- 지리학 : 땅 · 물 · 공기, 땅 · 물 · 공기 카드 소개, 모래 지구본, 색 있는 지구본, 백과 청의 세계지도, 집어넣기 세계지도, 이름 있는 세계지도, 대조지형, 대조지형 카드, 국기, 우리나라 지도
- 역사학 : 1일 , 1년과 그의 부분, 과거 · 현재 · 미래, 나의 역사, 서기의 기원, 생명의 연표, 창조의 역사
- 동 · 식물학 : 생물과 무생물의 구분, 동물과 식물의 구분, 척추동물 부분, 식물 부분으로 구성되어 있다.

05. 몬테소리 우주영역의 실제 활동

① 지리학

- 땅 · 물 · 공기
- 모래 지구본
- 백과 청의 세계지도
- 이름 있는 세계지도
- 대조지형 카드
- 우리나라 지도
- 땅 · 물 · 공기 카드 소개
- 색 있는 지구본
- 집어넣기 세계지도
- 대조지형
- 국기

② 역사학

- 1일 또는 하루
- 과거 · 현재 · 미래
- 서기의 기원
- 창조의 역사
- 1년과 그의 부분
- 나의 역사
- 생명의 연표

③ 동 · 식물학

- 생물과 무생물의 구분
- 척추동물 부분
- 동물과 식물의 구분
- 식물 부분(나무)

땅 · 물 · 공기

연 령 2세 반 이상

교 구 투명한 유리컵 3개, 흙이 담긴 그릇, 물이 담긴 그릇, 비닐 매트, 쟁반, 종이, 연필, 스펀지

제 시

- 아동을 초대한 후 비닐 매트를 깐다.
- 빈 유리컵에 흙을 담아 비닐 매트 위에 놓는다.
- "선생님이 땅 위에 있는 흙을 담아왔어요."라고 말한다.
  땅에 대해 어린이와 이야기를 나눈다. "땅으로 된 곳은 어떤 곳이 있을까? (산, 논, 밭…)
- 빈 유리컵에 물을 담아와 비닐 매트 위에 놓는다.
- "우리가 살고 있는 곳은 땅으로도 되어 있고 또 물로도 되어 있어요."라고 말하며 준비된 물을 담아온다.
- "우리가 살고 있는 곳은 땅으로도 되어 있고 물로도 되어 있고 또 공기로도 덮여 있어요."라고 말하고 빈 컵으로 보여준다.
- "선생님이 이 컵에 공기를 담아 볼게요."라고 말하고 빈 컵을 들어 공기를 담는 흉내 내며 컵의 입구를 막는다.
- "선생님이 컵에 공기를 담았는데 공기가 눈에 보이니?"라고 묻는다.
- "공기는 눈에 보이지 않아요. 그래서 오늘은 재미있는 방법으로 공기를 보여 줄게요."라고 말한다.
- 빈 볼에 물을 부어 매트 중앙에 놓는다.
- 물이 담긴 볼에 컵 입구가 아래로 가도록 수직으로 컵을 집어넣은 후 한쪽으로 조금씩 들어 올리면 공기가 거품처럼 올라오는 것을 볼 수 있다. "거품처럼 올라오는 것이 미쳐 빠져나가지 못한 공기예요."라고 말한다.
- 스펀지로 컵 주위를 닦고 컵과 볼을 정리한다.
- 공기에 대해 어린이와 좀 더 이야기한다.

- 땅 · 물 · 공기로 3단계 학습을 한다.
- 땅 · 물 · 공기를 적어서 병 아래에 놓아볼 수 있다.

흥미점 흙을 담아 봄, 물을 부어 물속에서 공기 방울이 올라오는 것을 본다.

오류수정 교사와 어린이

직접목적 우리가 살고 있는 곳은 땅, 물, 공기로 되어 있음을 알도록 한다.

간접목적
- 수형 지형의 학습준비를 돕는다.
- 우리가 살고 있는 곳에 대한 관찰력과 탐구심을 촉진한다.

땅 · 물 · 공기 카드 소개

연 령 2세 반 이상

교 구 땅 · 물 · 공기에 속하는 그림 카드, 땅 · 물 · 공기에 관한 글자 카드

제 시

- 매트를 펴고 교구를 매트 위로 가져온다.
- 땅 · 물 · 공기 글자 카드를 매트 위에 나란히 놓는다.
- 그림 카드 하나를 꺼내 보이며 어디에 속하는 그림인지 이야기 나누고 "땅" 이라고 말하며 '땅' 글자 카드 아래에 놓는다.
- 위와 같은 방법으로 나머지 그림 카드도 분류한다.
- 교구와 매트를 정리한다.

흥미점 • 그림 카드를 보는 것

• 땅 · 물 · 공기의 그림 카드를 분류해 보는 것

오류수정 어린이

직접목적 우리가 살고 있는 곳은 땅 · 물 · 공기로 구성되어 있음을 알도록 한다.

간접목적 • 우리가 살고 있는 곳에 대한 관찰력과 탐구심을 기른다.

• 지리과학에 대한 사고의 폭을 넓힌다.

모래 지구본

연 령 2세 반 이상

교 구 모래 지구본

제 시

• 교구장에서 지구본 취급하는 법을 알리고 운반한다.

• 매트를 펴고 지구본은 바구니에 담아서 운반한다.

• 지구본을 두 손으로 쓰다듬듯 파란 부분을 만지며 "이것은 물입니다."라고 말한다.

• 모래 부분을 만지며 "이것은 땅 입니다"라고 말한다.

• 3단계 학습을 한다.

• 공기는 눈으로 볼 수는 없지만 공기도 있음을 실험을 통해 알아보았던 기억

을 되살려 본다.

• 교구와 매트를 정리한다.

흥미점 지구본 운반법, 천천히 돌리며 만지면서 흙의 부분을 감각적으로 알도록 한다.

오류수정 교사, 시각 및 촉각

직접목적 지구본의 소개, 지구의 모양, 지구의 기본적 요소

간접목적 어휘를 풍부하게 함, 세계에 관심을 갖게 함

색 있는 지구본

연 령 2세 반 이상

교 구 모래 지구본과 같은 크기, 형태이며 대륙이 여러 가지 색으로 구분되어 있다(아시아주 : 노란색, 아프리카 : 초록색, 북아메리카주 : 주황색, 남아메리카주 : 분홍색, 유럽주 : 빨간색, 오세아니아주 : 갈색), 매트

제 시

• 매트를 펴고 교구를 매트 위로 가져온다.

• 전 단계를 확인하고 모래 지구본과의 차이점을 알도록 한다.

• 지구는 무엇과 무엇으로 되어 있는지 묻는다.

• 모래 지구본과의 차이점(색깔)을 묻는다.

- 모래 지구본과 같은 곳을 색이 있는 지구본에서 찾는다.
- 대륙과 대양의 명칭을 주고 3단계 학습을 한다.
- 대륙에는 이름이 있다는 것을 알려준다.
- 아시아 대륙의 모양을 손가락으로 따라 그리며 "이 노란색 대륙의 이름은 아시아예요. 이 아시아에는 우리나라가 있어요."라고 말하고 우리나라를 찾아본다.
- 유럽, 아프리카, 오세아니아, 북아메리카, 남아메리카, 남극도 같은 방법으로 알려준다.
- 대륙으로 3단계 학습을 한다.
  아시아 : 노란색, 유럽 : 빨간색, 아프리카 : 초록색,
  오세아니아 : 갈색, 북아메리카 : 주황색, 남아메리카 : 분홍색, 남극 : 흰색
- 대양도 몇 개의 대양으로 이루어졌는지 찾아보고 3단계 학습을 한다.
- 교구와 매트를 정리한다.

흥미점 각 대륙의 색, 자신이 살고 있는 나라를 알아보는 것

오류수정 교사

직접목적 대륙과 대양을 알도록 한다. 세계로의 도입

간접목적 동일성 찾기를 해 봄으로써 대륙의 형태에 관심을 갖고 지도에 친밀감을 갖게 한다.

집어넣기 세계지도

연 령 3세 이상

교 구 평면 세계지도, 집어넣기 세계지도

제 시
- 매트를 펴고 교구를 가져온다.
- 지도퍼즐 운반법을 알도록 한다.
- 지도퍼즐을 매트 위에 놓고 정정판을 뒤집어 놓는다.
- 7대륙을 매트로 꺼내며 3단계 학습으로 명칭을 알려준다.

1) 오렌지 막대 사용하기
- 매트 위로 꺼낸 각 대륙들을 오렌지 막대로 돌려본 후 제자리에 넣는다.
- 손가락으로 들어간 대륙들의 테두리를 쓰다듬어 주고 각 대륙의 이름을 말한다.

2) 이름 카드 놓기
- 각 대륙의 이름 카드를 교구 위에 놓아본다.
- 카드를 찾아서 매트에 놓으면서 읽어본다.

3) 대양의 이름 카드를 매칭한다.

흥미점 형태를 맞춘다. 오렌지 막대 사용

오류수정 교사, 어린

직접목적 세계지도의 각 대륙과 대양에 친근함을 가진다.

간접목적 각 대륙에 포함된 국가에 대한 관심을 갖는다.

이름 있는 세계지도

연 령 4세 반 이상

교 구 집어넣기 세계지도와 같은 크기의 동색으로 된 평면도, 집어넣기 색 있는 세계지도, 이름 카드

제 시

- 매트를 펴고 세계지도를 가져온다.
- 유아가 관심 있거나 유아가 사는 대륙의 지도를 가져온다. 예를 들면, 유럽주, 아시아주, 아프리카주
- 정정판은 뒤집어 놓는다.
- "이것은 유럽주라고 해요."라고 말하며 유럽주에 있는 지도를 꺼내고 3단계 학습으로 명칭을 알려준다. 예를 들면, 아이슬란드, 아일랜드, 영국 등이다.
- 이름을 말하면서 제자리에 정리한다.
- 나머지 나라도 동일한 방법으로 반복하여 제시한다.

흥미점 각 나라의 형태와 위치를 알도록 한다.

오류수정 교사, 어린이

직접목적 각 대륙에 속해 있는 나라를 알아본다.

간접목적 세계 각 나라에 관심을 갖는다.

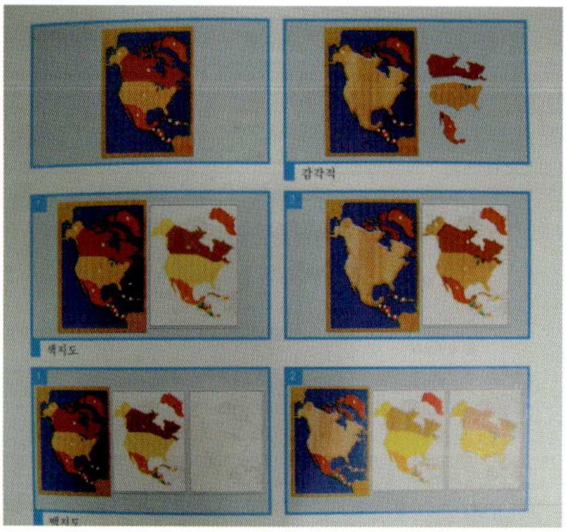

대조지형 카드

연 령 4세 이상

교 구
- 그림 맞추기 카드 : 2장 1조로 되어 있는 그림 카드와 글자 카드
- 작은 책 : 언어의 작은 책과 동일하며 설명이 포함되어 있다.

제 시
- 매트를 펴고 교구를 매트 위로 가져온다.
- 그림과 이름이 있는 카드를 상단에 나열한다. (정정용)
- 그림만 있는 카드(활동용)를 나열된 카드 아래의 이름을 말하면서 놓는다.
- 글자 카드를 꺼내 나열한 후 조각을 맞춰 그림만 있는 카드(활동용) 아래에 놓는다.
- 정정용 카드를 보면서 확인한다.
- 교구와 매트를 정리한다.

흥미점
- 카드의 그림을 보는 것
- 같은 그림만 글자끼리 맞추는 것
- 섬, 호수, 만, 반도, 지협, 해협의 모형을 그림으로 보는 것

오류수정 정정용 카드

직접목적
- 수형, 지형의 모형을 알도록 한다.
- 수형, 지형의 이름을 알도록 한다.
- 수형, 지형의 개념을 알도록 한다.

간접목적
- 대륙 지도의 학습준비를 돕는다.
- 수형, 지형에 대한 호기심과 관찰력을 기른다.
- 지리과학에 대한 사고의 폭을 넓힌다.

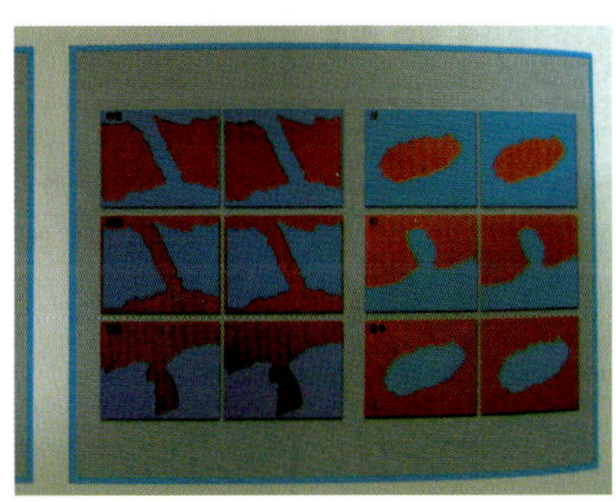

국기

연 령 3세 이상

교 구
- 각 대륙으로 나누어져 있는 국기가 3종류 있음
- 천으로 된 국기 : 받침이 있는 것으로 각 주별로 정리되어 있음
- 그림 맞추기 카드의 국기, 메탈제 국기, 금속제 국기

제 시

- 천으로 된 국기
- 작은 그룹의 유아와 함께 3명, 국기 모양이 대조적인 국기 3개 정도를 준비한다. 예를 들면, 이탈리아, 영국, 네덜란드 국기
- 3단계 학습법으로 제공한다.
  국기의 특징과 나라의 특징에 대해 이야기한다.
- 연습이 진행되면 다른 2~3개의 국기를 첨가하여 제공한다.

[3단계 카드]

- 정정 카드를 매트 위 왼쪽에서 오른쪽으로 나열한다.

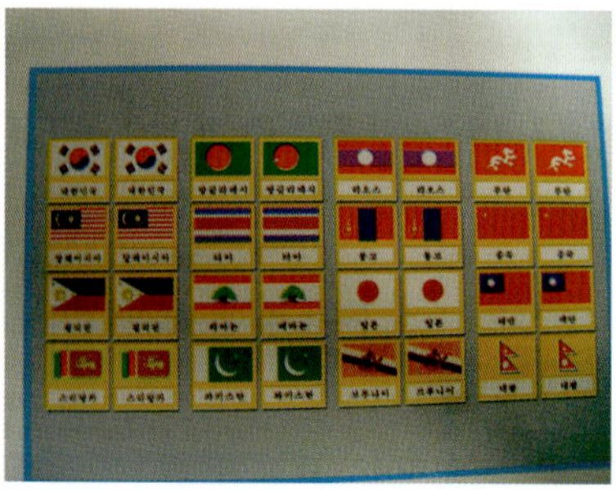

- 짝 맞추기 카드를 매트 아래에 펴 놓는다.
- 정정 카드 아래에 같은 짝 맞추기 카드를 찾아 놓는다.
- 이름 카드를 매트 아래에 펴 놓는다.
- 짝 맞추기 카드 아래에 같은 이름 카드를 찾아 놓는다.

흥미점
- 국기의 사용법, 국기의 상징과 의미
- 다양한 국기의 모양과 특색을 알아본다.

오류수정 교사, 주별로 색이 다르다.

직접목적
- 각 나라의 이름에 따라 국기를 안다.
- 각 나라가 상징하는 물건을 안다.

간접목적 문화의 재창조와 재인식, 어휘의 확충

우리나라 지도

연 령 4세 이상

교 구 우리나라 지도 퍼즐, 색 정정판 지도, 백지도, 매트

제 시1

- 매트를 펴고 교구를 가져온다.
- 지도 퍼즐 오른쪽에 색 정정판 지도를 가져다 놓는다.
- 지도 퍼즐에서 선택한 퍼즐을 정정판 대륙 지도 위에 정확하게 올려놓는다.
- 완성된 우리나라 지도 퍼즐 모습을 보고 색 정정판에서 퍼즐을 다시 우리나라 지도 퍼즐판에 옮겨 놓는다.
- 교구와 매트를 정리한다.

제 시2

- 매트를 펴고 교구를 가져온다.
- 색 정정판 대신 백지도를 가지고 온다.
- 지도 퍼즐에서 각 도 퍼즐들을 백지도 위로 옮긴다.
- 완성된 대륙의 모습을 보고 백지도에서 퍼즐을 다시 우리나라 지도 퍼즐판에 옮겨 놓는다.
- 교구와 매트를 정리한다.

제 시3

- 매트를 펴고 교구를 가져온다.
- 우리나라 지도 퍼즐에서 대륙 퍼즐들을 매트 위로 꺼내 우리나라 지도를 완성한다.
- 완성된 지도 퍼즐의 모습을 보고 다시 매트에서 대륙 지도 퍼즐판에 옮겨 놓는다.
- 교구와 매트를 정리한다.

흥미점

- 꼭지가 달려있는 각 도 퍼즐
- 퍼즐을 색 정정판 위에 맞춰보는 것

• 각 도의 모양이 다른 것
• 여러 개의 도가 모여 우리나라가 되는 것
• 우리나라의 모양을 구성해 보는 것

오류수정 교사

직접목적 • 각 도의 위치를 알도록 한다.
• 각 도의 모양을 알도록 한다.
• 우리나라는 17개의 도가 모여 있다는 것을 알도록 한다.

간접목적 • 각 도 소개에 대한 학습준비를 돕는다.
• 우리나라에 대한 관찰력과 탐구심을 기른다.
• 사고의 폭을 넓힌다.
• 애향심을 기른다.

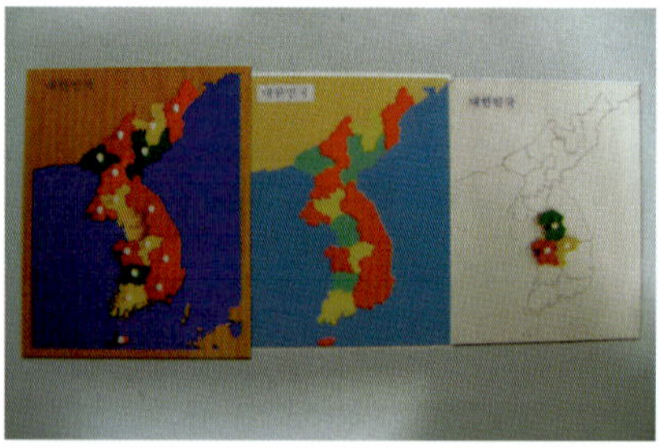

1일 또는 하루

연 령 3.5세 이상

교 구 가늘고 긴 종이, 필기 도구, 달력

제 시 1

• 오늘이 몇 월 며칠인지 물어본다.
• 흰 종이에 그 날의 날짜를 쓰고 하루의 표시로 스티커를 붙인다.
• 그 다음날은 전날의 종이에 연결하여 붙이고 날짜와 스티커를 붙여 접어 보

관한다. 일요일은 빨간색 종이를 붙인다.

- 2주일까지 붙인 후 길게 붙인 것을 펴 놓고 빨간색 사이에 며칠이 있는지 알아보고 빨간색부터 시작하여 그 다음 빨간색 전날까지를 일주일이라고 소개한다.
- 일주일은 일요일부터 토요일까지임을 알도록 한다.
- 달력을 통해 한 달에는 28, 30, 31일이 있음을 알고 31일이 있는 달, 30일이 있는 달, 28일이 있는 달을 분류해 본다.

제 시 2

- 교구를 매트 위에 준비한다.
- 1년의 달력을 한 번에 볼 수 있게 긴 달력을 보여준다.
- 달력을 가로로 펴 놓고 1년은 며칠인지 세어보면서 100일째 되는 날에 100이라고 숫자가 적힌 빨래집게를 집고 200일째 되는 날에 200, 마지막까지 세어 365의 숫자가 적힌 빨래집게를 꽂는다.
- 1년은 365일, 일주일은 7일, 한 달에는 31, 30, 28일이 있다는 것을 확인한다.

흥미점 날짜가 지나감에 따라 표시가 늘어간다.

오류수정 교사

직접목적 때의 관념을 처음으로 쓰는 말을 나타낸다.

간접목적 어느 작은 단위의 집합으로 수천 년이 경과되었음을 나타낼 수 있다.

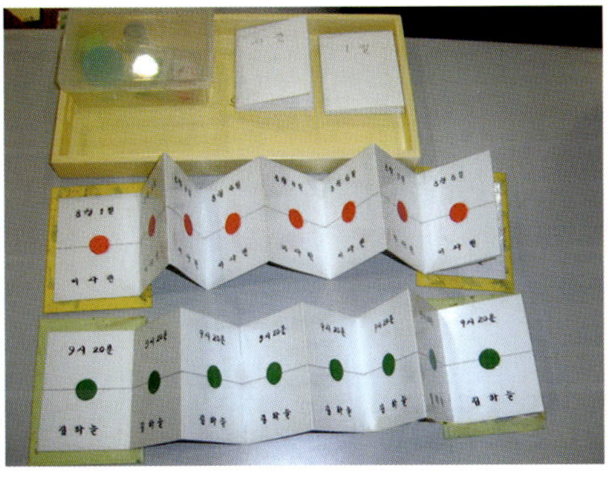

1년과 그의 부분

연 령 4세 반 이상

교 구 달력, 1월에서 12월까지 1개로 되어 있는 가늘고 긴 달력, 분수판(12분도 포함)

제 시1

- 1의 분수를 소개하고 1년을 소개한다.
- 1년 중의 1/12이 1개월이 되는 것을 소개하며 1년은 12개월로 되어 있다는 것을 제시한다.
- 1개월이 3개로 3개월이 되는 것에 대해 소개하며 1년 안에 4계절이 있다는 것을 제시한다.
- 1개월이 6개로 반년이 되는 것에 대해 소개한다.

제 시2

- 1년의 분석
- 분수철판에서 12조각을 꺼내어 제시판 오른쪽에 나열한다.
- 1년은 12달이고 한 조각은 한 달을 나타낸다는 것을 이야기한다.
- 6개월로 1/2 를 만들어 분수조각을 제시판에 올려본다.
- 1년을 4번으로 나눠본다.

제 시3 계절 소개

- 봄, 여름, 가을, 겨울에 대해 알아본다.
- 계절에 관련된 사진을 제시한다.
- 사계절 가운데 현재는 어디에 속하는지 묻고 계절별로 사진을 분류해 본다.

흥미점
- 나무들의 잎이 계절에 따라 달라진다.
- 계절에 맞는 그림 카드를 놓아본다.

오류수정 교사, 어린이

직접목적
- 1년의 12진법을 알도록 한다.
- 계절에 따른 나뭇잎의 변화를 알도록 한다.

- 사계절과 사계절의 이름을 알도록 한다.

간접목적

- 사계절에 대한 관심과 탐구심을 기른다.
- 사고의 폭을 넓힌다.

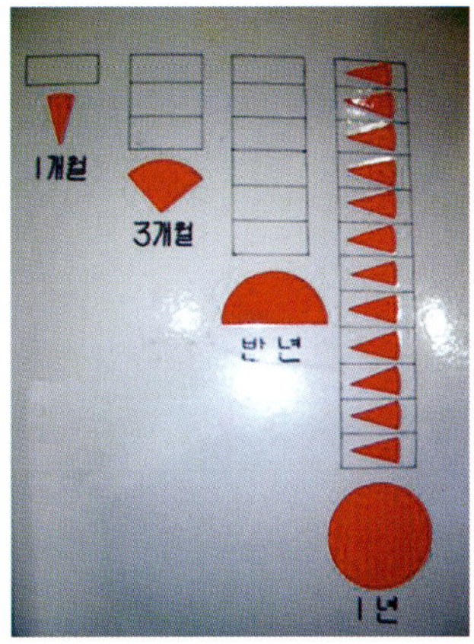

과거 · 현재 · 미래

연 령 4세 이상

교 구 신발, 옷, 양말 등의 과거 · 현재 · 미래의 실물, 과거 · 현재 · 미래의 글자

제 시

- 유아를 초대하고 교구를 가지고 온다.
- "유치원에 다니고 있는 지금을 현재라고 해요."하며 현재 카드를 매트 위에 올린다.
- "전에는 우리가 아기였어요. 이렇게 지나간 것을 과거라고 해요."하며 과거 카드를 현재 카드의 왼쪽에 놓는다.
- "앞으로 우리는 아빠, 엄마가 될 거예요. 앞으로 올 것을 미래라고 해요."하며 미래 글자 카드를 현재 글자 카드의 오른 쪽에 놓는다.
- 양말 실물을 들고 "지금 신는 양말이지요? 현재예요. 너무 작지요? 과거예요. 큰 양말이지요? 나중에 신을 거예요. 미래예요."하며 현재, 과거, 미래 글자 카드 아래에 놓는다.
- 나머지 실물도 같은 방법으로 놓는다.
- 교구와 매트를 정리한다.

흥미점 • 신발, 옷, 양말 등의 실물 자체

• 각 실물을 크기순으로 과거, 현재, 미래로 나누어 보는 것

오류수정 정정표시, 교사, 어린이

직접목적 • 과거, 현재, 미래를 알도록 한다.

• 시간의 연계성을 알도록 한다.

간접목적 • 사회과학에 관한 학습준비를 돕는다.

• 과거, 현재, 미래 등 시제에 대한 관찰력과 호기심을 기른다.

• 시간의 흐름을 알도록 한다.

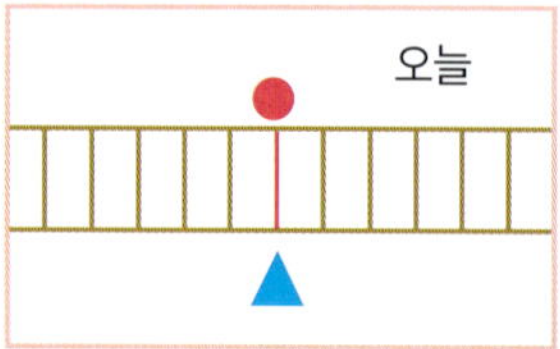

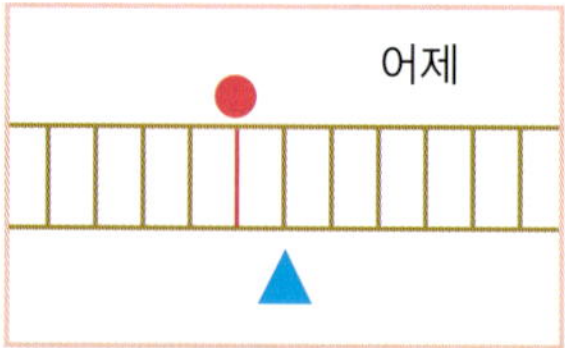

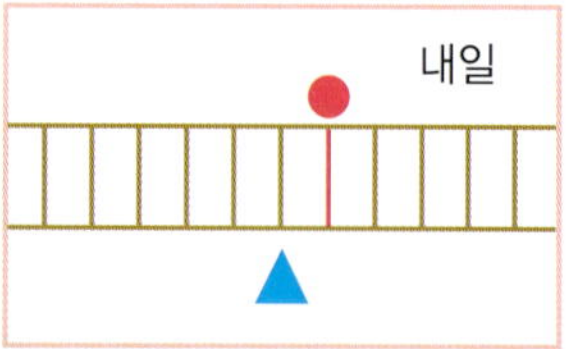

나의 역사

연 령 5세 이상

교 구 나의 역사 책(어려서부터 현재까지의 사진을 붙여 만든 책)

제 시

• 사진을 통해 자신의 성장과정과 신체의 변화를 통해 시간 개념을 알도록 한다.

- 교사는 사진을 한 장씩 보면서 언제, 누구와 어디에서 찍은 사진인지 등에 관해서 묻는다.
- 사진을 순서대로 나열하고 과거와 현재의 달라진 신체부위(예 키, 머리 등)와 행동변화(예 걸을 수 있고 스스로 먹을 수 있고 옷을 입을 수 있다 등)를 묻는다.
- 1년씩의 변화를 섬세하게 관찰하고 유아가 자신의 성장과정을 이야기할 수 있도록 이끈다.

흥미점
- 자신의 과거를 알도록 한다.
- 앨범을 만든다.

직접목적 자신의 성장과정을 사진을 통해 알고 기록한다.

간접목적 가족의 역사를 통해 인류나 지구 등의 과거 역사에 흥미를 갖는다.

생명의 연표

연 령 4세 반 이상

교 구 생명의 연대표, 명칭 카드

제 시

- 생명의 연표를 펴 놓고 과거와 현재의 역사 속에 있었던 생물계를 표를 통하여 살펴본다.
  - 지구의 탄생→바다와 육지가 생김→물속에 단세포 생물이 생김→물속의 다세포 생물→육지의 고사리류 식물→조상새와 곤충, 공룡시대→깃이 달린 새와 털이 많은 젖먹이 동물이 생겨남→인류의 조상이 탄생한다.
- 명칭 카드를 일치시킨다.

직접목적 지구 역사의 길이와 생물계 역사의 길이를 감각적으로 느낀다.

간접목적 과거에의 탐구심을 깨우치게 한다.

창조의 역사

연 령 4세 이상

교 구 여러 활동의 목적에 필요한 것

제 시
- 우리가 살고 있는 지구의 모양은 어떻게 되어 있을까?
- 다른 것과는 어떤 관계를 갖고 있는가?
- 감각적인 실험으로 들어간다.

1) 차가움
- 유리용기에 얼음을 준비하여 만져본다.
- 얼음을 만진 후 느낌을 이야기하고 결과를 써본다.

2) 고체
- 나무공, 고무공, 점토공을 준비하여 눌러본다.
- 결과를 써보도록 한다.
- 모두 고체이지만 조금씩 다름을 알도록 한다.

3) 액체
- 꿀, 요플레, 물을 준비하여 움직여본다.
- 결과를 써본다.
- 그릇에 든 것을 움직여 보기도 하고 기울여 보면서 모두 액체이지만 움직임이 다름을 알도록 한다.

4) 기체
- 촛불을 켠 후 꺼본다. 연기가 올라감을 본다(기체).
- 얼음을 녹인다(고체-액체).
- 양초의 촛농을 숟가락에 받아서 물속에 넣어본다(액체-고체)
- 고체가 된 숟가락 위의 촛농을 촛불 위에 다시 올려 녹여본다(고체-액체)
- 기체, 액체, 고체가 서로 밀접한 관계가 있음을 알도록 한다.

  물에 뜨는 것과 가라앉는 것

  –자석놀이 –화산실험

생물과 무생물의 구분

연 령 3.5세 이상

교 구 생물 · 무생물의 실물들, 생물 · 무생물 그림 카드, 쟁반

제 시1

- 어린이를 초대해서 생물과 무생물에 대해 이야기한다.
- 매트 위에 생물과 무생물의 글자 카드를 나란히 놓는다.
- 상자에서 생물과 무생물 모형을 꺼내면서 생물은 생물 카드 밑에 무생물은 무생물 카드 밑에 분류해서 놓는다.
- 생물, 무생물을 말하면서 모형을 상자 안에 담는다.

제 시2

- 제시 1과 같은 방법으로 그림 카드를 분류한다.
- 그림 카드 외에 생물은 어떤 것이 있는지 주변에서 찾아본다.
- 무생물은 어떤 것이 있는지 주변에서 찾아본다.

흥미점
- 주변에서 생물과 무생물을 찾아보는 것
- 모형을 이용하여 생물과 무생물을 구분해 보는 것
- 생물과 무생물의 그림 카드를 보는 것

오류수정 교사, 어린이, 정정표시

직접목적
- 생물과 무생물을 구별한다.
- 생물과 무생물의 개념을 알도록 한다.
- 생물과 무생물의 이름을 알도록 한다.

간접목적
- 동 · 식물에 대한 학습준비를 돕는다.
- 생물 · 무생물에 대한 관심과 관찰력을 기른다.
- 논리적인 판단능력을 돕는다.

동물과 식물의 구분

연 령 4세 이상

교 구 동물 · 식물의 실물들, 동물 · 식물 그림 카드, 쟁반

제 시 1

- 동물과 식물에 대해 이야기한다.
- 매트 위에 동물, 식물의 글자 카드를 나란히 놓는다.
- 상자에서 동물, 식물 모형을 꺼내면서 동물은 동물 카드 밑에 식물은 식물 카드 밑에 분류해서 놓는다.
- 동물, 식물을 말하면서 모형을 상자 안에 담는다.

제 시 2

- 제시 1과 같은 방법으로 그림 카드를 분류한다.
- 그림 카드 외에 동물은 어떤 것이 있는지 말해 본다.
- 식물은 어떤 것이 있는지 주변에서 찾아보거나 말한다.

흥미점

- 식물과 동물을 아는 것
- 주변에서 식물과 동물을 찾아보는 것
- 물체를 이용하여 동, 식물을 구분해 보는 것
- 카드를 이용하여 동, 식물을 구분해 보는 것

오류수정 교사, 어린이, 정정표시

직접목적

- 동물과 식물을 구별한다.
- 동물과 식물의 개념을 알도록 한다.
- 동물과 식물의 이름을 알도록 한다.

간접목적

- 동물의 종류에 대한 학습준비를 돕는다.
- 식물, 동물에 대한 관찰력과 호기심을 기른다.
- 논리적인 판단능력을 돕는다.

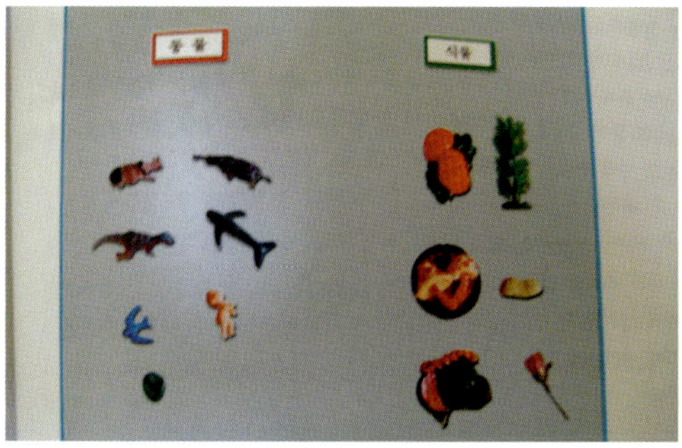

척추동물 부분

연 령 5세 이상

교 구 어류, 양서류(개구리), 파충류(거북이), 조류(새), 포유류(말)의 부분 퍼즐, 각 부분의 정정판, 각 종류의 책자, 각 부분의 3단계 카드

제 시 1

- 예를 들면 물고기 퍼즐
- 매트를 펴고 교구를 매트 위로 가져온다.
- 정정판은 오른쪽, 부분 퍼즐은 왼쪽에 놓는다.
- 물고기의 몸통을 들어 정정판 위쪽에 놓는다.
- 나머지 부분도 같은 방법으로 한다.
- 교구와 매트를 정리한다.

제시1-1

- 매트를 펴고 교구를 매트 위로 가져온다.
- 부분 퍼즐을 오른쪽에 놓고 하나씩 꺼내 오른쪽 매트 위에 처음 퍼즐과 같이 나열해 놓는다.
- 나머지 부분도 같은 방법으로 한다.
- 작은 종이에 명칭을 적어 올려놓는다.
- 정정판으로 확인한다.
- 교구와 매트를 정리한다.

제 시2 3단계 카드

- 매트를 펴고 교구를 매트 위로 가져온다.
- 정정 카드를 매트 위 왼쪽에서 오른쪽으로 놓는다.
- 정정 카드 아래에 그림 카드를 찾아 놓는다.
- 그림 카드 아래에 같은 이름 카드를 찾아 놓는다.
- 교구와 매트를 정리한다.

흥미점 각 동물의 퍼즐

- 각 부분의 퍼즐을 맞춰보는 것
- 완성된 동물을 보는 것
- 각 부분의 명칭을 말해 보는 것
- 각 부분의 특징을 듣는 것
- 3단계 카드를 맞춰보는 것

오류수정 교사, 어린이, 정정판

직접목적
- 동물의 부분 명칭을 알도록 한다.
- 동물의 형태 및 특성을 알도록 한다.

간접목적
- 동물의 생태연구, 학습준비를 돕는다.
- 척추동물에 대한 관찰과 호기심을 기른다.
- 논리적인 판단능력을 돕는다.

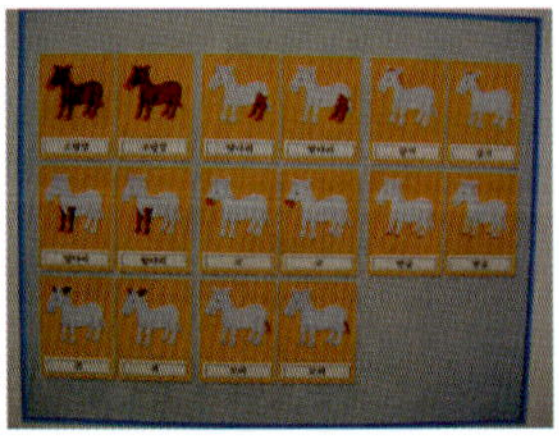
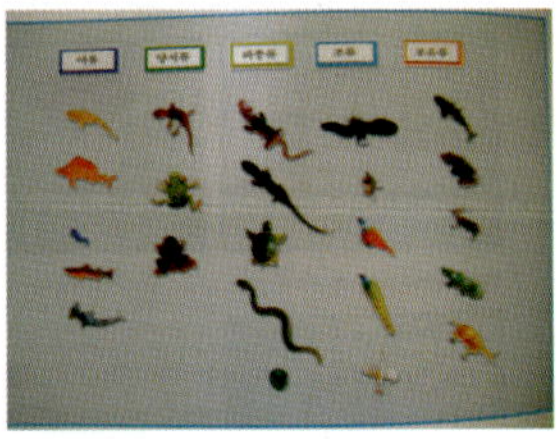

식물 부분(나무)

연 령 4.5세 이상

교 구 나무의 실물, 투명테이프, 작은 종이, 연필, 나무 퍼즐, 나무 3단계 카드, 정정판

제 시1 실물

- 매트를 펴고 교구를 가지고 온다.
- 나무를 감각적으로 관찰하고 각 부분의 명칭을 알도록 한다.
- 나무 각 부분의 명칭을 알도록 한다.
- 종이 위에 잎을 분해해서 차례로 놓으며 각 명칭의 역할을 책자를 보며 알려준다.
- 나무 각각의 명칭에 이름을 알려준 후 나무의 명칭을 찾아붙인다.

  7.3단계 명칭 레슨을 한다.

제 시2 퍼즐

- 매트를 펴고 교구를 매트 위로 가져온다.
- 부분 퍼즐은 왼쪽에 놓는다.
- 나무 부분을 들어 매트 오른쪽에 놓는다.
- 작은 종이에 나무의 부분 명칭을 적어 위치에 놓는다.
- 정정판으로 확인한다.
- 퍼즐판에 다시 퍼즐을 맞추어 놓는다.
- 교구와 매트를 정리한다.

제 시3 3단계 카드

- 매트를 펴고 교구를 매트 위로 가져온다.
- 정정 카드를 매트 위 왼쪽에서 오른쪽으로 놓는다.
- 정정 카드 아래에 그림 카드를 찾아놓는다.
- 그림 카드 아래에 같은 이름 카드를 찾아놓는다.
- 교구와 매트를 정리한다.

흥미점
- 나무의 실물 자체
- 나무 퍼즐 자체
- 나무부분의 이름을 붙여보는 것
- 퍼즐을 맞추어보는 것
- 나무의 구조에 대해서 아는 것

오류수정 교사, 어린이, 정정판

직접목적
- 나무의 부분 이름을 알아본다.
- 나무의 구조를 알아본다.

간접목적
- 꽃에 대한 학습준비를 돕는다.
- 나무의 부분에 대한 관찰력과 탐구심을 촉진한다.
- 과학에 대한 사고의 폭을 다양하게 한다.

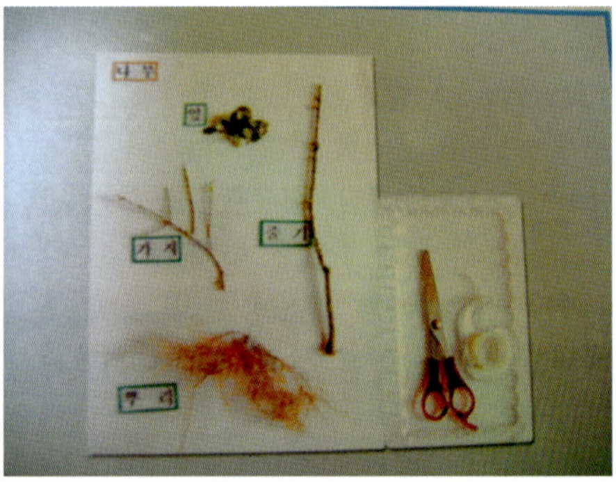

차 례

김영숙(2004). 어린이를 위한 고요명상. 대구: 푸른 평화.

______(2005). 어린이를 위한 자연명상. 대구: 푸른평화.

조성자(2010). 몬테소리 우주교육의 철학적 관점. 경기도: 공동체.

______(2007a). 몬테소리 자서전. 서울: 신정.

______(2007b). 몬테소리의 과학적 교육학. 서울: 신정.

______(1998). 자유작업과 열린교실을 위한 Maria Montessori의 교사론. 서울: 창지사.

______(2010). 몬테소리 우주 교육의 총체적 의미. 경기도: 공동체.

이수경(2006). 어린이 인성교육을 위한 자연명상 프로그램. 경기도: 양서원.

A. M. I.(1972). Maria Montessori: *A centenary anthology*. 마리아 몬테소리: 그녀는 과연 누구인가?. (조성자 역, 1996). 경기도: 양서원.

Atonella, A.(2005). *Stoffe e colori*: Opera Nazionale Montessori. Roma.

Berry, T.(1999). *The Greet work: Our way into the future*. New York, Belle Tower. (이영숙 옮김, 2008). 위대한 과업. 대화문화 아카데미.

Berry, T.(1989). *The Dream of the Earth*. San Francesco, Sierra.

Broccolini, G.(1966). *Il concetto nel pensiero di Maria Montessori*, Luigi Leonardo. Bologna.

Barron, M.(1985). *Recording and Reporting*. (조성자 역, 2009). 어린이들을 위한 관찰기록과 보고. 서울: 창지사.

Catarsi, E.(2005). *Maria Montessori e losservazione del bambino*, in vita dell' infanzia, n.7/8.

Cavalletti, S.(1981). *Il potenziale religioso del bambino*. (조성자 역, 1997). 어린이들의 종교적 잠재능력. 서울: 중앙적성출판사.

Daleo, M. S.(1996). *Curriculum of Love*. (조성자 역, 2004). 사랑의 커리큘럼. 서울: (주) 한국 몬테소리 연구소.

Eisler, R.(2000). *Tomorrow's Children*. Cumnor Hill Oxford, Colorado.

Feratti, A. M.(2000). *Nido Montessori e Casa dei bambni a Chiaravale*. Opera Nazionale

Montessori, Roma.

Fornace, F.(1993). *Una nuova cultura pedagogia e diddattica*, in Vita dell' infanzia, n. 7-8.

Fresco, G. H.(2004). *Abbiamo un bambino*, Ed. Red! MIlano.

Fischer, R., Landeck, M. K., & Ludwig, H.(1999). *Die Kosmische Erziehung Maria Montessori*, Lit, Münster.

Holtstiege, H.(1987). *Maria Montessoris neue Pädagogik: Prinzip. Freiheit-Frei Arbeit.* (조성자 역, 1996). Maria Montessori의 자유개념과 자유 작업의 원리. 서울: 중앙적성출판사

__________(1991). *Erzieher in der Montessori Pädagogik*, Herder, Freiburg Basel.Wien.

__________(1986). *Maria Montessori und die reformpädagogische Bewegung*, Herder, Freiburg Basel.Wien.

__________(1994). *Montessori-Pädagogik und soziale Hunmanität*. Herder, Freiburg, Basel.Wien.

Isernarda di N.(2002). *La musica e il metodo montessori*. Vita dell' infanzia, Roma.

Lochi, T.(1991). Maria Montessori: *il progetto-scuola nella visione ecologia dell' uome e del bambino costruttori di un mondo mogliore*. Bologna, Capelli.

Maccheroni, A.(1956). *Come conobbi Maria Montessori*, Ed. Vita dell' infanzia, Roma.

Miller, J. K.(1999). *Montessori Music: Sensorial Exploration and Notation with Bell*. Niederland, Nienhuis Montessori.

Malloy, T.(1999) *Montessori e il vostro bambino*. (조성자 역, 2000). Montessori는 부모들에게 이렇게 권고한다. 서울: 양서원.

Montessori, M.(1991). *Il bambino in famiglia*. Firenze, Garzanti.

__________(1973). *L' autoeducazione nelle scuole elementari*. Firence, Garzanti.

__________(1909). *Il metodo della pedagogia scientific applicano all' educazione nella casa dei bambini*. Cittádi Castello, Lapi.

__________(1955). *Formazione dell' uomo e educazione cosmica*. Firenze, Garzant.

__________(1955). *Quaderni del consiglio regionale delle marche*. Ancona.

__________(1910). *Antropologia pedagogia*.

__________(1971). *Psicoaritmetica*. Garzanti, Firenze.

__________(1970). *La scoperta del bambino*. (조성자 역, 1995). 어린이 발견. 서울: 창지사.

__________(1950). *Il segreto del bambino*. (조성자 역, 1991). 어린이 신비. 서울: 창지사.

Montessori, M.(1952). *La mente del bambino*. (조성자 역, 1994). 어린이 정신. 서울: 창지사.

____________(1949). *Educazione e Pace*. (조성자 역, 1990). 교육과 평화. 서울: 창지사.

____________(1970). *Dall' infanzia all' adolescenza*. Garzanti, Firenze. (조성자 역, 1998). Maria Montessori의 우주교육 –유아기에서 청소년기까지–. 서울: 중앙적성출판사.

____________(1947). (조성자 역, 1998). Maria Montessori의 우주교육 –인간의 잠재능력을 어떻게 개발할 것인가?–. 서울: 중앙적성출판사.

____________(1997). *Il bambino é padre dell' uomo*. (조성자 역, 2000). 어린이는 인간의 어버이다. 서울: 양성원.

____________(1947). *Come educare il potenziale umano*. (조성자 역, 1998). 몬테소리의 우주교육. 서울: 중앙적성출판사.

Michael & Duffy D' Neil(2002). *Children of the universe:Cosmic education in the montessori elemantary school*, Hollydaysburg, PA, Parent and child ok.

Mazzetti, R.(1971). *La donna, la casa e il bambino nella ricerca della montessori*, Beta, Salerno.

Montanaro, Q. S.(1993). *Comprender il bambino*. (조성자 역, 2000). 서울: 창지사.

Mario Montessori(1991). *Erziehung zum Menschen: Montessori –Pädagogik heute*, Fischer, Münschen.

Opera Nazionale Montessori(1997). *Viaggio intorno ad un Nido Montessori*. Roma Istituto superiore Montessori di ricerca e formazione.

________________(2007). Roma 1907: *La prima casa dei bambini di Maria Montessori*. Roma, Opera Nazionale Montessori.

________________(2004). *Carta Nazionale di NIdo Montessori*, Ed, Vita dell' infanzia, Roma.

________________(2006). *Roma 1907 la prima casa dei bambini di Maria Montessori*.

________________(2004). *Il canto delle aste e delle spolette*. Opera Nazionale Montessori, Roma.

________________(2003). *Il progetto educativo montessori*. Opera Nazionale Montessori, Roma.

________________(2003). *Maria Montessori sulla lettura*. Opera Nazionale Montessori, Roma.

Oswald, P. & Schulz-Benesch G.(1988). *Kosmische Erziehung.* Herder, Freiburg.

O' connor B.(1993). *Mammoliina.* Carolrhoda, Minneapolis, Minesota

Pignatori, M.(1967). *Maria Montessori: Citta dinanza del mondo.* Roma, comitato Italiano dell' OMEP(Organizzazione Mondiale Educazione Prescolastica).

Palumbo, D.(2004). *Dalla perte dei bambini.* EL, Trieste.

__________(1970). *Maria Montessori, Oggi.* Giunti, Firenze.

Quartieri, F.(2006). *Tina e I diritti dei bambini.* Roma, Sinnos.

Regni, R.(1993). *L' educazione cosmica, in Maria Montessori: il pensiero*, il metodo vol. 2, Giunti Lisciani, Castellalto(TE), 38-39.

Seldin, T.(2007). *I bambini hanno bisogno di Fiducia: Il metodo Montessori oggi per crescere figli felici*, Ed. Fabbri, Milano.

Seldin, T. & Epstein, P.(2006). *The Montessori Way*, The Scocchera A.(2002), *Il metodo del bambino e la formazione dell' uomo.* Roma, Opera Nazionele Montessori.

__________________(1997). *Maria Montessori una storia per il nostro tempo.* Roma, Opera Nazionale Montessori.

Trabalzini, P.(2003). *Maria Montessori da metodo a la scoperta del bambino.* Aracne, Roma.

Trisciuzzi, L.(1999). *Mito dell' infanzia dal immagnario collettivo all' immaginario scientifica.* Napoli, Ligupri.

Trueit, T. S.(2007). *Earth Day*, Read-Aboout Holiday. USA.

Wolf, A. D.(1994). *Andy and his Daddy*, Hollydaysburg, PA, Parent and child.

_________(1991). *Our Peaceful Classroom*, Parent and child, Hollydaysburg, PA.

_________(1989). *Peaceful children, Peaceful World*, Parent and child, Hollydaysburg, PA.

Wolff, J.(2007). *Peace -The self-Awakened Child-*, Wild Wolf Books, Lake San Marcos, Canada

Wolf, D. A.(1996). Nurturing the Spirit. (조성자 역, 2000). 어린이들에게 영성은 존재하는가. 서울: 창지사.

Walburga, H.(2000). *Sachunterrichtliches Lernen in der Montessori-Pädagogik*, Lit, Münster.

조성자

- Rome Antonianum 대학교 철학 및 교육학과 졸업
- Rome Antonianum 대학교 교육학 석사
- Rome Antonianum 대학교 철학박사(교육철학 전공)
- 1995년 1월~1996년 2월까지 독일 Münster 대학 교환교수 역임
- 2000~2004년 한국 몬테소리 학회 회장 역임
- 현재 대구 가톨릭대학교 사회과학부 아동학과 교수
- 현 (사) 한국몬테소리교육총연합회 회장

저서

- 유아교육개론(공저, 양서원, 2005)
- L'educazione morale degli adolescenti nella famiglia coreana, Roma Montessori 교육학(중앙적성출판사, 1996)
- 자유 직업과 열린 교실을 위한 Maria Montessori의 교사론(창지사, 1998)
- 마리아 몬테소리 자서전(신정, 2007)
- 몬테소리의 과학적 교육학(신정, 2007)
- 몬테소리 영아전담 어린이집 교육 프로그램의 이론과 실제(창지사, 2010)
- 몬테소리 우주교육의 철학적 관점(공동체, 2010)

편저

- Maria Montessori의 자유 개념과 자유 직업의 원리(중앙적성출판사, 1996)
- 나는 착한 목자다 Ⅰ, Ⅱ(중앙적성출판사, 1997)
- 신 Montessori 학파의 새로운 교육운동 : 교육학에 대한 이론(양서원, 2000)

편역

- 세계 어린이의 어머니 Montessori : 그녀는 누구인가?(양서원, 2000)

역서

- 사랑의 커리큘럼(한국 Montessori 연구소, (주) 한국몬테소리, 2004)
- 신이란 무엇인가(한국 Montessori 연구소, (주) 한국몬테소리, 2004)
- 나는 친구들과 함께 평화를 나누려고 해요(한국 Montessori 연구소, (주) 한국몬테소리, 2005)
- 나는 우주에 살아요, 나는 지구라는 행성을 여행하고 있어요(한국 Montessori 연구소, (주) 한국몬테소리, 2005)

- 지구를 위한 나의 맹세, 나는 해님을 알아요(한국 Montessori 연구소, (주) 한국몬테소리, 2005)
- 나는 고요함을 듣고 싶어요(한국 Montessori 연구소, (주) 한국몬테소리, 2005)
- 중력이 무엇인지 난 알아요(한국 Montessori 연구소, (주) 한국몬테소리, 2005)
- 여러분 은하수가 얼마나 큰지 아세요(한국 Montessori 연구소, (주) 한국몬테소리, 2005)
- 어떻게 씨앗이 싹트는지 난 알고 있어요(한국 Montessori 연구소, (주) 한국몬테소리, 2005)
- 나는 밤하늘에 무수히 흩어져 있는 아름다운 별들을 바라봅니다(한국 Montessori연구소, (주) 한국몬테소리, 2005)
- 어린이들에게 영성은 존재하는가?(창지사, 2000)
- 유아기를 위한 성교육(창지사, 1987)
- 아동기를 위한 성교육(창지사, 1987)
- 청소년기를 위한 성교육(창지사, 1987)
- Montessori의 교육과 평화(창지사, 1990)
- Montessori의 어린이 신비(창지사, 1991)
- Montessori의 어린이 정신(창지사, 1995)
- Montessori의 어린이 발견(창지사, 1995)
- Montessori의 어린이를 위한 종교교육(미루나무, 1993)
- 어린이의 종교적 잠재능력(중앙적성출판사, 1997)
- Montessori의 새로운 세계를 위한 어린이 교육(중앙적성출판사, 1996)
- Montessori의 우주교육 : 인간의 잠재 능력을 어떻게 개발할 것인가?(중앙적성출판사, 1998)
- Montessori의 우주교육 : 유아기에서 청소년기까지(중앙적성출판사, 1998)
- Montessori의 어린이를 위한 인격 형성(창지사, 2001)
- Montessori는 부모님들에게 이렇게 권고합니다(양서원, 2000)
- 어린이는 인간의 어버이다(양서원, 1999)
- 어린이들을 위한 관찰기록과 보고(공역, 창지사, 2009)

몬테소리 교육철학의 이론과 실제

초판 1쇄 발행 2011년 3월 17일
초판 2쇄 발행 2014년 3월 12일

지 은 이 | 조성자
펴 낸 이 | 김기섭
책임편집 | 박연순
펴 낸 곳 | 창지사 www.changjisa.com
153-802 서울시 금천구 가산디지털 1로 83 파트너스타워1차 9층
전화 (02)719-2211~3
팩스 (02)701-9386
등 록 | 1977년 4월 28일 · 제1-421호

ISBN 978-89-426-0615-3 (93370)

값 22,000원